아르고호의 모험

김원익 박사의 신화 이야기 • 5

아르고호의 모험
황금양피를 찾아 떠난 그리스 신화의 영웅 55인

초판 1쇄 발행 | 2005년 7월 25일(바다출판사)
    2쇄 발행 | 2018년 11월 30일

지은이 | 아폴로니오스 로디오스
옮긴이 | 김원익
펴낸이 | 이윤구

편집진행 | 김문아
북디자인 | 이혜은

펴 낸 곳 | 도서출판 메티스
주   소 | 서울 관악구 신림로 90, 2층
대표전화 | (02) 737-7771~2
F A X | (02) 735-8666
출판등록 | 제320-2009-11호

*이 책의 저작권은 저자에게 있습니다. 본문의 내용에 대한 무단복제와 무단전재를 금합니다.

ISBN 979-11-5544-122-0

값 : 15,000원

*잘못 제본된 책은 바꿔드립니다.

아르고호의 모험

ARGONAUTIKA
Apollonios Rhodios

황금양피를 찾아 떠난 아르고호의 영웅 55인

아폴로니오스 로디오스 지음 | 김원익 옮김

아르고호의 영웅들

옮긴이 서문

이 책을 읽는 독자들에게

이 책은 칼리마코스와 테오크리토스와 함께 헬레니즘 시대의 3대 시인 중 한 명으로 알려진 아폴로니오스 로디오스의 작품 『아르고나우티카』를 우리말로 옮긴 것이다. 『아르고나우티카』는 '아르고호의 선원들'이라는 뜻으로 해석된다. 아폴로니오스의 작품은 지금까지 우리나라에 소개된 적이 없으며 그동안 번역된 다른 신화 관련 서적들을 통해 단편적으로 알려져왔을 뿐이다. 역자가 대본으로 삼은 것은 2002년 독일 레클람 출판사에서 출간된 그리스어와 독일어 대역판이다(Apollonios von Rhodos: Die Fahrt der Argonauten. Griechisch/Deutsch. Herausgegeben, übersetzt und kommentiert von Paul Dräger. Stuttgart, 2002). 아울러 그리스 문학의 대가 셰퍼 T. v. Scheffer가 번역한 다른 독일어판과 캘리포니아 대학 출판부에서 출간된 영어판도 참고했음을 알려둔다.

지명, 종족 이름, 인명 등은 모두 원문의 그리스어 발음대로 적었고 'y'는 '위'가 아니라 '이'로 통일했다. 원문에 표시되어 있던 행수는 생략했지만 그 자체만으로 도저히 의미 전달이 불가능한 소수의 문장들만 제외하고 원칙적으로 원문에 충실하려고 애를 썼다. 본문을 통해 내용 이해에 어려움이 있는 부분에는 자세하게 주를 달아 보충했다. 본문에서 ( ) 안에 들어 있는 말도 모두 역주이다.

고전의 특성상 독자들이 작품을 보다 빨리 이해하도록 하기 위해 이 책의 앞쪽에 '작품해설'을 실었다. 독자들은 우선 이것을 통해 전체 내용을 개관한 다음 작품을 읽는 것이 좋다.

원서에 없는 차례를 만든 것, 아르고호의 항로를 표시한 지도를 그려 넣은 것, 이미지를 삽입한 것도 마찬가지로 작품의 이해를 돕기 위한 것이다.

긴 시간 힘든 작업이었음에도 불구하고 능력의 부족으로 미흡하고 부족한 점이 많다. 그런 부분은 앞으로 고치고 다듬도록 하겠다. 아무쪼록 이 책이 최근 활발하게 진행되고 있는 신화 연구에 미력하나마 보탬이 되었으면 하는 마음 간절하다.

옮긴이 김 원 익

작품해설

아폴로니오스의 생애와 작품

　아폴로니오스 로디오스(B. C. 300?~B. C. 245?)는 헬레니즘 시대를 대표하는 중요한 시인이다. 그러나 아폴로니오스가 어떻게 살았는지에 대해 말해주는 확실한 기록은 하나도 남아 있지 않다. 아폴로니오스뿐만 아니라 그리스 문학에서 헬레니즘 시대의 시인이나 학자들의 연대기는 누구를 막론하고 불확실한 것뿐이다.
　현재 아폴로니오스의 생애에 대한 기록은 1997년 피터 그린이 편집한 책 『아르고호의 선원들: 제이슨과 황금양피 모험 이야기』에서 확인할 수 있다. 여기에는 네 사람의 기록이 실려 있는데, 안타깝게도 모두 이차문헌이고 서로 모순되는 내용이 많다.

　첫째, 아우구스투스 시대의 알렉산드리아 문법학자 테온이 주석으로 남긴 아폴로니오스 전기다.
　"『아르고호의 모험』의 저자 아폴로니오스는 알렉산드리아 출신이다. 그는 프톨레마이오스 가문 출신으로 실레우스의 아들이었다(혹자는 일레우스의 아들이라고 하기도 한다). 그는 프톨레마이오스 치하에서 살았고 칼리마코스의 제자였다. 그는 처음에는 스승인 칼리마코스의 조교였지만 결국 자신도 시를 쓰는 일에 몰두했다. 그는 젊었을 때 벌써 『아르고호의 모험』을 세상에 내놓았다. 하지만 반응이 좋지 않았다고 한다. 대중의 혹평과 동료 시인들의 조롱과 비난에 실망한 그는 고향 알렉산드리아를 떠나 로도스로 갔다. 그는 이곳에서 자신의 작품을 다듬고 고쳐 다시 세상에 내놓아 대단한 명성을 얻었다. 그것이 바로 그 이후의 작품 속에서 자신을 로도스인이라고 쓴 이유다. 그는 로도스에서 선생으로서도 많은 업적을 쌓아 시민권을 얻었을 뿐만 아니라 다른 많은 명예도 누렸다."

둘째는 A. D. 200년 무렵의 주석자 소포클레이오스의 아폴로니오스 전기에 나타나 있다.

"아폴로니오스는 시인으로 알렉산드리아 출신이다. 그의 아버지는 실레우스 혹은 일레우스라고도 하며 어머니는 로데였다. 그는 그 당시 알렉산드리아의 학자였던 칼리마코스와 함께 공부하기도 했다.『아르고호의 모험』이라는 작품을 써 대중에 선보였지만 결과는 완전한 실패였다. 그 후 몹시 실망한 그는 로도스에 거처를 정했다. 거기서 그는 공적인 일에 적극 참여하였고 수사학을 가르치기도 했다. 또 그는 그곳에 머무는 동안 자신의 작품을 다듬어 다시 출간했다.

황금양피를 손에 들고 있는 이아손. 외짝 신발이 보인다.

마침내 그는 독자들로부터 엄청난 호응을 받아 로도스 시민권도 얻고 수많은 명예를 누리기도 했다. 혹자는 그가 알렉산드리아로 돌아가서 다른 많은 작품들을 출간하여 대성공을 거두었다고 한다. 그는 결국 도서관장이 되었고, 칼리마코스 옆에 묻혔다."

셋째는 A. D. 1000년 무렵에 만들어진 비잔틴의 백과사전『수다』에 실려 있는 아폴로니오스 항목이다.

"아폴로니오스는 알렉산드리아 출신으로 서사시인이었고 로도스에서 상당한 시간을 보냈다. 그는 실레우스의 아들이자 칼리마코스의 제자였다. 그는 문예부흥의 후원자로 알려진 프톨레마이오스(에우에르게테스) 치하에 살았으며 에라스토테네스, 에우포리온, 티마르코스가 그의 동시대인이었다. 그는 또 에라토스테네스 후임으로 알렉산드리아 도서관장직을 맡기도 했다."

마지막으로 A. D. 200년 이집트의 옥시린코스에서 알렉산드리아 도서관 사서 목록과 함께 발견된 파피루스 1241번이다.

"아폴로니오스는 실레우스의 아들이고, 알렉산드리아 출신이며, 로도스인이라고 불렸다. 그는 칼리마코스의 제자이자 첫째 왕의 스승이기도 했다. 그의 후임은 에라토스테네스였고, 에라토스테네스의 후임은 비잔티온의 아리스토파네스와 아리스타르코스였다. 다음으로는 분류사가로 알려진 알렉산드리아의 아폴로니오스였다. 그다음으로는 아리스타르코스의 아들이자 그와 동명이인인 아리스타르코스였다. 아리스타르코스는 알렉산드리아인이지만, 원래 사모트라케 섬 출신으로, 프톨레마이오스 4세인 필로파토르의 자식들의 스승이기도 했다."

이처럼 많은 논란에도 불구하고 아폴로니오스의 전기에는 몇 가지 공인된 사실이 있다. 즉 아폴로니오스는 B. C. 3세기의 거의 모든 저명한 문학계 인사들이 그런 것처럼 원래 알렉산드리아 출신이 아니라는 것이다. 그는 청년 시절 프톨레마이오스 왕가의 문예진흥운동에 고무되어 로도스 섬에서 나일 강변의 대도시 알렉산드리아로 이주하여 정착한다. 그는 거기서 박물관과 도서관 일에 종사하다가 북아프리카 키레네 출신의 시인 칼리마코스와 친분을 쌓는다. B. C. 275/270년 무렵에는 프톨레마이오스 2세가 아폴로니오스에게 황태자 에우에르게테스의 교육을 맡긴다. 그 후 아폴로니오스가 맡게 된 알렉산드리아 도서관장직은 궁정에서 그가 누렸던 높은 신망을 반증해준다. 아폴로니오스의 전임 도서관장은 칼리마코스였다. 아폴로니오스가 죽자 프톨레마이오스 3세는 아테네에 살고 있던 문헌

학자이자 시인인 에라토스테네스를 그의 후임으로 초빙한다.

　아폴로니오스가 활동하던 당시 알렉산드리아에는 두 가지의 문학 흐름이 있었다. 둘 다 모두 과거의 문학적 전통은 중시하지만, 그에 대한 입장이 사뭇 달랐다. 하나는 호메로스를 비롯한 과거의 모델에 철저하게 기대서 작품 활동을 해야 된다는 입장으로, 그 중심인물이 바로 아폴로니오스였다. 다른 하나는 문학에 새로운 지평을 열고 창조적인 작업을 하기 위해서는 과거의 위대한 작품들을 그대로 모방하는 것은 지양해야 한다는 입장으로, 그 중심인물은 칼리마코스였다.

　아폴로니오스는 칼리마코스와 격렬한 문학 논쟁을 벌였다고 알려져 있지만 정확한 자료는 남아 있지 않다. 혹자에 의하면 두 사람의 대립은 문학적인 논쟁을 벗어나 개인적인 감정 대립으로까지 치달았다고 한다. 칼리마코스는 자신의 작품 『아이티아』의 서곡, 『아폴론 찬가』, 『경구』 21번과 28번, 『단장격』 4번과 13번 등을 통해 이 같은 사실을 암시만 하고 있을 뿐이다. 그러나 학자들은 그 개연성을 부인하지는 않는다. 아폴로니오스는 결국 도서관장직을 칼리마코스의 친구인 에라토스테네스에게 넘겨주고 모든 것을 정리하여 로도스 섬으로 낙향한다. 그 후 그의 이름에는 '로디오스Rhodios'라는 말이 붙는다. 로디오스는 로도스인이라는 뜻이다.

　아폴로니오스의 작품 중 완성작은 4권으로 이루어진 『아르고호의 모험』밖에 없다. 이 작품은 헬레니즘 초기인 B. C. 250년 무렵에 쓰여졌으며, 호메로스와 베르길리우스(B. C. 70~B. C. 19)의 『아이네이스』 사이에 유일하게 남아 있는 서사시이다. 그리스어권에서는 호메로스와 크빈투스 스미르나에우스(A. D. 400년 무렵), 혹은 논노스(A. D. 500년 무렵) 사이에 유일하게 남아 있는 서사시이기도 하다. 이 작품은 총 5,385행으로 호메로스의 작품 『오디세이아』(12,110행)의 2분의 1, 『일리아스』(15,693행)의 3분의 1 분량이다. 아폴로니오스의 나머지 작품들은 모두 미완성이다. 그중 『크티세이스』는 알렉산드리아, 로도스, 이집트의 나우크라티스 등의 도시에 대한 건설설화들의 모음집이고, 『카노보스』는 사라피스 신전이 있는 나일 강 근처의 지명을 따서 만든 시다. 호메로스나 헤시오도스, 아르킬로코스, 제노도토스에 관한 미완성 산문들도 있다.

아폴로니오스 이전의 아르고호 신화

호메로스 이전의 아르고호 신화

아르고호에 얽힌 신화는 『일리아스』나 『오디세이아』에서 주로 다루는 트로이 전쟁 신화보다 오래되었다. 아폴로니오스의 『아르고호의 모험』에도 그런 사실을 짐작하게 해주는 대목이 있다. 펠레우스는 아르고호의

헬레네와 파리스. 두 사람의 사랑은 트로이 전쟁의 발발 원인이 된다.

일원으로 그리스를 떠나면서 어린 아들 아킬레우스를 현자 케이론에게 맡긴다. 펠레우스의 실수로 아내이자 바다의 여신인 테티스가 바다 속으로 들어가 버렸기 때문이다. 케이론의 아내는 남편과 함께 해변에 서서 아르고호를 타고 콜키스로 떠나는 펠레우스에게 아들 아킬레우스를 안아 들어 보인다. 잘 알려져 있듯이 아킬레우스는 그 후 장성하여 트로이 전쟁에서 혁혁한 전공을 세우다가 트로이의 왕자 파리스의 화살을 맞고 죽음을 맞이한다.

호메로스도 아르고호의 모험에 대해 알고 있었던 것이 분명하다. 『오디세이아』 12권에서 키르케는 오디세우스를 떠나보내며 앞으로의 항로를 일러준다. 그녀는 세이레네스를 통과하면 플랑크타이 바위를 만나게 될

파리스의 화살을 맞고 죽어가는 아킬레우스

것이라 이야기하며 그것을 통과한 배는 아르고호밖에 없다고 말한다.

아폴로니오스의 시대에도 아르고호의 모험에 대한 서사시나 그에 대해 작품을 쓴 작가가 있었다고 한다. 그러나 『나우팍티아』라는 작품 제목이나, 에피메니데스라는 시인 이름만 전해질 뿐이다. 그 당시 전승되어오던 아르고호 신화는 여기저기 흩어져 있는 단편적인 기록들을 통해 재구성할 수밖에 없다.

호메로스 이전 아르고호 신화에 등장하는 주인공 대부분은 방대한 아이올로스 가문의 후손들이다. 그중 아이올로스의 두 아들 아타마스와 크레테우스, 그리고 셋째 아들 살모네우스의 딸 티로가 이 신화에 연관되어 있다.

아이올로스의 큰아들 아타마스는 보이오티아 지방 오르코메노스의 왕이었다. 그는 네펠레와의 사이에서 아들 프릭소스와 딸 헬레를 둔다. 네펠레가 죽자 아타마스는 후처 이노를 얻는다. 그녀는 아타마스에게서 두 아들 레아르코스와 멜리케르테스를 낳은 뒤, 전처소생이었던 프릭소스와 헬레를 몹시 구박한다. 심지어 나라에 심한 흉년이 들자 신탁을 조작하여 왕을 속이고 그들을 제물로 바치려 한다. 지하세계에 있던 네펠레는 이를 마음 아파하여 헤르메스 신에게 자식들을 구해달라고 애원한다. 그러자 헤르메스 신은 네펠레의 자식들에게 황금양을 한 마리 보내준다. 황금양은 인간처럼 말을 할 수 있었고, 새처럼 날 수도 있었다. 프릭소스와 헬레는 이 황금양을 타고 계모의 박해를 피해 멀리 동쪽 세상 끝자락에 있는 콜키스의 아이아로 도망간다. 하지만 딸 헬레는 도중에 실수로 바다에 떨어져 죽는다. 헬레가 떨어져 죽은 바다는 그녀의 이름을 따 아직도 헬레스폰토스로 불린다. 다행히 헬레의 오빠 프릭소스는 콜키스의 아이아에 무사히 도착한다.

콜키스 왕 아이에테스는 태양신 헬리오스와 페르세이스의 아들이다. 그는 아내 이디이아(본문은 에이디이아)와의 사이에서 두 딸 칼키오페와 메데이아, 아들 압시르토스를 두었다. 프릭소스가 도움을 요청하자 아이에테스 왕은 그를 손님으로 받아들인다. 더구나 아이에테스 왕은 프릭소스에게 자신의 딸 칼키오페를 주어 아내로 삼도록 한다. 그 보답으로 프릭소스는 자신이 타고 왔던 황금양을 잡아 도망자의 수호신인 제우스에게 제물로 바치고, 황금양피는 아이에테스 왕에게 선물한다. 왕은 그것을 아레스의 숲에 있는 커다란 참나무 가지에 걸어두고 잠들지 않는 용에게 지키도록 했다. 칼키오페는 프릭소스와의 사이에서 아르고스, 멜라스, 키티소로스, 프론티스 등 네 아들을 낳는다. 그들은 아버지가 죽자 그 유지를 받들어 배를 타고 콜키스를 떠나 그리스로 간다.

아이올로스의 둘째 아들 크레테우스는 테살리아의 이올코스의 왕이었다. 그는 자신이 기르던 동생의 딸 티로와 결혼한다. 티로는 포세이돈 신의 사랑을 받아 이미 넬레우스와 펠리아스라는 쌍둥이 아들을 낳아 남몰래 키우고 있었다. 크레테우스는 이 사실을 모르고 티로를 아내로 맞이하여 그녀와의 사이에 아이손, 아미타온, 페레스라는 세 아들을 둔다. 아미타온은 비아스와 멜람푸스의 아버지가 되고, 아이손은 두 아들을 낳는데, 그중 한 명이 이아손이다.

그 후 크레테우스는 본처 티로를 멀리하더니 새 아내 시데로를 얻는다. 그러자 후처 시데로는 전처 티로를 몹시 학대한다. 티로가 포세이돈에게서 낳았던 두 아들이 그 소식을 듣고 시데로를 죽이려 한다. 그들의 칼날을 피해 도망가던 시데로가 헤라 신전으로 숨어들자 펠리아스는 제단에서 그녀를 잔인하게 죽인다. 신전을 유린당한 헤라 여신은 펠리아스에게 엄청난 분노를 품고, 이아손을 도와 펠리아스를 파멸시키려 한다.

테살리아의 왕 크레테우스가 죽자 펠리아스는 도도나의 신탁소에 가서, 그와 쌍둥이 형제 넬레우스 중 누가 왕위 계승자가 될지를 물어본다. 신탁소 주인 제우스는 펠리아스가 왕이 되겠지만 외짝 신발을 신은 자를 조심하라고 경고한다. 신탁대로 이올코스의 왕이 된 펠리아스는 어느 날 자신의 아버지 포세이돈을 위해 제물을 바치고 향연을 베푼다. 펠리아스는 이 향연에 아버지가 다른 형제인 아이손의 아들 이아손도 초대한다.

이아손은 아버지 아이손과 함께 이올코스에 살고 있었다. 펠리아스의 궁전으로 오던 이아손은 공교롭게도 아나우로스 강을 건너다가 진창에 깊이 빠진 신발 한 짝을 챙기지 못한다. 이아손이 외짝 신발을 신고 나타나자, 펠리아스는 신탁의 경고를 떠올린다. 펠리아스는 이아손에게 만약 외짝 신발을 신은 자에 의해 죽을 것이라는 신탁을 받으면 어떻게 하겠느냐고 물어본다. 그러자 이아손은 자기라면 그 사람을 콜키스의 아이아로 보내 황금양피를 가져오게 하겠다고 대답한다. 그것은 헤라 여신의 계시에 따른 것이었다. 헤라 여신은 콜키스의 공주 메데이아를 이용하여 자신을 모욕한 펠리아스에게 복수하려고 했다. 결국 펠리아스는 이아손

참나무 가지에서 황금양피를 훔쳐가는 이아손. 가운데 메데이아가 보인다.

에게 콜키스에 가서 황금양피를 가져오라고 명령한다.

마침내 아르고호의 모험이 시작된다. 이아손은 그리스 각지에서 영웅들을 모으고, 그리스로 돌아온 프릭소스의 아들 아르고스가 아르고호를 만든다(이 작품에서는 동명이인인 아레스토르의 아들 아르고스가 배를 만든다). 아테나 여신의 도움으로 만들어진 아르고호는 인간처럼 말을 할 수 있었다. 영웅들은 콜키스의 아이아로 가는 도중 수많은 위기를 극복한다. 가장 위험한 순간은 흑해 입구에 있는 심플레가데스라는 바위문을 통과할 때였다. 이 문은 서로 부딪히는 바위여서 무엇이든지 지나가면 가루로 만들어버린다. 그들은 예언가 피네우스의 충고 덕택으로 무사히 이 바위문을 통과하여 콜키스의 아이아에 도착한다.

영웅들이 황금양피를 돌려달라고 요구하자 아이에테스 왕은 그들에게 어려운 전제조건을 내건다. 자신이 키우고 있는 불을 뿜는 황소 두 마리에 멍에를 씌워서 밭을 갈고, 씨앗 대신 뱀의 이빨을 뿌려 거기서 솟아나는 병사들과 싸워 그들을 모두 죽이라는 것이었다. 이아손은 이 조건을 아이에테스의 딸 메데이아의 도움으로 완수한다. 하지만 아이에테스는 이아손에게 황금양피를 내어주지 않는다. 메데이아는 이아손이 황금양피를 얻도록 다시 그를 도와준다.

아이아에서 그리스로 도망쳐 오던 메데이아는 추격해 온 아버지에게 따라잡힐 위기에 처하자 미리 납치해 온 남동생(이 작품에서는 오빠) 압시르토스의 시체를 토막 내 바다에 버린다. 아이에테스는 아들의 시체를 수습하느라 아르고호를 놓치고 만다. 살인행위에 분노한 제우스는 그들에게 속죄할 것을 명령한다. 그들은 아이아이아 섬에 살고 있

마법으로 늙은 양을 새끼양으로 만들고 있는 메데이아

는 아이에테스의 여동생 키르케에게 가서 살인죄를 씻는다. 그 후 그들은 세이레네스, 플랑크타이 바위, 헬리오스의 섬, 리비아 사막을 지나 고향 이올코스로 돌아온다. 리비아에서 영웅들은 아르고호를 어깨에 짊어지고 사막지대를 빠져나오기도 한다.

황금양피를 넘겨준 뒤 메데이아는 펠리아스를 제거할 계획을 세운다. 이아손이 이올코스의 왕권을 물려받을 수 있다는 계산에서였다. 그녀는 효심이 남달랐던 펠리아스의 딸들을 불러놓고 여러 가지 약초를 솥에 넣어 끓여 약물을 만드는 시범을 보인다. 메데이아가 늙은 양을 토막 내 솥에 집어넣자 신기하게도 새끼양이 튀어나왔다. 놀라움을 금치 못하는 펠리아스의 딸들에게 메데이아는 아버지도 똑같이 젊게 할 수 있다고 꼬드겼다. 그 말을 믿고 펠리아스의 딸들이 아버지를 죽이고 토막 내 솥에 넣지만 펠리아스는 다시 살아나지 못한다. 메데이아가 이미 약초물을 아무 약효가 없는 물로 바꾸어놓았기 때문이다. 펠리아스는 다시 살아나지 못했다. 펠리아스가 죽었지만 메데이아의 예상과는 달리 이아손은 이올코

메데이아에게 속아 아버지를 죽게 만든 펠리아스의 딸

스의 왕이 되지 못했다. 펠리아스의 아들 아카스토스가 그의 후계자가 되었기 때문이다.

핀다로스의 아르고호 이야기

핀다로스(B. C. 552?~B. C. 442?)의 『피티아 송가』에도 비록 단편적이기는 하지만 아르고호의 모험 이야기가 나온다. 핀다로스의 작품에는 지금까지 설명한 호메로스 이전의 아르고호 이야기와 약간 다른 사실들이 있어 흥미롭다.

핀다로스는 제4송가와 제5송가에서 키레네 왕이 아폴론 신을 기리기 위해 델피에서 벌어진 마차시합에서 승리한 것을 찬양한다. 그 당시 키레네의 왕은 아르케실라스 4세였다. 그는 B. C. 631년 키레네를 건설한 바토스의 후손이었다. 핀다로스는 몇백 년 전 키레네를 건설하기 위해 시작된 아르고호의 모험을 서술하며 그때까지 서사시가 지키던 서술방식을 뒤집었다. 일반적으로 서사시에서 중요했던 것은 전 그리스 차원에서 벌어지는 커다란 모험이었다. 식민지에 도시를 건설하는 이야기는 그 모험에 덧붙여 부차적으로 언급하였을 뿐이다. 그러나 이제 핀다로스의 작품에서는 아르고호의 모험이 키레네라는 도시만을 건설할 목적으로 시작된다.

핀다로스가 서술하고 있는 아르고호의 이야기는 호메로스 이전과 비교해서 다른 점이 몇 가지 더 있다.

첫째, 핀다로스의 작품에서는 이아손의 아버지 아이손이 이올코스의 합법적인 왕으로 등장한다. 아이손이 티로와 크레테우스의 적자 중 큰아들이었기 때문이다. 서자 펠리아스는 그에게서 권력을 찬탈한다. 따라서 나중에 아이손의 아들 이아손이 펠리아스에게 아버지의 왕권을 돌려달라고 요구하는 것은 정당하다. 외짝 신발을 신은 자를 조심하라고 경고하는 첫 번째 신탁도 펠리아스가 권력을 비합적으로 찬탈한 것을 증명하기 위한 것이다.

둘째, 핀다로스의 작품에서는 이 신탁이 도도나의 제우스 신전이 아니라 델피의 아폴론 신전에서 선포된다. 식민지 건설을 담당하는 신은 아폴론이기 때문이다.

셋째, 핀다로스는 황금양피를 이미 콜키스에서 죽은 프릭소스와 동일시한다. 프릭소스가 타고 콜키스로 도망간 황금양피에는 그의 영혼이 깃들어 있기 때문이다. 프릭소스는 펠리아스의 꿈에 나타나 이아손을 시켜 황금양피를 고향으로 가져가도록 명령한다. 이아손이 콜키스로 가야만 되는 이유가 마련된 것이다.

넷째, 이 꿈 때문에 선포되는 두 번째 신탁도 첫 번째 신탁과 마찬가지로 델피에서 일어난다. 그 신탁은 펠리아스에게 콜키스로 항해할 것을 명령한다. 그러자 펠리아스는 황금양피를 그리스로 가져오면 왕권을 물려주겠다는 조건으로 이아손을 콜키스로 파견한다.

다섯째, 핀다로스는 아르고호의 영웅들 중 키레네 왕가의 시조인 에우페모스에게 모험에서 가장 중요한 역할을 부여한다. 에우페모스는 리비아 사막을 횡단할 때 트리톤 신에게서 한 줌의 흙을 받는다. 트리톤 신은 그의 후손들이 언젠가 이 흙을 가지고 리비아에 도시 하나를 건설할 것이라고 일러준다. 그러나 에우페모스는 이 흙을 도중에 잃어버린다. 흙은 아르고호의 모험이 끝난 뒤 17세대가 지나 비로소 발견된다. 키레네의 건설은 그때까지 미루어진다.

또 핀다로스의 작품에서는 불사의 몸으로 등장하는 메데이아가 초기 델피의 사제인 델피스를 대신하여 에우페모스 후손들의 장래 운명을 예언한다. 그녀에 따르면 에우페모스는 맨 먼저 렘노스 섬에서 그 씨를 퍼뜨린다. 그 신탁에 따라 핀다로스는 에우페모스를 비롯한 영웅들이 콜키스의 아이아로 갈 때가 아니라 그리스로 돌아올 때 렘노스 섬을 들르도록 한다.

아폴로니오스의 『아르고호의 모험』

호메로스 이전과 이후의 두 가지

아폴로니오스의 『아르고호의 모험』은 위에서 언급한 호메로스 이전과 그 이후의 핀다로스의 아르고호 신화를 기본 바탕으로 쓰여졌다. 하지만 이 두 판본에는 서로 상충되는 내용이 있기 때문에 아폴로니오스는 그것을 자기 나름대로 조정해야 했다.

첫째, 아폴로니오스는 이아손의 아버지 아이손이 아니라 펠레우스를 크레테우스의 정식 후계자로 설정했다. 펠레우스는 이올코스의 합법적인 왕이 되며, 이아손은 아버지 아이손과 함께 이올코스에서 펠레우스와 별 문제 없이 평화롭게 살고 있다. 이것은 호메로스 이전의 아르고호 판본을 따르고 있으며 핀다로스와는 정반대다.

둘째, 아폴로니오스에 따르면 아이에테스는 원래 아스테로데이아라는 본부인이 있었고, 그녀와의 사이에 아들 압시르토스를 두었다. 그녀가 죽자 아이에테스는 이디이아라는 둘째 아내를 얻어 딸 칼키오페와 메데이아를 두었다. 그러므로 압시르토스는 칼키오페와 메데이아의 어린 동생이 아니라 오빠가 되는 것이다. 『아르고호의 모험』에서 메데이아가 이아손과 황금양피를 훔쳐 도망치자, 오빠 압시르토스가 추격대를 조직하여 그들을 뒤쫓는다. 추월당해 본국으로 송환당할 위기에 처한 메데이아는 오빠와의 밀담을 주선하여 미리 매복해 있던 이아손을 시켜 오빠를 살해하도록 한다.

셋째, 아폴로니오스는 핀다로스와는 달리 아르고호가 그리스를 떠나 콜키스로 가는 항로에 렘노스 섬에 들르게 하고 있다. 아폴로니오스에게 렘노스는 콜키스로 가는 항로의 한 기항지에 불과하다. 그러나 핀다로스에게는 키레네라는 도시 건설 이야기가 중요했다. 귀로인 리비아에서 흙을 받고 에우페모스의 씨를 퍼뜨릴 곳이 필요했던 것이다. 그 결과 핀다로스는 아르고호가 귀로에 여인 왕국 렘노스 섬에 들러 영웅들이 그곳 여자들과 몸을 섞게 만들었다. 이곳에서 태어난 에우페모스의 자손들이 앞서 말했듯이 17세대가 흐른 후 키레네를 건설한다.

넷째, 전통적인 신화에서는 콜키스의 아이아에서 그리스로 돌아온 프릭소스의 4형제 중 맏이인 아르고스가 아르고호를 만든다. 그러나 아폴로니오스에 의하면 그와 동명이인인 아레스토르의 아들 아르고스가 아르고호를 만든다. 아폴로니오스의 작품에서 프릭소스의 아들들은 아직 고향 그리스에 도착하지 않는 상태다. 그들은 그리스로 오던 중 폭풍우를 만나 난파당한다. 표류하던 그들은 아레스의 섬으로 흘러 들어가 우연히 그곳에 상륙해 있던 이아손 일행을 만난다.

황금양피를 찾아서

아폴로니오스는 그 당시 알렉산드리아의 교양 있는 독자들을 염두에 두고 『아르고호의 모험』을 썼다. 그는 처음부터 모든 것을 자세하게 설명해 주지 않는다. 황금양피를 가지러 가게 된 배경도 2권 마지막에 가서야 언급한다. 아르고호의 신화는 독자들이 이미 다 알고 있는 것으로 전제하고 있기 때문이다. 그래서 이 책을 처음 읽는 현대의 독자들은 아르고호 모험의 배경뿐만 아니라 줄거리를 알고 작품을 대하는 것이 필요하다.

아이올로스의 아들 프릭소스가 황금양을 타고 콜키스에 도착하자, 양은 그에게 자신을 잡아 제우스에게 제물로 바치고 황금양피는 콜키스의 아이에테스 왕에게 주도록 명령한다. 황금양은 날 수 있었을 뿐만 아니라 인간의 말을 할 수 있었기 때문이다. 머뭇거리던 프릭소스에게 헤르메스 신이 그렇게 하라고 충고하자 프릭소스는 양이 시킨 대로 한다.

황금양피를 받은 왕은 그것을 커다란 참나무 가지에 걸어두고 잠들지 않는 커다란 용에게 지키게 한다. 또 프릭소스를 자신의 딸 칼키오페와 결혼시킨다. 세월이 흘러 프릭소스가 죽자 아이에테스는 그의 시체를 콜키스의 장례예법에 따라 황금양피로 싸서 키르케 평원의 숲 속 나무에 매달아놓는다. 그 후 시체에서 살이 썩자 뼈를 수습하여 다른 짐승가죽으로 싸서 나뭇가지에 다시 매달아놓고, 황금양피도 다시 참나무에 걸어두고 잠들지 않는 용에게 지키게 한다. 프릭소스의 네 아들 아르고스, 멜라스, 키티소로스, 프론티스는 아버지의 유지를 받들어 그리스의 오르코메노스로 출발한다.

그리스 식으로 땅에 매장되지 못한 프릭소스를 보고 관습의 최고 수호신인 제우스는 아이올로스의 후손 모두에게 엄청난 분노를 품는다. 화가 난 제우스는 펠리아스 왕과 그의 어머니 티로의 꿈에 나타난다. 펠리아스 왕은 델피에 가서 그 이유를 물어본다. 아폴론 신탁은 원래 그런 것처럼 애매모호하게 외짝 신발을 신은 자를 조심하라고 경고한다.

어느 날 펠리아스는 아버지 포세이돈 신을 위해 제물을 바치고 향연을 베풀면서 근처에 살던 이아손을 초대한다. 사냥을 마치고 펠리아스의 왕궁으로 가던 이아손은 아나우로스 강을 건너다가 갑자기 불어난 강물 때문에 그만 한 쪽 신발을 진창에 놔두고 나온다. 펠리아스 왕은 이아손이 바로 신탁이 경고한 외짝 신발을 신은 자로 드러나자, 그에게 콜키스에서 황금양피를 그리스로 가져와 제우스가 아이올로스 가문에 품고 있는 분노를 풀어줄 것을 명한다. 펠리아스 왕은 신탁의 경고는 비밀로 한다.

전통적인 아르고호의 신화에 따르면 이아손이 외짝 신발을 신고 나타나자 펠리아스 왕은 그에게 만약 외짝 신발을 신은 자를 조심하라는 신탁을 받으면 어떻게 하겠느냐고 묻는다. 이아손은 황금 양피를 가지러 보내겠다고 대답한다. 이아손에게 그런 대답을 하도록 영감을 불러일으킨 것은 헤라 여신이었다. 헤라는 콜키스의 공주 메데이아를 이용해 자신을 모욕한 펠리아스에게 파멸을 안겨주려고 했다. 펠리아스가 자신의 신전에서 겁도 없이 계모 시데로를 죽이는 불경죄를 저질렀기 때문이다.

이아손과 펠리아스

아폴로니오스의 작품에는 위에 언급한 펠리아스 왕과 이아손과의 대화가 빠져 있다. 펠리아스는 이아손이 콜키스로 가다가 풍랑을 만나 바다에 빠져 죽거나 이방인들에게 죽임을 당하기를 바랐다. 그의 작품에서도 펠리아스는 헤라 여신의 엄청난 분노와 미움을 사고 있다. 그러나 펠리아스가 헤라 신전을 더럽혔기 때문이 아니다. 헤라는 다른 신들에게 모두 제물을 바치면서도 자신에게는 경의를 표하지 않는 펠리아스에게 심한 모욕을 느낀다. 그에 비해 이아손은 헤라의 든든한 신망을 사고 있다. 이아손은 그를 시험하기 위해 노파로 변장한 헤라 여신을 업어 위험한 강물을 건네 주었기 때문이다.

프릭소스가 콜키스에서 죽자 배를 타고 그리스로 가던 아르고스 4형제는 엄청난 폭풍우를 만나고 배도 난파당한다. 아이올로스의 후손인 그들에게 제우스가 그리스 예법대로 묻히지 못한 아버지 일로 화가 단단히 나 폭풍우를 일으킨 것이다. 배 파편을 잡고 간신히 표류하던 그들은 부근의 아레스의 섬으로 흘러 들어가 우연히 그곳에 상륙해 있던 아르고호의 영웅들을 만난다.

프릭소스의 아들들과 함께 콜키스에 도착한 영웅들은 아이에테스에게 황금양피를 돌려달라고 부탁한다. 그러자 왕은 황금양피를 주는 조건으로 이아손에게 어려운 과업을 맡긴다. 불을 뿜는 두 마리 청동황소에 멍에를 씌우고 하루 만에 8에이커의 땅을 간 다음, 고랑에 씨앗 대신 뱀의 이빨을 뿌려 땅에서 솟아나온 병사들과 싸워 그들을 모두 죽이라는 것이었다. 이아손은 불가능하게만 보였던 그 과업을 메데이아의 도움으로 완수한다. 그러나 아이에테스는 여전히 황금양피를 주지 않고 이아손 일행을 죽일 계획을 세운다. 딸의 개입을 알고 있었기 때문이다.

이아손은 다시 한 번 메데이아의 도움을 받아 잠들지 않는 무서운 용을 약물로 잠재우고 황금양피를 탈취하여 그녀와 함께 콜키스를 탈출한다. 도망하던 이아손 일행은 압시르토스에게 추월당한다. 이아손은 엄청난 수의 콜키스 군대에 기가 눌려 압시르토스가 내건 평화협상 조건을 받아들인다. 그것은 황금양피는 가져가도 좋으나 메데이아의 처리 문제만은 인근 국가의 왕들의 판단에 맡겨야 된다는 것이었다.

사태가 심각해진 것을 안 메데이아는 이아손과 함께 치밀한 계획을 세워 오빠 압시르토스를 살해하여 위기에서 벗어난다. 이아손은 압시르토스를 죽인 뒤 콜키스의 예법이 아니라 그리스식대로 땅에 묻는다. 제우스는 살인행위보다도 예법에 어긋난 장례에 또다시 분노하여 이아손의 귀향을 지연시킨다. 그리하여 이아손은 그리스를 지척에 두고도 바다를 방랑하며 숱한 역경을 겪는다. 이아손은 아이에테스의 여동생이자 메데이아의 고모 키르케가 사는 섬에 가서 살인죄를 씻고서야 비로소 귀향한다.

제우스의 분노

제우스의 분노는 아르고호가 콜키스의 아이아로 모험을 떠나게 된 결정적인 동기가 되며 『아르고호의 모험』의 중요한 테마이다. 호메로스의 『일리아스』에서 아킬레우스의 분노가 작품 전체의 동인이 되는 것과 마찬가지다. 『일리아스』의 첫 대목은 그 책 전체의 내용이 아킬레우스의 분노와 연관되어 있음을 밝힌다.

노래하소서, 여신이여, 펠레우스의 아들 아킬레우스의 분노를, 아카이아인들에게 헤아릴 수 없는 고통을 안겨다 주었으며 영웅들의 수많은 굳센 혼백을 하데스에게 보내고 그들 자신은 개들과 온갖 새들의 먹이가 되게 한 그 잔혹한 분노를!

『일리아스』에서 아킬레우스의 분노는 바로 제우스의 분노나 다름없다. 『아르고호의 모험』에서도 제우스의 분노는 아폴론을 대리자로 내세워 작품 전체를 관통하고 있다.

두 작품에서 분노는 맹목적이고 감정적인 분노가 아니라 불의에 대항하는 정의로운 분노다. 『일리아스』에서 아킬레우스는 부당한 아가멤논의 처사에 대해, 『아르고호의 모험』에서 제우스는 죽은 자를 예법에 어긋나게 장사 지낸 것에 대해 분노한다.

『아르고호의 모험』에서는 물론 헤라가 펠리아스에게 품고 있는 분노도 중요한 역할을 한다. 펠리아스는 헤라의 신전을 더럽히고 그녀에게 제물을 바치는 것을 거부했기 때문이다. 그러나 헤라는 펠리아스에게 당한 모욕을 풀려고 할 뿐이다. 헤라의 분노는 개인적인 것이다. 그에 비해 제우스의 분노는 나라 전체의 관습이나 도덕과 연관된 것이다. 『아르고호의 모험』에서 제우스는 아이올로스의 후손 프릭소스가 이국 땅 콜키스에 가서 죽은 뒤 그리스 예법대로 묻히지 못했기 때문에 분노한다. 그리스에서 사람이 죽으면 땅에 묻혀야 한다. 하지만 프릭소스의 시체는 콜키스 예법대로 가죽으로 싸서 나무에 매달려 있었다.

제우스는 그리스인들에게만 자신의 원칙을 적용하는 것은 아니다. 그는 콜키스인에게도 똑같은 법칙을 적용한다. 이아손은 메데이아의 오빠 압시르토스를 살해한 뒤 콜키스 예법이 아닌 그리스 예법대로 땅에 묻는다. 제우스는 이것을 보고 살인행위보다도 죽은 자를 예법대로 장사 지

제우스와 테티스. 관습의 최고 수호자인 제우스이지만 그는 수시로 바람을 피워 헤라의 마음을 아프게 한다.

내주지 않은 것에 더 분노하여 아르고호의 귀향을 지체시킨다. 이것은 예법의 수호자인 제우스의 정의의 원칙에 어긋나기 때문이다.

　이런 점에서 이 작품은 헤시오도스의『신통기』와『노동과 나날』과도 그 맥을 같이한다.『신통기』도 신들의 가계를 제우스에 의한 정의의 구현이라는 특정한 관점에서 서술한다. 헤시오도스에 의하면 제우스의 할아버지 우라노스나 아버지 크로노스는 그들이 저지른 천인공노할 불의 때문에 권력에서 밀려난다. 우라노스는 아내 가이아의 몸속에 자식들을 밀어 넣고, 크로노스는 아버지 우라노스를 거세하고 자식들을 잡아먹는 만행을 저지르기 때문이다. 제우스가 신들과 인간들의 왕으로서 우뚝 서게 되는 것은 그가 정의로운 신이었기 때문이다. 제우스가 티탄 신족들과 벌이는 전쟁은 자신의 권력욕과 야심을 채우기 위한 추악한 전쟁이 아니라 불의에 대항해서 싸우는 정의로운 전쟁이다.

　『노동과 나날』에서도 헤시오도스는 게으르고 부정한 형제 페르세스에게 부지런하고 정의롭게 살라고 권고하고 훈계한다. 그는 인간의 시대를 황금시대, 은의 시대, 청동시대, 영웅시대, 철기시대 등 다섯 단계로 구분한다. 황금시대 말기 프로메테우스가 제우스 신의 불을 훔쳐 인간에게 가져다주자 인간은 자꾸만 사악해져 갔다. 급기야 헤시오도스가 살았던 철의 시대는 형제들 사이뿐 아니라 부모와 자식 간에도 서로 믿지 못하는 최악의 시대가 되었다. 그런 불행으로부터 벗어나기 위한 해결책이 바로 정의의 구현이며 그 구체적 방법이 노동이다. 인간에게 제우스의 정의를 중개해주는 신은 정의의 여신 디케이다.『노동과 나날』에는 디케라는 이름이 빈번하게 나온다.

　『아르고호의 모험』에서 분노로 표현되는 제우스의 정의는 작품 전체를 아우른다. 제우스는 아폴론을 내세워 끝까지 작품 전체의 줄거리에 관여한다. 등장인물들 중 모험에서 결정적인 역할을 하는 이도, 아르고호를 만든 아르고스나 키잡이 티퓌스, 그리고 예언가 몹소스 등 특별한 몇 사

불의가 판치는 지상을 떠나는 정의의 여신 디케. 디케는 계절의 여신인 호라이 세 자매 중 하나로 나머지 자매 이름은 에우노미아(질서), 에이레네(평화)이다.

람들을 제외하면 모두 제우스의 후손들이다. 음악을 연주해서 영웅들의 고단함을 풀어주거나 괴조 세이레네스를 물리쳐주는 오르페우스는 제우스의 딸 칼리오페의 아들이고, 권투시합에서 베브리케스 족의 오만한 왕 아미코스를 죽이는 폴리데우케스도 제우스의 아들이다. 그에 비해 다른 신들의 후손들은 비록 대단한 능력을 소유하고 있어도 이 작품에서 아무런 역할을 하지 못하고 배경인물들만 될 뿐이다.

메데이아의 사랑

『아르고호의 모험』은 내용상 인과관계가 아주 정확하다. 시간이나 공간에 대한 서술도 앞뒤가 정확하게 일치한다. 아폴로니오스가 얼마나 꼼꼼하게 작품을 집필했는지 알 수 있는 대목이다. 그는 작품을 몇 번이나 고치고 다듬었을 것이다. 예민하게 보일 수도 있을 그의 치밀함은 바로 3권에서 정점에 달한다.

3권은 정의로운 제우스의 분노에 이어 이 책의 두 번째 테마를 다루고 있다. 그것은 바로 모든 것을 집어삼키고 휩쓸어갈 수 있는 폭풍노도와도 같은 사랑의 감정이다. 3권에서 메데이아는 사랑 때문에 부모와 형제와 가정과 조국을 버린다. 그것도 모자라 그녀는 자신의 사랑에 방해물이 되는 오빠 압시르토스를 죽이기까지 한다. 그녀의 사랑은 너무나도 순수하고 강렬하기에 비극적 결말을 예시한다. 더욱더 놀라운 것은 에로스의 장난으로 사랑에 빠진 메데이아를 묘사하는 아폴로니오스의 세밀한 심리묘사이다. 그의 심리 분석은 사랑에 빠져본 사람이라면 첫사랑에 대한 깊은 향수와 회한을 불러일으키고도 남는다.

3권은 짧은 서사를 거쳐 헤라 여신과 아테나 여신이 나누는 대화로 시작된다. 헤라 여신은 아테나 여신과 함께 이아손 일행을 도울 방도를 숙

의한다. 그들은 콜키스의 왕 아이에테스와 대면을 앞둔 이아손 일행이 걱정스러웠다. 아이에테스의 포악성을 누구보다도 잘 알고 있었기 때문이다. 결국 헤라 여신은 아테나 여신과 함께 아프로디테 여신을 찾아가기로 결심한다. 그녀의 아들 에로스를 시켜 메데이아의 가슴속에 사랑의 불을 지피기 위해서였다.

헤라의 부탁을 받은 아프로디테는 어린 가니메데스와 놀고 있는 에로스를 찾아내 그를 구슬린다. 그녀는 아들에게 아이에테스의 딸의 가슴에 사랑의 화살을 날려주면 제우스가 어렸을 적 갖고 놀던 귀한 황금공을 주겠다고 제안한다. 귀가 솔깃해진 에로스는 얼른 지상으로 내려가 이아손과 우연히 마주친 메데이아의 가슴에 사랑의 화살을 날리고 유유히 사라진다. 그 후 메데이아는 이아손에게 마음을 빼앗겨버린다. 아폴로니오스는 화살을 맞는 순간 메데이아의 심리를 다음과 같이 묘사한다.

화살은 그녀의 가슴속에서 불꽃처럼 타올랐다. 그녀는 계속해서 아이손의 아들에게 불타오르는 시선을 던졌다. 그녀는 정신이 혼미해져 깊은 생각을 할 수 없었다. 도무지 아무런 생각이 떠오르지 않았다. 심장이 달콤한 고통으로 아려왔다.

그녀는 내내 이아손만을 생각하며 눈앞에 아른거리는 그의 모습을 떨쳐버리지 못한다. 이아손의 일거수일투족을 떠올리며 애태운다. 아폴로니오스는 메데이아의 애틋한 심정을 다음과 같이 묘사한다. 사랑에 빠진 인간의 마음을 정말 실감 나게 그리고 있다.

그녀의 눈에는 아직도 이아손의 모습이 어땠는지, 그가 어떤 옷을 입었는지 모든 것이 생생히 떠올랐다. 그가 말한 것, 그가 어떻게 팔걸이의자에 앉아 있다가 문 쪽으로 걸어 나갔는지 하는 것도 눈앞에 선했다. 이리저리 생각하다가

이아손과 메데이아

그녀는 급기야 그런 남자는 세상에 하나밖에 없다고 생각했다. 그녀의 귀에서는 계속해서 그의 목소리와 그가 했던 달콤한 말들이 울려왔다.

고민하던 메데이아는 결국 아버지의 뜻에 반하지만 이아손을 도와주기로 결심한다. 그녀는 칼키오페를 찾아가 언니가 바라는 대로 이아손 일행을 도와주겠다고 말하려 한다. 언니의 아들들을 위한다는 명목이지만, 무엇보다도 사랑하는 이아손을 위험에서 구하기 위해서였다. 그러나 그녀는 아버지를 배반해야 한다는 수치심과 이아손에 대한 사랑 사이에서 심하게 갈등한다. 메데이아는 선뜻 발걸음을 떼지 못한다. 그녀는 몇 번이나 언니의 방에 가려고 나서다가도 다시 자신의 방으로 돌아온다. 다음은 메데이아의 갈등하는 모습을 그린 장면이다. 아폴로니오스의 뛰어난 심리묘사가 여실히 드러나는 대목이다.

그녀는 일어서서 겉옷만 걸친 채 맨발로 방문을 열었다. 그리고 언니의 방으로 가려고 문지방을 넘어섰다. 하지만 부끄러운 마음이 들어 한참 동안 망설이며 방의 바깥 홀에 서 있었다. 그러다가 그녀는 다시 방향을 바꾸어 자기 방으로 들어왔다. 그녀는 다시 한 번 더 방에서 나왔다가 다시 들어갔다. 그녀의 발은 이렇게 하릴없이 그녀를 밖으로 몰고 갔다가 다시 안으로 데려왔다. 그녀가 나가려고 하면 수치심이 그녀를 안에 붙잡아두었고, 수치심으로 멈추어 서면 대담한 욕망이 그녀를 밖으로 재촉했다. 그녀는 세 번째로 그걸 시도했지만 다시 멈추어 섰다. 네 번째로 다시 방에 돌아온 그녀는 침대에 몸을 던졌다.

핵심을 찌르는 비유법의 문제

『아르고호의 모험』은 대략 4분의 3이 여행기다. 비록 4권으로 이루어져 있지만 내용상 '콜키스로 가는 길, 과업의 수행, 그리스로의 귀환' 등 3권으로 나누면 더 좋았을 것이다. 1권과 2권은 테살리아의 이올코스에서 콜키스의 아이아로 가는 여정을 다룬 것으로 하나로 합해도 아무런 틈을 느끼지 못한다. 더군다나 1권과 2권은 새로운 서사도 없이 나뉘어져 있다.

3권은 콜키스에서의 메데이아와 이아손의 사랑과 행적을 다루고 있다. 이 책의 핵심 부분이라고 할 수 있다. 3권의 내용은 4권에서 이아손이 메데이아와 함께 황금양피를 가지고 콜키스를 떠나 그리스로 도망치는 부분까지 이어진다. 내용상 3권도 거기까지 연장되어야 했다. 그 후 콜키스 군대가 메데이아 일행을 추격하는 부분에서 4권이 시작하는 것이 더 자연스럽다.

4권에서 새로 무사이 여신을 부르는 곳에서 5권이 시작되어도 아무런 문제가 없다. 아르고호가 제우스의 분노로 그리스를 지척에 두고도 방랑하기 시작하는 곳이기 때문이다. 또 4권에서 무사이 여신을 부르지는 않지만 영웅들이 리비아의 트리톤 신을 만나는 곳에서 5권이 시작되었어도, 독자들은 4권이나 5권이 너무 짧다는 것에 별로 놀라지 않았을 것이다. 오히려 원래대로 4권으로 나누었을 때 마지막 4권이 너무 긴 것이 더 어색하다. 하지만 필사본으로 현재 남아 있는 책이 왜 4권으로 나누어졌는지는 알 길이 없다.

『아르고호의 모험』은 아폴로니오스가 칼리마코스와 벌였다고 주장하는 논쟁에서 유추할 수 있듯이 호메로스의 영향을 강하게 받았다. 작품 속에는 『일리아스』와 『오디세이아』를 모델로 삼은 부분이 수없이 많다. 예를 들어 이아손과 함께 모험을 떠나기 위해 이올코스로 모여드는 영웅들의 고향이나 가족관계를 설명하는 대목은 『일리아스』에서 트로이를 정복하기 위해 아울리스 항으로 모여드는 그리스 장군들의 출신을 묘사하는 것과 비슷하다. 예언가 피네우스가 아르고호의 영웅들에게 해주는 예언도 『오디세이아』에서 키르케가 오디세우스에게 해주는 예언을 모델로 하고 있다.

　아르고호가 콜키스로 갈 때 지나간 곳과 오디세우스가 고향으로 돌아올 때 거쳐온 항로도 대부분 일치한다. 아르고호의 목적지가 트로이의 바로 위쪽인 콜키스이기 때문이다. 항로뿐 아니라 지나치는 지역의 이름도 몇 개는 정확히 일치한다. 아르고호가 지나가는 파이아케스인들의 나라, 헬리오스의 섬, 세이레네스의 섬, 스킬라와 카립디스, 그리고 플랑크타이 바위 등을 오디세우스도 똑같이 거쳐간다. 아폴로니오스가 아르고호의 항로를 정할 때도 호메로스의 『오디세이아』를 모델로 삼았다는 것을 반증하는 사실이다.

　그러나 아르고호나 오디세우스는 서로 같은 지역을 지나가더라도 그 방법에서 약간의 차이를 보인다. 세이레네스의 섬을 지날 때 아르고호는 오르페우스의 노래와 리라 연주로 세이레네스들을 물리치지만, 오디세우스는 부하들의 귀는 밀랍으로 막고 자신은 돛대에 몸을 꽁꽁 묶어 세이레네스의 마법을 피한다. 또 아르고호나 오디세우스의 항로에서 스킬라와 카립디스, 그리고 플랑크타이 바위는 서로 이웃하고 있다. 아르고호, 오디세우스 모두 목적지에 도착하려면 둘 중 하나는 꼭 통과해야 한다. 이런 상황에서 아르고호는 플랑크타이 바위를 통과하지만, 오디세우스는 스킬라와 카립디스를 택한다.

　아폴로니오스의 문체는 호메로스와 상당히 다르다. 그는 이미 사용한 표현을 반복해서 독자들을 지루하게 만들지 않는다. 어쩔 수 없이 반복되는 표현도 가능한 한 변형시킨다. 형식으로 흐르는 것을 막기 위해서다. 작품에 자주 등장하는 전형적인 장면들, 제물을 바칠 때, 식사를 할 때, 신탁을 받을 때, 신들이 나타날 때 등도 마찬가지로 뒤로 갈수록 간결해진다. 특히 아폴로니오스는 호메로스보다 훨씬 더 비유를 많이 사용한다. 더욱이 그의 비유는 호메로스에 비해 더 핵심을 찌른다. 그중 영웅들의 공격에 놀란 베브리케스인을 늑대의 위협으로 공포에 떠는 양에, 도망가는 그들을 벌집에 연기를 쐬자 정신없이 흩어지는 벌떼에 비유하는 장면은 특히 압권이다. 정말 전투장면이 눈앞에 생생하게 떠오르는 비유다.

아르고호의 모험, 그 후

아폴로니오스의 『아르고호의 모험』은 아르고호가 그리스에 돌아오는 것으로 끝을 맺는다. 그 후의 이아손이나 메데이아의 행적은 에우리피데스의 『메데이아』를 통해 알 수 있다. 그의 작품은 이아손과 메데이아가 코린토스로 망명한 이후의 사건을 다루고 있지만 작품 곳곳에서 이올코스에서 코린토스로 건너오기 전에 그들에게 무슨 일이 있었는지 알려준다.

이 책에 의하면 펠리아스를 죽인 뒤 신변의 위험을 느낀 메데이아와 이아손은 코린토스로 망명한다. 코린토스 왕 크레온은 자신의 뒤를 이을 아들이 없었다. 그는 이아손을 후계자로 삼고자 환대하며 딸 글라우케를 그와 약혼시키고, 메데이아를 추방하려 한다. 이아손은 이러한 크레온의 태도에 수수방관하며 메데이아를 점점 멀리한다. 이에 분노한 메데이아는 이아손의 약혼녀에게 독을 묻힌 옷을 선물하여 그녀를 죽이고, 이아손에게서 낳은 두 아들마저 죽이고는 집에 불을 지른 뒤 하늘을 나는 수레를 타고 아테네로 도망간다. 이러한 결과를 놓고 보면 메데이아는 그리스 최고의 악녀임에 틀림없다. 누가 사랑 때문에 부모를 버리고 오빠를 토막 살인하고 더 나아가 자식을 살해한 이 여인을 비난하지 않을 수 있겠는가?

메데이아는 그동안 에우리피데스를 비롯한 작가들의 수많은 작품에 소재로 다루어지면서 끊임없이 논란의 대상이 되어온 인물이다. 문학작품

속에 그려지는 메데이아의 모습은 크게 두 가지로 구분된다. 그중 하나는 자식 살해의 주제를 처음으로 자신의 작품에 도입한 에우리피데스의 해석에 따라 메데이아를 지독한 악녀로 보는 시각이고, 다른 하나는 메데이아에 대한 좀 더 오래된 기록들을 찾아 그녀를 복권시키려는 시도이다. 에우리피데스 이래로 메데이아에 대한 평가는 최근까지 전자가 주류를 이뤘으나, 1970년대 이후 일기 시작한 여성해방운동의 영향으로 현재는 후자 쪽으로 무게중심이 옮겨지고 있다.

그 대표 주자로 부각되는 독일의 여성작가 크리스타 볼프의 『메데이아』는 위와 같은 전통적인 신화의 내용을 모두 거부한다. 그녀는 이 소설을 쓰기 전에 전승되어온 아주 오래된 메데이아에 대한 기록과 신화 전문가에게 했던 질문을 통해 메데이아가 원래 여신이자 사제였고 치료사였다는 사실을 밝혀낸다. 그리고 메데이아는 '좋은 충고를 아는 자'라는 뜻으로 어원적으로 볼 때 지혜라는 의미를 지닌 '메티스Metis'와 연관이 있으며 '의학medicine'이라는 말도 나중에 그 이름에서 유래한다는 것을 밝힌다. 이것을 근거로 볼프는 메데이아를 '오해의 어둠으로부터' 구하기 위해 자신의 작품의 내용을 기존의 작품들과는 근본적으로 다르게 바꾸어 쓴다.

볼프의 소설 속에서 메데이아의 아버지 아이에테스는 콜키스 왕국의 권력을 잡은 지 14년째가 되어 노쇠하였지만 아들에게 권력을 이양하려 하지 않는다. 사퇴 압력에 시달리던 아이에테스는 결국 심복들을 시켜 권력 계승자인 아들을 살해한다.

메데이아는 동생(볼프의 작품에서는 오빠가 아니라 동생이다)이 살해되자 이제 더 이상 조국 콜키스에 남아 있을 수 없다고 생각한다. 이아손 일행이 콜키스에 도착하여 아이에테스 왕에게 황금양피를 요구했을 때 메데이아는 심한 갈등을 겪고 있었다. 그래서 그녀는 이아손과 황금양피를 놓고 거래를 한다. 아버지가 내주기를 거부하는 황금양피를 갖게 해줄

자식들을 살해하는 메데이아

용이 끄는 수레를 타고 도망가는 메데이아

테니 자기를 함께 데려가 달라는 것이다. 이아손은 목적이 아니라 수단이었던 셈이다.

볼프에 의하면 메데이아가 조국을 등진 이유는 이아손과의 사랑 때문은 결코 아니었다. 그것은 아버지가 휘두르는 가부장제의 폭력을 거부하는 정치적인 결단 때문이었다. 볼프는 여신이자 사제, 그리고 치료사로서 전혀 부정적인 측면이라고는 찾아볼 수 없던 메데이아가 그리스 최고의 마녀나 악녀로 전락한 것은 바로 그사이 사회에서 무엇인가 획기적인 변화가 일어났기 때문이라고 확신한다. 그녀에 의하면 그 변화는 다름 아닌 모권제 사회에서 가부장제 사회로의 이행이다. 여신 혹은 치료사에서 악녀로 추락한 메데이아는 모권제 사회에서 부권제 사회로의 이행 과정을 극명하게 보여주는 인물인 것이다. 볼프는 메데이아에 대한 폄하와 왜곡은 '가부장제의 시작'에서 기인한다고 주장하며 다음과 같이 말한다.

남성적인 욕구와 가치관에 의해 점점 더 강하게 규정받는 문화는 일반적으로 여성적인 것과 여성에 대해 두려움을 나타내는데 거칠고, 악하며, 조야한 충동에 사로잡힌 여성상, 사악한 여마술사나 마녀상이 필요했습니다.

이런 입장을 견지하는 사람들은 에우리피데스의 작품 『메데이아』에 대한 평가에도 전자와는 그 궤를 달리한다. 그들에 의하면 에우리피데스의 작품에서 메데이아가 비록 사랑 때문에 가족도 버리고, 동생과 자식들을 살해한 악녀로 묘사되고 있지만, 그녀로 하여금 그렇게 하도록 강요한 외부적인 상황도 함께 자세하게 기술되고 있다. 에우리피데스 역시 메데이아가 당하고 있는 비극의 원인을 메데이아 자신이 갖고 있는 악독한 성격이 아니라 가부장제 논리에 편승해서 그녀를 버리려 한 파렴치하고 기회주의적인 이아손에게서 찾고 있다는 주장이다.

왜곡된 메데이아의 상을 바로잡으려는 사람들에 의하면 우리는 에우리피데스의 『메데이아』를 주인공 메데이아의 시각에서 다시 읽어야 한다. 그들은 에우리피데스가 이아손을 무척 초라하게 묘사하고 있다는 점도 강조한다. 나아가 그들은 에우리피데스도 분명히 그것을 의식하고 썼을 것이라고 주장한다. 정말 그의 작품 속에서 이아손은 당당한 영웅의 모습이 아니라 지독한 소인배로 묘사되어 있기 때문이다. 자신을 맹렬하게 비난하는 메데이아에게 자신의 행동을 변명하는 이아손의 모습은 아주 옹색하고 비열하며 헤라클레스 등 다른 영웅들에게서 볼 수 있는 당당한 면모를 찾아보기 힘들다.

더욱이 메데이아의 넋두리를 통해 서술하고 있는 다음 내용을 보면, 에우리피데스는 분명 가부장제의 사회에서 무시당하고 억압받고 희생당하는 여성의 비극적 삶을 정확하게 꿰뚫어보고 있음을 알 수 있다.

생명과 분별력을 가진 모든 것들 가운데 우리 여자들이 가장 비참한 존재들이에요. 첫째, 우리는 거금을 주고 남편을 사서 우리 자신의 상전으로 모셔야 해요. 그러나 두 번째 불행이 첫 번째 불행보다 더 비참하지요. 그다음 더 심각

한 문제는 우리가 얻은 남자가 좋냐 나쁘냐 하는 거예요. 헤어진다는 것은 여자에게 불명예스러운 일이고 남편을 거절한다는 것도 불가능하기 때문이지요. 새로운 관습과 규범 속으로 뛰어들게 된 여자는 집에서 배운 적이 없으니, 어떻게 해야 남편을 가장 잘 대할 수 있을 것인지 예언가가 되지 않으면 안 돼요. 우리가 그런 일을 잘해내어 남편이 우리와 함께 살며 싫은 기색 없이 결혼의 멍에를 짊어져준다면 행복한 인생이라고들 하지요. 그렇지 않으면 우리는 죽는 편이 더 나아요. 그리고 남자는 집안에서의 생활에 싫증이 나면 밖에 나가 친구나 같은 또래와 어울려 울적한 마음을 풀곤 하지요. 그러나 우리는 한 사람만 쳐다보고 있어야 해요. 그들은 말하죠. 우리는 집에서 안전하게 살고 있지만 자기들은 창을 들고 싸운다고. 말도 안 되는 얘기지요! 나는 한 번 아이를 낳느니 차라리 세 번 싸움터로 뛰어들고 싶어요.

이아손에게 무술을 가르치는 켄타우로스 족 케이론

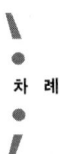

차 례

옮긴이 서문 5

작품해설 7

1권 외짝 신발의 사나이

아폴론 신의 신탁으로 아르고호의 모험이 시작되다 49

54명의 영웅들이 이올코스로 속속 집결하다 50

영웅들이 파가사이 항구로 행진하다 63

이아손이 슬픔에 빠진 어머니와 작별하다 64

영웅들이 이아손을 대표로 선출하다 67

영웅들이 아르고호를 진수시키다 69

아폴론에게 제물을 바치다 70

이아손과 이드몬이 다투다 73

영웅들이 아르고호를 타고 콜키스로 출발하다 76

남자들을 모두 죽이고 여인천하를 만든 렘노스 섬의 여자들 80

아르고호의 처리 문제로 렘노스 여자들이 집회를 열다 81

영웅들이 렘노스 여자들과 살림을 차리다 85

영웅들이 헤라클레스의 경고를 듣고 섬을 출발하다 91

키지코스 섬에서 돌리오네스 족을 만나다 94

미개인들을 섬멸하고 섬을 출발하다 96

역풍으로 회항한 영웅들이 실수로 키지코스 왕을 죽이다 97

신들의 어머니에게 제물을 바치고 섬을 다시 출발하다 99

헤라클레스가 부러진 노를 만들기 위해 숲으로 들어가다 102

헤라클레스와 폴리페모스가 사라진 힐라스를 찾아 헤매다 104

아르고호가 헤라클라스와 폴리페모스를 남겨두고 출발하다 107

2권 황금양피를 찾아 떠난 그리스 영웅 55인

오만한 아미코스 왕이 영웅들에게 권투시합을 신청하다 113

제우스 신의 아들 폴리데우케스가 아미코스 왕을 죽이다 116

영웅들이 베브리케스인들과 전투를 벌이다 117

보레아스의 아들들이 피네우스를 괴롭히던 하르피이아이를 쫓다 120

피네우스가 감사의 표시로 아르고호의 항로를 예언해주다 126

보레아스의 아들들이 하르피이아이를 멀리 쫓고 돌아오다 130

피네우스가 자신에게 극진한 파라이비오스의 가족사를 말하다 132

에테시아이 바람이 부는 내력과 키레네 이야기 134

아르고호가 심플레가데스를 통과하다 136

이아손이 동료들의 마음을 떠보다 140

티니아스 섬에서 아폴론 신이 영웅들에게 나타나다 141

하데스의 나라로 들어가는 동굴 145

마리안디노이의 왕 리코스가 영웅들을 환대하고 축제를 벌이다 146

예언가 이드몬이 멧돼지에 물려 죽고, 키잡이 티피스가 병사하다 148

앙카이오스가 키잡이가 되다 151

스테넬로스의 혼령을 달래주다 152

세 영웅들이 아르고호에 승선하다 153

여인왕국 아마조네스 족 154

부끄러움을 모르는 모시노이코이 족 157
영웅들이 아레스의 새들을 멀리 쫓고 섬에 상륙하다 158
그리스로 항해하다 섬에 좌초된 프릭소스의 아들들을 만나다 160
아르고호가 드디어 아이에테스의 왕국 콜키스에 도착하다 166

3권　메데이아와 이아손

헤라와 아테나가 이아손과 영웅들을 도울 방안을 의논하다 171
헤라와 아테나가 아프로디테를 찾아가다 173
아프로디테의 부탁으로 에로스가 아이에테스 궁전으로 떠나다 177
영웅들이 아이에테스 왕과의 대면을 앞두고 선상 회의를 열다 179
이아손 일행이 아이에테스 궁전에 도착하다 180
이아손과 메데이아가 처음으로 마주치다 184
에로스의 화살을 맞은 메데이아 185
아이에테스 왕이 프릭소스 아들들을 추궁하다 186
아이에테스 왕이 황금양피를 걸고 이아손에게 조건을 제시하다 189
메데이아가 첫 번째 독백에서 이아손에 대한 그리움을 표현하다 191
아르고스가 이아손에게 메데이아에 대해 처음으로 언급하다 192
이아손이 동료들에게 아이에테스와의 회담 결과를 보고하다 193
아르고스가 아이에테스와 싸우러 가려는 영웅들을 말리다 195
아이에테스가 총동원령을 내리고 백성들에게 연설하다 197
메데이아가 이아손의 꿈을 꾸고 난 후 두 번째 독백을 하다 199
칼키오페가 동생 메데이아의 마음을 떠보다 200
메데이아가 이아손을 도와주기로 결심하고 세 번째 독백을 하다 203
메데이아가 이아손을 만나려고 헤카테 신전으로 출발하다 206
이아손 일행이 메데이아를 만나려고 헤카테 신전으로 향하다 210

메데이아가 이아손을 만나서 마법의 약을 전달하다 212

메데이아와 이아손이 사랑의 맹서를 나누다 218

텔라몬과 아이탈리데스가 뱀의 이빨을 가지러 가다 221

이아손이 헤카테 여신에게 제물을 바치다 223

아아에테스 왕이 이아손의 과업을 참관하기 위해 무장하다 224

이아손이 무기와 몸에 마법의 약을 바르다 225

이아손이 황소에 멍에를 씌우다 226

아레스의 들판을 쟁기로 갈다 229

땅에서 솟아난 병사들을 베다 230

4권 황금양피를 찾아 돌아오다

메데이아가 궁전에서 도망쳐 이아손 일행과 합류하다 235

이아손이 메데이아의 도움으로 황금양피를 탈취하다 239

아이에테스의 명령으로 콜키스 군대가 아르고호를 추격하다 244

파플라고니아 해안에서 아르고스의 충고로 귀환 항로를 정하다 246

콜키스 추격대 1진이 아르고호를 앞질러 아드리아 해로 빠져나가다 249

영웅들과 콜키스 추격대 사이의 타협에 메데이아가 분노하다 251

메데이아가 이아손과 함께 오빠 압시르토스의 살해 계획을 세우다 253

영웅들이 압시르토스가 타고 온 콜키스 배를 습격하다 254

이아손이 압시르토스를 살해하고 매장하다 256

콜키스인들이 뿔뿔이 흩어지다 260

영웅들이 힐로이 족 마을에 들르다 261

살인 행위에 분노한 제우스 신이 아르고호를 회항시키다 262

아직도 타고 있는 파에톤의 시체 264

이아손과 메데이아가 키르케를 만나 살인죄를 씻다 268

헤라 여신이 플랑크타이 바위를 무사히 통과시키기 위해 준비하다 272
오르페우스가 노래와 리라 연주로 세이레네스를 물리치다 280
테티스 여신과 그 자매들 도움으로 플랑크타이 바위를 무사히 지나가다 282
콜키스 추격대 2진이 메데이아를 인도해줄 것을 요구하다 284
메데이아가 영웅들과 아레테 왕비에게 탄원하다 285
알키노오스 왕이 침실에서 아레테 왕비에게 계획을 털어놓다 288
아레테 왕비의 전갈을 듣고 이아손과 메데이아가 결혼하다 291
왕이 결혼한 메데이아를 인도해줄 수 없다고 결정하고 아르고호가 출발하다 295
아르고호가 폭풍우로 시르테와 해안사막에 좌초하다 296
리비아의 요정들의 신탁으로 아르고호를 떠메고 사막을 통과하다 299
헤스페리데스를 만나 헤라클레스가 다녀간 사실을 알게 되다 303
칸토스는 양치기의 돌팔매를 맞고, 몹소스는 독사에 물려 죽다 308
트리톤 신의 도움으로 호수에서 해안으로 빠져나오다 310
메데이아가 마법으로 크레테 섬의 탈로스를 죽이다 314
암흑 속에서 아폴론 신이 나타나 아나페 섬을 비추어주다 317
에우페모스의 꿈과 그의 후손들 이야기 318
시인은 영웅들과 작별하고, 아르고호는 파가사이 항에 무사히 도착하다 320

 부록

지도 324
가계도 334
참고문헌 335
아르고호의 영웅 55인 찾아보기 337
찾아보기 339

1 외짝 신발의 사나이

내 아들아, 펠리아스 왕이 너에게 그 악의에 찬 과업을 하도록 했다는 말을 들은 바로 그날, 이 불쌍한 년이 목숨을 끊어버렸다면 모든 걱정을 잊었을 텐데. 그랬다면 넌 네 손으로 직접 나를 묻어주었을 테지. 한때 모든 아카이아 여인들의 부러움을 한 몸에 받던 내가 이제 하녀처럼 적막한 궁전에 갇혀 쓸쓸히 홀로 지내야 할 것 같구나. 불운한 내 신세가 슬프구나! 프릭소스의 탈출이 나에게 그렇게 많은 화를 초래할지는 꿈에도 생각하지 못했다.

항해하고 있는 아르고호의 영웅들

1권

아폴론 신의 신탁으로 아르고호의 모험이 시작되다

포이보스[1] 신이시여, 저는 펠리아스 왕의 명령으로 황금양피를 찾아 튼튼하게 건조한 아르고호를 타고 흑해 입구의 해안선을 따라, 감청색 바위들[2] 사이를 지나 항해했던 고대 영웅들의 영광스러운 모험을 당신의 이름을 시작으로 노래하고자 합니다.[3]

언젠가 펠리아스 왕은 백성들 중에서 장차 외짝 신발을 신고 나타나는 자의 계략에 의해 왕권을 잃게 되는 모진 운명을 당할 것이라는 당신의 예언을 들었습니다. 그 후 얼마 되지 않아 과연 그 예언대로 이아손이 겨울철에 아나우로스 강을 건너다가 한쪽 신발은 진창에서 건져내지만, 다른 쪽 신발은 불어난 강물 때문에 그만 그곳에 놔두고 나왔습니다. 이아손은 향연에 늦지 않기 위해 그길로 펠리아스의 왕궁으로 서둘러 갔습니다. 펠리아스는 그때 자신의 아버지 포세이돈과 다른 신들을 기리기 위해 향연을 베풀고 있었습니다. 하지만 펠라스고이 족[4]의 수호신 헤라 여

---

[1] 포이보스는 '빛나는 자'라는 뜻으로 아폴론 신의 별칭이다. 작품의 서두에서 아폴론 신을 맨 먼저 부르는 것은 외형상 그의 신탁으로 아르고호의 모험이 시작되기 때문이다. 그러나 영웅들에게 모험을 하도록 한 것은 제우스 신이고 아폴론은 단지 그의 대변인일 뿐이다.
[2] 보스포로스 해협 북단에 위치한 두 개의 바위문. 물체가 통과하면 서로 부딪쳐서 가루로 만든다. '심플레가데스(서로 충돌하는 바위)' 혹은 '키아네아이 페트라이'라고도 부른다.
[3] 첫 문장에서 다섯 가지의 주제가 미리 언급된다. 1. 모험의 구성원(고대 영웅들) 2. 모험의 구간 (감청색 바위들 사이를 지나) 3. 모험을 시킨 자(펠리아스) 4. 모험의 목적(황금양피) 5. 모험의 수단(아르고호).
[4] 그리스 북부나 테살리아의 원주민.

신에게는 전혀 경의를 표하지 않았습니다.⁵ 그는 이아손을 보자마자 곧바로 뇌리를 스치고 지나가는 생각이 있어, 그에게 험난한 항해를 하도록 명령했습니다. 그것은 이아손이 바다의 풍랑이나 이방인들의 방해로 귀환하지 못할 것이라는 계산에서였습니다.

고대 시인들의 노래⁶에 의하면 그들이 타고 간 배는 아테나 여신의 지시에 따라 아르고스가 건조했다고 합니다. 자, 그러면 이제 저는 그 영웅들의 가문과 이름, 긴 항해, 그들이 바다를 방랑하는 동안 겪은 일들을 이야기하고 싶습니다. 무사이⁷ 여신들이여, 저에게 노래를 부르도록 영감을 주십시오!

54명의 영웅들이 이올코스로 속속 집결하다 ⁸

제일 먼저 오르페우스를 언급하고 싶다. 그는 칼리오페⁹가 트라케인 오이아그로스와 동침한 후 핌플레이아 산 근처에서 낳았다고 한다. 사람들에 의하면 이 오르페우스의 노랫소리는 꿈쩍도 하지 않는 산의 바위와 도

제우스와 기억의 여신 므네모시네 사이에서 태어난 아홉 명의 무사이 여신. 이들은 예술을 관장한다.

도하게 흐르는 강물도 감동시킨다.10 트라케 해변의 야생 참나무들조차도 그의 노래에 화답하여, 무성하게 새싹을 틔우며 빽빽하게 열을 지어 행진한다. 그 참나무들은 이미 오래전에 오르페우스의 리라 연주에 홀려 피에리아 산 정상에서 그 해변으로 내려왔었다. 아이손의 아들은 케이론11이 충고한 대로 비스토니아의 피에리아를 통치하던 이 오르페우스를 모험의 일원으로 받아들였다. 아스테리온도 서둘러 왔다. 그는 코메테스가 휘몰아치며 흐르는 아피다노스 강가에서 났다. 코메테스가 살던 필레이온 산 근처의 페이레시아이는 거대한 아피다노스 강과 신성한 에니페우스 강이 멀리서 흘러와 서로 합류하는 곳이다.

하데스와 페르세포네 앞에서 연주하는 오르페우스

5 헤라 여신은 이후 자신에게 불경죄를 저지른 펠리아스를 미워하고, 노파로 변장한 자신을 친절하게 업어 강을 건네준 이아손을 총애하게 된다.

6 아폴로니오스가 살던 당시에 보존되어 있었지만 지금은 이름만 전해지는 서사시 『나우팍티아』나 시인 에피메니데스 등.

7 제우스와 기억의 여신 므네모시네 사이에서 태어난 아홉 명의 여신으로 예술을 관장한다. 한 명을 가리킬 때는 무사. 고대 시인들은 무사이 여신들의 대리자임을 자처했다. 아폴로니오스도 호메로스나 헤시오도스처럼 작품 곳곳에서 무사이 여신들을 부르며 도움을 요청하고 있다. 이 책에서는 무사이 여신이나 아폴론 신을 부르는 부분은 경어체로, 다른 부분은 서술체로 번역되어 있다.

8 원래는 55명이지만 이올코스인 이아손을 제외한 숫자다. 아르고호는 50명이 노를 저을 수 있도록 만들었다. 이 책에서 영웅들을 나열하는 방식은 지형적으로 그리스 북쪽에서부터 시작하여 동쪽을 거쳐 서쪽을 지나 다시 북쪽으로 돌아가는 원형의 형태를 취하고 있다. 호메로스가 『일리아스』에서 트로이 전쟁에 참여한 그리스 영웅들을 나열하는 방식도 이와 흡사하다.

9 아홉 명의 무사이 여신들 중 최고의 여신으로, 서정시를 담당했다.

10 오르페우스는 죽은 아내 에우리디케를 데리러 저승세계로 내려간다. 그는 노래와 리라 연주로 저승을 지키는 개 케르베로스와 뱃사공 카론을 감동시켜 스틱스 강을 건너고, 하데스와 페르세포네도 매료시켜 아내를 데려가도 좋다는 허락을 받는다. 그러나 아내를 데리고 저승을 나오던 오르페우스는 마지막 순간 저승 입구에서 뒤를 돌아봄으로써 아내를 지상으로 데려오는 데 실패한다.

11 케이론은 반인반마인 켄타우로스 족으로 크로노스와 오케아노스의 딸 필리라의 아들이다. 현인으로 알려져 있으며 오르페우스를 비롯하여 이아손, 아킬레우스 등 많은 영웅들의 스승이기도 하다.

라피타이 족과 켄타우로스 족 간의 싸움. 이들의 싸움은 문학과 예술 분야에서 가장 인기 있는 테마다.

폴리페모스[12]도 라리사를 떠나 그들과 합류했다. 그는 에일라토스의 아들로, 한때 라피타이 족이 켄타우로스 족과 싸울 때, 용감한 라피타이 인들 중 가장 젊은 나이로 전쟁에 참여했다. 그때에 비하면 그는 이제 사지의 움직임은 굼떴지만, 용기만큼은 전에 못지않았다.

이피클로스도 필라케에 남아 있지 못했다. 그는 이아손의 외삼촌이었다. 아이손이 이피클로스의 누이인 필라코스의 딸 알키메데를 아내로 맞이했기 때문이다. 이피클로스는 인척관계와 혈연관계 때문에 이아손의 모험에 합류했던 것이다.

양떼의 축복을 받은 페라이의 왕 아드메토스[13]도 칼코도니오스 산에 그대로 있지 못했다.

헤르메스의 아들들로 싸움질도 잘하고, 술수에도 능한 알로페의 에리토스와 에키온도 마찬가지였다. 이들이 막 떠나려고 할 때, 셋째 아이탈리데스도 형들과 합류했다. 이 아들은 미르미돈의 딸이자 프티아 출신의 에우폴레메이아가 암프리소스 강가에서 낳았지만, 앞의 두 아들은 메네토스의 딸 안티아네이라의 소생이었다.

카이네우스의 아들 코로노스도 부유한 기르톤을 떠나 나타났다. 그는 용감했지만 아버지만 못했다. 시인들의 노래에 따르면 아버지 카이네우스는 단신으로 켄타우로스 족과 대항하여 싸우다가 패하지만 살아남았다. 켄타우로스 족이 재차 공격했을 때도 카이네우스를 굴복시키지도, 죽일 수도 없었다. 불요불굴의 의지를 지닌 그는 결국 거대한 전나무에

맞아 눌려 땅속으로 자취를 감추었다.14

몹소스도 티타레시오스에서 왔다. 레토의 아들 아폴론은 특별히 그에게 새들의 비행을 보고 신탁을 읽어내는 방법을 가르쳐주었다.

크티메노스의 아들 에우리다마스도 왔다. 그는 돌로피아의 크티메네에 있는 키니아스 호수 근처에 살고 있었다.

메노이티오스15는 오푸스에서 자신의 아들 악토르를 보냈다. 아들이 쟁쟁한 영웅들과 함께 모험을 하도록 하기 위해서였다.

뒤이어 에우리티온과 용감무쌍한 에리보테스도 왔다. 이들 중 하나는 악토르의 손자이자 이로스의 아들이고, 다른 하나는 텔레온의 아들이었다. 그러니까 이로스에게서는 에우리티온이, 텔레온에게서는 영광스러운 에리보테스가 태어났다. 셋째 아들 오일레우스도 이들을 따랐다. 그는 누구 못지않게 용감했고, 적의 후면을 치면서 전열을 흐트러뜨리는 데 뛰어났다.

에우보이아에서 칸토스도 합세했다. 그는 아바스의 아들 카네토스의 열망에 따라 파견되었지만, 다시는 케린토스로 돌아오지 못했다. 운명에

---

12 오디세우스가 눈을 멀게 하는 포세이돈의 아들과 동명이인이다. 포세이돈의 아들 폴리페모스는 이마에 눈이 하나만 둥그렇게 박혀 있는 키클로페스 족이다. 아들의 눈이 멀자 포세이돈은 분노하여 오디세우스를 10년 동안이나 고향에 돌아가지 못하고 바다를 방랑하게 한다.

13 아드메토스는 페레스의 아들이자, 펠리아스의 딸인 알케스티스의 남편이다. 아르고호의 영웅들 중 유일하게 가족관계가 언급되지 않았다. 아폴론은 아드메토스에게 명이 다되어 죽는 날, 그를 위해 대신 죽겠다고 나서는 사람이 있으면 생명을 연장시켜 주겠다고 약속했다. 그러나 막상 그가 죽을 때가 되자 아무도 대신 죽으려 하지 않았다. 그때 아내 알케스티스가 남편을 위해 죽겠다고 나섰다. 그녀의 장례식 날 마침 아드메토스 왕궁을 지나치던 헤라클레스는, 알케스티스의 슬프고도 아름다운 이야기를 전해 듣고 하계로 내려가 그녀를 다시 지상으로 데려온다.

14 카이네우스는 자신의 창을 신처럼 떠받들었다. 이 같은 신에 대한 도전 행위에 분노한 제우스가 켄타우로스 족을 보내 산 채로 땅에 박히게 하는 형벌을 내린다.

15 메노이티오스는 파트로클로스의 아버지다. 파트로클로스는 아킬레우스의 충실한 수행원이자 친구였다. 트로이 전쟁에서 파트로클로스가 죽자 아킬레우스는 아가멤논과의 불화를 바람에 날려버리고 전투에 참가하여 헥토르를 죽임으로써 친구의 원수를 갚는다.

따라 노련한 예언가 몹소스와 함께 여기저기를 헤매며 떠돌다가 리비아의 끝자락에서 죽었기 때문이다. 그래서 불행은 항상 인간과 가까운 곳에 도사리고 있는 법이다. 이들 두 사람은 리비아에 묻혔다. 콜키스에서 그곳까지는 태양이 뜨고 지는 곳 사이만큼이나 멀다.16

칸토스에 이어 오이칼리아의 왕인 클리티오스와 이피토스가 합류했다. 이들은 거친 에우리토스의 아들들이다. 에우리토스는 아폴론에게서 활을 선물 받고도 그것을 쓰지 못했다. 감히 선물을 준 그와 겨루려 했기 때문이다.17

이들에 이어 아이아코스의 아들들이 왔다. 그들은 함께 오지도 않았고, 같은 곳에서 오지도 않았다. 그들은 경솔하게도 형제인 포코스를 때려죽인 뒤 아이기나에서 도망쳐 나와 따로따로 살고 있었기 때문이다. 텔라몬은 아티카 섬에, 펠레우스18는 멀리 떨어진 프티아에 집이 있었다.

아테나 여신과 제우스

케크로피아에서는 호전적인 부테스가 합류했다. 그는 용감한 텔레온의 아들이었다. 팔레로스도 좋은 물푸레나무로 만든 창을 들고 그를 따라왔다. 팔레로스의 아버지 알콘에게는 노후나 생계를 책임질 다른 아들이 없었고, 팔레로스가 늦게 본 외아들이었지만 떠나보냈다. 아들이 다른 용감한 영웅들과 함께 명예를 얻게 하기 위해서였다.

그러나 에레크테우스의 자손들19 중 가장 출중했던 테세우스는 보이지 않는 운명의 사슬에 묶여 타이나론 곶20 땅 밑에 억류되어 있었다. 헛된 욕망을 좇아 친구 페이리토오스를 따라갔기 때문이다.[21] 물론 이들이 있었다면 영웅들의 과업이 좀 더 쉽게 이루어질 수 있었을 것이다!

16 고대 그리스인들은 콜키스를 세상의 동쪽 끝, 리비아를 서쪽 끝으로 알고 있었다.
17 에우리토스는 활 솜씨가 뛰어났다. 그는 온 나라에 활 시합을 겨뤄 자신과 아들들을 이기는 자에게 딸 이올레를 주겠다는 방을 붙였다. 많은 도전자들이 나섰지만 아무도 그들을 당해낼 수 없었다. 때마침 오이칼리아에 들른 헤라클레스가 시합에 나서 이겼으나 에우리토스는 약속을 지키지 않았다. 헤라클레스는 화를 내며 떠났다가 나중에 다시 돌아와 에우리토스와 아들들을 죽이고 딸을 빼앗아 갔다. 이 사건은 헤라클레스에게 불행의 씨앗이 되었다. 그 후 이올레에게 질투를 느낀 부인 데이아네이라의 실수로 헤라클레스가 죽기 때문이다. 그러나 호메로스에 의하면 에우리토스는 아폴론에게 감히 활 시합을 하자고 도전장을 냈다가 그에게 죽임을 당한다. 그는 아들 이피토스에게 커다란 활을 하나 남겼고, 이피토스는 그것을 친구인 오디세우스에게 주었다. 오디세우스는 나중에 이 활로 아내를 괴롭힌 108명의 구혼자들을 죽였다. 아폴론이 에우리토스에게 활을 주었다는 것은 아폴로니오스가 새롭게 추가한 내용이다.
18 테티스의 남편이자 아킬레우스의 아버지.
19 에레크테우스는 아테네 시의 기원과 관련된 아테네의 용사였다. 처음에는 헤파이스토스와 대지의 아들인 에리크토니오스와 동일시되었으나, 나중에는 아테네 초기 왕들의 계보에 포함되어 판디온과 제욱시페의 아들로 자리매김 되었다. 그의 형제는 부테스(아르고호의 선원과 동명이인)가 있고 누이로는 필로멜라와 프로크네가 있다. 판디온이 죽자 에레크테우스는 왕권을 차지했고, 부테스는 이 도시의 두 수호신인 아테나와 포세이돈의 신관이 되었다. 여기서 에레크테우스의 자손들이라는 것은 '아테네인들'과 같은 말이 된다.
20 펠로폰네소스 반도 남단에 위치한 곳으로, 지하세계로 들어가는 입구가 있다고 알려져 있다.
21 테세우스는 아티카의 대표적인 영웅으로, 펠로폰네소스 반도를 주요 무대로 하는 도리아 족 영웅 헤라클레스와 쌍벽을 이룬다. 그는 아테네의 왕 아이게우스와 아이트라의 아들로 여겨지지만, 혹자는 포세이돈의 아들이라고도 한다. 그가 신발 한 짝과 칼을 들고 아버지 아이게우스를 찾아가면서 벌이는 모험은 헤라클레스의 모험 못지않게 유명하다. 페이리토오스는 테살리아 출신이지만 테베 계열의 영웅으로 분류된다. 그는 디아와 익시온의 아들로 부계가 라피타이 족에 속했다. 그도 수많은 모험을 했다. 그중 중요한 것은, 멜레아그로스와 함께 칼리돈의 사냥에 참가한 것, 히포다메이아와 결혼하고 켄타우로스들과 싸운 것, 테세우스와 만난 것, 헬레네를 납치한 것 등이다. 절친한 친구 사이인 테세우스와 페이리토오스는 겁 없이 제우스의 딸을 납치하려는 계획을 세웠다. 테세우스가 어린 헬레네를 선택하자 페이리토오스는 하데스의 아내 페르세포네를 택했다. 그들은 먼저 어린 헬레네를 납치한 후 지하세계에 내려가 하데스에게 페르세포네를 내놓으라고 큰소리를 쳤다. 하데스는 무턱대고 페르세포네를 내놓으라는 그들의 말에 어이없어하며 그들에게 의자 두 개를 가리키며 잠깐 앉아 있으라고 권했다. 그러나 그들은 의자에 앉자마자 죽음과도 같은 깊은 잠에 빠지게 되었다. 나중에 헤라클레스가 12번째 과업인 케르베로스를 데리러 지하세계에 왔을 때 잠들어 있는 그들을 보고 테세우스는 깨워서 데려오지만 페이리토오스는 그대로 두었다. 아폴로니오스가 테세우스를 아르고 호의 영웅들에서 제외시킨 것은, 포세이돈의 아들 테세우스가 아니라 헤라클레스를 비롯한 제우스의 아들을 통해 제우스의 영광을 더 돋보이게 하려고 한 의도가 짙다.

하그니아스의 아들 티피스도 테스피아이의 시파이 땅을 떠나왔다. 그는 광활한 바다에서 일어날 성난 파도와 폭풍을 미리 알아차리고, 태양이나 별을 보고 항로를 잡는 재능이 있었다. 트리톤22의 아테나 여신이 그에게 영웅들의 무리에 동참하도록 권유했는데, 그가 합류하자 영웅들 모두가 기뻐했다.

아테나 여신. 아르고호는 이 여신의 도움으로 건조된다. 아테나는 지혜의 신이자 기술의 신이기도 하다.

아테나 여신도 몸소 빠른 배[23]를 고안해냈다. 그러자 아레스토르의 아들 아르고스가 여신의 지시에 따라 배를 건조했다. 그 배는 노를 저어 바다를 항해하는 배 중 가장 훌륭한 배가 되었다.

플레이아스도 자신이 살던 아라이티레아를 떠나 이들과 합류했다. 그는 자신의 아버지 디오니소스의 축복으로 부를 누리고 있었으며 아소포스 강 근처에 집이 있었다.

아르고스에서는 비아스의 두 아들 탈라오스와 아레이오스, 그리고 힘센 레도코스도 왔다. 이들은 넬레우스의 딸 페로의 아들이었다. 바로 이 페로 때문에 아이올로스의 증손자 멜람푸스는 이피클로스의 축사에서 갖은 고초를 겪었다.[24]

우리가 듣기로는 용감한 헤라클레스도 아이손의 아들의 부탁을 흘려듣지 않았다. 그는 영웅들이 모여들고 있다는 소식을 듣자마자 곧바로 아르카디아에서 리크레이온의 아르고스로 발길을 돌렸다. 그는 에리만토스 늪 근처 람페이아 골짜기에서 풀을 뜯고 있던 멧돼지를 산 채로 걸머지고 오는 중이었다. 그는 미케나이의 광장 앞에 사슬로 묶은 이 멧돼지

---

[22] 아테나는 제우스의 머리에서 완전무장한 모습으로 태어났다. 그러나 호메로스가 언급하고 있는 아테나의 별칭 '트리토게네이아(트리톤에서 태어난 자)'를 생각하면 그의 출생은 리비아의 트리톤 호수나 크레테의 트리톤 강과 연결되어 있을 수 있다.

[23] '아르고'는 '빠르다'는 뜻이다.

[24] 멜람푸스는 형제 비아스와 함께 숙부 넬레우스의 집으로 갔다. 그곳에서 비아스는 넬레우스의 딸 페로를 아내로 삼고 싶었으나 넬레우스는 지참금으로 필라코스의 가축떼를 가져오라고 했다. 이 가축떼는 무서운 개 한 마리가 지키고 있어서 사람이나 그 어떤 짐승도 다가갈 수 없었다. 그 일을 감당해낼 수 없었던 비아스는 멜람푸스에게 도움을 청했다. 그러나 멜람푸스는 가축떼를 훔치다가 필라코스에게 붙잡혀 1년간 감옥살이를 해야 했다. 감옥에서 그는 들보를 갉아먹던 벌레들이 나누는 이야기를 듣고 감옥 지붕이 무너질 것을 미리 알게 되었다. 그래서 그는 다른 감옥으로 옮겨달라고 했고, 그 후 진짜로 지붕이 무너지고 말았다. 멜람푸스의 비상한 능력을 알게 된 필라코스는 그에게 성불구인 아들 이피클로스를 고쳐달라고 부탁했다. 멜람푸스가 그 부탁을 들어주자 필라코스는 감사의 표시로 그에게 가축떼를 주었다. 그가 가축떼를 숙부 넬레우스에게 전해주자 그는 딸 페로를 비아스에게 준다.

를 자신의 건장한 어깨에서 가볍게 떨쳐버리고 출발했다. 그것은 자신의 뜻에 따른 거였지만 에우리스테우스의 뜻에는 반하는 행동이었다.[25] 힐라스도 헤라클레스와 함께 떠났다. 그는 한창때의 나이였고, 헤라클레스의 충실한 수행원으로 그의 활과 화살을 들고 다녔다.

뒤이어 신의 혈통을 지닌 다나오스의 후손 나우플리오스 2세도 왔다. 그는 나우볼로스의 손자이자 클리토네오스의 아들이었고, 나우볼로스는 레르노스의 아들이었다. 우리가 알기로 레르노스는 나우플리오스 1세의 손자이자 프로이토스의 아들이다. 다나오스의 딸 아미모네는 포세이돈과 잠자리를 같이한 뒤 그 누구보다도 항해술에 뛰어난 나우플리오스 1세를 낳았다.

이드몬은 아르고스에 거주하고 있는 사람들 중에 마지막으로 도착했다. 그는 새들의 비행을 보고 자신의 운명을 잘 알고 있었지만 길을 떠났다. 자신이 사람들 사이에서 누리고 있는 명예가 훼손되지 않도록 하기 위해서였다. 그는 사실 아바스의 아들이 아니고, 레토의 아들 아폴론이 명예로운 아이올로스 가문에 낳아준 아들이었다. 따라서 아폴론이 그에게 몸소

레다와 백조로 변신한 제우스

예언술이나, 새들과 제물을 보고 미래를 읽어내는 법을 가르쳐주었다.

아이톨리아인 레다도 힘센 폴리데우케스[26]와 빠른 말을 잘 다루는 카스토르를 스파르타에서 보냈다. 그녀는 사랑하는 이 두 아들을 유래 없는 산고를 겪으면서 틴다레오스의 집에서 낳았다. 그녀는 보내달라는 아들들의 간청을 외면하지 않았다. 그러는 것이 제우스의 후손에 어울리는 행동이라고 생각했기 때문이다.

아파레우스의 아들인 링케우스와 엄청나게 힘센 이다스도 아레네에서 왔다. 그들은 둘 다 대단한 힘을 지녔고 아주 용감했다. 특히 링케우스는 그 누구보다도 날카로운 눈을 지닌 것으로 유명했다. 전해 내려오는 말이 사실이라면, 그는 지하세계도 쉽게 내려다볼 수 있었다.

이들과 함께 넬레우스의 아들 페리클리메노스도 출발했다. 그는 신성한 넬레우스의 피를 이어받고 필로스에서 태어난 아들 중 큰아들이었다. 포세이돈은 그에게 지칠 줄 모르는 힘과 전쟁의 와중에서도 기도만 하면 무엇으로든지 변신할 수 있는 능력을 주었다.

암피다마스와 케페우스도 아르카디아에서 왔다. 그들은 테게아와 아페이다스 땅에 살고 있었고, 둘 다 알레오스의 아들이었다. 이들이 떠나자 세 번째로 앙카이오스가 그들을 뒤따랐다. 앙카이오스는 그의 아버지 리쿠르고스가 보냈다. 리쿠르고스는 앞서 간 두 형제의 형으로, 연로한 아버지를 돌보기 위해 집에 남았다. 그 대신 자신의 아들에게 두 동생들을

---

[25] 헤라클레스는 바보 왕이자 사촌인 에우리스테우스의 명령으로 총 열두 가지 과업을 해내야 했다. 이 책에는 그중 네메아의 사자, 히폴리테의 허리띠, 레르나의 히드라, 에리만토스의 멧돼지, 헤스페리데스의 사과 등 다섯 가지만 언급된다. 헤라클레스가 아르고호를 타고 가다 제우스 신의 뜻에 따라 영웅들과 헤어지는 것도 과업을 완수해야 했기 때문이다.

[26] 라케다이몬의 왕 틴다레오스의 아내였던 레다는 백조로 변신한 제우스의 사랑을 받아 두 개의 알을 낳는다. 알이 부화하자 한 알에서는 폴리데우케스와 클리타임네스트라가, 다른 알에서는 헬레네와 카스토르가 나왔다. 보통 폴리데우케스와 헬레네는 제우스의 자식으로, 클리타임네스트라와 카스토르는 틴다레오스의 자식으로 여겨진다. 두 아들 모두가 이 책에서처럼 제우스의 자식으로 간주되기도 한다. 두 아들은 제우스의 아들들이라는 뜻을 지닌 디오스쿠로이로 불린다.

따라가도록 명한 것이다. 앙카이오스는 마이날로스 산의 암곰 가죽으로 몸을 싸고, 오른손에 거대한 양날도끼를 휘두르며 나타났다. 그 무기들은 할아버지 알레오스가 손자가 가는 것을 막아보려고 창고 깊숙이 숨겨두었던 것들이다.

헬리오스의 아들이라고들 하는 아우게이아스[27]도 출발했다. 그는 엘리스인들을 다스리는 왕으로 부를 과시했는데, 콜키스라는 나라와 콜키스인들의 왕 아이에테스를 직접 보고 싶어 했다.

히페라시오스의 아들들인 아스테리오스와 암피온도 아카이아의 펠레네에서 왔다. 펠레네는 옛날에 그들의 할아버지 펠렌이 아이기알로스의 가파른 언덕에 세운 도시다.

또 타이나론을 떠나 에우페모스도 이들에게 합류했다. 그는 그 누구보다도 발이 빠르고 엄청나게 힘이 센 티티오스의 딸 에우로페[28]가 포세이돈에게 낳아준 자식이었다. 에우페모스는 폭풍우가 몰아치는 바다 위를 달리면서도 가라앉지 않을 만큼 발이 빨랐고, 단지 발바닥만 물에 적셔 수면 위를 미끄러지듯 걸어갔다.

---

27 아우게이아스는 헬리오스가 아버지이기 때문에 콜키스 왕 아이에테스와 형제 사이다. 그는 얼굴도 모르는 동생 아이에테스가 보고 싶어 아르고호의 모험에 참가했다. 그는 3천 마리나 되는 소를 가지고 있었던 것으로 유명하다. 그의 외양간은 30년간 청소를 한 번도 하지 않아 그 악취가 하늘까지 괴롭혔다고 한다. 헤라클레스는 에우리스테우스 왕이 그 외양간을 치우라고 하자 알페오스 강과 페네이오스 강의 물줄기를 틀어 단 하루 만에 깨끗이 치운다.
28 카드모스의 동생으로, 황소로 변신한 제우스에게 납치당한 에우로페와 동명이인이다.
29 칼리돈의 멧돼지 사냥을 주도했던 인물이다. 칼리돈의 왕이자 멜레아그로스의 아버지 오이네우스는 아르테미스 여신 섬기기를 게을리 했다. 그러자 여신이 그의 나라에 흉악한 멧돼지 한 마리를 보낸다. 멜레아그로스는 칼리돈을 황폐하게 만든 멧돼지를 잡기 위해 영웅들을 모았다. 이때 모인 영웅들은 이름만 들어도 쟁쟁하다. 그중 중요한 영웅들로는 이다스와 링케우스, 카스토르와 폴리데우케스, 테세우스와 페이리토오스, 아드메토스, 앙카이오스와 케페우스, 텔라몬과 펠레우스, 암피아라오스 등으로 대부분 아르고호의 영웅들이었다. 여자로는 유일하게 아탈란테도 참가했다. 이들은 모두 9일 동안 사투를 벌이다 멧돼지를 죽였다. 제일 먼저 멧돼지에 상처를 입힌 이는 아탈란테였고, 멧돼지의 허리에 칼을 꽂아 죽게 한 이가 바로 멜레아그로스였다. 멜레아그로스는 반대하는 외숙들을 죽여가며 멧돼지 가죽을 아탈란테에게 넘긴다.

포세이돈의 다른 두 아들도 왔다. 하나는 성스러운 도시 밀레토스를 떠나 온 에르기노스였고, 다른 하나는 헤라의 처소가 있는 임브라소스의 파르테니에를 떠 온 앙카이오스였다. 이 둘은 항해와 전쟁의 전문가임을 자처했다.

힘센 멜레아그로스[29]와 라오코온도 칼리돈을 출발하여 이들과 합류했

멜레아그로스와 여자로서는 유일하게 칼리돈의 멧돼지 사냥에 참가한 아탈란테

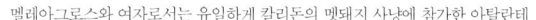

다. 멜레아그로스는 오이네우스의 아들이었고, 라오코온은 오이네우스의 배다른 동생으로 어머니는 날품팔이 노동자였다. 오이네우스가 자기 아들의 조언자로 라오코온을 보낸 것이다. 자신은 그러기엔 늙었기 때문이다. 그러니까 멜레아그로스는 아직 어린 나이에 용감한 영웅들의 무리에 끼이게 된 것이다. 내 생각으로는 그가 1년 동안만 더 집에 머물면서 아이톨리아인의 교육을 받았더라면 헤라클레스 외에 그 누구도 그를 이기지 못했을 것이다.

멜레아그로스의 삼촌으로 창을 잘 다루고, 백병전에도 능한 이피클로스30도 조카와 함께 길을 떠났다. 그는 테스티오스의 아들이었다.

레르노스의 아들 팔라이모니오스도 올레노스에서 왔다. 그는 명목상으로만 레르노스의 아들이었지 혈통으로 따지면 헤파이스토스의 아들이었다. 그는 두 발을 절었지만31 그의 용모와 용기는 그 누구도 감히 조롱하지 못했다. 그래서 그도 영웅들의 무리에 끼어 이아손의 명예를 높여주었다.

포키스로부터는 오르니토스의 손자이자 나우볼로스의 아들인 이피토스가 왔다. 이아손이 항해와 관련하여 신탁을 알아보기 위해 피토를 방문했을 때, 그는 이아손을 자신의 궁정에 묵게 하고 후하게 대접했다.

북풍의 신 보레아스의 두 아들, 제테스와 칼라이스도 왔다. 그들은 에레크테우스의 딸 오레이티이아가 가장 외지고 강풍이 불어대는 트라케에서 보레아스에게 낳아준 자식들이다. 보레아스는 케크로피아의 에일

30 앞서 언급한 필라코스의 아들 이피클로스와는 동명이인이다.
31 날 때부터 절름발이였던 헤파이스토스에게서 유전된 것으로 보인다.
32 미니아이 족은 보이오티아(오르코메노스)와 테살리아 남부(이올코스)에 살던 고도로 발달한 문화를 가진 종족으로, 그 종족의 왕 미니아스는 나중에 종족 이름에서 그 이름이 유래한 인물로 계보가 정확하지 않다. 그의 아버지는 포세이돈, 아이올로스, 크리세스 등으로 분류된다. 또 그는 지명과 이름이 같은 오르코메노스의 아버지나 아들로 지칭되기도 한다. 그에 대해 일관되게 전해져오는 내용은 클리메네의 아버지였다는 사실과 최초로 보물창고를 만들었다는 것이다.
33 그리스를 의미하지만 펠로폰네소스 반도 북부 지방을 뜻하기도 한다.

리소스 해안가에서 윤무를 추고 있던 그녀를 트라케로 낚아채 왔다. 그는 에르기노스 강가의 사르페돈의 바위 주변을 검은 구름으로 감싼 후 그곳에서 납치해 온 그녀를 범했다. 보레아스의 두 아들들은 몸을 일으키면 정수리와 양발 쪽에서, 금빛 비늘로 빛나는 검은 날개가 퍼덕였다. 정말 놀라운 광경이었다. 게다가 그들의 어깨 주변과 정수리에서부터 목덜미에 걸쳐 난 검은 갈기가 미풍에도 이쪽저쪽으로 휘날리며 나부꼈다.

힘센 펠리아스의 아들 아카스토스만 자신의 아버지의 집에 남아 있지 않으려고 한 것은 아니다. 아테나 여신의 조수 아르고스도 마찬가지였다. 이 둘도 당연히 그 무리의 일원이 되었다.

이렇게 많은 영웅들이 아이손의 아들 이아손을 돕기 위해 모였다. 주변에 사는 사람들은 이들 모두를 미니아이 족[32]이라고 불렀다. 그것은 대부분의 영웅들이 미니아스의 딸들의 혈통임을 자랑스러워했기 때문이다. 이아손의 어머니 알키메데도 미니아스의 딸 클리메네가 낳았다.

영웅들이 파가사이 항구로 행진하다

하인들이 노를 저어 항해에 필요한 물건들을 배에 싣자, 영웅들은 시내를 지나 마그네시아의 파가사이 항구에 정박해 있는 배로 행진했다. 그들 주변에 수많은 사람들이 모여들어 그들을 따라갔다. 영웅들은 구름 속에서 영롱하게 빛나는 별처럼 두드러져 보였다. 그들이 무기를 들고 몰려가는 것을 본 사람들이 말했다.

"하늘에 계신 제우스 신이시여, 펠리아스의 의도가 무엇입니까? 그는 아카이아[33] 전 지역에서 온 저렇게 많은 영웅들을 도대체 어디로 보내는 것입니까?"

"만약 아이에테스가 순순히 황금양피를 내놓지 않는다면, 바로 그날로

황금양을 타고 바다를 건너는 프릭소스. 동생 헬레는 이미 물에 빠져 죽고 프릭소스 혼자 양을 타고 있다.

저들은 아이에테스의 집을 무서운 불로 쑥밭으로 만들어버릴 거야."

"항해는 피할 수가 없대. 저들이 겪게 될 어려움도 만만치 않을 거야."

사람들은 도시 여기저기에서 이렇게 쑤군댔다. 여자들은 손을 높이 들고 하늘에 있는 신들을 향해 영웅들이 무사 귀환의 기쁨을 누리게 해달라고 기도했다. 어떤 여자는 눈물을 비 오듯 쏟으면서 무리의 여자들을 향해 이렇게 통곡하기도 했다.

"불쌍한 알키메데, 당신도 느지막이 불행이 찾아와 생을 행복하게 마감하지 못할 것 같구려. 아이손도 정말 불쌍하지요. 차라리 오래전에 죽어 수의를 입고 지금 땅속에 누워 있다면 이런 불행한 모험도 모르고 좋았을 텐데! 프릭소스도 동생 헬레가 죽었을 때 양과 함께 검은 파도에 빠져 죽었다면 좋았을 텐데! 그런데 그 끔찍한 괴물에게서 인간의 목소리가 흘러나와 당신 알키메데에게 결국 불행과 엄청난 고통만을 안겨주는구려!"

영웅들이 지나가는 왕궁 입구에서 사람들이 말한 것은 대체로 이런 것이었다.

이아손이 슬픔에 빠진 어머니와 작별하다

이아손의 집에도 수많은 남녀 하인들이 모여 있었다. 이아손의 어머니는 아들을 꼭 껴안고 놔주지 않았다. 모든 식솔들의 마음은 극심한 슬픔으로 아려왔다. 그들과 함께 이아손의 아버지도 비통해하고 있었다. 그는 피할 수 없는 세월의 무게에 짓눌려 이불로 몸을 단단히 덮은 채 침대에 누워 있었다. 이아손은 그들을 진정시키고 슬픔을 달래주었다. 그런 다음 하인들에게 자신의 무기를 가져오라고 명령했다. 하인들은 고개를 숙인 채 말없이 무기를 가져왔다. 이아손의 어머니는 아직도 두 팔로 아들을 꼭 껴안고 아까보다 더 격렬하게 울고 있었다. 그 모습은 돌보아줄 사람 하나 없는 소녀가, 온갖 욕설로 학대만을 일삼는 계모 밑에서 고단한 삶을 살아가다가, 백발이 성성한 옛날 유모를 만나 기뻐하며 그 품에 안겨 우는 것 같았다. 소녀는 그동안 겪은 고통으로 가슴이 복받쳐 오르지만, 그렇다고 그 고통을 마음껏 큰 소리로 토로할 수도 없다. 알키메데는 팔로 이아손을 끌어안고 엉엉 울면서 고통스러운 듯 다음과 같이 말했다.

"내 아들아, 펠리아스 왕이 너에게 그 악의에 찬 과업을 하도록 했다는 말을 들은 바로 그날, 이 불쌍한 년이 목숨을 끊어버렸다면 모든 걱정을 잊었을 텐데. 그렇다면 넌 네 손으로 직접 나를 묻어주었을 테지. 너에게 바라는 것은 오직 이것밖에 없다. 그 밖에 생활에 필요한 모든 것은 지금까지 과분하게 받아왔기 때문이다. 한때 모든 아카이아 여인들의 부러움을 한 몸에 받던 내가 이제 하녀처럼 적막한 궁전에 갇혀 쓸쓸히 홀로 지내야 할 것 같구나. 이제 내 몸은 불행하게도 너에 대한 그리움으로 점점 사위어갈 것이다. 지금까지 난 너로 인해 기쁨과 명예를 누렸고, 오직 너 하나 때문에 처음이자 마지막으로 허리띠를 풀었다.[34] 해산의 여신인 에일레티이아 여신이 나에게 많은 자식을 허용하지 않았기 때문이다. 불운한 내 신세가 슬프구나! 프릭소스의 탈출이 나에게 그렇게 많은 화를 초래할지는 꿈에도 생각하지 못했다."

이렇게 이 여인은 흐느끼며 한탄했다. 하녀들도 그녀에게 다가와 훌쩍

---

[34] 이아손은 알키메데와 아이손의 외아들로, 허리띠를 풀었다는 것은 해산을 했다는 뜻이다.

아르테미스 여신. 이 작품에서 메데이아에게 중요한 역할을 하는 여신이며, 처녀 사냥꾼으로 산과 들에서 사슴을 쫓는 활의 명수이다. 그의 화살은 산욕을 치르는 여자를 고통 없이 그 자리에서 죽게 하는 힘을 지녔다고 한다.

거렸다. 그러나 이아손은 부드러운 말로 어머니를 달래며 말했다.

"어머니, 제발 슬퍼하지 마세요. 아무리 우셔도 화를 막을 수는 없습니다. 슬픔에 슬픔만을 더할 뿐이지요. 신들은 우리 인간에게 예기치 않게 불행한 고통을 부여하는 법입니다. 아무리 힘드시더라도 담담하게 어머니에게 주어진 고통을 이겨내도록 애써보십시오. 아테나 여신의 약속과 신탁도 믿어보세요! 포이보스 신이 아주 희망적인 말을 했으니까요. 영웅들의 도움도! 어머니는 여기 집에 하녀들과 계세요. 어머니가 출항하는 배에 불길한 징조가 되면 안 되니까요. 수행원들과 하인들만 저를 따라 항구로 갈 것입니다."

이렇게 말하고서 이아손은 집을 나서 앞장서서 갔다. 아폴론 신이 성스러운 델로스 섬의 향내 진동한 신전을 나와 클라로스나 피토 혹은 크산토스 강가의 넓은 리키아 신전[35]으로 나아갈 때처럼 이아손은 군중들 사이를 지나갔다. 주변에서 군중들이 환호성을 질렀다. 바로 그때 이올코스의 수호신인 아르테미스 신전의 여사제 이피아스가 다가와 그의 오른손에 입을 맞추었다. 그녀는 이아손에게 무언가 얘기를 하려고 했지만 아무 말도 할 수 없었다. 군중들이 그를 앞으로 떠밀고 갔기 때문이다. 그녀는 노인이 젊은이들에게 그런 것처럼 옆으로 밀쳐져 뒤에 남겨졌고, 이아손은 군중들에 밀려 멀리 사라졌다.

영웅들이 이아손을 대표로 선출하다

이아손이 도시의 잘 축조된 도로를 지나 파가사이 항구에 도착하자 벌써 아르고호 옆에 모여 기다리던 동료들이 그를 환영했다. 이아손이 앞

---

[35] 델로스는 아폴론과 아르테미스가 태어난 곳이다. 클라로스와 리키아는 소아시아에 있으며, 피토는 델피를 말한다.

쪽으로 걸어 나오자, 동료들이 그의 주변에 모여들었다. 바로 그때 아카스토스와 아르고스가 멀리 시내 쪽에서 내려오고 있는 것이 보였다. 영웅들은 그들이 펠리아스의 뜻을 거역하고 황급히 뛰어오는 것을 보고 놀랐다. 그중 아레스토르의 아들 아르고스는 발까지 닿는 검은 황소 가죽을 어깨에 두르고 있었고, 아카스토스는 누이인 펠로페이아가 준 멋들어진 두 겹 외투를 입고 있었다. 이아손은 이들에게 자초지종을 물어보지 않고, 모두에게 회의를 할 수 있도록 앉으라고 명령했다. 그들은 모두 접어놓은 돛과 눕혀놓은 돛대 위에 열을 지어 앉았다. 아이손의 아들은 이들에게 신중한 어조로 다음과 같이 말했다.

"자, 이제 필요한 물품은 모두 다 챙겼고, 출항 준비도 끝났습니다. 이제 바람만 불어준다면 우리는 더 이상 출항을 미룰 이유가 없을 것입니다. 동지들이여, 앞으로 우리는 헬라스[36]로 귀환할 때도 함께 할 것이고, 아이에테스 궁전으로 가는 뱃길에도 함께할 것입니다. 따라서 이제 당장 여러분들 중 가장 뛰어난 한 분을 대표로 뽑아, 분쟁이 일어나거나 이방인들과 계약을 체결할 일이 있을 때 모든 것을 맡겨 처리하게 합시다!"

이아손이 이렇게 말하자, 젊은이들의 시선은 모두 무리 사이에 앉아 있는 용감한 헤라클레스에게 향했고, 이구동성으로 그에게 자신들의 대표가 되어줄 것을 간청했다. 그러나 헤라클레스는 앉아 있던 자리에서 오른손을 들어 올리며 다음과 같이 말했다.

"누구도 저에게 이런 명예를 주어서는 안 됩니다! 저는 여러분들의 말에 따르지 않을 것입니다. 또 저는 다른 사람이 지도자가 되겠다고 나서는 것도 반대합니다. 우리의 대표는 우리들을 여기 모이게 한 바로 그 사람이 되어야 마땅합니다!"

헤라클레스가 강한 어조로 이렇게 말하자 모두들 그의 말에 동의했다. 그러자 용맹스러운 이아손이 기쁘게 일어서서 열렬한 지지자들에게 말했다.

"여러분들이 지금 저에게 명예로운 중책을 맡겨주신 거라면, 이제 정말 더 이상 출항이 지연되어서는 안 됩니다! 물론 먼저 포이보스 신에게 제물을 바칩시다. 그런 다음 바로 향연을 베풀도록 합시다. 축사를 맡고 있는 내 하인들이 지금 소떼 중에서 가장 실한 놈들을 골라 이리로 몰고 오고 있습니다. 그사이 우리는 먼저 배를 진수시킨 다음, 삭구를 모두 싣고 추첨으로 노 저을 자리도 정합시다! 그런 다음 해안에 항해의 수호자이신 아폴론 신의 제단을 쌓읍시다. 아폴론 신은 신탁을 통해 저에게 약속하셨습니다. 펠리아스 왕이 시킨 어려운 과업을 시작하기 전에 제물을 바치면 바닷길을 열어 보여주기로 말입니다."

영웅들이 아르고호를 진수시키다

이아손은 이렇게 말하면서 제일 먼저 일어섰다. 다른 영웅들도 그를 따라 일어섰다. 그들은 옷을 벗어 매끈하고 넓은 바위 위에 차곡차곡 쌓았다. 그 바위는 오래전 겨울철에는 바닷물에 부딪혀 포말이 일었지만, 이제는 파도가 미치지 않았다. 그들은 우선 아르고스의 지시에 따라 잘 꼰 밧줄로 양쪽에서 팽팽하게 당기면서 배 주위를 단단히 죄었다. 그래야 배의 목재들이 못에

포도주와 음식을 바치는 부부.
이 책에서 영웅들은 무슨 일을 할 때마다
신에게 제주와 제물을 바쳐 액운을 없앤다.

단단히 끼워져서 거친 파도에도 견딜 수 있기 때문이다.

그런 다음 배 폭 정도의 도랑을 선수에서 바다 쪽으로 팠다. 배를 손으로 밀어 바다까지 굴리기 위해서였다. 그들은 앞쪽으로 갈수록 용골보다

36 '아카이아'와 마찬가지로 그리스를 뜻한다.

더 깊게 도랑을 파고, 그 안에 매끈하게 다듬은 통나무를 깔고, 배가 미끄러지며 앞으로 나아가도록 맨 앞쪽 통나무들 위에 배를 걸쳐 올려놓았다. 배 좌우 양측의 노들은 위로 들어 올려 1큐빗37의 높이로 돌출되어 있는 노받이에 고정시키고, 양쪽 노받이 사이에 들어가 서서 거기에 가슴과 손을 대고 단단히 받쳤다.

그사이 티피스가 배에 올라탔다. 박자에 맞춰 영웅들이 배를 잡아당기도록 선도하기 위해서였다. 그의 선창 소리가 크게 울려 퍼졌다. 영웅들은 혼신의 힘을 모아 단숨에 배를 원래 있던 자리에서 앞으로 밀쳐냈다. 그들은 발로 단단히 버티고 서서 배를 강제로 바다 쪽으로 밀었다. 그러자 펠리온 산의 나무로 만든 아르고호는 쉽게 움직였고, 그들은 배 양쪽에서 뛰면서 환호성을 질렀다. 통나무는 육중한 용골 밑에서 마찰음을 일으키며 신음소리를 냈고, 무거운 하중을 견디다 못해 진한 연기를 뿜어냈다. 그렇게 배가 바다 속으로 미끄러져 들어가자, 그들은 배가 앞으로 떠내려가지 못하도록 밧줄로 단단히 묶고 노를 똑바로 해놓은 다음, 돛대, 잘 다듬은 돛, 그리고 삭구 등을 실었다.

그들은 이렇게 세심하게 모든 것을 다 구비한 다음 노 저을 자리를 추첨으로 정하고 한 자리에 두 사람씩 배정했다. 그러나 중앙에 있는 자리는 많은 영웅들 중 헤라클레스와 테게아 성에 살았던 앙카이오스를 위해 남겨두었다.38 이렇게 한가운데 자리만 추첨을 하지 않고 이 둘에게 할당되었다. 그들은 또 티피스가 튼튼한 그 배의 키를 잡는 데도 만장일치로 동의했다.

아폴론에게 제물을 바치다

그 후 그들은 돌을 옮겨 바닷가에 해안과 항해의 수호자라는 별명을 지닌 아폴론을 위해 제단을 하나 쌓고, 그 위에 마른 올리브 나무토막들을 올려놓았다. 그 사이 소를 돌보는 이아손의 하인들이 소 무리에서 두 마리를 골라 앞세워 몰고 왔다. 이아손의 동료들 중 비교적 젊은 영웅들이 이 황소들을 제단 가까이로 끌고 갔고, 나머지는 황소의 몸에 물과 빻은 보릿가루를 뿌렸다. 이아손이 큰 소리로 자신의 조상신인 아폴론을 부르며 기도했다.

"들으소서, 파가사이와 저희 아버지의 이름을 따라 명명한 아이소니스 시[39]에 거하시는 우리의 주인이시여, 당신은 제가 피토에서 신탁을 받을 때, 이 모험을 완수할 수 있도록 충고를 아끼지 않겠다고 저에게 약속하셨습니다. 따라서 이 모험을 하게 하신 분은 바로 당신이십니다! 그러니 동료들과 배를 안전하게 인도하여 주시고, 다시 헬라스로 무사히 돌아오게 하소서! 그러시면 나중에 다시 우리가 살아 돌아온 수만큼의 소로 당신의 제단을 풍성하게 하겠나이다. 피토와 오르티기아[40]의 당신 신전에도 헤아릴 수 없을 만큼 많은 제물을 바치겠나이다. 그러나 멀리 쏘는 자시여,[41] 지금은 우선 이리 오셔서 우리가 배에 오르기 전에 먼저 감사의 표시로 마련한 제물을 받아주소서! 오, 우리의 주인이시여, 저는 당신의 충고에 따라 희망찬 미래를 향해 배의 닻줄을 풀려고 합니다. 좋은 바람을 일으키셔서, 우리가 잔잔한 바다를 항해하도록 하소서!"

이아손은 이렇게 기도하면서 동시에 보릿가루를 뿌렸다. 그사이 두 영

---

37 고대 이집트에서 썼던 길이의 단위. 1큐빗은 팔꿈치에서 손끝까지의 길이로, 약 45.72cm에 해당한다.
38 이 두 영웅들에게 가운데 자리를 배정한 이유는 헤라클레스와 헤라클레스에 버금가는 앙카이오스의 몸무게 때문으로 추측된다. 이들은 아르고호가 출항하기 전 제물로 바칠 소 두 마리를 각각 한 마리씩 때려잡을 만큼 힘이 좋았다.
39 아이손이 이올코스 이전에 거주했던 장소.
40 델로스 섬의 옛 이름. 아스테리아는 티탄 신 포이베와 코이오스의 딸이자 레토의 자매다. 그녀는 제우스의 추적을 피해 메추라기(오르틱스)로 변신한 후 오르티기아라는 섬이 되었다. 이 섬은 나중에 델로스로 개칭되었다.
41 아폴론은 궁술의 신이기도 하다.

웅, 즉 엄청나게 힘센 앙카이오스와 헤라클레스가 소를 죽이기 위해 무기를 들었다. 우선 헤라클레스가 곤봉으로 소의 이마 한가운데를 치자, 소가 땅바닥에 털썩 꼬꾸라져 버둥거렸다. 앙카이오스가 청동도끼로 나머지 소의 넓적한 목을 쳐 목의 질긴 힘줄을 끊어놓자, 소는 비틀거리다가 두 뿔을 땅에 박고 쓰러졌다. 그러자 동료들이 재빨리 그 소 두 마리를 잡아 껍질을 벗겼다. 그리고 몇 토막을 내어 신에게 바칠 넓적다리를 도려내고 기름으로 잘 둘러싼 뒤 장작더미에 올려놓고 태웠다. 아이손의 아들 이아손은 물을 섞지 않은 순수한 포도주를 제주로 바쳤다.

이드몬은 제물이 타는 불빛이 사방으로 퍼지고, 행운을 약속하듯 진한 보랏빛 연기가 선회하며 솟아오르는 것을 보고 기뻐했다. 그는 거리낌 없이 재빨리 레토의 아들의 뜻을 공포했다.

"여러분에 대한 신의 섭리와 예언은, 여러분이 모험을 완수하고 양피

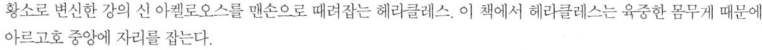

황소로 변신한 강의 신 아켈로오스를 맨손으로 때려잡는 헤라클레스. 이 책에서 헤라클레스는 육중한 몸무게 때문에 아르고호 중앙에 자리를 잡는다.

를 이리 가져오리라는 것입니다. 그러나 모험을 떠나서 귀환하는 사이 여러분은 수많은 고난을 겪어야 할 것입니다. 오직 저만 가혹한 신의 결정에 따라 멀리 아시아 대륙 어딘가에서 죽을 운명입니다. 저는 불길한 새들의 비행을 보고 이런 저의 운명을 미리 알고 있었지만 이 배를 타기 위해 고향을 떠나 왔습니다. 제가 승선하면 저희 가문에 명예가 될 것이기 때문입니다."

이드몬이 이렇게 말하자, 젊은이들은 자신들이 무사히 귀환할 것이라는 신탁을 듣고는 기뻐했지만 이드몬의 운명을 생각하며 슬픔에 잠겼다.

이아손과 이드몬이 다투다

이제 태양은 이미 중천을 지나고, 들판에는 산 그림자가 드리워지는 때였다. 태양이 차츰 석양으로 사위어갔다. 그러자 영웅들은 모두 잿빛 해변을 따라 나뭇잎을 도톰하게 깔고는 그 위에 열을 지어 앉았다. 그들 앞에는 온갖 산해진미와 달콤한 포도주도 차려져 있었다. 하인들이 쉬지 않고 항아리에서 포도주를 퍼서 그들에게 따라주었다. 그들은 그렇게 서로 즐겁게 환담을 나누었다. 젊은이들이 음식과 포도주를 즐길 때, 추하고 방종해지기 전에 하는 그런 얘기들이었다. 그러나 이아손만은 혼란스러운 듯 한쪽에 앉아 이런저런 생각에 잠겨 있었다. 그는 기가 한풀 꺾인 사람 같았다. 그러자 이다스가 그것을 눈치 채고 큰 소리로 그를 비난했다.

"아이손의 아들이여, 당신은 마음속에 무슨 생각을 품고 계신 겁니까? 우리 모두에게 당신 생각을 털어놓아 보십시오. 아니면 겁쟁이처럼 공포가 당신을 억누르고 있나요? 이 무서운 창은 지금까지 전투에서 그 누구보다도 나에게 큰 명예를 안겨주었습니다. 제우스 신조차도 내 창만큼 나를 도와주지는 못할 것입니다. 이 창이 바로 증인입니다. 제가 당신과 같이 간다면 신이 아무리 우리의 길을 가로막아도 비참한 고통을 겪는 일은 없을 것이고, 해내지 못할 과업 또한 없을 것입니다. 당신이 데려가게 될 아레네 출신의 이 사람은 바로 그런 사람입니다."

이렇게 말하며 그는 물을 타지 않은 달콤한 와인을 한 잔 가득 채워 두 손으로 들고 들이켰다. 그의 입술과 검은 수염이 와인으로 축축해졌다. 좌중에서 한바탕 소동이 일어났다. 이드몬이 공개적으로 말문을 열었다.

"어리석기 짝이 없는 자여, 당신은 도대체 언제부터 그런 위험한 생각을 품고 있었습니까, 아니면 독한 포도주 때문에 눈이 멀어 그처럼 가슴 속에 대담한 생각을 품고 신들을 조롱하는 겁니까? 동료들의 마음을 북돋워줄 수 있는 위로의 말은 얼마든지 있습니다. 하지만 당신은 너무 경솔한 말을 했습니다. 용감한 알로에우스의 아들들[42]도 전에 신들에게 그런 말을 내뱉었다고 합니다. 그들은 당신이 결코 적수가 될 수 없을 정도로 강했습니다. 하지만 그들도 결국 레토 여신의 아들이 날린 빠른 화살에 쓰러지고 말았습니다."

이렇게 이드몬이 말했지만, 아파레우스의 아들 이다스는 박장대소를 하며, 그를 조롱하는 말투로 대답했다.

"자아, 그럼 당신의 예언을 나에게 알려주시지요. 나도 당신의 아버지[43]가 알로에우스의 아들들에게 내린 것과 똑같은 운명을 맞이할까요? 허풍 떨 생각은 하지 마시오, 만약 그랬다간 걸리기만 하면 내 손에 뼈도 못 추릴 테니까!"

그는 이렇게 화를 내며 이드몬을 조롱했다. 동료들과 이아손이 둘 모두를 질책하며 말리지 않았더라면 싸움은 더 커졌을 것이다.

오르페우스도 왼손으로 리라를 높이 들고 노래를 부르기 시작했다. 그는 태초에 서로 한 몸이었던 하늘, 땅, 바다가 심하게 싸운 후에 어떻게 서로서로 분리되었는지, 또 별, 달, 태양이 어떻게 창공에 영원히 고정된 궤도를 잡게 되었는지, 산이 어떻게 솟아났는지, 쫠쫠거리며 흐르는 강물이 어떻게 강의 요정들과 함께 생겨나고, 땅 위를 기는 생물들이 어떻게 생겨났는지를 노래했다. 그는 또 오피온과 오케아니데스의 딸 에우리노메가 처음에 어떻게 눈 덮인 올림포스 산을 지배하다가, 오피온은 강한 팔을 지닌 크로노스에게, 에우리노메는 레아에게 각각 밀려 명예로운 자리에서 물러나 오케아노스의 파도 속으로 사라졌는지 노래했다.44 그들은 오랫동안 축복받은 티탄 신들의 지배자로 군림했다. 그때는 제우스도 아직 어린아이로 딕테 산 동굴45에 살고 있던 때였다. 땅의 자식 키클로페스46도 제우스의 영광스러운 무기인 벼락, 번개, 천둥을 아직 그에게 무장시켜 주지 않았다.

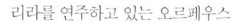
리라를 연주하고 있는 오르페우스

오르페우스는 이렇게 노래를 부르다가 천상의 노래와 함께 리라 연주를 그쳤다. 오르페우스가 노래와 연주를 마쳤건만, 모두들 아직도 무아지경에 빠져 계속해서 머리를 든 채 귀를 쫑긋 세우고 있었다. 오르페우스의 노래가 그들에게 대단한 마력을 불러일으켰던 것이다. 그 후 얼마

---

42 오토스와 에피알테스를 말한다. 알로에우스는 그들의 명목상의 아버지였고 실제 아버지는 포세이돈이었다. 거인이었던 그들은 하늘을 무너뜨리기 위해 올림포스 산 위에 오사 산을 올리고 또 그 위에 펠리온 산을 올려 하늘로 올라가는 길을 만들었다. 하지만 이들은 레토의 자식들인 아폴론 혹은 아르테미스의 화살을 맞고 죽었다고 한다.
43 이드몬의 명목상 아버지는 멜람푸스이지만 실제 아버지는 아폴론 신이다.
44 펠라스고이 족 신화에 나오는 천지 창조 이야기. 태초에 오케아노스의 딸 에우리노메가 거대한 뱀 오피온과 사랑을 나누어 만물을 만들어 지배하다가 크로노스와 레아에 의해 권력에서 밀려난다. 크로노스와 레아는 후에 제우스와 헤라에게 권좌를 물려준다.
45 크레테 섬에 있는 산. 어린 제우스는 자식들을 잡아먹는 아버지 크로노스의 눈을 피해 이 산의 동굴에서 청동족 쿠레테스 족과 유모 아드레스테이아에 의해 비밀리에 길러졌다.
46 눈이 이마 한가운데에 하나밖에 없는 괴물을 총칭한다. 여기서는 태초에 가이아가 우라노스와 사랑을 나누어 낳은 브론테스(천둥), 스테로페스(번개), 아르게스(벼락) 삼형제를 말한다. 이들은 나중에 제우스에게 천둥, 번개, 벼락을 만들어 주었다.

지나지 않아 그들은 관례대로 포도주에 물을 섞어 제우스 신에게 바칠 제주를 만들었다. 그리고 그것을 네 발로 선 채로 불타는 소의 혀에 뿌리고 밤새 곯아떨어졌다.

영웅들이 아르고호를 타고 콜키스로 출발하다

찬란한 새벽의 여신이 눈을 반짝이며 경사진 펠리온 산의 정상에 모습을 드러내고, 바닷물이 출렁대며 바람에 날려 해안의 절벽을 적시자 티피스가 일어났다. 그는 동료들을 깨워 배에 올라 노 저을 준비를 하도록 재촉했다. 파가사이 항구만 웅성거렸던 것은 아니다. 펠리온의 아르고호도 엄청난 고함 소리를 내며 그들에게 출발하라고 독려했다. 아테나 여신이 뱃머리 용골의 한가운데에다 말하는 목재 하나를 끼워 넣었기 때문이다. 그것은 도도나 산에서 가져온 성스러운 참나무였다.

그들은 미리 정해진 순서대로 갑판에 올라 노 젓는 자리로 가서, 무기를 옆에 놓고 단정하게 앉았다. 한가운데에는 앙카이오스와 헤라클레스의 육중한 몸이 자리를 잡고 앉았다. 헤라클레스는 자신의 몽둥이를 옆에 내려놓았는데, 그의 발아래로는 아래로 쭉 뻗은 배의 용골이 보였다. 벌써 닻줄을 끌어당기고, 바다 위에는 제주가 뿌려졌다.

이아손은 눈물을 흘리며 조국 땅으로 향하는 시선을 거두었다. 하지만 다른 동료들은 오르페우스의 리라 연주에 맞추어 거친 바다 표면을 노 바닥으로 치며 파도를 일으켰다. 그 모습은 마치 젊은이들이 포이보스

---

47 아르고호의 영웅들은 대부분 신의 피를 이어받았다.
48 테살리아의 도시. 그곳에 아테나 여신의 신전이 있었다. 아테나는 이 도시 이름을 따라 '이토니스'라고 불리기도 했다.
49 케이론의 아내는 요정 칼리클로였다. 아킬레우스가 아직 어린 것을 보면 아르고호의 모험은 트로이 전쟁이 일어나기 전에 이루어진 것임을 추측할 수 있다.

케이론에게 아킬레우스를 맡기는 펠레우스

 아폴론을 위해 피토나 오르티기아 혹은 이스메노스 강가에서 윤무를 추거나, 제단 주위에서 리라 연주에 맞추어 경쾌한 발걸음으로 발을 구르는 것 같았다. 영웅들의 엄청난 힘으로 여기저기서 검은 바닷물이 포말을 일으키며 솟아올랐다. 달리는 배 안에 실려 있는 무기들이 태양빛에 반사되어 번개처럼 번쩍거렸다. 배가 지나온 자리에는 뱃길이 하얗게 뻗어 있었다. 마치 초지를 뚫고 시원하게 뚫려 있는 오솔길 같았다.
 그날 하늘에서는 모든 신들이 아르고호와 바다를 향해 힘차게 항해하는 반신의 종족47들을 굽어보고 있었다. 펠리온 산의 요정들도 산꼭대기에서 이톤48의 아테나가 만든 작품과 영웅들이 노 젓는 모습을 보고 놀라워했다. 필리라의 아들 케이론도 산 정상에서 바닷가 가까이로 내려와서 부서지는 잿빛 파도에 발을 적시며, 거대한 오른팔을 흔들며 영웅들의 무사 귀환을 기원했다. 그의 옆에는 케이론의 아내가 펠레우스의 아들 아킬레우스를 팔에 안고 아버지에게 들어 보여주었다.49
 그들은 항구의 울퉁불퉁한 해안을 안전하게 벗어났다. 영리한 하그니스의 아들 티피스의 주의와 충고 덕택이었다. 그는 반질반질한 키를 노련하게 다루며 배를 안전하게 모는 능력이 있었다. 그들은 거대한 돛대를 중앙의 비어 있는 돛대 받침대에 끼워 세우고, 밧줄을 앞뒤 양쪽으로

판 신을 피해 달아나는 시링크스. 그녀는 결국 갈대로 변신하고 판 신은 그 갈대로 팬플롯을 만든다.

팽팽하게 당기면서 배의 머리와 꼬리에 고정시켰다. 접어두었던 돛을 방추처럼 생긴 돛대 끝까지 올리자, 돛 안으로 쏴쏴 맑은 소리를 내며 순풍이 불어왔다. 그들은 범각삭(帆脚索)을 갑판 위의 반질반질한 밧줄걸이에 고정시켰고, 배는 길쭉한 티사이 만을 사뿐히 지나갔다.

오이아그로스의 아들 오르페우스는 그들을 위해 리라를 연주했고 고귀한 아르테미스 여신을 노래로 찬양했다. 여신이 배의 수호자로서 그곳 바다의 암초와 이올코스 지역을 관장했기 때문이다. 깊은 바다 속에서 올라온 커다란 물고기들이 작은 물고기들과 어울려 서로 다투어 뛰어오르며 물길을 따라왔다. 초원에서 배불리 풀을 뜯던 수천 마리의 양떼가 자신들을 안내하는 시골 양치기의 발자취를 따라 농장으로 따라 들어갈 때, 양치기는 앞서 걸으며 맑게 울려 퍼지는 시링크스[50]의 아름다운 목가를 부른다. 마치 그런 것처럼 물고기들이 떼를 지어 그들을 따라왔다. 연이어 부는 순풍은 배를 앞으로 계속 밀고 나아갔다.

곧 평야 지대인 펠라스고이 지역이 안개 속으로 모습을 감췄다. 그들은 펠리온 산 봉우리들을 지나 점점 더 멀리 나아갔다. 세피아스 만이 시야에서 사라지더니, 바다에서 스키아토스 섬이 나타났다. 멀리에서 페이레시아이, 맑은 하늘 아래 펼쳐진 마그네시아 해안과 돌로프스[51] 묘소가 보였다. 그들은 저녁때 그곳에 상륙했다. 바람의 방향이 바뀌었기 때문이다.

그들은 묘소에 참배하며 황혼 무렵에 양을 태워 제물로 바쳤다. 이제 바다는 폭풍우가 일어 요동치고 있었다. 그들은 그곳에서 이틀 동안 휴식을 취했다. 셋째 날이 되자 그들은 돛을 높이 올리고 배를 출항시켰다. 오늘날 사람들은 이 해안을 '아페타이'[52]라고 부른다.

다시 항해를 계속하던 그들은 멜리보이아를 지나갔다. 그곳 해안은 가

---

[50] 시링크스는 아르카디아의 노나크리스 출신의 요정이었다. 그녀는 다른 자매들과는 달리 결혼하지 않고 사냥을 하면서 살았다. 그러던 어느 날 숲의 신 판이 그녀를 보고 첫눈에 반한다. 판의 추격을 받고 쫓기던 그녀는 라돈 강으로 뛰어들면서 강의 신에게 자신을 갈대로 변신시켜 달라고 기도했다. 판은 그녀를 잊지 못하고 갈대 줄기를 여러 길이로 잘라 밀랍으로 붙여 팬플롯이라는 악기를 만들었다.
[51] 돌로프스는 헤르메스와 필리라, 혹은 크로노스와 필리라의 아들로 케이론의 형제다. 케이론의 어머니도 필리라였기 때문이다.
[52] '아페타이'는 아르고호의 '출항 지점'이라는 뜻이다. 기원전 480년 페르시아 군은 이곳에서 아르고호가 출발한 바다와는 정반대인 테르모필라이로 진격하면서 북풍의 신 보레아스가 그리스군을 위해 일으킨 무서운 폭풍우를 만나 엄청난 손실을 입었다. 페르시아군은 이곳에서 바다의 여신 테티스를 달래기 위해 많은 제물을 바쳤다. 그렇게 폭풍이 부는 것은 이곳에서 남편 펠레우스에게 당한 테티스가 분노한 것이라고 믿었기 때문이다.

파른 암초투성이였고 파도가 거칠게 일었다. 새벽녘엔 바닷가 가까이에 솟아 있는 호몰레 산을 지나갔다. 얼마 지나지 않아 아미로스 강의 어귀도 지나쳐야 했다. 에우리메나이와 물로 출렁거리는 오사 산과 올림포스 산의 협곡도 보였다. 밤이 되자 그들은 바람의 힘을 받아 팔레네 언덕과 카나스트라치온 만을 지나는 뱃길을 달려갔다.

다음 날 새벽녘에 트라케의 아토스 산 꼭대기가 그들의 바로 앞에 나타났다. 그 산의 가장 높은 봉우리의 그림자는 렘노스 섬뿐만 아니라 미리네 시까지 덮어 그늘지게 했다. 그곳은 장비를 잘 갖춘 화물선이라도 반나절을 가야 할 정도로 그렇게 멀리 떨어진 곳이었다. 그날은 어둑어둑해질 때까지 순풍이 세차게 불어와 배의 돛을 부풀렸다. 해가 지면서 바람이 잦아들자 그들은 노를 저어 신티오이 족이 사는 돌이 많은 렘노스 섬53에 도착했다.

남자들을 모두 죽이고 여인천하를 만든 렘노스 섬의 여자들

지난 해 이 섬에서는 여자들이 모든 남자들을 상대로 무자비한 범죄를 저질렀다. 아내들에게 싫증을 느낀 렘노스 섬의 남편들은 그들을 멀리하고, 대신 트라케를 약탈하고 탈취해 온 여자들에게 거친 욕정을 품었었다. 그것은 오래전부터 자신에게 제물 바치는 것을 소홀히 한 그곳 여자들에게 몹시 화가 난 키프리스(아프로디테)가 벌을 주었기 때문이다. 오, 불쌍한 여인들이여, 질투의 화신들이여! 그들은 탈취해 온 여인들, 그리고 그들과 잠자리를 같이한 남편들뿐만 아니라, 이 끔찍한 살인에 대한 보복을 미연에 방지하기 위해 섬에 있는 모든 남자들의 씨를 말렸다.

여자들 중 유일하게 힙시필레이아만이 그곳의 왕이자 자신의 아버지 토아스를 살려주었다. 그녀는 아버지를 존경했다. 그녀는 아버지가 도망갈 수 있도록 그를 빈 궤짝에 실어 바다에 띄워 보냈다. 나중에 어부들이 그를 오이노이에 섬의 해변에서 건져 올렸다. 그 섬은 한때는 그렇게 불리다가, 나중에 나이아데스(물의 요정들) 오이노이에가 토아스와 사랑을 나눠 낳은 아들의 이름을 따 스키노스라 불렀다.

나무 궤짝을 타고 도망가는 토아스

렘노스 여자들에게는 소에게 풀을 먹이고 청동무기로 무장하고 밀밭을 일구는 것이 전에 집안에서 늘 하던 아테나의 일54보다는 쉬었다. 하지만 트라케인들이 언제 쳐들어올지 모른다는 무서운 공포에 사로잡혀 있었기 때문에 그들의 시선은 항상 바다 쪽을 응시하고 있었다.

아르고호의 처리 문제로 렘노스 여자들이 집회를 열다

그들은 아르고호가 섬에 가까이 오자 즉시 끔찍한 무기로 무장하고, 미리네스 성문에서 급히 해안으로 몰려나왔다. 날고기를 먹는 마이나데스55처럼 민첩했다. 그들은 트라케인들이 쳐들어오고 있다고 생각했던 것이다. 그들 중에는 토아스의 딸 힙시필레이아도 아버지의 무기를 들고 서 있었다. 그들은 어찌할 바를 모른 채 말없이 서 있었다. 모두가 공포에 질려 있었던 것이다.

그 사이 영웅들은 발 빠른 아이탈리데스를 사자로 파견했다. 그들은 그에

---

53 제우스와 헤라가 싸우자 헤파이스토스는 어머니 헤라 편을 들었다. 화가 난 제우스가 헤파이스토스를 던졌는데, 그가 떨어진 곳이 바로 렘노스 섬이다. 섬의 원주민 신티오이 족이 그를 정성들여 보살폈다.
54 양모와 실을 잣는 일. 아테나 여신은 지혜의 여신이자 수공업의 신이기도 하다.
55 마이나데스는 디오니소스를 따르는 여신도들을 말한다. 티아데스라고도 한다.

게 대사의 직책과 그의 아버지 헤르메스의 지팡이를 맡겼다. 헤르메스는 그에게 무엇이든지 영원히 기억할 수 있는 능력을 부여했었다. 아케론 강의 엄청난 물을 건널 때조차도 그의 영혼에는 망각이 깃들지 못했다. 그는 또 두 개의 삶을 계속 바꾸면서 살아갈 운명이어서, 어떤 때는 하계의 인간들에 속해 있다가도, 다른 때는 햇빛을 받고 살아가는 인간들에 속했다. 그런데 왜 내가 아이탈리데스 이야기를 계속하지? 하여튼 그는 그 당시 날이 저물었으니 하룻밤만 받아달라고 힙시필레이아를 설득했다. 하지만 아침이 되어도 그들은 배의 닻줄을 올리지 못했다. 북풍이 불었기 때문이다.[56]

렘노스 여인들은 시내의 광장에 모여 앉았다. 힙시필레이아가 소집 명령을 내렸기 때문이다. 여자들이 무리 지어 모이자, 힙시필레이아가 그들을 격려하며 말했다.

렘노스 섬의 여인들. 렘노스 섬은 대장장이 신 헤파이스토스에게 바쳐진 섬이다. 가운데에 하늘에서 떨어진 어린 헤파이스토스가 보인다.

"자, 동료 여러분, 우리 저 남자들이 원하는 대로 항해에 필요한 음식과 달콤한 포도주를 가져다 줍시다. 그래야 그들이 계속 성 바깥에 머물지 않겠습니까. 불가피하게 우리를 방문하게 되고, 우리에 대한 좋지 않은 소문의 진상을 알아내서 멀리 퍼뜨리는 불상사는 없어야 됩니다. 우리는 정말 못된 짓을 저질렀으니까요! 그들이 알아서 결코 기분 좋을 일은 아니지요. 이것이 우리 모두를 위한 저의 계획입니다. 그러나 여러분들 중 더 좋은 묘안이 있는 분이 있으면 일어나 말씀해 주십시오! 제가 하고 싶은 이야기는 이것입니다."

이렇게 말하고 그녀는 아버지가 앉던 돌 의자에 앉았다. 그러자 늙어서 다리가 굽고 절뚝거리는 힙시필레이아의 유모 폴릭소스가 말하기를 간절히 청했다. 그녀는 지팡이에 몸을 의지하고 일어섰다. 그녀 옆에는 머리가 하얗게 세도록 결혼하지 않고 독신으로 산 네 명의 노파들도 앉아 있었다. 그녀는 광장 한가운데에 서서 굽은 등에서 힘겹게 목을 약간 펴더니 다음과 같이 말했다.

"힙시필레이아의 제안대로 이방인들에게 물품을 건네 줍시다. 그렇게 하는 것이 더 좋을 것 같군요. 그러나 여러분은 트라케 군대나 다른 사악한 자들이 쳐들어오면 어떻게 생명을 보전할 생각이십니까? 이 사람들이 예기치 않게 온 것처럼 그런 일은 우리 인간들에게 흔히 있을 수 있는 일이니까요. 비록 신이 지금 우리가 처한 위험을 막아주신다고 하더라도, 앞으로 어쩌면 전쟁보다도 더한 숱한 다른 고통이 닥칠지도 모릅니다. 가령 고령의 여자들은 세상을 떠나고, 젊은 여자들은 애를 낳지 않고 비참하게 늙어버린다면, 불행한 여러분들은 어떻게 살아갈 겁니까? 소들이 스스로 멍에를 메고 쟁기를 끌고 밭을 갈아 이랑을 만들고 해가 바

---

56 헤파이스토스 신은 항해에 이로운 남풍이나 서풍이 아니라 역풍인 북풍을 불게 했다. 그는 자신이 좋아하는 렘노스 섬에 영웅들을 묶어두어, 아프로디테 여신의 도움으로 렘노스 여자들과 사랑을 나누도록 했다. 섬이 황폐해지지 않기 위해서는 아이를 생산할 남자들이 필요했기 때문이다.

힙시필레이아와 아르고호의 영웅들

뀌면 수확물을 나르겠습니까? 나로 말하자면 비록 지금까지는 죽음의 여신들[57]이 나를 비껴갔지만 내년에는 분명 죽어 땅에 묻힐 것입니다. 그러면 엄청난 재난을 당하기 전이니까 아마도 관례에 따라 합당한 장례식을 치르겠지요. 그러나 젊은이들은 이 문제를 좀 더 신중하게 생각해 보아야 할 것입니다. 여러분들 앞에는 더 좋은 탈출구가 활짝 열려 있으니까요. 여러분들은 집, 노획물, 자랑스러운 도시에 대한 걱정을 지금 당장 이방인들에게 맡기면 되지 않겠어요!"

그녀가 이렇게 말하자 모두들 환호성을 질렀다. 그녀의 합리적인 제안이 모두의 마음에 들었던 것이다. 폴릭소스의 뒤를 이어 곧바로 힙시필레이아가 자리에서 일어나서 다음과 같이 답변했다.

"모두가 이 제안이 맘에 든다면, 저는 지금 전령 한 사람을 배로 보내겠습니다!"

[57] 케레스, 단수형은 케르. 케레스는 『일리아스』에 따르면 죽음에 처한 영웅들을 데려가는 죽음의 여신들이다. 또 죽음의 여신은 헤시오도스의 『신통기』에 의하면 밤의 여신 닉스의 딸이다.

힙시필레이아는 이렇게 말하면서 바로 곁에 서 있던 이피노에에게 말했다.

"이피노에, 나를 위해 서둘러주어요. 빨리 가서 그 무리의 지도자에게 이 기쁜 소식을 전할 수 있도록 우리에게 좀 와달라고 해주어요! 그리고 다른 이들에게는 의도만 순수하다면 언제든지 우리의 땅에 들어와도 된다고 전해주고요!"

힙시필레이아

영웅들이 렘노스 여자들과 살림을 차리다

이렇게 말하고 힙시필레이아는 모임을 파한 후 궁으로 출발했고, 이피노에는 미니아이인들에게로 갔다. 그들이 이피노에에게 온 목적을 묻자, 그녀는 재빨리 다음과 같이 말했다.

"토아스의 딸 힙시필레이아가 저를 이곳에 보냈습니다. 누구신지 모르겠지만 이 배의 지도자를 초대하여 우리 백성들의 기쁜 소식을 전하기 위해서입니다. 또 다른 분들에게는 의도만 순수하다면 언제든지 우리의 땅에 들어와도 된다고 하셨습니다."

그녀가 이렇게 말하자 모두들 기쁜 소식에 즐거워했다. 그들은 토아스 왕이 죽은 뒤 외동딸 힙시필레이아가 이곳을 통치하고 있다고 생각했다. 그들은 서둘러 이아손을 먼저 보내고, 자신들도 내릴 준비를 했다.

이아손은 어깨에 보랏빛 이중 망토를 걸치고 브로치로 고정시켰다. 그것은 트리톤의 여신 팔라스의 수공품이었다. 여신이 아르고호의 용골을 짜고 갑판의 가로 들보를 마름질하는 것을 이아손에게 가르쳐줄 때 선물로 준 것이다. 그 망토의 가운데 부분은 빨간색으로 물들어 있었고, 주변은 모두 짙은 보라색이었다. 망토의 이글거리는 붉은색을 보느니 차라리 떠오르는 태양에 눈을 돌리는 것이 편할 정도였다. 게다가 각각의 레이스에는 정교한 그림이 멋지게 수놓여 있었다.

그중에는 키클로페스도 있었다. 이들은 불후의 작품을 만들고 있었다. 주인인 제우스를 위해 번개를 만들고 있는 중이었다. 번개는 멀리 밝게 빛났다. 거의 완성되었지만 불씨가 하나 모자라서 그들이 철제 망치로 그것을 벼리고 있었다. 화덕의 이글거리는 불꽃에서는 뜨거운 연기가 일어났다.

안티오페의 아들들이자 아소포스의 손자들인 암피온과 제토스의 그림도 있었다. 주변에는 테베가 있지만 아직 성벽은 없었고, 그들이 열심히 성벽의 초석을 닦고 있는 중이었다. 제토스는 어깨에 높은 산의 봉우리를 짊어지고 있었는데 몹시 힘들어하는 모습이었다. 그 뒤로 황금리라를 울리며 암피온이 가고 있었고, 그보다 두 배나 큰 바위가 그의 뒤를 바짝 따라가고 있었다.58

키테레이아59가 땋은 머리를 치렁치렁 아래로 드리운 채 약간 흔들리는 아레스의 청동방패를 잡고 있는 모습도 수놓여 있었다. 그녀의 한쪽 어깨에는 옷고름이 풀려 가슴 아래쪽으로 비스듬히 왼쪽 팔까지 늘어져 있었고, 그녀 앞에 놓여 있는 청동방패에는 그녀의 얼굴이 금방이라도 비칠 것만 같았다.

무성한 목초지도 보였다. 그 안에서 풀을 뜯고 있는 소들을 놓고 텔레보아이인60들과 엘렉트리온61의 아들들이 서로 싸우고 있었다. 한쪽은 방어하고, 다른 한쪽인 타포스 섬의 해적들은 그들에게서 소를 약탈하려 했다. 이슬이 맺혀 있는 목초지는 그들의 피로 뒤범벅이 되었는데, 결국 수적으로 열세인 목동들은 해적떼에게 죽임을 당했다.

경주하는 두 대의 마차도 수놓여 있었다.

아프로디테

아폴론

앞 마차는 펠롭스가 히포다메이아를 옆에 태우고 채찍을 흔들면서 몰고 있었고, 다른 마차는 그를 추격하며 미르틸로스가 몰고 있었다. 하지만 동승해 있던 오이노마오스는 손에 창을 들고 앞쪽을 겨누다가 미르틸로스와 함께 마차에서 추락했다. 펠롭스의 등을 노리고 막 창을 날리려는 순간 마차 축이 부러졌기 때문이다.62

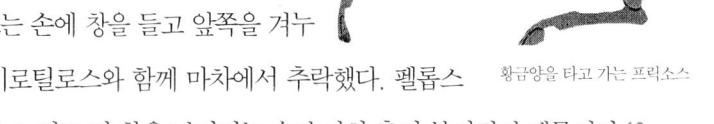
황금양을 타고 가는 프릭소스

포이보스 아폴론도 수놓여 있었다. 그는 아직 소년의 모습이었다. 아폴론은 거인 티티오스를 향해 활을 날리고 있었다. 그것은 티티오스가 대담하게도 자신의 어머니 레토의 베일을 벗기려고 했기 때문이다. 티티오스는 신성한 엘라레가 낳았지만 가이아가 땅속에 보호하고 있다가 다시 낳아 기른 자였다.63

미니아이인 프릭소스도 수놓여 있었다. 그는 마치 황금양의 말을 듣고 있는 것처럼 보였고, 양은 정말 말하고 있는 것 같았다. 누구든 그들을 보

---

58 암피온과 제토스는 테베의 성을 쌓은 것으로 유명하다. 암피온은 리라를 연주하며 돌이 스스로 자신을 따라오도록 했지만 제토스는 돌을 어깨에 짊어지고 직접 날랐다.
59 바다 거품에서 태어난 미의 여신 아프로디테는 조개를 타고 키프로스 섬에 상륙했다가 다시 그리스로 돌아온다. 그녀가 맨 처음 상륙한 곳이 펠로폰네소스 반도의 끄트머리에 있는 키테라 섬이다. 그녀의 별명인 키테레이아는 이 섬 이름에서 따온 것이다.
60 타포스 군도에 살던 해적을 가리키는 종족 이름.
61 암피트리온의 숙부이자 장인이며 알크메네의 아버지.
62 탄탈로스의 아들 펠롭스는 오이노마오스의 딸 히포다메이아를 사랑했다. 오이노마오스는 딸과 결혼하려는 자는 자신과의 전차 시합에서 이겨야 한다는 조건을 달았다. 하지만 펠롭스는 구혼자들을 한참 먼저 출발시킨 다음 그를 따라잡아 창을 던져 죽이곤 했다. 그의 마차를 모는 말들은 아레스 신에게서 받은 신마들이었기 때문이다. 펠롭스는 오이노마오스의 마부 미르틸로스를 매수해 마차 축을 하나 빼고 밀랍을 채워 넣도록 했다. 오이노마오스는 결국 경기 도중 바퀴가 빠진 마차에 깔려 죽는다.
63 제우스는 오르코메노스의 딸 엘라레와 사랑을 나누어 거인 티티오스를 낳았지만 헤라의 질투가 걱정스러워 그를 땅속에 숨겨두었다. 그래서 티티오스는 가이아(대지)의 배 속에서 나중에 다시 태어났다. 헤라는 레토 여신이 아폴론과 아르테미스를 낳자 이를 시기하여 티티오스를 시켜 레토를 겁탈하게 했다. 이에 아폴론이 그를 화살로 쏘아 죽였다.

면 마치 그들에게서 무슨 좋은 말이라도 얻어들을 것 같은 착각이 일어나 조용히 그들을 한참 동안 쳐다볼 것이다. 이톤의 여신 아테나의 선물은 이와 같았다.

이아손은 또 오른손에 아주 멀리 날아가는 창을 하나 들고 있었다. 그 창은 전에 아탈란테[64]가 마니날로스에서 만난 이아손에게 마음이 끌려 주었던 것이다. 그녀는 이아손을 따라 모험하고 싶은 욕구가 대단했기 때문이다. 하지만 이아손은 의도적으로 그녀를 멀리했다. 사랑 때문에 불필요한 문제가 생기지 않을까 하는 걱정에서였다.

이아손은 이런 모습으로 시내로 들어갔다. 그는 마치 신부가 신방에 앉아 막 집 위로 떠오르는 모습을 보는 별같이 빛났다. 그 별은 검은 창공에서 불그스레하게 빛나면서 신부의 눈을 황홀하게 만들고, 신부는 부모가 약혼자로 정해놓은 다른 종족의 청년을 그리며 기쁨에 젖어 있다. 마치 그런 별처럼 빛나는 영웅 이아손은 힙시필레이아가 보낸 전령의 뒤를 바짝 따라가고 있었다.

그들이 차례로 성문을 지나서 성안으로 들어서자, 타지에서 온 남자를 보고 즐거운 나머지 여자들이 그들 뒤를 물밀듯이 따라왔다. 이아손은 시선을 땅으로 향한 채 태연하게 걸어 화려한 힙시필레이아의 궁전에 도달했다. 그가 나타나자 하녀들이 정교하게 짜 맞춘 두 짝 문들을 활짝 열어젖혔고, 전령 이피노에는 그를 급히 접견실로 안내하여 광택이 나는 안락의자에 앉도록 했다. 그곳은 여왕 바로 맞은편이었다. 그녀는 시선을 밑으로 향하며, 소녀처럼 볼을 붉혔다. 그녀는 부끄러웠지만 나긋나긋한 말투로 그에게 말을 걸었다.

"이방인이여, 어찌하여 당신들은 그렇게 오랫동안 성 밖에만 머물고 계십니까? 이 도시에는 남자들은 단 한 명도 살고 있지 않습니다. 그들은

---

[64] 아탈란테는 스코이네우스의 딸로 달리기의 명수다. 독신을 고집했던 그녀는 구혼자들과 달리기 시합을 해서 자신을 이기지 못한 자들을 죽였다.

모두 트라케 땅으로 건너가 거기서 밀밭을 경작하고 있습니다. 나는 우리가 현재 겪고 있는 고통을 전부 솔직하게 털어놓고 싶습니다. 여러분들도 사정을 잘 알아야 합니다.

우리 아버지 토아스께서 이 도시를 다스리고 있을 때였습니다. 이곳 남자들이 배를 타고 가서 맞은편에 살고 있는 트라케인들을 공격했습니다. 그때 엄청나게 많은 물건들을 약탈해 이곳으로 실어오곤 했습니다. 그중에는 처녀들도 있었습니다. 무서운 여신 키프리스는 화가 치밀어 올라 렘노스의 남자들이 수치스러운 탈선을 저지르도록 부추겼습니다. 그때부터 남자들은 자신들의 아내를 미워하고, 망상에 사로잡혀 뻔뻔스럽게도 무력으로 탈취해 온 처녀들과 잠자리를 같이하고 아내들을 집에서 내쫓았습니다. 우리는 남편들이 언젠가는 정신을 차리겠지 싶어서 오랫동안 참았습니다. 하지만 상황은 더 악화되어 우리의 고통은 배가되었습니다. 정실자식들이 집에서 무시당하고, 대신 서자들이 활개를 치고 다녔기 때문입니다.

미혼 여자들뿐만 아니라 과부들도 무시당해 길거리를 헤매고 돌아다녀야 했습니다. 아버지는 자신의 코앞에서 딸이 포악한 계모의 손에 학대당하는 것을 보아도 전혀 개의치 않았습니다. 아들들 또한 전처럼 어머니가 치욕스러운 불명예를 당해도 지켜주지 않았으며, 남자 형제들은 피를 나눈 누이들을 전혀 신경쓰지 않았습니다. 가정, 윤무, 모임, 향연에서 세인의 주목을 끈 것은 오직 탈취해 온 여자들뿐이었습니다. 그러던 중 신이 우리에게 굉장히 대담한 용기를 불러일으켰습니다.

어느 날 남편들이 트라케에서 돌아왔을 때 우리는 더 이상 성안으로 들어오지 못하도록 했습니다. 그것은 그들에게 정의가 무엇인지를 알게 하고, 트라케 여자들과 함께 다른 곳으로 떠나 살게 하기 위해서였습니다. 결국 그들은 성에 남아 있던 사내아이들만을 달라고 하고는 곧바로 트라케 땅으로 떠났습니다. 그들은 아직도 눈이 많이 내리는 그곳에 살고 있습니다.

대장간에서 쇠를 벼리고 있는
헤파이스토스

사정이 이러하니 여러분은 여기 이 나라에 머물러 주셔야 하겠습니다! 또 당신이 이곳에 살기를 원하고, 당신만 괜찮다면 우리 아버지 토아스 왕의 자리를 차지하셔도 됩니다. 우리나라는 당신이 흠잡을 데라고는 하나도 없을 것입니다. 우리나라는 에게 해의 많은 섬들 중에서 가장 부유하고 곡식 수확량도 가장 많습니다. 자아! 이제 배로 돌아가서 동료들에게 우리들의 말을 자세히 전하고, 앞으로는 더 이상 성 밖에 있지 말아주십시오!"

이렇게 말하면서 그녀는 자신들이 렘노스 섬의 남자들에게 자행했던 살인 행위는 감추었다. 이아손이 대답했다.

"힙시필레이아여, 당신의 도움을 필요로 하는 우리에게 당신이 베푼 호의는 기꺼이 감사하게 받아들이겠습니다. 나는 우선 동료들에게 모든 사실을 보고하고 다시 이곳으로 돌아오겠습니다. 그러나 통치권과 이 섬은 당신이 맡으셔야 합니다. 그걸 무시해서 거절하는 것이 아닙니다. 저는 완수해야 할 힘든 과업이 있습니다."

이렇게 말하며 이아손은 그녀의 오른손을 살짝 잡았다. 그리고 재빨리 왔던 길을 되돌아갔다. 그가 성문을 빠져나갈 때까지 젊은 여자들이 기뻐하며 여기저기서 그의 주변에 몰려들었다. 이아손은 동료들에게 돌아가 힙시필레이아가 자신을 불러 이야기한 모든 것을 자세하게 보고했다.

그사이 여자들은 멋진 마차를 타고 해변까지 와서 많은 선물을 내려놓았다. 그들은 이제 영웅들을 모두 쉽게 집으로 초대할 수 있었다. 키프리스가 똑똑한 헤파이스토스[65]를 위해 모든 영웅들에게 달콤한 욕망을 불러일으켰던 것이다. 그래야 렘노스 섬에 남자들의 씨가 퍼질 것이기 때문이다.

이아손은 힙시필레이아의 궁전으로 갔고, 다른 영웅들은 각자 자신이 선택한 여자의 집으로 갔다. 헤라클레스만이 다른 몇몇 선발된 동료들과 함께 자진해서 배에 남아 있었다. 곧 도시 전체가 윤무와 향연을 즐기며 기뻐했고 기름이 타는 연기로 자욱했다. 그들은 신들 중 특히 헤라의 자랑스러운 아들과 키프리스에게 노래와 제물을 바치며 기도했다.

영웅들이 헤라클레스의 경고를 듣고 섬을 출발하다

출항이 하루이틀 미뤄졌다. 헤라클레스가 동료들을 여자들과는 별도로 소집해서 다음과 같이 비난하지 않았더라면 그들은 그곳에 더 오래 머물며 쉬었을 것이다.

"한심한 자들이여. 우리가 조국으로부터 멀리 떠나온 것이 혈육을 살해해서입니까? 아니면 우리나라 여자들을 경멸해서 이방인과 결혼하기 위해 이리로 온 것입니까? 여러분들은 비옥한 렘노스 땅을 일구면서 여기에 사는 것이 마음에 드십니까? 낯선 여자들과 그렇게 오랫동안 방 안에만 처박혀 지낸다면 우리는 정말 좋은 평판을 얻지 못할 것입니다. 또 어떤 신도 결코 우리가 기도만 한다고 해서 그냥 황금양피를 빼앗아 우리에게 선사하지 않을 것입니다. 우리 본연

헤라클레스

65 활화산이 있던 렘노스는 대장장이신 헤파이스토스에게 바쳐진 섬이고, 그의 대장간이 있다. 미의 여신 아프로디테는 아레스와 자주 바람을 피워대지만 헤파이스토스의 정식 아내다.

의 자세로 돌아갑시다! 그러나 그 사람만은 날마다 힙시필레이아와 침대에서 뒹굴게 내버려둡시다. 그래야 렘노스를 사내아이들로 가득 채우는 위업을 달성하겠지요!"

 헤라클레스가 그렇게 무리를 비난했으나 아무도 감히 그의 얼굴을 똑바로 쳐다보려고 하지 못했고 말대답도 하지 못했다. 회의가 파하자 그들은 곧장 서둘러서 출항할 채비를 갖추었다. 여자들이 이 소식을 듣고 허겁지겁 달려왔다. 그것은 마치 벌들이 바위 구멍에 있는 벌집에서 떼 지어 나와 아름다운 백합꽃 주위를 윙윙거리는 모습과 흡사했다. 이때 벌들은 이슬을 머금은 채 반짝거리는 초원 여기저기를 날아다니며 달콤한 꿀을 모은다. 여자들은 마치 그 벌들처럼 그렇게 남자들 주위에 몰려들어 흐느끼며 손과 입으로 그들과 작별인사를 하고, 신들에게 그들의 무사 귀환을 빌었다. 힙시필레이아도 이아손의 손을 잡고 똑같이 기도했다. 깊은 상실감으로 그녀는 눈물을 비 오듯 흘렸다.

 "어서 가세요. 신들이 당신과 당신 동료들을 무사 귀환하게 하시고, 당신이 열망하는 것처럼 황금양피도 왕에게 가져가길 기도합니다! 그러나 당신이 언젠가 무사 귀환하셔서 이곳에 다시 오신다면 이 섬과 우리 아버지의 왕홀은 언제나 당신 것입니다. 당신은 물론 여러 도시에서 수많은 영웅들을 규합할 생각은 하셔도, 그런 맘을 품고 계시지는 않겠지요. 나도 그렇게 되리라고는 상상하지 않습니다. 하지만 당신이 멀리 떨어져 있건, 고향에 돌아가시건 힙시필레이아를 꼭 기억해주세요! 그리고 만약 신들이 나에게 당신 아이를 낳도록 허락하시면 바라는 것이 무엇인지 말해주세요! 틀림없이 그대로 하겠습니다."

 이에 대해 이아손은 감격에 겨워 다음과 같이 말했다.

 "힙시필레이아, 그 모든 일이 신의 뜻에 따라 잘 풀릴 것입니다! 하지만 당신은 나에게 더 이상 집착하는 일은 삼가주세요. 저는 신들이 과업을 이루도록 해준다면, 펠리아스의 뜻대로 고향에서 사는 것으로 족합니다! 그러나 긴 항해를 하고도 만약 내가 그리스로 돌아가지 못할 운명이고, 당신이 사내아이[66]를 낳아 그 아이가 장성하거든, 그리고 우리 아버님 어머님이 아직 살아 계시거든, 그 아이를 그분들이 살고 계신 펠라스고이의 이올코스로 보내주시오! 그러면 그분들이 조금이라도 고통을 덜 수 있을 것입니다. 그러면 부모님은 펠리아스 왕의 도움이 없어도 집에서 손자의 보살핌을 받을 수 있을 것입니다."

이아손이 이렇게 말하고 맨 먼저 배에 오르자 다른 영웅들도 그를 따라 차례로 착석하여 노를 잡았다. 아르고스가 바닷물이 출렁대는 바위에서 닻줄을 풀자 그들은 널찍한 노로 힘차게 바다를 저어갔다.

저녁 무렵에 그들은 오르페우스의 충고대로 아틀라스의 딸 엘렉트라[67] 섬에 상륙했다. 그곳에서 외경스러운 비밀제의를 배워 험난한 바다를 보다 안전하게 항해하는 법을 알아내기 위해서였다. 그러나 나는 그 비교를 더 이상 이야기하지 않고, 그 섬과 그 비밀제의의 대상인 토착신들과 작별을 고하겠다. 그들을 노래하는 것은 금지되어 있기 때문이다!

거기로부터 그들은 노를 저어 왼쪽에는 트라케 지방, 오른쪽에는 임부로스 섬을 두고 깊고 검푸른 멜라스 해를 통과했다. 해가 막 질 무렵 그들

엘렉트라

---

[66] 힙시필레이아는 이아손과의 사이에서 자신의 아버지와 이름이 같은 토아스와 에우네오스라는 두 아들을 낳는다.
[67] 아틀라스의 딸 엘렉트라가 살았던 사모트라케 섬이다. 이곳에는 신비한 신들인 카베이로이를 기리는 비밀제의가 있었다. 카베이로이는 악시에로스, 악시오케르사, 악시오케르소스, 카드밀로스 등 네 명으로 각각 데메테르, 페르세포네, 하데스, 헤르메스와 동일시되기도 했다. 통설에 의하면 헤파이스토스가 이들의 아버지 내지 신적인 조상이라고 한다. 이들은 디오스쿠로이와 마찬가지로 항해의 수호신으로 알려져 있다.

은 길게 뻗어 있는 케르소네소스 곶에 이르렀다. 바로 그때 남풍이 강하게 불었다.

그들은 순풍에 돛을 활짝 펴고 아타마스의 딸의 거친 물결68 속으로 밀려 들어갔다. 새벽녘에 그들은 그 해협 위쪽을 지나, 밤에는 이다 평야를 옆으로 하고 로이테이온 해변을 통과했다. 계속해서 그들은 다르다니아를 뒤로하고 아비도스를 거쳐, 페르코테와 아바르니스 모래사장, 성스러운 피티에이아를 지나갔다. 이렇게 그들의 배는 속력을 높여 하룻밤 만에 포말이 일며 소용돌이치는 헬레스폰토스를 통과했다.

키지코스 섬에서 돌리오네스 족을 만나다

프로폰티스69 해안에는 깎아지른 듯이 솟아 있는 넓은 섬70이 하나 있다. 그것은 비옥한 프리기아 평야가 바다 쪽으로 약간 튀어나와 생긴 섬으로, 육지 쪽은 가파르게 경사져 거친 파도가 이는 협곡으로 되어 있었다. 섬 양쪽으로는 배가 정박할 수 있는 해안이 있었는데, 아이세포스 강 바로 위쪽이었다.

주변의 백성들은 그 섬의 정상을 '곰의 산'이라고 불렀는데, 그곳에는 포악하고 거친 땅에서 태어난 미개인들이 살고 있었다. 그들의 모습은 사람들을 경악하게 만들었다. 자그마치 몸에 여섯 개의 팔이 드리워져 있었기 때문이다. 그중 두 개는 건장한 어깨에, 나머지 네 개는 그 아래 육중한 허리 부분에 붙어 있었다. 그러나 섬 해안과 평야 지대에는 돌리오네스 족이 살고 있었는데, 그들의 왕은 영웅 키지코스였다.

그는 아이네우스와 성스러운 에우소로스의 딸 아이네테 사이에서 태어난 아들이었다. 이 종족은 포세이돈 덕택으로 아직까지 한 번도 포악한 미개인들의 공격을 당하지 않았다. 돌리오네스 족의 시조는 포세이돈이었기 때문이다.

　아르고호가 트라케의 바람을 타고 그 섬에 다가가자, '아름다운 항구'가 입항하는 그들을 맞이했다. 영웅들은 그곳에서 티피스의 제안대로 닻으로 쓰던 작은 돌을 풀어 아르타키아 샘물 밑바닥에 가라앉히고, 그 대신 다른 무겁고 적당한 돌을 하나 골랐다. 그 작은 돌은 나중에 이오니아 족의 지도자 넬레우스[71]의 후손들이 이아손의 수호신 아테나 여신의 신전에 봉헌했다. 멀리 쏘는 자인 아폴론 신의 신탁에 따른 것이었다.

　이들이 상륙하자 키지코스 왕을 비롯하여 전 돌리오네스인들이 다정하게 다가와 그들의 여행지와 혈통을 확인한 후, 그들을 손님으로 받아들였다. 돌리오네스인들은 그들에게 배를 좀 더 몰아 시내에 가까운 해안에 정박하도록 권유했다. 하지만 영웅들은 그곳 해안에 상륙의 수호신 아폴론을 위해 제단을 쌓고 성스러운 제물을 바쳤다.

　왕은 곤궁한 이들에게 달콤한 포도주뿐만 아니라 양들도 주었다. 그는 만약 영웅들로 이루어진 귀한 행렬이 지나가면, 싸울 생각을 하지 말고 이들을 친절하게 대해주라는 신탁을 들었다. 왕은 최근에야 비로소 뺨에

---

68 헬레가 오빠 프릭소스와 함께 황금양을 타고 콜키스로 가다가 떨어져 죽은 헬레스폰토스.
69 소아시아의 프리기아와 유럽의 트라케 사이에 있는 바다로, 오늘날의 마르마라 해.
70 키지코스 섬을 말한다. 그러나 키지코스 섬은 엄밀히 말하자면 반도다. 육지 쪽이 가득 찬 콩자루의 가운데를 묶어놓은 것처럼 잘록하게 쑥 들어가 섬으로 보일 뿐이다.
71 코드로스의 아들로 소아시아에 밀레토스 시를 건설했다. 그의 지도 아래 많은 이오니아인들이 아티카에서 프리기아로 이주해 정착했다. 동명이인인 네스토르의 아버지 넬레우스와 혼동해서는 안 된다.

수염이 나기 시작했지만, 아직 자식을 보는 기쁨을 누리지 못했다. 따라서 그의 아내 클레이테는 지금까지 출산의 고통을 경험해보지 못했다. 머리를 예쁘게 땋은 그녀는 페르코테 출신 메로프스의 딸이었다.

왕은 최근에 엄청난 지참금을 장인에게 지불하고 건너편 해안에 살고 있는 그녀를 자기 궁으로 데려왔었다. 그는 침실과 신방을 떠나 영웅들과 향연을 즐기면서도 마음속에 조금도 불안을 느끼지 않았다.

그들은 번갈아가며 서로에게 이것저것을 물어보았다. 왕은 그들에게 항해의 목적과 펠리아스가 맡긴 과업에 대해 물었다. 영웅들은 주변 도시와 넓은 프로폰티스 해에 있는 만에 대해 전부 알고 싶어 했다. 그러나 왕은 그들이 알고 싶은 것을 모두 충족시켜줄 수가 없었다. 그래서 영웅들 중 일부는 아침 일찍 직접 바닷길을 살펴보기 위해 높은 딘디몬 산72으로 올라갔고, 다른 이들은 배를 처음 정박시켜 두었던 항구에서 끌어와 안쪽에 있는 키토스 항구에 놓았다. 그 당시 그들이 올랐던 산길은 아직도 '이아손의 길'이라고 불리고 있다.

미개인들을 섬멸하고 섬을 출발하다

그런데 바로 그때 미개인들이 멀리 산에서 몰려 내려와 엄청나게 많은 바위 덩어리로 키토스 항구의 입구를 바다 밑까지 막았다. 마치 물고기를 한데 가두어서 잡으려는 것 같았다. 하지만 헤라클레스가 남아 있던 다른 영웅들과 함께 재빨리 활을 쏘아 그들을 차례로 쓰러뜨렸다. 미개인들도 톱니바퀴 모양의 뾰족뾰족한 큰 바위 덩어리를 높이 들어 그들을 향해 던졌다. 그 무시무시한 미개인들은 사실 제우스의 정실부인 헤라 여신이 헤라클레스에게 고통을 주기 위해 기른 자들이다.73 그사이 바닷길을 조망하기 위해 산에 오르던 영웅들도 발길을 돌려 그 미개인들을 무찌르는 데 합세했다.

　용감한 영웅들은 완강하게 저항하는 미개인들을 몰살할 때까지 창과 화살로 공격을 가했다. 벌목공은 막 도끼로 쓰러뜨린 통나무를 차례로 강물에 던진다. 물이 잘 스며들어 단단한 못을 잘 견뎌내도록 하기 위해서다. 흡사 그런 통나무들처럼 이들 미개인들의 시체는 회색 항구의 좁은 입구에 죽 늘어서 있었다. 어떤 시체들은 머리와 가슴은 짠 바닷물 속으로 가라앉고 다리는 땅에 걸친 채 무더기로 놓여 있었고, 또 다른 시체들은 두 다리는 바닷물 속에, 머리는 해안의 모래 속에 처박은 채 뻗어 있었다. 이들 모두는 물고기나 새의 밥이 될 운명이었다.

역풍으로 회항한 영웅들이 실수로 키지코스 왕을 죽이다

　싸움의 공포가 다 가신 뒤, 영웅들은 바람이 불자 배의 닻줄을 풀어 파도를 가르며 나아갔다. 이렇게 아르고호는 꼬박 하루를 돛을 펴고 달렸다. 그러나 밤이 되자 순풍이 잦아들고, 오히려 역풍이 불어 배를 뒤로 세차게 몰아쳤다. 결국 역풍은 그들을 친절한 돌리오네스 족이 사는 곳으로 다시 데려다 놓았다. 아직까지도 그들이 그 당시 급히 닻줄을 묶었던 그 바위는 '성스러운 바위'라고 불리고 있다.

　그러나 아무도 그곳이 키지코스 섬이라는 것을 알아차리지 못했다. 돌리오네스인들도 어둠 때문에 영웅들이 다시 돌아왔다는 사실을 전혀 알

---

72 딘디몬 산은 키지코스 섬에 있는 산으로 헤카테 여신 숭배로 유명한 곳이다. 섬에서 가장 높은 산이 '곰의 산'이다.
73 헤라는 수없이 바람만 피워대는 제우스에게는 한마디도 못하면서 그의 연인이나 그 사이에서 태어난 자식들을 괴롭혔다. 헤라의 박해를 가장 많이 받은 자식은 헤라클레스와 디오니소스 신이다. 헤라클레스가 열두 가지 과업을 수행하게 된 것도 헤라의 질투 때문이었다. 헤라클레스는 아르고호 모험에서 중도 하차하기 바로 직전 마지막으로 땅에서 태어난 미개인들을 통쾌하게 무찌른다.

고대 그리스의 레슬링
경기 장면

아차리지 못하고, 펠라스고이 족의 일파인 호전적인 마크로네스인이 해안에 상륙했다고 생각했다. 그들은 재빨리 무장을 하고 적들에게 맞섰다.

양측은 서로 물푸레나무 창과 방패를 부딪치며 싸웠다. 그 기세는 마치 마른 덤불 위에 떨어져 맹렬히 타오르는 불꽃 같았다. 돌리오네스인들은 끔찍하고 엄청난 전쟁의 소용돌이에 휘말리게 되었다. 키지코스 왕도 그 소용돌이에서 벗어나 신방으로 다시 되돌아가지 못할 운명이었다. 이아손이 그에게 덤벼들자, 그가 이아손에게 몸을 돌렸고, 그 순간 이아손이 그의 가슴에 창을 꽂았다.

창에 꽂힌 뼈가 으스러졌고, 왕은 모래 바닥에 그대로 주저앉아 숨을 거두고 말았다. 인간은 절대로 이런 운명으로부터 벗어날 수가 없다. 우리 주변 어디에나 커다란 운명의 그물이 쳐져 있다. 키지코스도 영웅들과 싸우던 그날 밤 바로 그 그물에 걸려든 것이다. 그는 아마 영웅들과 일어날 수 있었을 불행한 사태를 막 피했다고 생각했을 것이다.

이날 왕의 많은 부하들도 죽임을 당했다. 헤라클레스는 텔레클레스와 메가브론테스를 때려 죽였고, 아카스토스는 스포드리스를 때려 죽였다. 펠레우스는 젤리스와 재빠른 게피로스를 죽였다. 좋은 물푸레나무로 만든 창을 지닌 텔라몬은 바실레우스를 죽였고, 이다스는 프로메우스를, 클리티오스는 히아킨토스를 죽였다. 틴다레오스의 아들들인 폴리데우케스와 카스토르는 메갈로사케스와 플로기오스를 죽였다. 오이네우스의 아들은 대담한 이티모네우스뿐만 아니라 대열의 맨 선두에 있던 아르타케스를 죽였다. 이들 모두는 원주민들이 아직도 영웅의 예를 갖추어서 칭송하고 있다. 그러나 다른 부하들은 비둘기가 매를 보고 무서워 떼를 지어 피하듯 등을 보이며 도망쳤다. 그들은 무리를 지어 서로 떠밀며 성문으로 뛰어 들어갔다. 삽시간에 성안은 탄식 소리로 가득 찼다. 원망스러운 전쟁이 또다시 터졌기 때문이다.

이른 아침이 되어서야 양측은 자신들이 더 이상 되돌릴 수 없는 엄청난 실수를 범했음을 알아차렸다. 미니아이의 영웅들은 아이네우스의 아들 키지코스가 땅바닥에 고꾸라져 피를 흘리고 있는 것을 보며 극심한 고통에 사로잡혔다. 그들은 돌리오네스인들과 함께 사흘 동안이나 괴로워하며 머리를 쥐어뜯었다. 그런 다음 청동무기로 무장을 하고 묘지 주변을 세 바퀴 돌고, 예법대로 풀밭에서 죽은 이들을 기리기 위해 추모경기를 벌였다. 사람들은 아직도 그들이 당시 그곳에 세웠던 묘비를 볼 수 있다.

왕비 클레이테는 남편이 죽자 더 이상 살고 싶은 마음이 없었다. 그녀는 슬픔에 슬픔을 더하다가 결국 목을 매 자살하고 말았다. 그녀가 죽자 숲의 요정들조차도 큰 소리로 그녀를 위해 울었다. 여신들은 요정들이 땅에 흘린 눈물을 모아 샘을 만들었다. 그 샘은 불쌍한 신부의 유명한 이름을 기념하기 위해 아직도 '클레이테'라고 불리고 있다.

그날은 남녀 돌리오네스인들에게 제우스가 선사한 날 중 가장 끔찍한 날이 되었다. 그때부터 아무도 음식을 먹을 마음이 일지 않았기 때문이다. 더군다나 그들은 고통에 짓눌린 나머지 곡식을 집에서 빻을 생각을 못했다. 날곡식을 요리하지 않고 먹으며 간신히 목숨을 부지했을 뿐이다. 키지코스 섬에서는 아직도 클레이테와 왕을 위해 해마다 제사를 지낸다. 그때 그 섬의 주민인 이오니아인들은 제사에 필요한 케이크를 만들기 위해 오늘날까지 공공 방앗간에서 곡식을 빻는다.

신들의 어머니에게 제물을 바치고 섬을 다시 출발하다

그 후 거친 폭풍우가 열이틀 밤낮 동안 계속해서 일어나 영웅들의 출항을 방해했다. 그다음 날 밤 영웅들은 단잠에 빠져 얼마 남지 않은 밤을 즐기고 있었다. 암피코스의 아들 몹소스와 아카스토스가 깊이 잠든 그들을 지키고 있었다.

갑자기 물총새 한 마리가 이아손의 금발 곱슬머리 위로 날아들더니 날카로운 울음소리로 폭풍우가 멎을 것임을 알렸다. 몹소스는 그 소리를 듣고 해안에 사는 이 새의 출현을 좋은 징조로 이해했다. 헤라 여신이 새의 방향을 다시 틀자, 새는 공중으로 높이 날아오르더니 선수의 조형물 위에 앉았다. 몹소스는 얼른 부드러운 양털 위에 잠들어 있는 이아손을 흔들어 깨워 다음과 같이 말했다.

"아이손의 아들이여, 이제 당신은 험준한 딘디몬 산의 신전으로 올라가서 옥좌에 앉아 있는 모든 신들의 어머니74를 달래야 합니다. 그러면 거친 폭풍우가 잦아들 것입니다. 조금 전 당신이 잠들어 있는 동안에 당신 위를 선회하며 울던 물총새가 저에게 그런 사실을 자세히 알려주었습니다. 바다, 바람, 땅 아래 모든 것이, 심지어 눈 덮인 올림포스 산마저도 그 여신을 의지합니다. 그녀가 산에서 나와 위대한 하늘로 올라가면 크로노스의 아들 제우스조차도 그녀에게 자리를 내주고 다른 모든 신들이 그 무서운 여신을 경외하기 때문입니다."

몹소스가 이렇게 말하자, 그 말을 경청하던 이아손의 마음에 와 닿았

---

74 키벨레를 지칭한다. 그녀는 보통 모든 신들의 위대한 어머니라고 일컬어진다. 그녀는 특히 소아시아의 프리기아에서 숭배되었으며 딘디몬 산은 그녀에게 바쳐진 산이다. 그녀는 바람과 바다와 땅 등 모든 자연의 영역에 영향을 미친다. 그녀가 이아손 일행에게 분노하여 거친 폭풍우를 12일 동안이나 일으킨 것은 죄 없는 돌리오네스 족을 살해해서가 아니라 영웅들이 딘디몬 산 정상에다 자신의 제단을 쌓기를 바랐기 때문이다.
75 닥틸로이는 '손가락'이라는 뜻으로 크레테 혹은 프리기아의 요정들이었고, 키벨레 혹은 레아의 추종자들이다.
76 제우스가 크레테의 딕테 산 동굴에서 어린 시절을 보낼 때 그를 돌봐주었던 유모. 그녀가 제우스의 명령으로 흙을 뒤로 던지자 10명의 닥틸로이들이 생겨났다. 데우칼리온 부부는 대홍수에서 둘만 살아남자 신탁대로 뒤로 돌을 던진다. 그러자 데우칼리온이 던진 돌은 남자가, 피라가 던진 돌은 여자가 되었다.

다. 그래서 이아손은 잠자리에서 즐겁게 일어나 동료들을 흔들어 깨웠다. 동료들이 모두 모이자 이아손은 몹소스가 말한 신의 계시를 그들에게 알려주었다. 그러자 젊은 영웅들이 우리에서 소떼를 앞세우고 우뚝 솟은 산의 정상으로 올라갔다. 다른 영웅들은 배의 닻줄을 '성스러운 바위'에서 풀어 '트라케 항구'로 몰고 간 후, 소수만 배에 남고 모두 산으로 올랐다.

그들의 시야에 마크로네스의 산봉우리들과 맞은편 트라케의 해변이 손에 잡힐 듯 들어왔다. 그들은 멀리 희미하게 보스포로스 해협의 입구와 미시아의 산봉우리도 볼 수 있었고, 다른 쪽에서는 아이세포스의 강물과 네페이아스 평원, 그리고 아드라스테이아라는 도시도 보였다.

산꼭대기에서 그들은 말라죽은 큰 포도 그루터기 하나를 발견하고는 그것을 잘라냈다. 여신의 성스러운 모습을 만들기 위해서였다. 아르고스가 거기에 정성스레 여신의 모습을 새겨 넣자, 영웅들이 그것을 험준한 산 정상에 세웠다. 그곳은 거대한 참나무 잎으로 그늘져 있었다. 그 나무는 주변의 다른 어떤 나무보다 컸고 땅속에 아주 넓게 뿌리를 내리고 있었다.

레아 여신(키벨레)

그들은 여신상 옆에 돌로 제단을 쌓고 주위를 참나무 잎으로 장식한 뒤 그 위에 제물을 바쳤다. 그와 동시에 프리기아에 거주하는 딘디몬 산의 고귀한 어머니뿐만 아니라 티티아스와 킬레노스도 불렀다. 크레테 이다 산의 모든 닥틸로이[75]들 중 오직 이들만 '운명의 분배자' 혹은 '이다 산 어머니의 시종'으로 불렸다. 닥틸로이들은 요정 안키알레[76]가 딕테 산 근처 오이악소스 강가의 동굴에서 두 손으로 흙을 한 움큼 집어 뒤로 던지자 생겨났다.

이아손의 아들은 무릎을 꿇고 딘디몬 산의 어머니에게 폭풍우를 멎게 해달라고 간절히 기도하며, 불타는 제물에 제주를 뿌렸다. 영웅들은 오르페우스의 제안으로 모두 완전무장하고 검으로 방패를 두드리며 윤무를 추었다. 그것은 키지코스 왕을 애도하느라 백성들이 탄식하며 불러일으킨 나쁜 기운을 공기 중에 흩어져 사라지도록 하기 위해서였다. 이때부터 프리기아인들은 레아 여신에게 은총을 간청할 때면 북을 두드리며 윤무를 추게 되었다.

여신은 그 경건한 제물에 마음이 움직였다. 곧 그것을 증명해주는 징조가 나타났다. 주변에 있는 나무들이 엄청나게 많은 열매를 맺었고, 발 주위 땅의 풀밭에서는 꽃이 만발하였다. 또 사나운 동물들은 굴이나 은신처에서 나와 꼬리를 흔들며 다가왔다. 여신은 이 외에도 또 하나의 징조를 보여주었다. 딘디몬 산은 전에 전혀 물이 나지 않았는데, 이제 메마른 산의 정상에서 물이 그치지 않고 솟았던 것이다. 그때부터 주변 사람들은 이 샘을 '이아손의 샘'이라고 부르고 있다. 그 당시 그들은 '곰의 산'에서도 레아 여신77을 위해 향연을 베풀고 고귀한 여신을 찬미했다. 그러자 아침 무렵부터 바람이 잠잠해져, 그들은 섬을 떠날 수 있었다.

헤라클레스가 부러진 노를 만들기 위해 숲으로 들어가다

그때 영웅들 사이에서 누가 마지막까지 지치지 않고 노를 저을 것인가를 놓고 시합이 벌어졌다. 바람 한 점 없는 대기로 인해 폭풍우가 멎고 바다가 잔잔해졌기 때문이다. 그들은 이런 고요한 바다를 믿고 힘차게 노를 저어갔다. 배는 쏜살같이 파도를 가르며 나아갔다. 발 빠른 포세이돈의 말조차도 그 배를 따라잡을 수는 없었을 것이다.

하지만 바다가 다시 요동쳤다. 저녁 무렵 대륙의 강 쪽에서 갑자기 심한 바람이 불어오기 시작한 것이다. 그들은 기진맥진하여 속도를 늦추었다. 그러나 헤라클레스가 끙끙대며 노를 젓는 그들을 거대한 팔힘으로 선도하며 이끌었다. 단단하게 연결된 배의 이음새 부분들이 삐걱거렸다. 그들이 막 프리기아 지역을 떠나 미시아 지역으로 들어서면서 린다코스[78] 강의 어귀와 아이가이온[79]의 거대한 묘지를 지나쳤을 때, 헤라클레스의 노가 그만 성난 파도에 맞아 가운데가 부러지고 말았다. 그는 두 동강 난 노의 한 조각을 두 손에 꼭 잡은 채 옆으로 쓰러졌다. 부러진 노의 다른 조각은 성난 파도에 멀리 쓸려갔다. 그는 말없이 일어서서 멍하니 주변을 둘러보았다. 그의 손은 한 번도 쉬어본 적이 없었기 때문이다.

농부나 일꾼들은 저녁 먹을 때가 되면 들에서 기쁘게 집으로 돌아온다. 문지방에 들어서자마자 먼지를 뒤집어쓴 채 지쳐 털썩 주저앉아, 못이 박일 대로 박인 손을 바라보며 자신의 주린 배를 몹시 저주한다. 영웅들이 키오스 강의 어귀와 아르간토니오스 산 근처의 키오스라는 도시에 도착한 것은 바로 이맘때였다.

아폴론

---

77 여기서 키벨레 여신과 레아 여신을 동일시하는 것을 확인할 수 있다.
78 프리기아와 미시아의 경계를 이루는 강.
79 우라노스와 가이아 사이에서 태어난 손이 100개 달린 거인 3형제로 브리아레오스, 기게스, 코토스를 헤가톤케이레스라고 칭한다. 그중 브리아레오스는 아이가이온으로 불리기도 한다. 올림포스의 신들이 제우스에 반기를 들어 그를 꽁꽁 묶어버린 적이 있었다. 매듭이 100개나 있어서 제우스는 꼼짝할 수 없었다고 한다. 테티스에게서 그 소식을 접한 브리아레오스는 한달음에 달려와서 100개의 손으로 결박을 단박에 풀고 제우스를 구해주었다.

그들이 도착하여 우호적인 태도를 보이자, 그곳 주민인 미시아인들은 그들을 손님으로 따뜻하게 맞으며, 궁핍한 그들에게 음식과 양과 포도주를 풍족하게 건네 주었다. 그러자 어떤 영웅들은 마른 나뭇가지를 모아 왔고, 다른 영웅들은 바닥에 깔고 눕기 위해 풀을 한아름 베어 왔다. 또 다른 영웅들은 장작을 비벼 불을 지폈고, 큰 그릇에 포도주를 희석시켰으며, 황혼녘에 상륙의 수호신 아폴론에게 제물을 바치고 식사를 준비했다.

그러나 제우스의 아들 헤라클레스는 동료들에게 식사를 맛있게 하라고 이르고, 출항하기 전 자기 손에 맞는 노를 만들기 위해 숲으로 들어갔다. 여기저기를 돌아다니던 헤라클레스는 가지도 많지 않고 그리 크지도 않은 전나무 하나를 발견했다. 길이나 두께가 잔가지 없이 매끈하고 곧게 뻗은 포플러 줄기 같았다. 그는 활과 함께 화살이 들어 있는 전동을 얼른 땅 위에 내려놓고 사자 가죽을 벗었다.

헤라클레스는 이 전나무의 밑동을 청동곤봉으로 쳐 흔들더니, 자기 힘을 믿고 발을 적당하게 벌린 후 나무에 건장한 어깨를 기댄 다음 힘껏 들어 올렸다. 전나무는 땅속 깊숙이 뿌리를 박고 있었지만 헤라클레스가 꽉 껴안고 힘을 한 번 주자 흙덩이째 뿌리가 들렸다. 겨울철에, 특히 불길한 오리온별이 사라지면, 갑자기 하늘에서 돌풍이 휘몰아쳐 묶어놓은 줄을 끊고 배의 돛대를 쐐기째 뽑아낸다. 마치 그것처럼 헤라클레스는 전나무를 단숨에 뽑아 들어 올렸다. 그는 다시 활, 화살, 몽둥이를 들고, 사자 가죽을 걸친 다음 귀로에 올랐다.

헤라클레스와 폴리페모스가 사라진 힐라스를 찾아 헤매다

그 사이 힐라스는 무리에서 멀리 떨어져 청동물잔을 들고 성스러운 샘물 줄기를 찾고 있었다. 헤라클레스가 돌아올 것에 대비하여 미리 저녁 식사용 식수도 긷고 그 밖의 다른 것들도 차근차근 준비하기 위해서였다. 헤라클레스는 힐라스의 고귀한 아버지 테이오다마스에게서 어린 그를 유괴해 온 이래 죽 그렇게 하도록 가르쳤다.

그의 아버지는 드리오페스 족으로, 밭을 갈고 있는 황소를 두고 저항하다가 헤라클레스에게 잔인하게 죽임을 당했다. 그 당시 헤라클레스는 열심히 휴경지를 갈고 있는 테이오다마스가 마음 내켜 하지 않을 것이라는 것을 뻔히 알면서도 황소를 넘겨달라고 요구했다. 헤라클레스는 정의라고는 전혀 생각하지 않고 살아가는 드리오페스 족과 싸움을 벌일 명분을 찾고 있었던 것이다.[80] 그러나 이 이야기를 하면 나는 주제에서 너무 멀어지게 된다.

힐라스는 얼마 되지 않아 주변에 사는 사람들이 페가이라고 부르는 샘에 도착했다. 그런데 바로 그 시각 요정들이 샘 근처에 모여 막 윤무를 시작하려고 하고 있었다. 아름다운 산의 정상에 살고 있는 모든 요정들에게는 밤에 노래를 불러 아르테미스를 찬양하는 것이 오랜 전통이었다. 산 정상이나 계곡에 사는 요정뿐 아니라 멀리 숲을 보호하는 요정들도 모두 그곳으로 속속 모여들었다. 아름답게 흐르는 샘물에 사는 물의 요정도 막 수면 위로 모습을 드러내려 했다.

바로 그때 그녀는 한창때의 한 젊은이가 볼에 홍조를 띠고 눈이 부시게 우아하고 아름다운 모습으로 자신에게 다가오는 것을 보았다. 하늘에 뜬 보름달이 그의 얼굴을 환히 비추었기 때문이다. 그녀의 마음을 키프리스가 혼미하게 만들었다. 그녀는 자신의 감정을 제어하지 못하고 어찌할 바를 몰랐다. 소년이 비스듬히 몸을 숙인 채 청동단지를 샘물 속으로 집어넣자 주변의 물이 큰 소리를 내며 텅 빈 단지 속으로 빨려 들어갔다. 바로 그때 그 요정은 힐라스의 달콤한 입에 키스하기 위해 왼쪽 팔로 그의

---

[80] 아폴로니오스는 헤라클레스가 미개인을 정복하여 문명을 전달한 것으로 미화하고 있다.

힐라스의 모습에 반한 요정들이 그를 물속으로 끌어들이고 있다.

목덜미를 위쪽에서부터 감았고, 오른손으로는 그의 팔을 잡아 아래로 잡아당겼다. 결국 힐라스는 샘 한가운데로 뛰어든 꼴이 되었다.

많은 영웅들 중에서 오직 한 사람만이 그의 비명 소리를 들었다. 바로 에일라토스의 아들 폴리페모스였다. 그는 길을 약간 앞서가며 헤라클레스가 오기를 기다리고 있었다. 그는 재빨리 가던 길을 되돌아 페가이 샘으로 뛰어갔다. 그것은 마치 몹시 굶주리던 늑대가 멀리서 들려오는 양의 울음소리를 듣고 그 진원지를 찾아 급히 달려갈 때의 모습이었다. 하지만 양떼를 쫓아간 늑대는 양을 한 마리도 찾지 못한다. 양치기가 벌써 양떼를 우리 안에 안전하게 몰아넣었기 때문이다. 늑대는 지칠 때까지 절망적으로 울부짖는다. 그 당시 폴리페모스는 그렇게 목이 쉬도록 울부짖으며 사방을 둘러보았지만 아무 소용이 없었다.

그는 즉시 칼집에서 커다란 칼을 뽑아 들고 힐라스를 찾아 나섰다. 힐라스가 맹수의 먹이가 되거나, 혼자 있던 그를 누군가가 유괴해 갔을지 모를 일이었다. 칼을 뽑아 오른손에 들고 휘두르며 힐라스의 흔적을 찾아 헤매던 폴리페모스는 길에서 헤라클레스를 만났다. 그는 어둠 속에서 배로 향하고 있는 헤라클레스를 금방 알아보고 숨을 헐떡이며 그에게 슬폰 소식을 알렸다.

"불행한 친구여, 나는 당신에게 처음으로 쓰라린 고통을 알립니다. 힐라스가 샘으로 갔는데, 아직 돌아오지 않았습니다. 도둑들이 그를 습격해서 데려갔던지, 아니면 맹수의 공격을 당한 것 같습니다. 내가 들은 것은 그의 비참한 비명 소리뿐입니다."

그가 이렇게 말하자, 헤라클레스의 이마에는 땀이 흥건히 고였다. 그의 가슴에서는 검은 피가 끓어올랐다. 화가 치밀어 올라 그는 전나무를 땅바닥에 내팽개치고 오던 길을 전력질주해서 뛰어갔다.

코뚜레에 막 코를 뚫린 소는 소몰이꾼과 소 무리에 아랑곳하지 않고 초지와 습지를 뛰쳐나가 미친 듯이 날뛴다. 어떤 때는 쉬지 않고 질주하다가도, 또 어떤 때는 조용히 서서 묵직한 목덜미를 쳐든 채 지독한 쇠파리에게 물린 것처럼 울부짖는다. 이 영웅도 마치 그런 소처럼 미쳐 날뛰며, 어떤 때는 건장한 다리로 계속 질주하다가도, 어떤 때는 지쳐 잠시 멈추어 서서 끔찍하게 큰 소리로 비명을 내질렀다.

아르고호가 헤라클레스와 폴리페모스를 남겨두고 출발하다

금성이 산꼭대기 위에 솟아오르자 다시 순풍이 불었다. 티피스는 영웅들에게 빨리 승선하여 이 바람을 이용하자고 재촉했다. 영웅들은 승선하여 배의 닻으로 쓰이는 돌을 끌어올리고 범각삭을 내렸다. 돛이 바람을 품어 한껏 부풀었다. 그들은 해안에서 조금 떨어져 포세이돈 곶을 지나갔다. 새벽의 여신 에오스가 수평선에 나타나 하늘에서 밝게 비치고, 길이 서서히 윤곽을 드러내고, 이슬 먹은 들판이 반짝거리며 빛을 뿜기 시작했다.

바로 그 순간 그들은 갑자기 육지에 세 사람을 남겨두고 왔다는 사실을 깨달았다. 그러자 그들 사이에서는 고성이 오가며 격렬한 논쟁이 일어났다. 그들이 서두르느라고 가장 용감한 영웅 둘(헤라클레스와 폴리페모스)을 놔두고 왔기 때문이다. 이아손은 놀라 어찌할 바를 모르며 가타부타 한마디도 못하고 괴로움에 마음을 졸이며 조용히 앉아만 있었다. 그때 텔라몬이 격노하여 소리쳤다.

"당신은 참 편안히도 앉아 계시군요. 헤라클레스를 두고 온 것이 아무렇지도 않은 거겠죠? 이 모든 계획은 당신이 세운 거군요! 신이 언젠가 우리에게 그리스로 무사 귀환을 허락하면 헤라클레스의 명성 때문에 당신의 공이 가려지는 것이 두려웠겠지요! 그러나 이제 와서 말해보았자 무슨 소용이 있겠어요! 나는 이 음모에 가담한 당신 동료들의 뜻과는 달리 되돌아갈 것입니다."

이렇게 말하며 그는 하그니아스의 아들 티피스에게 뛰어갔다. 그의 눈은 이글거리는 불꽃처럼 빛났다. 만약 트라케 지방의 보레아스의 두 아들 칼라이스와 제테스가 아이아코스의 아들을 거친 말로 만류하지 않았더라면, 그들은 깊은 바다와 바람과 싸우면서 다시 미시아로 기수를 돌렸을 것이다. 불쌍한 자들이었다!

보레아스의 아들들은 나중에 헤라클레스의 손에 처절한 복수를 당해야 한다. 그들이 헤라클레스를 찾는 것을 막았기 때문이다. 후에 죽은 펠리아스를 기리기 위한 추모경기를 끝내고 돌아오던 중, 헤라클레스는 그들을 파도가 넘실대는 테노스 섬에서 죽여, 그들의 시체 주변에 흙을 쌓고 그 위에 두 개의 기둥을 세웠다. 그런데 그중 하나가 북풍이 세차게 불고 지나갈 때마다 떨었다. 그것은 인간에게는 굉장한 기적이다. 하지만 이것은 한참 후에야

네레우스

비로소 일어나게 되는 일이다.

바로 그 순간 깊은 바다 속에서 현명한 글라우코스[81]가 그들 앞에 나타났다. 신성한 네레우스[82]의 해석자인 그는 털로 덮인 머리와 가슴을 아래 엉덩이에서부터 공중으로 높이 쳐들면서 선수재를 강한 팔로 잡더니 격앙되어 있는 그들을 향해 소리쳤다.

"왜 여러분은 위대한 제우스의 뜻을 거스르고 용감한 헤라클레스를 아이에테스의 도시로 데려가려 합니까? 그는 운명에 의해 아르고스에서 포악한 에우리스테우스를 위해 힘들여 열두 가지의 과업을 완수해야 합니다. 머지않아 몇 남지 않은 과업을 다 완수하면, 그는 신들의 처소에 함께 거하게 될 것입니다. 그러니 더 이상 그를 아쉬워하지 마십시오! 폴리페모스도 키오스 강의 어귀에 미시아인을 위해 훌륭한 도시를 세워야 할 운명입니다. 그는 광활한 칼리베스인들의 나라에서 천수를 다할 것입니다. 또 힐라스는 요정 하나가 그를 사랑하여 남편으로 삼았습니다. 두 사람이 길을 잃고 뒤에 남게 된 것은 바로 힐라스 때문이었습니다."

이렇게 말하며 그는 다시 거대한 파도에 몸을 감추었다. 그 주변에서는 분홍빛 바닷물이 소용돌이를 일으키며 배에 부딪쳤다. 영웅들은 기뻐했다. 아이아코스의 아들 텔라몬이 급히 이아손에게로 가서 그의 손을 살며시 잡고는 말했다.

"이아손, 내가 경솔했습니다. 화내지 마십시오! 너무 고통스러운 나머지 불손하고 참을 수 없는 말을 했습니다! 우리의 과오는 바람에 날려버리고 전처럼 잘 지내봅시다!"

그러자 아이손의 아들은 그에게 진중하게 대답했다.

---

[81] 글라우코스는 원래 보이오티아의 안테돈 시의 어부였다. 그는 우연히 불사의 약초를 먹고 바다에 뛰어들어 바다의 신이 되었다. 그는 어부, 잠수부, 예언가의 수호신으로 알려져 있다.

[82] 네레우스는 폰토스와 가이아의 아들로 바다의 노인으로 알려져 있다. 포세이돈보다 더 오래된 바다의 신으로 온갖 종류의 다양한 동물이나 물체로 변신할 수 있다. 그는 일반적으로 선원들에게 자애로우며, 삼지창을 들고 소라고둥을 타고 다닌다.

"친구여, 당신은 이 모든 사람 앞에서 내가 친구에게 몹쓸 짓을 저질렀다고 심한 말로 비난했습니다. 그러나 처음에는 마음이 아팠지만, 나는 당신에게 더 이상 화를 내지 않겠습니다. 당신이 나를 꾸짖은 것은 양떼나 다른 재물이 아니라 바로 사랑하는 친구로 인한 것이기 때문입니다. 앞으로 이와 같은 일이 발생하면 당신이 나서서 다른 사람들에게 나를 변호해주기 바랍니다."

이렇게 말하고, 두 사람은 서로 화해하며 앉았다. 그래서 에일라토스의 아들 폴리페모스는 제우스의 결정에 따라 미시아인들에게 키오스 강과 똑같은 이름을 지닌 도시를 건설해야 했고, 헤라클레스는 에우리스테우스가 명령한 과업을 이루기 위해 서둘러야 했다. 그전에 헤라클레스는 미시아로 가서 만약 그들이 힐라스가 죽었는지 살았는지 행방을 알아내지 못하면 나라를 초토화시키겠다고 위협했다. 미시아인들은 사람들 중 가장 뛰어난 아들들을 선별해서 그에게 인질로 주고 힐라스의 운명을 수소문하는 데 수고를 아끼지 않겠다고 굳게 맹세했다. 그 후로 키오스의 주민들은 테이오다마스의 아들 힐라스를 아직까지 찾고 있다. 훌륭하게 건설된 도시 트라키스를 걱정해서다. 헤라클레스가 미시아인들이 인질로 주었던 아들들을 그 도시에 정착시켰던 것이다.

　하루 종일 그리고 밤새도록 강한 바람이 불어 배를 계속 앞으로 밀어댔다. 하지만 새벽녘이 되자 바람 한 점 불지 않았다. 눈앞에 꾸불꾸불한 해안이 죽 뻗어 있었다. 해안은 만으로부터 상당히 길게 돌출되어 넓게 펼쳐 있었다. 그들은 해가 뜰 무렵 노를 저어 그곳에 상륙했다.

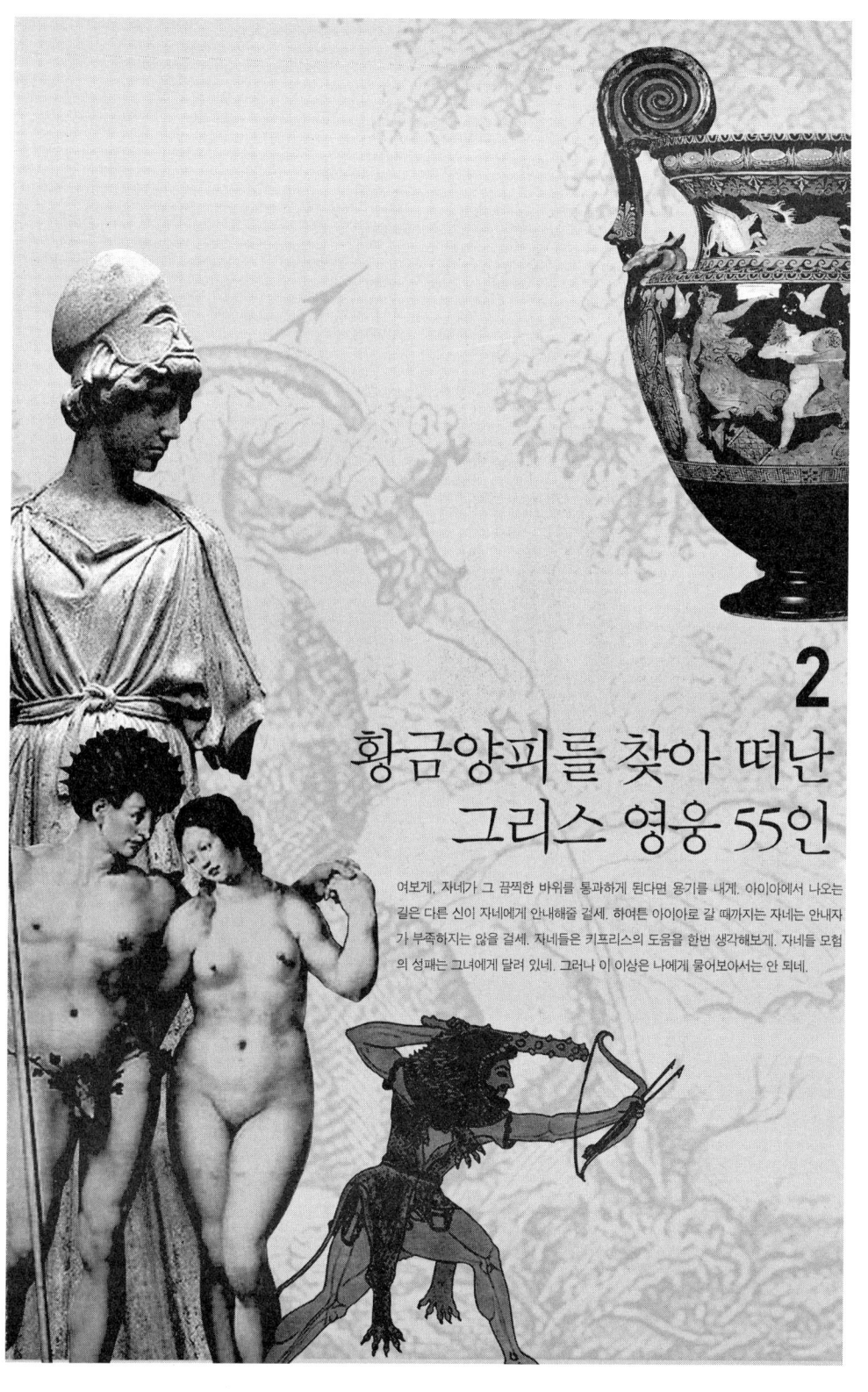

2
황금양피를 찾아 떠난 그리스 영웅 55인

여보게, 자네가 그 끔찍한 바위를 통과하게 된다면 용기를 내게. 아이아에서 나오는 길은 다른 신이 자네에게 안내해줄 걸세. 하여튼 아이아로 갈 때까지는 자네는 안내자가 부족하지는 않을 걸세. 자네들은 키프리스의 도움을 한번 생각해보게. 자네들 모험의 성패는 그녀에게 달려 있네. 그러나 이 이상은 나에게 물어보아서는 안 되네.

미시아 해안가에 상륙한 아르고호. 맨 앞에 헤라클레스가 승선하고 있는 것을 보면 아르고호가 아직 콜키스에 도착하지 않은 것을 알 수 있다.

오만한 아미코스 왕이 영웅들에게 권투시합을 신청하다

그곳에는 오만한 아미코스의 축사와 농장이 여러 개 있었다. 그는 베브리케스 족의 왕으로 비티니아의 요정 멜리아가 생식의 신 포세이돈[1]과 잠자리를 같이하여 낳은 아들이었다. 그는 그 누구보다도 오만방자하고 무모한 자였다. 그는 어떤 이방인도 권투를 해서 자신을 이기지 못하면 자기 나라에서 살아 나가지 못한다는 터무니없는 법을 만들어 시행하고 있었다. 그는 그 법으로 많은 이방인들을 죽였다. 그 당시에도 그는 영웅들의 배로 찾아와, 무례하게도 그들이 항해하는 목적과 누군지 묻지도 않고 곧바로 모두에게 다음과 같이 말했다.

"잘 들어라, 바다의 방랑자들이여, 너희들이 꼭 알아야 할 것이 있다! 베브리케스인의 나라에 들어온 이상 어떤 이방인도 나와 주먹으로 한판 붙어 이기지 못하면 이 나라에서 살아 나갈 수 없는 것이 우리의 관습이다. 그러니 너희 동료 중 가장 뛰어난 자가 바로 여기서 나와 권투시합을 하도록 하라! 만일 너희들이 겁대가리 없이 이런 내 명령을 무시했다간 정말 뜨거운 맛을 볼 것이다."

그가 이렇게 아주 거만하게 말하자, 듣고 있던

생식의 신 포세이돈

[1] 물이 만물의 근원이라는 이론에서 생식의 신으로서의 포세이돈을 말한다.

영웅들 모두 화가 치밀어 올랐다. 특히 이 협박은 폴리데우케스의 심기를 극도로 자극했다. 그는 잽싸게 동료들 앞으로 나서며 다음과 같이 말했다.

"말을 삼가시오! 당신이 누군지는 몰라도 더 이상 우리에게 무례하게 굴지 마시오! 당신이 말한 그 관습에 따를 테니까. 내 기꺼이 당신과 겨루겠소!"

그가 이렇게 대담하게 말하자 왕은 눈알을 부라리며 그를 쳐다보았다. 그 모습은 마치 숲 속에서 창에 맞은 사자가 사람들에 둘러싸여 있는 것 같았다. 사자는 궁지에 몰려 있지만 다른 사람들은 아랑곳하지 않고, 비록 치명타를 입히지는 못했어도 맨 처음 자신에게 창을 던진 그 사람만을 뚫어지게 응시한다.

틴다레오스의 아들 폴리데우케스는 멋진 외투를 벗었다. 그것은 렘노스 섬의 여인들 중 하나가 정성 들여 만든 옷으로, 그에게 선물로 준 것이었다. 그는 또 검은 두 겹 재킷을 벗어 브로치를 꺼칠꺼칠한 지팡이와 함께 땅바닥에 던졌다. 그는 산속에서 자라는 야생 올리브 나무로 만든 그 지팡이를 항상 지니고 다녔다.

그들은 근처에서 겨루기에 적당한 장소를 물색한 다음, 자기편 동료들을 양쪽으로 나누어 따로따로 모래 위에 앉게 했다. 두 사람은 모습이나 키가 서로 비슷한 데라곤 하나도 없었다. 한 사람은 무서운 티포에우스[2]가 낳거나 이전에 가이아가 제우스에게 화가 나 낳은 끔찍한 자식[3]처럼 보였다. 다른 사람은 틴다레오스의 아들로 서쪽 밤하늘에서 가장 아름답게 빛나는 별과 같았다. 제우스의 아들은 정말 그와 같았다. 그의 뺨에서는 이제 막 솜털 수염이 나기 시작했고, 그의 눈은 앳되게 반짝거렸다. 그러나 그의 힘과 용기만은 맹수처럼 끓어 넘쳤다. 그는 예전처럼 빨리 움직일 수 있는지, 혹은 노를 젓느라 피곤해서 몸이 무거워지지는 않았는지 시험이라도 해보려는 듯이 팔을 휘둘러보았다. 그러나 아미코스는 전혀 팔을 시험해보지 않고, 아무 말 없이 멀리 떨어져 서서 적수를 노려보고 있었다. 그의 심장은 적의 피를 맛볼 욕망으로 거칠게 요동쳤다.

아미코스의 하인 리코레우스가 그러고 있는 그들 사이로 들어가서 두 사람 발 앞에 각각 가죽끈 두 개를 던졌다.[4] 그것은 생가죽을 무두질하지 않고 바짝 말려 거칠고 딱딱했다. 아미코스가 폴리데우케스에게 거만한 말투로 말했다.

"네 맘대로 아무거나 집어라! 이건 제비뽑기로 결정하지 않고 너에게 기꺼이 선택권을 주겠다. 그래야 네가 나중에 나를 비난하지 않을 테니. 그걸 빨리 주먹에 감아라! 네가 우선 그 맛을 봐야, 내가 소가죽을 재단하고 적의 뺨을 피로 물들이는 기술이 얼마나 대단한지 네 동료들에게 알려줄 것 아니냐!"

그러나 폴리데우케스는 거기에 대해 한마디도 대꾸하지 않고, 부드럽게 미소 지으며 자신의 발 앞에 놓여 있는 가죽끈을 집어 들었다. 그러자 카스토르와 비아스의 아들로 키가 큰 탈라오스가 그의 앞으로 걸어 나와 주먹에 재빨리 그 가죽끈을 감아주었다. 아미코스에게도 아레토스와 오르니토스가 다가와서 가죽끈을 감아주었다. 어리석은 그들은 그것이 불행하게도 아미코스에게 바치는 마지막 봉사라는 사실을 알지 못했다.

---

2 티포에우스는 티폰이라고도 하며 기간테스를 물리친 제우스를 혼내주려고 가이아가 낳은 괴물이다. 그는 인간과 괴물의 중간 상태로 지상에 있는 어떤 산보다도 컸으며 별들과도 부딪칠 정도로 거대했다. 티폰이 하늘을 공격하자 신들은 대부분 혼비백산하여 다른 동물들로 변신해 도망쳤다. 아테나와 제우스만 그에게 대항했을 뿐이다. 제우스는 그에게 힘줄을 뺏겨 위험에 처하기도 하지만, 헤르메스와 판 신의 도움으로 위기를 극복하고, 추격하여 결국 에트나 산으로 눌러 그를 죽인다.

3 가이아는 티탄 신들을 타르타로스에 가두고 풀어주지 않는 제우스에게 화가 나 거인족인 기간테스를 낳아 그를 권좌에서 밀어내려 했다. 그러나 제우스를 비롯한 올림포스 신들은 힘을 합해 그들을 제압한다. 거인들과 신들의 싸움을 의미하는 기간토마키아는 조형예술에서 선호되는 주제다. 제우스의 아들 폴리데우케스가 티포에우스에 비견되는 아미코스와 벌인 결투는 제우스가 티탄 혹은 기간테스와 벌인 결투와 대비되고 있다.

4 권투시합은 서양사에서 이 책에 최초로 언급되어 있기 때문에 아미코스를 권투장갑의 발명자로 볼 수 있다.

제우스 신의 아들 폴리데우케스가
아미코스 왕을 죽이다

그들은 서로 약간 떨어져서 가죽끈을 감자마자 갑자기 서로의 얼굴로 육중한 팔을 뻗어 맹렬하게 공격을 퍼부었다. 바다의 거친 파도가 산더미처럼 배의 정면에 다가오면 영리한 키잡이는 노련하게 배 측면으로 그것을 받아치며 살짝 비껴간다. 마치 그런 것처럼 베브리케스의 왕은 틴다레오스의 아들을 압박하며 쉴 틈을 주지 않았지만, 폴리데우케스는 돌진해 오는 왕의 주먹을 한 대도 맞지 않고 교묘하게 계속 피했다. 그러면서 그는 재빨리 왕의 거친 권투 스타일, 그리고 그의 약점과 특기를 모두 파악했다. 그런 다음 갑자기 멈춰 서서 뻗어 오는 왕의 주먹을 맞받아쳤다. 목수가 서로 맞물리는 두 개의 선박용 목재를 연결하기 위해 망치로 뾰족한 못을 때려 박을 때 계속 쿵 하는 소리가 울린다. 마치 그때처럼 그들이 서로 치고받자 그들의 뺨과 턱에서도 쿵 하는 소리가 났다. 이를 가는 소리도 들려왔다. 그들은 그렇게 맞서 싸우며 서로에게 상처를 입혔다. 그러다가 그들은 마침내 기진맥진하여 숨을 헐떡이며 옆으로 비켜서서 땀에 흠뻑 젖은 이마를 닦고 잠깐 숨을 돌렸다. 그러나 그들은 이내 다시 서로에게 돌진했다. 마치 풀을 뜯고 있는 암소를 놓고 서로 격렬하게 싸우는 두 마리 황소 같았다.

바로 그때 아미코스가 마치 도살자처럼 발돋움을 한 다음 몸을 쭉 뻗어 폴리데우케스를 향해 육중한 손을 내리쳤다. 그러나 폴리데우케스가 머리를 옆으로 틀며 그의 공격을 피하자, 아미코스의 팔이 그의 한

고대 그리스의 권투경기 장면

쪽 어깨를 약간 스치고 지나갔다. 그 순간 폴리데우케스는 자신의 무릎을 아미코스의 무릎 옆에 바짝 붙이며 재빨리 뒤로 돌아 그의 귀에 일격을 가했다. 그러자 안쪽 뼈가 으스러졌다. 아미코스는 고통스러운 나머지 무릎을 꿇고 고꾸라졌다. 미니아이 족의 영웅들은 크게 환호성을 질렀다. 아미코스의 생명의 불꽃이 일거에 꺼지고 말았던 것이다.

영웅들이 베브리케스인들과 전투를 벌이다

베브리케스인들은 왕이 죽자 가만히 있지 못하고 즉시 거친 곤봉과 창을 들고 폴리데우케우스에게 물밀 듯이 몰려왔다. 그러나 폴리데우케스 앞에는 벌써 동료들이 칼집에서 날카로운 칼을 빼들고 진을 치고 있었다. 제일 먼저 카스토르가 돌진해 오는 한 남자의 정수리를 내리치자 이 남자는 팔이 이쪽저쪽 하나씩 붙은 채 두 동강이 났다.

폴리데우케스 자신은 거대한 이토메네우스와 미마스를 죽였다. 그는 빠른 발로 이토메네우스에게 달려들어 가슴을 찔러 쓰러뜨렸고, 미마스가 다가오자 오른손으로 왼쪽 눈썹 위를 쳐 넘어뜨린 다음 눈꺼풀을 도려냈다. 그러자 그의 왼쪽 눈은 눈꺼풀이 없어 덩그렇게 남아 있었다. 아미코스의 시종으로 자신의 힘을 믿고 아주 거만했던 오레이테스는 비아스의 아들 탈라오스[5]의 옆구리에 상처를 냈지만 그를 죽이지는 못했다. 청동무기가 그의 허리띠를 관통하여 피부만 스쳤을 뿐 다행히 그의 내장을 관통하지는 않았다.

아레토스도 에우리토스의 용감한 아들 이피토스에게 다가와서는 단단한 곤봉으로 그에게 일격을 가했지만 다행히 그는 아직 죽을 운명이 아

---

[5] 탈라오스의 손자가 바로 『일리아스』에서 에페이오스와의 권투시합에서 패배하는 에우리알로스이다.

니었다. 오히려 아레토스가 클리티오스의 칼에 곧 죽을 운명이었다.
 바로 그때 리코르고스의 용감한 아들 앙카이오스가 재빨리 자신의 도끼를 움켜쥐고 왼손으로는 검은 곰 가죽을 앞에 든 채 전의에 불타 베브리케스인들 한가운데로 돌진했다. 이와 동시에 아이아코스의 아들들인 텔라몬과 펠레우스도 그를 뒤따랐고, 그들에 이어 용감한 이아손도 함께 뛰어들었다.
 어느 겨울날 회색 늑대들이 후각이 예민한 개와 목동들에게도 들키지 않고, 양 우리에 뛰어들어 어느 놈을 제일 먼저 공격하여 숨통을 끊어놓을 것인지 이리저리 살피며 양떼를 공포로 몰아넣는다. 그러면 양들은 어찌할 바를 모르며 사방에서 한곳으로 모여들면서 서로 밀쳐 넘어뜨린다. 마치 그런 것처럼 영웅들은 오만한 베브리케스인들을 처참한 공포로 몰아넣었다.
 양치기나 꿀벌치기가 바위 속에 있는 벌집에서 연기로 벌떼를 몰아낼 때, 벌떼는 한참 동안은 벌집에 남아 윙윙거리며 밀집해 있지만, 곧 독한 연기에 질려 바위 속 집을 버리고 멀리 날아간다. 마치 그런 것처럼 베브리케스인들은 더 이상 저항하지 못하고 영토 안으로 뿔뿔이 흩어져 아미코스 왕의 죽음을 알렸다. 정말 불쌍한 자들이었다. 그들은 보이지 않는 또 다른 재앙이 그들을 기다리고 있는 것도 알아차리지 못했다.
 바로 그 시간, 왕이 없는 사이 과수원과 마을이 그들의 적 리코스인들과 마리안디노이인들의 창에 의해 유린되었던 것이다. 그들은 항상 철 생산지인 그 지역을 놓고 싸웠다. 이들이 축사와 농가를 약탈하는 동안, 영웅들은 수많은 양떼를 포위하여 빼앗아 왔다. 바로 그때 영웅들 중 누군가가 다른 영웅에게 말했다.
 "만약 신이 어떻게 해서든지 헤라클레스를 이곳에 인도해 데려왔다면 베브리케스인들이 겁에 질려 무엇을 했을지 한번 생각해보십시오! 내 생각에는 만약 그가 여기에 있었다면 권투시합 같은 것은 애당초 없었을 것입니다. 아미코스 왕은 아마 우리에게 명령하기 위해 왔다가도 헤라클레스가 휘두르는 곤봉을 보자마자 즉시 자신이 무슨 말을 하려고 했는지조차도 잊어버리고 오만함도 버렸을 것입니다. 우리는 이국 땅 해변에 그를 외로이 남겨두고도 아무렇지도 않은 듯 바다를 항해하고 있습니다. 하지만 우리 모두는 곧 그가 없다는 것이 우리에게 얼마나 큰 불행인지 뼈저리게 느끼게 될 것입니다."

집에 돌아온 카스토르와 폴리데우케스를 개가 반기고 있다.

그가 그렇게 말했지만, 그 모든 것은 제우스의 뜻에 따라 일어난 것이었다.6

그들은 그날 밤을 그곳에서 보내며 부상당한 사람들의 상처를 치료했고, 신들에게 제물을 바친 후에는 향연도 마련했다. 포도주 잔을 기울이며 제물로 바친 동물이 타는 것을 보면서 아무도 잠을 이루지 못했다. 그들은 배의 밧줄을 묶어놓았던 바닷가 근처의 월계수 잎으로 구릿빛 이마에 화환을 만들어 썼다. 그러고 나서 오르페우스의 수금에 맞추어 다 같이 합창했다. 테라프나이에서 온 제우스의 아들 폴리데우케스를 칭송하는 그들의 노랫소리에 바람 한 점 없는 바닷가도 귀를 기울였다.

---

6 영웅들이 실수로 헤라클레스를 남겨두고 떠난 것뿐만 아니라 제우스의 아들인 폴리데우케스가 아미코스 왕을 이긴 것도 말한다. 야만인 아미코스의 관습과 최고의 통치자로서의 제우스의 원칙이 대비된다. 아들 폴리데우케스가 지켜내는 제우스의 원칙은 이 책의 근본 테마이기도 하다.

보레아스의 아들들이
피네우스를 괴롭히던 하르피이아이를 쫓다

태양이 동쪽 수평선 위에 떠올라 이슬 덮인 산봉우리를 비추고, 소 목동들을 깨울 때쯤 영웅들은 월계수나무 아래에 묶어두었던 배의 닻줄을 풀었다. 그들은 전리품을 가져갈 수 있는 만큼 배에 실은 후에 순풍을 타고 물결이 소용돌이치는 보스포로스 해협으로 기수를 돌렸다.

바로 그때 험준한 산더미 같은 큰 파도가 마치 그들에게 돌진이라도 하려는 듯이 갑자기 솟아올랐다. 파도는 구름보다도 높아 보였다. 그들은 끔찍한 불행으로부터 빠져나오지 못할 것만 같았다. 파도는 무서운 기세로 배 정중앙을 덮치며 마치 구름처럼 사방을 어둡게 만들었다. 그러나 그런 파도도 능숙한 키잡이를 만나면 금세 맥을 못 추는 법이다. 그들은 공포에 휩싸였지만 노련한 키잡이 티피스 덕택으로 무사히 파도를 빠져나왔다. 다음 날 그들은 비티니아 건너편 티니아의 땅에 닻줄을 풀었다.

그곳 해안에는 아게노르의 아들 피네우스의 집이 있었다. 피네우스는

피네우스를 괴롭히는 하르피이아이들

잘 알려져 있다시피 예언력 때문에 그 누구보다도 끔찍한 고통을 당했던 사람이다. 그 예언력은 한때 레토의 아들 아폴론이 그에게 주었던 것인데, 피네우스는 제우스의 성스러운 뜻을 인간들에게 공공연하게 알려주었다. 그러자 제우스는 그의 수명을 연장시키고, 눈을 멀게 했다. 또 신탁을 듣기 위해 이웃사람들이 그에게 가져오는 산해진미를 즐기지 못하게 했다. 그가 음식을 먹으려 하면 갑자기 구름을 뚫고 하르피이아이7가 돌진해 와서는 날카로운 부리로 그의 입과 손에서 음식을 낚아채 갔다. 그러면 어떤 때는 음식이 전혀 남아 있지 않거나, 남아 있더라도 간신히 목숨을 부지할 정도밖에 되지 않았다. 더군다나 이 하르피이아이들은 지독한 악취를 뿌리고 갔기 때문에 남아 있는 음식을 그가 목구멍에 쑤셔 넣을 때면 아무리 멀리 떨어져 있어도 그 악취를 참지 못할 정도였다. 남아 있는 음식조차 그 정도로 악취가 진동했다.

피네우스는 많은 사람들이 내는 외침 소리와 웅성거림을 듣고, 제우스의 신탁에 따라 자신에게 다시 음식 맛을 느낄 즐거움을 가져다줄 사람들이 왔다는 사실을 직감했다. 그는 죽은 허깨비처럼 자리에서 일어나서는 지팡이에 의지해 벽을 따라 더듬거리며 굽은 발로 문 쪽을 향해 걸어갔다. 그가 그렇게 걸어 나가는 동안 그의 사지는 무기력하고 노쇠한 나머지 벌벌 떨렸다. 그의 몸에는 바짝 마른 오물이 덕지덕지 붙어 있었고, 그는 피골이 상접해 있었다.

그는 집을 나서자마자 무릎이 탁 풀려서 대문의 문지방에 털썩 주저앉고 말았다. 진홍빛 현기증이 그를 엄습했다. 그는 발아래 땅이 빙빙 돈다고 생각했다. 그 순간 그는 스르르 무기력하게 쓰러졌다. 그를 발견한 영웅들이 놀라 주위에 모여들자, 그는 얕은 숨을 뱉어내며 자신의 예언력을 이용하여 그들에게 말했다.

---

7 '약탈하는 여자'라는 뜻. 그들은 타우마스와 오케아노스의 딸 엘렉트라 사이에서 태어났다. 얼굴은 여자, 몸은 새의 모양을 하고 있으며 날개와 날카로운 발톱을 지녔다.

"여보게들, 헬레네스 족 중 가장 뛰어난 이들이여, 자네들이 펠리아스의 추상같은 명령에 따라 이아손의 지휘 아래 아르고호를 타고 황금양피를 가지러 가는 사람들이 맞다면 내 말 좀 들어보게! 정말 자네들은 그 사람들이 맞군! 내 예언력은 아직도 신의 은총으로 그 빛을 잃지 않았구나. 오, 아폴론 신이시여, 비록 끔찍한 고통이 나를 짓누르고 있지만 레토 여신의 아드님이신 당신께 감사를 드립니다. 그리고 범법자가 가장 무서워하고 보호를 간청하는 자의 수호자이신 제우스 신과 포이보스 신, 그리고 다른 어떤 신들보다도 모험에서 당신들의 안전을 걱정해주시는 헤라 여신을 믿고 자네들에게 부탁하네. 제발 나를 도와주게! 이 불쌍한 사람을 고통에서 구해주게! 나를 그냥 내버려두고 떠나지 말아주게!

나는 복수의 여신[8]에 의해 시력을 잃어 노구를 정처 없이 끌고 다녀야 할 팔자라네, 또 이보다 더 고약한 다른 불행도 겪고 있다네. 하르피이아이가 어딘지 모르는 어두운 죽음의 나라에서 잽싸게 돌진해 와서 나의 입에서 음식물을 빼앗아 가버리기 때문이네. 나는 그것을 피할 재간이 도무지 없다네. 음식을 먹고 싶은 생각이 나면 그들을 피하기보다는 차라리 그 생각을 단념하는 것이 더 쉬울 정도라네. 하르피이아이는 그렇게 빨리 공중을 가르며 돌진해 오네. 그들이 음식의 일부를 조금 남겨놓아도 그것은 정말 참을 수 없을 정도로 지독한 악취를 풍기지. 어떤 사람도 그 악취를 참을 수 없네. 심장이 강철로 되어 있더라도 참지 못할 것이네. 그러나 난 절대로 채워지지 않는 지독한 허기 때문에 어쩔 수 없이 그 악취를 참고, 남아 있는 음식을 저주받은 배 속에 쑤셔 넣어야 한다네.

그런데 보레아스의 아들들이 그 하르피이아이를 쫓아줄 것이라는 신탁이 있었지. 내가 한때 사람들 사이에서 부와 예언력으로 유명했던 피네우스이고, 나의 아버지가 아게노르라면, 또 내가 트라케를 다스릴 때 많은 돈을 주고 보레아스 아들들의 누이 클레오파트라를 아내로 삼기 위해 집으로 데려왔다면 그들은 나를 남으로서 도와주는 것이 아니네."

아게노르의 아들이 이렇게 말하자, 깊은 슬픔이 영웅들의 마음을 사로잡았다. 특히 보레아스의 두 아들이 느끼는 슬픔은 이루 말할 수 없었다. 그들은 눈물을 닦으면서 피네우스에게 가까이 다가갔다. 제테스는 비탄에 빠져 있는 노인의 손을 붙잡고 다음과 같이 말했다.

"불행한 분이시여, 제가 보기에는 어떤 사람도 당신보다 슬픈 운명을 겪고 있는 분은 없는 것 같습니다. 그런데 왜 당신은 그런 고통을 당하게 되었습니까? 뛰어난 예언력을 지니신 당신은 분명 어리석게도 신에게 불경죄를 저질렀겠지요? 신이 당신에게 그렇게 엄청나게 화가 난 것은 바로 그 때문이지요? 우리는 당신을 도와주고 싶은 마음이 간절합니다. 하지만 신이 우리 둘에게 그런 명예를 부여했다고 해도 내심으론 두렵습니다. 분명 신의 진노가 인간인 우리에게 내려질 것이기 때문입니다. 따라서 우리가 바라는 대로 당신을 도와주어도 신의 은총이 우리에게서 떠나지 않을 것이라고 당신이 맹세하기 전에는, 우리는 하르피이아이를 쫓아낼 수 없습니다."

제테스가 이렇게 이야기하자, 노인은 퀭한 눈을 뜨고 치켜세운 채 그를 바라보며, 다음과 같이 말했다.

"잠깐! 여보게, 그것 때문이라면 자네는 그렇게 큰 부담을 느낄 필요가 없네! 나에게 자애롭게도 예언력을 주신 레토 여신의 아드님이 증인이시네. 마찬가지로 나를 휘감고 있는 끔찍한 죽음의 여신 케르, 그리고 내 눈에 끼어 있는 이 어두운 구름 또한 증인이 될 거네. 저 지하세계의 신들 또한 내가 거짓말을 한다면 내가 죽어서도 나에게 벌을 내리실 것이네. 자네들이 나를 도와주어도 결코 어떤 신의 분노도 사지 않을 것이네."

이렇게 맹세하자 형제는 곧바로 그를 도우러 나섰다. 그들은 우선 재빨

---

8 에리니스. 복수형은 에리니에스. 에리니에스는 크로노스에 의해 거세된 우라노스의 남근에서 떨어진 피가 땅에 스며들어 생겼다. 에리니에스는 주로 친족 간의 원한을 풀어주고, 또 다른 복수의 여신 네메시스는 친족이 아닌 인간들 사이의 원한을 풀어준다.

리 하르피이아이의 마지막 먹잇감으로 노인에게 식사를 차려주었다. 둘은 그 옆에 가까이 서 있었다. 하르피이아이가 돌진해 오면 칼로 쳐 죽이기 위해서였다. 과연 노인이 음식에 손을 대자마자 전광석화처럼 구름 속 어디선가 하르피이아이가 튀어나와서는 마치 번개나 돌풍처럼 큰 소리를 내며 음식을 향해 달려들었다.

이 광경을 보고 두 영웅은 그들을 향해 고함을 내질렀다. 하지만 하르피이아이는 음식을 다 먹어치우고는 울면서 멀리 바다 위를 유유히 날아갔다. 참기 힘든 악취가 코를 찔렀다.

보레아스의 두 아들은 급히 칼을 빼들고 그들 뒤를 쫓아 날아갔다. 제우스가 그들에게 지칠 줄 모르는 힘을 주었기 때문이다. 제우스가 아니었다면 그들은 하르피이아이를 추격할 수 없었을 것이다. 하르피이아이는 서풍 제피로스보다도 더 빨리 피네우스에게로 날아와선 다시 쏜살같이 날아갔기 때문이다. 두 영웅의 모습은 마치 숲 속에서 노련한 사냥개가 노루나 뿔 달린 염소의 발자국을 따라 전속력으로 그들을 추격하는

식사를 방해하는 하르피이아이들

것 같았다. 개들은 사냥감의 바로 뒤를 쫓아 주둥이를 쿵쿵거리며 이빨을 드러내 보였지만 아직 물지 못한 상태다. 칼라이스와 제테스도 이와 똑같았다. 그들도 하르피이아이의 뒤를 바짝 따라가며 손끝을 길게 뻗었지만 아직 그들을 잡아채진 못했다. 하지만 그들은 하마터면 신들의 뜻에 반해 멀리 '플로타이 섬'9 근처에서 하르피이아이를 따라잡아 찢어 죽일 뻔했다. 다행히 재빠른 이리스 여신10이 하늘에서 그 광경을 보고 대기를 가로질러 급히 내려와서 다음과 같이 경고하며 그들을 제지했다.

"오, 보레아스의 아들들이여, 위대한 제우스의 충견인 하르피이아이를 칼로 치는 것은 범죄이다. 내 스스로 맹세하겠다. 그들은 앞으로 이 근처에는 다시는 얼씬도 하지 않을 것이다."

이렇게 말하고 여신은 모든 신들이 가장 무서워하고 두려워하는 스틱스 강물11에 대고, 하르피이아이가 다시는 피네우스의 집에 나타나지 않을 것이라고 맹세했다. 운명에 의해 이제 그렇게 되어 있다는 것이다. 보레아스의 아들들은 그 맹세를 믿고 배로 돌아가기 위해 방향을 바꾸었다. 이리하여 전에는 플로타이 섬으로 불렸던 이 섬들은 스트로파데스 섬(전환점이 된 섬)으로 개칭되었다.

하르피이아이와 이리스도 여기서 헤어졌다. 하르피이아이는 미노스 섬 크레테의 갈라진 절벽 틈바귀 속으로 몸을 감추었고, 이리스는 빠른 날개로 높이 치솟으며 올림포스로 날아 올라갔다.

---

9 이오니아 해에 있는 조그마한 두 개의 섬. '떠도는 섬'이라는 뜻이다.
10 이리스는 무지개의 여신이자 신들의 전령으로, 타우마스와 엘렉트라의 딸이자 하르피이아이의 자매다.
11 인간들뿐만 아니라 신들도 스틱스 강물에 대고 한 맹세를 어기면 혹독한 벌을 받는다. 『일리아스』에서 헤라의 품에서 깨어난 제우스는 전세가 트로이에 불리하게 된 것을 보고 헤라를 의심하고 다그친다. 그러자 헤라는 이를 부인하며 무서운 스틱스 강물에 대고 맹세하겠다고 맞선다.

피네우스가 감사의 표시로 아르고호의 항로를 예언해주다

그사이 영웅들은 노인의 몸에서 더러운 때를 깨끗이 씻겨낸 다음, 아미코스의 전리품이었던 양 몇 마리를 정성스레 골라 신들께 제물로 바쳤다. 그 후 그들은 노인의 집에 성찬을 차려놓고 맘껏 즐겼다. 피네우스도 그들과 함께 식사를 했다. 그는 게걸스럽게, 마치 꿈이라도 꾸고 있듯이, 마음을 추스려가며 식사했다. 그들은 실컷 먹고 마신 다음에도 보레아스의 아들들을 기다리며 밤새 뜬눈으로 지새웠다. 노인은 그들 한가운데 화덕 가에 앉아 항해와 과업의 완수를 위해 필요한 충고를 하고 있었다.

"자 이제, 내 말을 들어보게! 자네들이 모든 것을 자세하게 아는 것은 금지되어 있네. 하지만 신들이 허용하는 한 나는 자네들에게 아무것도 감추고 싶지 않네. 전에 나는 생각이 모자라 제우스 신의 뜻을 빠짐 없이 알리는 누를 범했지. 제우스 신은 인간에게 불완전한 신탁을 내리는 법이야. 그래야 인간들은 또 신의 뜻을 찾으려고 애쓸 테니까.

자네들이 나와 헤어져서 맨 처음으로 만나게 되는 것은 두 개의 커다란 감청색 바위일세. 그 바위는 두 바다가 합쳐지는 좁은 해협에 있네. 내 기억으로는 그 누구도 그 바위 사이를 통과한 적이 없어. 그 바위들은 바다 밑에 깊게 뿌리를 박고 있지 않고 자주 서로 부딪쳐서 하나가 되기 때문이지. 더구나 바닷물이 바위 위로 높이 솟아올라 부딪치며 노호하고, 그 소리로 주변의 황량한 해안이 심하게 울리기까지 하네. 그러니 내 경고를 따르도록 하게. 자네들이 정말 지각이 있는 사람들이고, 성스러운 신들의 뜻에 따라 항해하려 한다면, 그리고 젊은 시절의 격정에 사로잡혀 경솔하게 충동적으로 행동하여 스스로 화를 자초하지 않으려면 말일세.

우선 비둘기로 한번 시험을 해보기를 권하네. 비둘기가 징조가 될 걸세. 배보다 비둘기를 먼저 통과시켜보아, 비둘기가 재빨리 날아 무사히 바위 사이를 통과해 흑해로 빠져나가게 된다면 자네들은 더 이상 통과를 미루지 말게. 손에 노를 꽉 잡고 힘차게 저어 그 좁은 해협을 잽싸게 지나가도록 하게. 이때 자네들의 생명은 기도보다는 자네들의 팔 힘에 달려 있네. 그렇기 때문에 만사를 제쳐두고 대담하게 자네들에게 가장 도움이 되는 것을 하려고 애를 쓰게. 그렇다고 그전에 신들에게 기도하여 간청하지 말라는 뜻은 결코 아니네. 하지만 비둘기가 통과하다가 중간에서 죽게 된다면 차라리 되돌아오게. 신들의 뜻에 따르는 것이 낫네. 그렇지 않으면 자네들은 바위 사이에서 당할 끔찍한 운명을 벗어날 수 없을 것이네. 아르고호가 무쇠로 만들어졌어도 자네들은 그 운명을 비껴갈 수 없을 게야. 불쌍한 사람들, 자네들은 내 예언을 무시하고 감히 항해를 하려고 하지 말게. 자네들 생각에 내가 비록 현재의 나보다 세 배나 신들에게 가증스럽거나 훨씬 더 혐오스러워 보여도 말이네. 새가 보여주는 전조를 무시하고 배를 타고 바위 사이를 통과할 생각은 추호도 하지 말게. 어떤 일이 있어도 꼭 그렇게 해야 하네.

그러나 자네들이 바위의 충돌을 피해 무사히 흑해로 접어들거든 즉시 돛을 펴서 오른쪽에 있는 비티니아 땅을 끼고 항해를 계속하게. 그리고 레바스 강어귀의 급물살과 멜라이나 곶(검은 곶)을 돌아 티니아스 섬에 이를 때까지 해안의 암초를 조심하게. 그곳에서 얼마 지나지 않아 섬 맞은편에 마리안디노이인이 사는 땅이 나타나거든 그곳에 정박하게. 그곳에는 아래 지하세계로 들어가는 길이 있고, 바다 쪽으로 돌출된 길쭉하고 높은 아케루시아 곶12도 솟아 있네. 아케론 강이 커다란 심연에서 물을 뿜어대며 그 곳 아래쪽을 관통하며 흐르고 있네.

그 후 자네들은 이 곳 바로 곁에 있는, 언덕들이 줄지어 늘어선 파플라

---

12 아케루시아 곶 아래쪽에는 동굴이 하나 있다. 헤라클레스가 이 동굴을 통해 지하세계로 내려가서 열두 번째 과업인 케르베로스를 데려왔다고 한다. 이 곳 아래를 흐르는 아케론 강은 소오나우테스 혹은 옥시노스라고 불리기도 한다. 아케론이라는 이름을 지닌 강은 모두 지하세계와 관련이 있다.

고니아 해안을 지날 걸세. 거기는 일찍이 에네토이인 펠롭스 왕[13]이 다스렸는데, 파플라고니아인들은 그 왕의 혈통인 것을 자랑으로 여기고 있네. 거기에는 또한 계속 한자리에서 빙빙 도는 큰곰자리[14]를 위로 하고 카람비스[15]라는 곳이 하나 있네. 이 곳은 사방이 깎아지른 듯 경사져서 보레아스의 회오리바람도 그 위에선 두 갈래로 나누어진다네. 그 정도로 그 곳은 바다 쪽으로 길게 튀어나오고 공중으로 높이 솟아 있네.

이 곳을 꺾어 돌아가면 아이기알로스 해안[16]이 넓게 뻗어 있네. 이 해안 끝자락에 놓인 돌출한 모래톱을 따라 할리스 강의 물줄기들이 힘차게 흐르고 있고, 바로 그다음엔 그보다 작은 이리스 강이 소용돌이를 일으키며 바다로 물을 쏟아내고 있네. 거기서부터 계속 앞쪽으로 가면 커다랗고 넓은 굽은 곳 하나가 바다 쪽으로 뻗어 있다네. 그다음에는 드넓은 대지를 가르고 온 테르모돈 강이 평화로운 만으로 흘러 들어가고 있네. 그 만은 청명한 하늘 아래 테미스키라 곶 아래쪽에 펼쳐져 있네. 그곳에는 도이아스 평원이 있고, 평원 근처에는 세 개의 아마조네스 족[17] 도시가 있네.

그다음에는 세상에서 가장 가난한 칼리베스인들이 살고 있는 곳이네. 그들은 거칠고 경작하기 힘든 땅에 사는 일꾼들로 철제품을 만드는 일에 종사하고 있지. 그 옆 게네타이오스 곶에는 양을 많이 치는 티바레네스인이 살고 있네. 그 곳은 이방인의 수호자인 제우스에게 바쳐진 것이네. 또 그 이웃은 모시노이코이(목재탑의 거주자라는 뜻)인들인데, 그들은 숲이 우거진 평원이나 산기슭에 통나무집이나 그 종족의 이름이 유래한

---

13 펠롭스는 탄탈로스의 아들로, 소아시아 출신이며 펠로폰네소스 반도도 그의 이름에서 따온 것이다.
14 큰곰자리는 '헬리케 별'이라고도 한다. 헬리케는 '돈다'는 뜻이다.
15 흑해의 남쪽 해안에 있는 곶 중 바다 쪽으로 가장 길쭉하게 뻗어 있는 가파른 곳으로, 흑해를 둘로 나누는 것처럼 보인다.
16 '커다란 해안'이라는 뜻이다.
17 아마조네스라는 말은 '젖가슴이 없는 여자'라는 뜻이다. 아마조네스(단수는 아마존)는 호전적인 여자들만의 종족으로 활 쏘는 데 방해가 된다고 하여 오른쪽 젖가슴을 잘라냈다. 전쟁의 신 아레스와 요정 하르모니아의 후손이다.

'모시네스'라는 탑을 지어 산다네.

아레스

이들을 지나치면 험준한 섬이 하나 보일 걸세. 바로 그 섬에 정박하게. 그러나 그전에 자네들은 갖은 수단을 동원해 그 황량한 섬을 뒤덮고 있는 새들을 쫓아내야 하네. 그 새들은 수가 엄청나게 많다네. 그 섬에는 아레스 신전이 하나 있네. 그 신전은 옛날 오르트레레와 안티오페라는 두 아마존 여왕이 출정을 할 때마다 돌을 쌓아 올렸다네. 혹독한 바다는 그곳에서 자네들에게 말할 수 없는 도움을 줄 것이네. 그래서 자네들에게 호의를 갖게 된 내가 거기에 정박하라고 충고하는 걸세. 그렇지만 나의 예언력으로 자네들에게 모든 것을 다 이야기해주는 잘못을 또다시 저질러야 되겠는가?

그 섬 맞은편 육지에서 더 앞으로 나아가면 필리레스인이, 위쪽으로 더 나아가면 마크로네스인이 살고 있고, 이어서 베케이레스의 수많은 종족들이 거주하고 있네. 그다음 베케이레스 종족의 이웃으로 사페이레스 족이, 사페이레스 족의 이웃으로는 비제레스인이 살고 있는데, 비제레스인의 위쪽이 마침내 호전적 종족인 콜키스인들의 거주지네.

그러나 자네들은 바다의 가장 안쪽 만에 이를 때까지 배를 멈추어서는 안 되네. 그곳은 휘몰아치는 파시스 강이 넓은 물줄기를 바다에 토해내고 있는 곳이네. 그 강은 먼 키르케 평야와 아마란테스 산에서 발원하여 키타 주변의 대지를 가르며 온다네. 배를 그곳 강어귀까지 몰고 가면 자네들의 눈에 키타인인 아이에테스의 탑들과 어두운 아레스의 숲이 보일 것이네. 그 숲에는 황금양피가 참나무 꼭대기에 걸쳐 있고, 보기에 섬뜩한 용 한 마리가 주위를 두리번거리며 그것을 지키고 있네. 용의 잔인한 두 눈은 밤이나 낮이나 전혀 달콤한 잠에 잠길 줄 모른다네."

노인이 이렇게 말하자 영웅들은 갑자기 공포에 휩싸였다. 오랫동안 그들은 침묵했다. 한참 후에야 비로소 아이손의 아들 이아손이 이런 사태에 당황하며 말했다.

"어르신, 어르신은 우리에게 모험의 목적지와 우리가 그것에 따르면 무서운 바위도 통과하여 흑해로 들어가게 될 전조도 알려주었습니다. 하지만 우리가 돌아오는 길에도 그 바위들을 통과하여 무사히 헬라스로 돌아오게 될지도 알고 싶습니다. 제가 어떻게 해야 합니까? 어떻게 해야 나같이 미숙한 사람이 뱃일에 미숙한 동료들과 그 먼 바닷길을 헤쳐 나올 수 있겠습니까? 콜키스의 아이아는 바다와 육지의 맨 끝자락에 있지 않습니까?"

그러자 노인이 대답했다.

"여보게, 자네가 그 끔찍한 바위를 통과하게 된다면 용기를 내게. 아이아에서 나오는 길은 다른 신이 자네에게 안내해줄 걸세. 하여튼 아이아로 갈 때까지는 자네는 안내자가 부족하지는 않을 걸세.¹⁸ 그러나 친구들, 자네들은 키프리스의 도움을 한번 생각해보게. 자네들 모험의 성패는 그녀에게 달려 있네. 그러나 이 이상은 나에게 물어보아서는 안 되네."

아게노르의 아들은 이렇게 이야기했다.

보레아스의 아들들이 하르피이아이를 멀리 쫓고 돌아오다

그러자 바로 그때 트라케의 보레아스의 두 아들들이 공중에서 재빨리 내려와서 자신들의 빠른 발을 문지방에 올려놓았다. 그들이 도착하자 영웅들은 모두 자리에서 벌떡 일어났다. 그러자 제테스는 지쳐 가쁜 숨을 고르면서 귀 기울여 경청하는 동료들에게 그들이 아주 멀리까지 새들을

하르피이아이들을 혼내주는 칼라이스와 제테스 형제

추격해, 막 새들을 잡아 죽이려는 순간 이리스 여신이 이를 막고서는 자비롭게도 맹세를 했으며, 새들은 무서워서 딕테 산 바위틈으로 숨어버렸노라고 알려주었다.

이 소식을 들은 동료들은 모두 기뻐했다. 특히 피네우스가 누구보다도 그랬다. 그러자 재빨리 아이손의 아들이 그에게 다음과 같이 말했는데, 그것은 좋은 의도로 그런 것이었다.

"피네우스시여, 당신의 비참한 고통을 염려하시어 멀리서 우리를 보내신 분은 정말 신이셨습니다. 그래서 보레아스의 아들들이 당신을 도왔던 것입니다. 그 신이 또한 당신의 눈에 빛을 주신다면 저는 집으로 귀환한 것만큼이나 기쁠 것입니다."

이아손이 이렇게 이야기했지만 노인은 시선을 아래로 향한 채 그에게 말했다.

18 아이아까지 리코스의 아들 다스킬로스와 프릭소스의 아들들이 안내자 역할을 한다.

"아이손의 아들이여, 나의 시력은 회복될 수 없네. 앞으로도 그럴 수 있는 방법은 없을 것이네. 내 눈의 눈알은 문드러져 텅 비어 있네. 그 대신 신이 나에게 죽음을 빨리 허락하셨으면 하네. 죽은 뒤라야 내가 찬란한 빛에 둘러싸일 수 있을 테니 말이네."

피네우스가 자신에게 극진한 파라이비오스의 가족사를 말하다

이렇게 그들은 서로 질문과 답을 주고받았다. 그러나 그들이 대화를 나눈 지 얼마 지나지 않아 새벽의 여신 에오스가 나타났다. 주변에 살고 있는 이웃들이 피네우스 주위로 모여들기 시작했다. 그들은 전에도 자주 그에게 자신들의 음식을 떼어 가져다 주곤 했다. 노인은 가난한 사람에게도 모두 정성스레 예언을 해주어 자신의 예언력으로 많은 사람들을 고통에서 구해주었다. 그에 대한 보답으로 그들 또한 그의 집으로 찾아와서 그를 돌보아주었던 것이다.

이들과 함께 피네우스에게 가장 잘 대해주었던 파라이비오스도 왔다. 그는 집안에 영웅들이 가득한 것을 보고 기쁨에 겨워했다. 일찍이 피네우스가 예언하길 일단의 영웅들이 그리스에서 아이에테스의 도시로 가는 길에 티니아 땅에 닻줄을 매고 자신에게서 제우스가 보낸 하르피아이를 쫓아줄 것이라고 했기 때문이다.

노인은 다른 이웃들에게는 현명한 충고를 해주어 만족시켜 돌려보냈다. 그러나 파라이비오스에게만은 영웅들 곁에 남아 있으라고 말했다. 그러고는 그에게 자신의 양 중에서 가장 실한 것 한 마리를 가져오라고 부탁했다. 그가 큰 홀을 떠나자 노인은 모여 있는 영웅들에게 상냥하게 말했다.

"친구들이여, 모든 사람들이 난폭하거나 선행을 잊는 것은 아닌 법이네. 아까 그 청년이 바로 그런 사람일세. 그는 전에 자신의 운명을 알기 위해 나를 찾아왔었네. 아무리 애를 쓰고 열심히 노력해도 계속해서 가난이 그를 괴롭혔기 때문이었네. 가난은 날이 갈수록 심해졌지. 그는 고단해도 숨 돌릴 틈조차 없었네. 사실 이 남자는 자기 아버지의 과오로 혹독한 대가를 치르는 중이었다네.

한때 그의 아버지는 산에서 혼자 나무를 베다가 나무들의 요정인 하마드리아데스의 간청을 무시한 적이 있었네. 요정은 애통해하며 고통스러운 말로 그의 마음을 녹이며 자신과 동갑인 참나무 둥치를 제발 베지 말아달라고 애원했었네. 그 나무 위에서 자신의 긴 삶을 보냈기 때문이지. 하지만 그는 젊은 혈기에 경솔하게도 나무를 베고 말았네. 그래서 그 요정은 그 후 그와 자식들에게 불행한 운명을 안겨주었지.

나는 그가 왔을 때 단번에 그 과오를 알아보았네. 그래서 나는 그에게 명하길, 티니아 요정을 위해 제단을 세우고 그 위에 제물을 올려놓고 아버지의 운명에서 벗어나게 해달라고 간청하라고 했네. 그리하여 그는 결국 신이 옭아맨 운명에서 빠져나왔네. 그러나 그는 그 후에도 나를 절대 잊지 않았고 경멸하지도 않았네. 나는 막무가내인 그를 대문 밖으로 간신히 쫓았을 정도였네. 항상 내 곁에서 불행한 나를 돕고 싶어 했기 때문이네."

아게노르의 아들이 이렇게 이야기하는 동안, 곧 파라이비오스가 양떼에서 두 마리[19]를 골라 앞세우고 나타났다. 이아손이 일어섰고, 이어서 노인의 신호로 보레아스의 아들들도 일어섰다. 그들은 신탁을 주관하는 아폴론을 제창한 뒤 화덕 위에 제물을 올렸다. 막 날이 저물고 있었다. 조금 젊은 동료들이 풍성한 식사를 마련했다. 그들은 배불리 먹은 후 쉬려고 함께 누웠다. 일부는 배의 닻줄 옆에, 일부는 피네우스의 집 안에 드러누웠다.

19 파라이비오스는 피네우스의 양을 자신의 축사에서 함께 기른 것 같다. 그는 한 마리만 부탁받았지만 자기 것도 한 마리 더 보태 두 마리를 가져왔다.

에테시아이 바람이 부는 내력과 키레네 이야기

새벽녘에 에테시아이[20] 바람이 일었다. 제우스의 단비를 약속하는 그 바람은 대지 전체에 고르게 불었다. 사람들에 의하면 옛날에 키레네라고 하는 소녀가 페네이오스 강 습지에서 남자 목동들에 섞여 양을 치고 있었다. 그녀는 처녀성과 정결한 침대를 지키기를 원했다. 그러나 아폴론 신은 강가에서 양떼를 돌보던 그녀를 하이모니아로부터 납치해서 멀리 떨어진 리비아의 미르틀레스 산기슭으로 데려가 그곳 요정들에게 맡겼다. 키레네는 그곳에서 포이보스에게 아리스타이오스[21]라는 아들을 낳아주

사냥꾼과 목동의 수호신
아리스타이오스

었다. 농토가 많은 하이모니아인들은 그 아들을 노미오스(풀을 베는 자) 혹은 아그레우스(사냥꾼)라고 불렀다. 아폴론 신은 사랑스러운 키레네의 수명을 늘려주어 그곳 요정과 사냥꾼으로 만들어주고, 어린 아들은 케이론의 동굴로 데려가서 교육을 받도록 했다. 그가 장성하자 무사이 여신들은 그에게 결혼을 주선해주었고 의술과 신탁도 알려주었다. 또 그를 프티아의 아타마스 평원, 접근하기 힘든 오트리스 산 주변, 아피다노스 강의 성스러운 물가에서 풀을 뜯고 있는 자신들의 양을 지키는 목동으로 임명했다.

하늘의 시리우스[22]가 미노스 군도에 작열하여 아주 오랫동안 주민들이 심한 갈증으로 시달리던 때가 있었다. 무사이 여신들은 아폴론 신의 명을 받들어 키레네의 아들을 불러 주민들을 그

우연히 아르테미스의 목욕하는 장면을 훔쳐보는 악타이온

고통으로부터 구하도록 했다. 그는 아버지의 지시에 따라 프티아를 떠나 케오스로 이주했다. 또 리카온의 혈통을 이어받은 파르라시아 주민들을 모아 비의 신 제우스를 위해 산속에 크고 높은 제단을 쌓고, 시리우스와 크로노스의 아들에게 합당한 제물을 드렸다. 이것이 바로 제우스가 에테시아이 바람을 보내 대지를 14일 동안이나 적셔주는 이유다.

20 '에토스(해, 년)'에서 유래한 바람의 이름.
21 아리스타이오스는 자신의 아버지처럼 사냥꾼과 목동의 수호신이었고, 양봉과 기름 제조의 발명자였다. 오르페우스의 아내 에우리디케는 뒤쫓아 오는 아리스타이오스를 피해 달아나다 풀섶에 숨어 있는 뱀에 물려 죽는다. 아리스타이오스는 카드모스의 딸 아우토노에와 결혼하여 악타이온을 낳았다. 악타이온은 우연히 아르테미스 여신이 목욕하는 것을 훔쳐보았는데 성난 여신에 의해 그만 사슴으로 변신하여 자신의 사냥개들에게 갈기갈기 찢겨 죽는다.
22 시리우스는 '개의 별'이라고도 하며 하늘에 뜨는 날부터 몹시 더워져 삼복더위가 시작된다. 시리우스가 뜨는 날들은 '개의 날들'이라고 하며 7월 23일에서 8월 23일까지 한 달간 계속된다. 우리나라에서 복날에 개를 먹는 것과 무슨 관계가 있을까.

케오스에서는 지금도 시리우스가 나타나기 전 사제들이 제물을 올린다. 노래는 이렇게 전하고 있다. 하지만 영웅들은 이 바람 때문에 그곳에 머물러 있어야만 했다. 티니아인들은 날마다 피네우스에게 감사의 표시로 수많은 선물을 보내왔다.

아르고호가 심플레가데스를 통과하다

아테나

마침내 바람이 잦아들자 영웅들은 맞은편 해안에 12신[23]을 위해 제단을 쌓고 그 위에 제물을 바친 다음 항해를 계속하기 위해 빠른 배에 올라탔다. 그들은 겁에 질린 비둘기 한 마리를 가지고 가는 것도 잊지 않았다. 비둘기는 불안하여 잔뜩 움츠린 채 에우페모스의 손에 들려 있었다. 그들은 해안에 묶어두었던 이중 닻줄을 풀었다.

이들의 출발을 아테나 여신이 모를 리 없었다. 여신은 서둘러 아무리 무거워도 매번 자신을 실어다 주었던 가벼운 구름 위에 발을 딛고, 흑해를 향해 급히 출발했다. 그녀는 영웅들을 도와줄 심산이었다. 누군가가 조국에서 멀리 떨어져서 방랑할 때―사실 우리 인간들은 계속해서 그렇게 떠도는 법이다. 가지 못할 나라는 없고 수많은 도시가 눈앞에 펼쳐져 있다―집과 고향이 생각나기도 하지만, 육로와 해로가 동시에 갑자기 시야에 펼쳐지면, 그의 눈은 생각만큼이나 빨리 두 길을 이쪽저쪽 번갈아 살펴본다. 이처럼 제우스의 딸은 급히 대지 쪽을 향해 날아 악세이노스 해24의 티니아 쪽 해변에 발을 디뎠다.

그사이 영웅들은 굴곡이 심한 뱃길의 입구에 다다랐다. 그 길은 좁고 양쪽이 험한 암초로 둘러싸여 있었다. 바다 밑으로부터 파도가 휘몰아치며 달리는 배를 덮쳤다. 그들은 공포에 휩싸여 계속 배를 몰아야 했다. 벌써 앞쪽에서 감청색 바위가 서로 충돌하면서 내는 소리가 그들의 귓전을 강하게 때렸다. 해안의 암초도 바닷물로 심하게 철썩이며 그 소리에 화답했다.

바로 그때 에우페모스가 벌떡 일어나 손에 비둘기를 들고 배 앞쪽으로 갔다. 다른 영웅들은 하그니아스의 아들 티피스의 명령에 따라 침착하게 노를 저었다. 그들은 자신들의 힘으로 좁은 바위 사이를 통과할 태세였다. 마지막 굴곡을 도는 순간 그들은 바위가 막 벌어지는 것을 보았다. 그들의 용기가 한풀 꺾였다.

바로 그때 에우페모스가 비둘기를 허공에 날렸다. 비둘기가 날아오르자 모두들 머리를 들고 비둘기 쪽을 바라보았다. 비둘기는 날아 바위 사이를 뚫고 지나갔다. 그와 동시에 두 바위는 큰 소리를 내며 다시 맞부딪쳤다. 바닷물이 마치 구름처럼 심하게 소용돌이치며 솟아올랐다. 바다가 요란하게 울부짖었다. 바위 주변 여기저기서 대기도 끓어올랐다. 바닷물이 험한 암초 밑을 때릴 때마다 그 속이 텅 빈 구멍들이 함께 울렸다.

거대한 파도가 부서지고 흰 거품이 해안으로 튕겨져 올라왔다. 큰 물결이 배 주위를 에워쌌다. 그러나 두 바위는 비둘기의 꼬리 깃털만을 뽑아

---

23 초창기 올림포스 12주신은 제우스, 포세이돈, 하데스, 헤르메스, 헤파이스토스, 아폴론, 데메테르, 헤라, 헤스티아, 아르테미스, 아프로디테, 아테네를 말한다. 후에 이 명단에서 하데스와 헤스티아가 빠지고 그 자리를 에로스와 디오니소스가 차지한다.
24 악세이노스 해는 보스포로스 해협의 흑해 입구 쪽 바다를 일컫는 말이다. 악세이노스는 '불친절한, 황량한'이라는 뜻으로 폭풍우가 너무 심하게 일기 때문에 붙여진 이름일 것이다.

냈을 뿐이다. 비둘기는 무사히 바위를 통과한 것이다.

　노를 젓던 영웅들은 큰 소리로 환호성을 질렀다. 그러자 티피스가 힘껏 노를 저으라고 소리쳤다. 바위가 다시 벌어지기 시작했기 때문이다. 영웅들은 공포에 사로잡혀 배를 몰아야 했다. 그때 다시 큰 파도가 일어 배를 바위 사이로 밀어 넣었다. 더 큰 공포가 그들 모두를 엄습했다. 그들 머리 바로 위에 바위가 아가리를 벌리고 있었기 때문이었다. 벌써 저 멀리 눈앞 여기저기서 흑해가 넓게 펼쳐져 있었다.

　그와 동시에 그들 앞에 갑자기 엄청난 파도가 일었다. 파도는 산봉우리를 잘라낸 것처럼 둥글었다. 그들은 머리를 옆으로 숙였다. 파도가 배 전체를 덮쳐 휘감을 기세였기 때문이다. 티피스가 급히 앞으로 나와 동료들에게 노를 젓지 말라고 했다. 그러자 파도가 용골 아래로 쏟아져 내려갔다. 하지만 또다시 파도가 선미를 치더니, 배를 뒤로 밀어 바위에서 멀찌감치 끌고 갔다. 그와 동시에 배가 공중으로 높이 솟아올랐다.

　그러자 에우페모스가 동료들 사이를 헤집고 돌아다니며 있는 힘을 다해 노를 저으라고 고함을 쳤다. 그들은 함성을 지르며 바닷물을 헤치고 나아갔다. 그러나 그들이 아무리 노를 저어 앞으로 나아가도, 배는 순식간에 다시 두 배나 더 뒤로 튕겨져 나갔다. 노가 영웅들의 힘에 부쳐 둥근 활처럼 굽었다. 또다시 뒤에서 엄청난 파도가 일었다. 그러자 배가 앞으로 미끄러져 떠내려갔다. 배는 마치 텅 빈 바다에서 빠른 파도에 휩쓸려 가는 통나무 같았다. 그러다가 배는 결국 심플레가데스 한가운데에서 소용돌이에 단단히 휘말리고 말았다.

　배가 정지하고 있는 동안 양쪽에서 바위가 진동하며 우레와 같은 소리를 냈다. 바로 그 순간 아테나 여신이 나타나 왼손으로는 거대한 바위를 잡고, 오른손으로는 배를 툭 쳐서 바위 사이를 지나가도록 했다. 배는 나는 화살처럼 빠르게 공기를 가르며 나아갔다. 바로 그때 바위가 서로 강하게 충돌하면서 배의 고물 맨 끝부분을 가루로 만들었다.

지나가는 배를 박살내는 움직이는 두 개의 바위 심플레가데스

아테나는 그들이 그곳을 무사히 빠져나가자 올림포스로 재빨리 돌아갔다. 그러자 두 바위는 서로 한 몸으로 결합한 채 한곳에 영원히 고정되게 되었다. 그것은 바로 누군가가 배를 타고 바위 사이를 산 채로 무사히 통과하면 그렇게 되리라는 신들의 뜻에 따른 것이다.

이아손이 동료들의 마음을 떠보다

하데스

끔찍한 공포에서 해방되자 그들은 마침내 한숨을 돌리고, 주변 하늘과 멀리 펼쳐져 있는 넓은 바다를 바라보았다. 이제야 비로소 하데스로부터 구원을 받았다고 생각했기 때문이다. 가장 먼저 티피스가 말문을 열었다.

"이렇게 하데스로부터 마침내 벗어나게 된 것은 우리가 타고 온 배 덕분이라고 생각합니다. 그걸 위해 아테나 여신보다 더 많은 일을 하신 분은 없습니다. 여신은 아르고스가 배에 못을 박아 단단히 될 때 자신의 힘도 함께 불어 넣어주셨지요. 그래서 그 배는 난공불락이었던 것입니다. 이아손, 신이 우리에게 이 바위를 통과시켜준 이상 이제 당신은 펠리아스 왕이 내린 과업을 더 이상 두려워할 필요가 없을 것 같군요. 아게노르의 아들 피네우스도 우리가 앞으로 있을 시련도 쉽게 극복할 것이라고 예언했으니까요."

그는 이렇게 말하면서 동시에 비티니아 해안을 따라 배를 몰도록 재촉했다. 이아손은 속내를 감춘 채 친절한 어조로 대답했다.

"티피스, 당신은 마치 제 고민을 잘 알고 저를 위로해주시는 것 같군요. 저는 실수로 끔찍하고 돌이킬 수 없는 잘못을 저질렀습니다. 펠리아스가 저에게 모험을 하라고 명령했을 때 저는 즉시 단호하게 거부했어야 옳았습니다. 사지가 갈기갈기 찢겨 죽는 한이 있더라도 말입니다. 지금 엄청난 걱정과 견디기 힘든 불안이 저를 짓누르고 있습니다. 배를 타고 소름끼치는 바닷길을 가는 것이 무섭고, 해안에 상륙하는 것도 두렵습니다. 도처에 적들이 깔려 있기 때문입니다. 날이 저물면 저는 한숨을 쉬며 밤을 지새웁니다. 처음 여러분들이 저를 위해 모여주신 때부터 저에게는 모든 것이 걱정입니다. 당신은 물론 말을 쉽게 합니다. 당신의 목숨만 신경쓰면 되니까요. 하지만 저는 제 자신은 전혀 걱정이 안 됩니다. 저는 여러분들, 바로 당신과 다른 동료들을 어떻게 하면 무사히 헬라스 땅으로 데려갈까 걱정하고 있을 뿐입니다."

그는 이렇게 말하며 다른 영웅들의 마음을 슬쩍 떠보았다. 그러자 그들 모두 격려의 말을 대담하게 뱉어냈다. 그들의 말에 이아손은 마음속 깊이 기뻤다. 그래서 그는 재차 다음과 같이 토로했다.

"친구들이여, 여러분의 아낌없는 격려로 저는 더 큰 용기를 얻게 되었습니다. 그래서 저는 여러분이 극심한 위험 속에서도 이렇게 의연하게 대처만 해준다면 이제 하데스의 심연을 지나더라도 공포가 저를 덮치도록 놔두지 않을 것입니다. 우리는 이미 심플레가데스 바위를 통과했습니다. 우리가 앞으로 피네우스가 지시한 대로만 정확하게 항해한다면 더 이상 그 같은 위험에 처하지 않을 것입니다."

티니아스 섬에서 아폴론 신이 영웅들에게 나타나다

그가 이렇게 이야기하자 모두들 하던 말을 그치고 노 젓기에 몰두했다. 그들은 곧 레바스 강의 빠른 물줄기와 콜로네 산을 거쳐서 얼마 지나지 않아 멜라이나 곶을 지나쳤다. 또 필리스 강어귀도 지났다. 그곳에는 디프사코스의 집이 있었다. 그는 아타마스의 아들이 전에 오르코메노스에서 황금양피를 타고 도망 왔을 때 그를 받아주었던 사람이었다.

디프사코스는 초원의 요정이 낳았다. 그는 만용을 부리는 것을 싫어했다. 그는 어머니와 함께 아버지의 강가 초원에서 조용히 양떼를 먹이며 살았다. 곧 그의 무덤, 강가의 넓은 초원, 깊이 흐르는 칼페 강이 시야에 나타났다가 사라졌다.

그렇게 그들은 하루 종일, 또 바람 한 점 없는 조용한 밤에도 쉬지 않고 계속 노를 저었다. 소들이 축축이 젖은 밭을 힘들여 갈며 고랑을 낼 때, 옆구리와 목에서 연신 땀이 흐르고, 멍에 때문에 눈은 핑핑 돌아가고, 주둥아리에서는 쉴 새 없이 밭은 숨소리가 흘러나온다. 소들은 그렇게 발굽을 땅에 깊이 박고서 하루 종일 수고를 아끼지 않는다. 마치 이 소들처럼 영웅들은 열심히 노를 저으며 바다를 헤치고 나아갔다.

영롱한 빛이 아직 나타나지 않았지만 그렇다고 더 이상 어둠이 지배하지 않는, 사람들이 새벽이라고 부르는 어슴푸레한 빛이 밤을 뚫고 미끄러지듯 들어올 때쯤 그들은 황량한 티니아스 섬의 항구에 도착하여 기진맥진한 채로 상륙했다. 그런데 바로 그때 그들 앞에 레토 여신의 아들이 나타났다.

그는 리키아에서 히페르보레이오이²⁵라는 신성한 민족이 사는 나라로 올라가고 있는 중이었다. 그가 걸을 때면 황금빛 포도송이처럼 생긴 곱슬머리가 그의 양 뺨에서 빠르게 치렁거렸다. 그의 왼손에는 은으로 만든 활이 들려 있고, 등에는 어깨에서부터 아래쪽으로 전동이 매달려 있었다. 그가 디딘 발아래 섬 전체가 진동했고, 큰 파도가 일어 육지에 바닷물이 넘쳐흘렀다.

그를 보자 영웅들은 공포에 사로잡혀 어찌할 바를 몰랐다. 아무도 감히 그 신의 아름다운 눈을 똑바로 쳐다보지 못했다. 그들은 시선을 아래 땅으로 향한 채 그렇게 그냥 서 있었다. 아폴론 신은 이미 공중에서 저 멀리

---

25 히페르보레이오이 족은 머나먼 북쪽 보레아스가 불어오는 곳에 사는 전설적인 민족이다. 전설에 따르면 아폴론과 아르테미스의 어머니 레토는 히페르보레이오이 족 출신이며 델로스 섬에 가서 자식들을 낳았다. 이들의 나라는 온화한 기후를 지닌 이상향이었다. 그곳에서는 일 년에 두 번 곡식을 수확했으며 주민들은 신성한 숲 속에 살면서 미풍양속을 따르고 천수를 누렸다.

26 '파이에온', 혹은 '파이안'은 의술의 신으로서 아폴론의 별칭이다. '이에Ie'는 '쏘다'의 명령형으로, '이에, 이에'는 '쏴요, 어서요', '쏴요, 쏴', '쏴요, 화살을' 등으로 해석할 수 있지만 여기서는 아폴론 찬가를 부를 때 넣는 추임새로 쓰였다.

27 델피네스는 아폴론이 델피를 접수하기 전에 죽여야만 했던 큰 뱀으로 보통 피톤으로 알려져 있다. 여성형은 델피네이다.

바다 쪽으로 걸어가고 있었다. 한참이 지난 다음에야 비로소 오르페우스가 영웅들을 향해 다음과 같이 말했다.

"자아, 우리 이제 이 섬을 아침의 신 아폴론의 성스러운 섬이라고 부릅시다. 아폴론 신이 아침 일찍 이곳을 지나가다 우리 앞에 그 모습을 드러내셨으니 말입니다. 해안에 제단을 쌓고 갖고 있

아폴론

는 것으로 그 위에 제물을 드립시다. 또 그가 우리에게 하이모니아(테살리아) 땅으로 무사히 돌아가도록 허락하신다면 뿔 달린 염소의 넓적다리를 그에게 바칩시다. 그러나 지금은 기름을 태우고 제주만 바쳐서 그에게 기원할 것을 제안합니다. '자비를 베푸소서. 오, 신이시여, 자비를 베푸소서, 저희 앞에 나타나셨으니.'"

그가 이렇게 말하자 몇몇 영웅들은 서둘러서 들판의 돌을 모아 제단을 쌓았다. 나머지 영웅들은 깊은 숲 속에 살고 있는 사슴이나 다른 야생 염소를 잡을 수 있을까 해서 섬 여기저기를 수색하며 돌아다녔다. 그런 그들에게 레토의 아들은 사냥감을 허락했다. 그들은 사냥감의 양쪽 넓적다리를 성스러운 제단 위에 올려놓고 경건한 마음으로 태웠다.

그와 동시에 그들은 아침의 신 아폴론을 찬양했다. 그들은 불타오르는 제물 주변에서 윤무를 추면서 '이에 파이에온, 이에 파이에온,[26] 포이보스'라고 외치며 그를 노래했다. 그러자 오이아그로스의 귀한 아들 오르페우스가 그들과 함께 트라케의 리라에 맞추어 낭랑한 목소리로 노래를 부르기 시작했다. 그는 아폴론이 언젠가 암반투성이의 파르나소스 산등성이에서 활로 끔찍한 괴물 뱀 델피네스[27]를 어떻게 죽였는지 노래했다.

아폴론이 아직 수염이 나지 않은 소년이고 자신의 곱슬머리를 한껏 뽐내던 시절이었다. '자비를 베푸소서! 오, 신이시여, 당신의 곱슬머리는

아폴론과 괴물 뱀 피톤. 아폴론은 델피를 접수하기 전 괴물 뱀 피톤을 죽여야 했다.

항상 자르지 않고 그대로 남아 있을지니. 그것이 하늘의 뜻이거늘. 코이오스의 딸 레토 여신만이 당신의 머리를 부드러운 손으로 쓰다듬나니.'
플레이스토스의 딸들이자 코리키온 동굴[28]의 요정들도 그 당시 뱀과 싸우는 아폴론을 향해 '이에, 이에'라고 소리치며 그를 응원했다. 아폴론 찬가의 멋진 후렴구는 바로 여기서 유래한다. 윤무로 아폴론을 찬양한 후에 그들은 성스러운 제주를 바치며, 제물에 손을 대고 한뜻으로 화합하여 영원히 진심으로 돕겠노라고 맹세했다. 그래서 아직도 그곳에는 영웅들이 그 당시 자비로운 화합의 여신에게 경의를 표하기 위해 직접 만든 성스러운 제단이 세워져 있다.

하데스의 나라로 들어가는 동굴

셋째 날이 밝았을 때 그들은 강하게 부는 서풍을 맞으면서 가파르게 솟아 있는 섬을 떠났다. 곧 상가리오스 강의 어귀, 마리안디노이 족의 비옥한 농지, 리코스 강의 물줄기, 그리고 안테모에이시아 호수가 시야에 나타났다가 금방 사라졌다. 배가 달리자 미풍을 받고 닻줄과 배의 모든 삭구들이 가늘게 떨렸다. 아침 일찍 바람이 잦아들자 그들은 기쁜 마음으로 아케루시아 곶에 도착했다. 깎아지른 절벽이 튀어나오듯 솟아 있는 이 곳은 비티니아 해를 마주 보고 있다.

이 곳의 아래쪽에는 바닷물에 씻긴 매끈한 암석들이 깊게 박혀 있고, 그 주위에서는 계속해서 큰 파도가 밀려와서 강하게 부서진다. 하지만 곶의 정상에서는 플라타너스들이 무성하게 자라고 있다. 이 곳으로부터 내륙 안쪽으로 깊은 계곡이 하나 뻗어 있다. 바로 거기에 숲과 바위로 덮인, 하데스의 나라로 들어가는 동굴이 놓여 있다. 소름끼치는 이 동굴 안쪽에서는 계속해서 얼음바람이 불어 주변에 항상 하얀 서리를 만든다. 하지만 이 서리는 정오의 태양빛에 다시 녹곤 한다.

이 무시무시한 곳에 침묵이 감돈 적은 한 번도 없다. 이 곳은 철썩거리는 바닷물 소리와 동굴 안쪽에서 불어오는 바람에 사각거리는 나뭇잎 소리로 항상 신음한다. 거기에는 또한 곶에서 분출하여 동해로 흘러가는 아케론 강[29]의 물줄기들도 있다. 깊은 골짜기 하나가 곶 위쪽에서부터 그

---

28 델피의 북쪽 파르나소스 산에 있는 동굴.
29 아케론 강은 원래 지하세계를 흐르는 강이지만 여기서는 지하세계에서 밖으로 분출된다.

강물들을 모아 아래쪽으로 끌어낸다.
 후에 메가라의 니사이아 사람들은 마리안디노이 족의 땅에 정착하기 위해 오는 길에 그 강을 소오나우테스라고 개칭했다. '선원들의 구원자'라는 뜻이다. 그 강이 엄청난 회오리바람에 휩싸여 있는 그들과 그들이 타고 다니는 배를 구해주었기 때문이다.

마리안디노이의 왕 리코스가 영웅들을 환대하고 축제를 벌이다

 그들은 배를 타고 아케루시아 곶 안쪽 깊숙이 들어가서 상륙했다. 그때 막 바람이 멎었다. 그들의 상륙 소식은 그 나라 왕 리코스와 마리안디노이인들에게 오랫동안 비밀에 부쳐질 수 없었다. 그들은 말로만 듣던 아미코스의 살해자들이 자신들을 방문한 것을 명예로 생각했다. 환영 행사에서는 영웅들과 우호조약까지 맺을 정도였다.
 특히 폴리데우케스는 신처럼 환영받았다. 사람들이 사방에서 폴리데우케스 주위로 물밀듯이 몰려왔다. 그들은 오만방자한 베브리케스인들과 아주 오랫동안 전쟁을 치르고 있었기 때문이다. 그들은 우호의 날을 기뻐하며 함께 시내 리코스의 궁전으로 가서 진수성찬을 배불리 먹으며 즐거운 이야기를 나누었다.
 이아손의 아들은 리코스에게 동료들 하나하나의 가문과 이름, 펠리아스가 내린 임무, 그리고 자신들이 렘노스 섬의 여자들에게 환대를 받았던 이야기를 해주었다. 그는 또한 돌리오네스의 키지코스 왕과 있었던 일과 미시아의 키오스에 본의 아니게 헤라클레스를 남겨두고 온 사실도 말했다. 계속해서 그는 글라우코스가 말한 신탁의 내용과 베브리케스인들과 아미코스 왕을 죽인 것도 말해주었고, 피네우스의 신탁과 불행, 감청색 바위 사이를 통과하고 섬에서 레토의 아들을 만난 것도 말해주었다. 이아손이 차근차근 이야기하자 리코스는 경청하며 내심으로 깊은 감명을 받았다. 하지만 그들이 헤라클레스를 남겨두고 왔다는 말에 그는 슬픔에 사로잡혀 모인 사람들에게 다음과 같이 말했다.

"친구들이여, 당신들은 대단한 사람의 도움을 놓쳤군요. 아이에테스의 나라까지는 아직 길이 멀건만! 저는 헤라클레스를 잘 알고 있습니다. 저는 그를 바로 여기 우리 아버지 다스킬로스의 궁전에서 본 적이 있습니다.

그 당시 헤라클레스는 호전적인 히폴리테의 허리띠를 차고, 아시아 대륙을 지나 이곳으로 걸어오고 있었지요. 그가 저를 만난 것은 내 볼에 막 수염이 나던 때였습니다. 그는 내 동생 프리올라스의 죽음을 기리는 경기에서―제 동생은 미시아인들에 의해 살해되었습니다. 그래서 우리 백성들은 아직도 아주 슬픈 만가를 부르면서 그 애를 애도하고 있습니다― 많은 젊은이들 중 외모와 힘이 빼어났던 강적 티티아스와 권투시합을 벌여 그를 이겼습니다. 헤라클레스는 그의 이를 모조리 뽑아 땅바닥에 던져버렸지요.

그는 미시아인들과 동시에 우리와 농경지를 이웃하고 있는 미그도니아인들도 우리 아버지의 통치하에 두었습니다. 그는 또 비티니아의 여러 부족들도 레바스 강어귀와 콜로네 산에 이르는 그들의 땅과 함께 점령했습니다. 그들에 이어 빌라이오스 강의 물줄기가 만곡을 이루며 휘감고 흐르는 곳에 살고 있는 펠롭스의 후예 파플라고니아인들이 그에게 항복했습니다. 하지만 헤라클레스가 멀리 떠나자 베브리케스인들

헤라클레스

과 오만방자한 아미코스 왕은 저에게서 많은 것을 약탈해 가고 우리 땅을 조금씩 빼앗아 가기 시작했습니다.

결국 그들의 국경선은 깊이 흐르는 히피오스 강의 저지대까지 확장되었습니다. 그러나 이번에 그들은 지금까지 저희에게 저지른 만행에 대한 대가를 톡톡히 치렀군요. 바로 여러분 덕분입니다. 틴다레오스의 아드님이신 당신이 그 왕을 죽이던 날 제가 베브리케스인들과 전투를 벌인 것은 결코 신들의 뜻에 배치된다고 생각하지 않습니다. 저는 제가 할 수 있는 모든 감사의 표시를 기꺼이 하고 싶습니다. 그렇게 하는 것이 다른 사람, 즉 강자가 먼저 도움을 베풀 때 마땅히 해야 하는 약자의 의무입니다.

저는 제 아들 다스킬로스를 여러분들의 항해에 함께 딸려 보내 보필하도록 하겠습니다. 그런 아이가 동행하면 여러분이 바다를 항해하여 테르모돈 강어귀에 이를 때까지 손님 대접을 제대로 할 줄 아는 사람들을 만나게 될 것입니다.30 특히 틴다레오스의 아들들을 위해서 저는 아케루시아 곶 정상에 모든 뱃사람들이 바다 멀리에서도 보고 경의를 표하도록 높은 제단을 세울 것입니다. 저는 또 그들에게 신들에게나 드리는 도시 앞쪽의 비옥한 땅을 떼어 바치고 싶습니다."

그렇게 그들은 식사를 즐기며 하루 종일 환담을 나누었다. 그러나 아침 일찍 그들은 서둘러 배가 묶인 곳으로 내려갔다. 리코스도 수많은 선물을 그들에게 건네고서는 그들과 동행했다. 그와 동시에 그는 자신의 아들을 그들의 배에 승선시켜 모험에 동행하도록 했다.

예언가 이드몬이 멧돼지에 물려 죽고, 키잡이 티피스가 병사하다

미리 정해진 운명이 아바스의 아들 이드몬을 친 것은 바로 그때였다.

그는 예언력이 뛰어났다. 하지만 이런 능력도 전혀 그를 구하지 못했다. 피할 수 없는 운명이 그를 죽음으로 내몰았기 때문이다. 갈대숲으로 우거진 강의 습지에 수퇘지 한 마리가 진흙탕으로 옆구리와 거대한 배를 식히면서 누워 있었다.

하얀 이를 드러낸 그 끔찍한 괴물은 그곳에 사는 요정들조차도 두려워했다. 아무도 그의 존재를 몰랐다. 멧돼지는 그 넓은 습지에서 한가롭게 풀을 뜯곤 했다. 바로 그 질퍽질퍽한 강둑을 아바스의 아들이 걷고 있었다. 바로 그때 갑자기 그 수퇘지가 갈대숲 어디에선가 그를 향해 돌진해 와서는 허벅다리를 꽉 물어뜯어 근육과 뼈를 으스러뜨렸다.

이드몬은 비명을 지르며 냅다 땅바닥에 고꾸라졌다. 그의 동료들이 공격당한 이드몬을 향해 동시에 소리쳤다. 펠레우스는 습지로 다시 들어가는 끔찍한 멧돼지를 향해 잽싸게 창을 던졌다. 그러자 멧돼지가 이번에는 이다스에게 달려들었다. 하지만 그가 날카로운 창을 휘두르자, 관통상을 입은 멧돼지는 씩씩거리다 주저앉았다. 그들은 멧돼지를 그냥 땅바닥에 버려두었다. 동료들은 숨을 헐떡이는 이드몬을 보고 슬퍼하며 그를 배로 데려갔다. 결국 이드몬은 동료들의 손에서 숨을 거두었다.

이 사건이 있은 후로 그들은 계속 항해하지 못했다. 그들은 슬픔에 잠겨 죽은 자를 매장하기 위해 그곳에 머물렀다. 그들은 꼬박 사흘 동안 그를 애도했다. 나흘째 되는 날 그들은 이드몬을 성대하게 매장해주었다. 장례식에는 리코스 왕과 함께 백성들도 참여했다. 무덤에서 그들은 죽은 이의 명예에 합당할 만큼 많은 양의 목을 베었다. 그런 다음 그를 기리기 위해 무덤에 봉분을 하나 쌓고, 그 위에 후대인들이 알아볼 수 있도록 표지를 세웠다. 그것은 배 만들기에 좋은 야생 올리브 나무 막대기로, 지금

---

30 이들은 나중에 데이마코스의 세 아들들을 만난다. 다스킬로스는 테르모돈 강까지만 동행하는 것이 아니다. 그는 아이까지 같이 갔다. 콜키스에서 돌아오는 길에 영웅들은 그를 고향으로부터 먼 할리스 강 근처에 내려놓는다.

아르고스가 배를 건조하는 동안 아테나 여신의 도움으로 티피스가 돛을 똑바로 세우고 있다.

도 아케루시아 곶 정상 바로 밑에서 무성하게 잎을 피우고 있다.

내가 무사이 여신의 종복으로 솔직하게 말할 수 있다면, 포이보스 신은 보이오티아와 니사이아인들에게 이드몬을 도시의 수호자로 삼고 오래전부터 자란 그 야생 올리브 나무 주변에 도시 헤라클레이아를 세우라고 명령했다. 그러나 그들은 지금까지 신을 두려워하는 아이올리아인 이드몬 대신에 아가메스토르(헤라클레이아의 토착 영웅)를 숭배하고 있다.

또 누가 죽었을까? 영웅들이 죽은 동료를 위해 또 하나의 봉분을 쌓았던 것이다. 두 사람의 무덤임을 알려주는 표지를 지금도 볼 수 있다. 죽은 사람은 바로 하그니아스의 아들 티피스였다고 한다. 운명은 그에게 계속 항해하도록 허락하지 않았다. 갑작스러운 발병이 조국으로부터 멀리 떨어진 이곳에서 그를 잠들게 했다. 그것은 바로 동료들이 아바스의 아들의 시체를 매장하던 날이었을 것이다.

끔찍한 불행으로 그들은 참을 수 없는 고통을 느꼈다. 그들은 티피스를 바로 장사 지내준 다음 망연자실하여 식음을 전폐하고 말없이 외투를 푹 둘러쓴 채 바닷가에 주저앉아 있었다. 고통으로 그들의 용기마저도 시들해졌다. 귀환이 그들의 희망과는 달리 요원해 보였기 때문이다. 그들은 낙담한 나머지 그곳에 더 오래 지체할 수도 있었다.

바로 그때 헤라 여신이 앙카이오스에게 엄청난 용기를 불어넣어 주었다. 아스티팔라이아가 임브라소스 강가에서 포세이돈에게 낳아주었던 앙카이오스는 배를 모는 데 누구보다도 뛰어났다. 그는 펠레우스에게 달려가서 말했다.

"아이아코스의 아들이여, 해야 할 일을 포기하고 타향에서 이렇게 오랫동안 머무는 것이 과연 칭찬받을 일입니까? 이아손이 황금양피를 얻기 위해 나를 파르테니아에서 데려온 것은 나의 전투능력이 아니라 항해 경험 때문이었습니다. 그러니 배는 조금도 걱정하지 마십시오. 또한 우리들 중에는 항해에 능숙한 사람들이 많습니다. 그 사람들 중 하나를 후갑판에 배치하면 절대로 배를 위험에 빠뜨리지 않을 것입니다. 그러니 빨리 가서 그들 모두에게 이 사실을 알리고 우리들의 과업을 잊지 않도록 잘 설득해주십시오."

앙카이오스가 키잡이가 되다

그가 이렇게 이야기하자 펠레우스의 마음은 기쁨으로 한껏 부풀어 올랐다. 그는 즉시 영웅들에게 가서 다음과 같이 말했다.

"불쌍한 자들이여, 왜 그런 무의미한 슬픔에 헛되이 매달립니까? 죽은 친구들은 정해진 운명에 따라 죽었습니다. 우리 무리 중에는 키잡이들이 많습니다. 그러니 우리의 모험을 지체하지 맙시다. 자, 슬픔일랑 훌훌 벗어 던져버리고 일어납시다."

아이손의 아들이 이 말을 미덥지 못해하며 그에게 말했다.

"아이아코스의 아들이여, 당신이 말한 키잡이들은 도대체 어디로 갔습니까? 우리가 전에 항해에 능숙하다고 자랑하던 바로 그 사람들은 지금 기가 꺾이고 나보다도 훨씬 더 풀이 죽어 있습니다. 따라서 나는 앞서 죽은 동료들에게 불어닥친 것과 똑같은 불행을 예감합니다. 우리가 무서운 아이에테스의 도시로 가서, 다시 그 감청색 바위를 지나 그리스 땅으로 돌아가는 것은 불가능할 것입니다. 불명예스럽지만 우리는 바로 이곳에

헤라

서 끔찍한 운명의 포로가 될 것입니다. 우리는 이곳에 처박혀서 하릴없이 늙어갈 팔자입니다."

이아손이 이렇게 말하자, 앙카이오스가 가장 적극적으로 자신이 빠른 배를 운전하겠다고 자청했다. 헤라가 그렇게 하라고 재촉했기 때문이다. 이어서 에르기노스와 나우플리오스, 그리고 에우페모스가 키잡이를 자청하며 일어섰다. 그러나 영웅들 대부분은 이들을 만류하고 앙카이오스를 낙점했다.

스테넬로스의 혼령을 달래주다

열이틀이 지나고 다음날 아침 일찍 영웅들은 출발했다. 서쪽에서 순풍이 강하게 불어왔다. 그들은 재빨리 아케론 강의 어귀를 가로질러 나아간 후 바람을 믿고 돛을 펼쳤다. 넓게 펼쳐진 돛이 바람을 맞아 앞으로 한껏 부풀어 올랐다. 그렇게 그들은 청명한 하늘 아래 상당히 앞으로 나아가 칼리코로스 강어귀를 지나게 되었다.

그 강은 전해 내려오는 바에 따르면 제우스의 니사의 아들 디오니소스가 인도의 부족을 떠나 테베에 정착하기 전 비밀제사를 드리고 그 앞에서 윤무를 추었던 동굴이 있는 곳이다. 그는 그 동굴 안에서 엄숙하고 성스러운 밤을 보냈다. 그래서 주변에 살고 있는 사람들은 그 강을 칼리코로스(아름다운 윤무), 그 동굴을 아울리온(숙소)이라고 부른다.

그들은 그곳에서 또 악토르의 아들 스테넬로스의 무덤도 보았다. 그는 헤라클레스와 함께 아마존과의 치열한 전투를 마치고 집으로 돌아가는 길에 이곳에서 화살을 맞고 바닷가에서 죽었다. 영웅들은 그곳에서 더 이상 항해를 계속하지 못했다. 페르세포네가 눈물을 뚝뚝 흘리는 악토르의 아들의 혼령을 그들에게 보냈기 때문이다.

혼령은 동질감을 느낀 영웅들에게 잠깐 동안이라도 좋으니 만나달라고 간청했다. 자신의 봉분 위에 올라선 혼령은 배를 내려다보고 있었다. 그는 출정할 때와 똑같은 모습이었다. 붉은 깃 장식을 하고 양각무늬가 새겨진 아름다운 그의 투구가 번쩍거렸다. 그러나 그는 곧 암흑 속으로 사라졌다. 그들은 놀라 그 모습을 바라보았다.

무덤에서 나오는 스테넬로스의 혼령

암피코스의 아들 몹소스가 신탁을 받고, 영웅들을 향해 그곳에 상륙하여 제주를 드리고 혼령을 달래주자고 말했다. 그들은 재빨리 돛을 걷고, 닻줄을 해안가에 던져 맸다. 그리고 그의 무덤을 찾아 제주를 바치고, 양으로 성스러운 제물을 바쳤다. 그들은 또한 그곳에 배의 수호자인 아폴론 신을 위해 제단을 하나 쌓고 그 위에서 넓적다리뼈를 태웠다. 그러자 오르페우스가 그 위에 리라를 바쳤다. 그래서 그곳은 지금도 리라라고 불린다.

세 영웅들이 아르고호에 승선하다

잠시 후 바람이 강하게 불었다. 그래서 그들은 배에 올라 돛을 아래로 내려서 양쪽 범각삭까지 팽팽하게 펼쳤다. 그러자 배는 재빠르게 앞으로 나아갔다. 배는 마치 매가 날개를 활짝 펴고 바람을 타고 잽싸게 공중을 나는 것 같았다. 그때 매는 날개를 퍼덕이지 않는 법이다. 균형을 잡고 조용히 미끄러지듯 날아갈 뿐이다. 그렇게 한참을 간 그들은 바다 쪽으로 강물을 쏟아내는 파르테니오스 강줄기를 지나게 되었다. 그 강은 가장 부드러운 강으로 레토의 딸이 사냥을 마치고 하늘로 올라가는 길에 사랑

시노페

스러운 그 강물에 몸을 식히기도 했다.

그들은 그 뒤 밤에도 계속 그런 속도로 앞으로 나아가다가 세사모스, 가파르게 솟아 있는 에리티노이, 크로비알로스, 크롬나, 숲으로 우거진 키토로스[31]를 지나게 되었다. 해가 뜰 무렵엔 카람비스 곶을 꺾어 지나갔다. 그들은 밤낮 가리지 않고 노를 저어 넓은 아이기알로스 해변을 지나갔다.

그 후 영웅들은 아시리아 해안에 상륙했다. 그곳은 제우스가 자기 자신의 꾀에 속아 아소포스의 딸 시노페를 살게 하고 그녀에게 처녀성까지 주었던 곳이었다. 그녀의 사랑을 갈망하던 제우스는 그녀가 바라면 무엇이든지 선물로 주겠다고 약속했다. 그녀는 꾀를 내어 영원한 처녀성을 달라고 청했다. 그녀는 똑같은 방식으로 자신과 잠자리를 간절히 원했던 포이보스도 속일 수 있었다. 강의 신 할리스도 마찬가지였다. 따라서 어떤 남자도 그녀를 달콤하게 가슴에 안아보지 못했다.

그 당시 그곳에는 트리케 출신의 고상한 데이마코스의 세 아들 데일레온, 아우톨리코스, 필로기오스가 헤라클레스와 헤어진 후에도 계속해서 살고 있었다. 그들은 영웅의 무리가 상륙하는 것을 보고 냅다 달려가서 자신들이 누구인지를 소상히 밝혔다. 그들은 그곳에 더 이상 있고 싶지 않았다. 서풍이 불자 그들은 곧바로 영웅들의 배에 올라탔다.

여인왕국 아마조네스 족

빠른 순풍을 타고 그들은 할리스 강, 그 강과 인접해 흐르고 있는 이리스 강, 그리고 아시리아의 모래톱을 지나쳤다. 같은 날 그들은 항구 하나를 감

---

[31] 칼리코로스부터 키토로스까지는 피네우스가 영웅들에게 언급하지 않은 곳이다.

싸고 있는 아마조네스 곶을 멀리서 꺾어 지나갔다. 그곳은 영웅 헤라클레스가 매복해 있다가 아레스의 딸 멜라니페가 지나갈 때 그녀를 납치했던 곳이다. 자매 히폴리테는 그녀의 몸값으로 화려한 허리띠를 헤라클레스에게 내주었다. 그러자 헤라클레스는 그녀를 손 하나 건드리지 않고 보내주었다.

그들은 이 곳의 옆에 있는 만으로 흐르는 테르메돈 강어귀에 상륙했다. 바다가 그들의 항해에 반대하며 사납게 끓어올랐다. 테르메돈 강과 비교할 수 있는 강은 하나도 없다. 어떤 강도 그렇게 많은 지류로 갈라지며 그렇게 많은 물을 대지로 흘려보내는 강은 없기 때문이다. 그 지류를 손가락으로 세어보면 100에서 4가 모자랐다. 그러나 진짜 본류는 하나밖에 없었다.

이 본류는 사람들이 아마조네스라고 칭송하는 높은 산에서 평야로 흘러내린다. 그 위에서 테르메돈 강은 가파르게 솟은 대지로 흘러 들어가며 넓어진다. 지류들은 꾸불꾸불하다. 지형이 낮아지는 곳이면 어디든지, 어떤 것은 이리로, 다른 것은 저리로 흘러가면서 꾸불꾸불 나 있다.

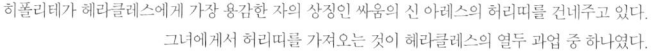

히폴리테가 헤라클레스에게 가장 용감한 자의 상징인 싸움의 신 아레스의 허리띠를 건네주고 있다. 그녀에게서 허리띠를 가져오는 것이 헤라클레스의 열두 과업 중 하나였다.

전투를 벌이는 아마조네스

어떤 것은 멀게, 또 다른 것은 가깝게 뻗어 있다. 많은 지류가 어디로 물을 쏟아내는지 모른다. 하지만 테르메돈 강은 분명 지류들 사이를 헤치고 와서 굴곡이 심한 곳 아래에서 악세이노스 해로 흐르고 있다.

그들이 조금만 더 지체했더라면 아마조네스 족과 전투를 벌여 피를 흘리며 싸웠을 것이다. 거기 도이아스 평야에 거주하고 있는 아마조네스는 불친절하고 법을 몰랐으며, 거친 폭력과 아레스의 일 이외에는 관심이 없었다. 그들은 아레스와 요정 하르모니아의 피를 받고 태어났기 때문이다. 이 요정은 아크몬 숲의 동굴에서 아레스와 잠자리를 같이한 후 호전적인 딸들을 낳았다.

제우스가 영웅들에게 강한 서풍을 보내주어, 그들이 그 바람을 맞고 굽은 그 곳을 떠나지 않았더라면 일이 벌어졌을 것이다. 테미스키라의 아마조네스가 전쟁을 하기 위해 이미 무장을 하고 있었기 때문이다. 이들은 한 도시에 모여 살지 않고 종족에 따라 셋으로 흩어져 살고 있었다. 그 당시 히폴리테가 다스리고 있던 테미스키라의 아마조네스는 그곳에 살고 있었고, 다른 곳에는 리카스티아의 아마조네스, 또 다른 곳에는 창던지기의 명수 카디시아의 아마조네스가 각각 살고 있었다.

영웅들은 다음날과 밤을 꼬박 달려 칼리베스인이 사는 해안을 지나가게 되었다. 그들은 소로 쟁기를 갈지도 달콤한 과일나무를 심지도 않았다. 이슬 맺힌 풀밭에서 양을 치지도 않았다. 다만 척박한 땅을 파서 철광석을 찾아 그것으로 근근이 생계를 이어가고 있었다. 그들은 고단하지 않은 채 새벽을 맞이한 적은 한 번도 없었고 시커먼 화염과 검은 연기에 그을리며 힘든 일을 견뎌냈다.

부끄러움을 모르는 모시노이코이 족

이들을 지나친 후 영웅들은 제우스에게 바쳐진 게네타이오스 곶을 꺾어 돌아 티바레이노이 땅을 따라 서둘러 지나갔다. 그곳에서는 아내가 남편에게 아이를 낳아줄 때면, 남편이 머리를 꼭 싸맨 채 침대에 누워 신음소리를 낸다. 그러면 부인은 남편에게 좋은 음식을 만들어 주고 산후 조리용 목욕물을 데워 온다.

이곳을 떠나 그들은 성스러운 산을 거쳐 모시노이코이 족이 산에서 모시네스라는 목재 탑을 짓고 사는 나라를 지났다. 그 부족의 이름도 그 목재 탑에서 나온 것이다. 그들은 우리와 다른 관습과 법률을 갖고 있다. 일반적으로 우리가 공동체든 시장이든 공개적으로 하는 것이 당연한 일을 그들은 집에서 한다. 또 우리가 집에서 하는 것을 이 사람들은 집밖 대로 한가운데서 스스럼없이 행한다.

사람들 중 누구도 여자와의 잠자리를 부끄럽게 느끼는 사람은 없다. 그들은 서로 사랑만 한다면 구경꾼들을 전혀 아랑곳하지 않고 돼지떼처럼 여자와 땅바닥에서라도 사랑을 나눈다. 그러나 가장 높은 탑에 살고 있는 왕은 백성들에게 정의를 설파한다. 그는 불행한 사람이다! 그가 한 번이라도 실수해서 법률을 위반하게 되면 사람들은 먹을 것도 주지 않고 바로 그날로 그를 유폐시켜버리기 때문이다.

영웅들이 아레스의 새들을 멀리 쫓고 섬에 상륙하다

영웅들은 이 사람들을 지나 그 나라 맞은편에 있는 아레티아스 섬(아레스의 섬)에 가까이 다가갈 때까지는 하루 종일 노를 저어야 했다. 동이 트자 순풍이 잦아들었기 때문이다. 그들은 벌써 섬에 살고 있는 아레스의 새 한 마리가 공중을 가르며 돌진해 내려오는 것을 보았다. 그 새는 달리는 배를 따라와서는 배 위에서 날개를 퍼덕이며 뾰족한 깃털 하나를 떨어뜨렸다. 이 깃털은 고상한 오일레우스의 왼쪽 어깨 위에 떨어졌다. 그는 이 깃털을 맞고 손에서 노를 놓쳤다. 이 깃털 공격에 다른 사람들도 놀랐다. 그의 옆에 앉아 있던 에리보테스가 재빨리 그 깃털을 뽑고, 칼집에 달려 있는 끈을 풀어서 상처에 붕대를 감아주었다.

뒤이어 새 한 마리가 또 날아왔다. 하지만 에우리토스의 아들이자 영웅 클리티오스가 단숨에 활로 쏘아 떨어뜨렸다. 그는 미리 활시위를 당기고 있다가 새를 겨냥해 잽싸게 화살을 날렸던 것이다. 곤두박질치면서 새는 배 근처로 떨어졌다. 그러자 알레오스의 아들 암피다마스가 동료들에게 말했다.

"아레티아스 섬에 가까워졌습니다. 이 새를 보고 여러분은 그런 사실을 짐작하실 것입니다. 그러나 우리가 상륙하기 위해선 화살만으로는 충분하지 않습니다. 여러분이 정말 이곳에 상륙하려 한다면, 그리고 피네우스가 우리에게 당부한 것을 상기하신다면, 다른 계획을 강구해야 할 것입니다. 헤라클레스도 아르카디아로 왔을 때 스팀팔로스 호수 위를 날아다니고 있는 새떼를 활과 화살로만 쫓을 수가 없었습니다. 저는 그걸 직접 보았습니다.[32] 그는 손에 청동으로 만든 딸랑이를 하나 들고서 높은 산에서 그것을 흔들었습니다. 그러자 끔찍한 공포에 사로잡힌 새들이 날카롭게 울어대며 그곳에서 도망쳤습니다. 우리도 이제 그런 것을 생각해 내도록 합시다! 그러나 일찍부터 그걸 깊이 생각해온 제가, 우선 계획을

스팀팔로스 호수의 새를 활로 쏘아 죽이는 헤라클레스

하나 말씀드리겠습니다. 먼저 머리에 깃털 장식을 한 투구를 쓰고 반씩 번갈아가면서 노를 저으십시오. 나머지 반은 반질반질한 창과 방패로 배를 덮으십시오! 그와 동시에 엄청난 함성을 지르십시오. 그러면 새들은 전에 들어본 적이 없는 함성, 투구에서 건들거리는 깃털, 그 위로 솟은 창 때문에 놀라 도망칠 것입니다! 그리고 섬에 상륙하면 함성과 함께 방패를 서로 두드려 엄청난 소동을 일으키십시오!"

그의 그럴듯한 제안이 모두의 마음에 들었다. 그들은 눈에 띄게 번쩍이는 청동투구를 머리에 썼다. 투구 위로는 진홍색 깃털 장식이 살랑거렸

32 헤라클레스가 아르카디아의 스팀팔로스 호숫가에서 새들을 죽이는 것은 그의 열두 가지 과업 중 하나였다. 숲으로 우거진 호숫가 어디에 새들이 있는지 몰랐다. 헤라클레스는 아테나 여신에게서 청동딸랑이를 하나 받는다. 청동딸랑이는 새 몰이용으로 헤파이스토스가 여신에게 만들어 주었던 것이다. 헤라클레스는 청동딸랑이를 흔들어 날아오른 새들을 화살로 쏘아 죽일 수 있었다. 이때 살아남은 새가 바로 아레스의 섬으로 날아갔다고 한다. 암피다마스는 아르카디아의 테게아 출신이기 때문에 헤라클레스가 호수의 새를 쫓는 장면을 직접 보았을 것이다.

다. 그런 다음 번갈아가면서 일부는 노를 젓고, 일부는 창과 방패로 배를 덮었다. 누군가가 장식용으로 그리고 비를 막기 위해 기와로 지붕을 이으면, 기와가 서로 이어지며 단단하게 결합한다. 마치 그런 것처럼 그들은 서로 방패를 연결하여 배를 빈틈없이 덮었다. 군인들이 접전을 벌일 때, 전진하는 대열에서 나는 것과 같은 고함 소리가 배에서 들려왔다. 그 소리는 배 위 공중을 가득 메웠다.

아직은 새가 한 마리도 보이지 않았다. 그러나 그들이 섬에 가까워져서 방패를 서로 부딪쳐 큰 소동을 일으키자 수만 마리의 새떼가 갑자기 하늘로 날아오르더니 뿔뿔이 흩어져 도망쳤다. 크로노스의 아들이 구름 위에 앉아 도시와 농촌에 우박을 흠뻑 내릴 때, 집안에 거주하는 사람들은 지붕 위로 우박이 툭툭 떨어져도 아무 걱정 없이 앉아서 그 소리를 듣고만 있다. 그는 겨울을 갑자기 맞이하는 것이 아니기 때문이다. 전에 벌써 지붕의 목재를 보강했던 것이다. 마치 그때 떨어지는 우박처럼 새들은 깃털을 잔뜩 떨어뜨리며 바다 건너 맞은편 산으로 몰려갔다.

그리스로 항해하다
섬에 좌초된 프릭소스의 아들들을 만나다

피네우스가 영웅들에게 이곳에 상륙하라고 한 것은 무슨 생각에서였을까? 그리고 그곳에 도착한 그들에게 바라는 바대로 어떤 도움의 손길이 기다리고 있을까?

바로 그 시간 프릭소스의 아들들이 키타인 아이에테스의 나라 아이아로부터 오르코메노스로 가면서 그 섬으로 오고 있었다. 콜키스의 배를 타고, 아버지의 엄청난 재산을 가져가기 위해서였다. 아버지가 임종하면서 그렇게 하도록 시켰기 때문이다.

그들이 섬에 아주 가까이 다가오는 순간 제우스가 갑자기 북풍을 휘저어 놓았다. 북풍은 빗물을 뿌려 아르크투로스 별[33]의 궤도를 축축하게 만들었다. 낮이 되자 북풍은 약하게 불었다. 산속 나무의 우듬지의 나뭇잎만을 살랑거리게 했을 뿐이다. 하지만 밤이 되자 북풍은 폭풍우로 변하더니 너울을 일으켰다. 하늘이 검게 변했다. 전에 구름 속에서 반짝이던 별들도 이제 전혀 보이지 않았다. 사방이 칠흑 같은 어둠에 휩싸였다.

프릭소스의 아들들은 흠뻑 젖고, 끔찍한 재난에 몸을 떨며 파도에 아무렇게나 휩쓸려 가고 있었다. 급기야 바람은 돛을 내리쳐 찢어버리고 파도에 풍전등화처럼 흔들리던 배도 두 동강 내버렸다. 그러나 신의 뜻에 따라 네 명의 프릭소스의 아들들은 아주 큰 각목 하나를 간신히 붙잡았다. 원래 뾰족한 나무못으로 단단하게 연결되어 있다가, 배가 부서질 때 산산조각 났던 많은 배 파편들 중 하나였다. 바람과 파도가 그들을 섬의 해안 쪽으로 점점 가까이 밀고 갔다. 그들은 죽음 직전에서 벗어났지만 지칠 대로 지쳐 있었다.

엄청난 폭우가 내렸다. 바다, 섬, 거친 모시노이코이 족이 흩어져 사는 대륙에도 비가 내렸다. 큰 파도가 프릭소스의 아들들이 의지하고 있는 각목을 섬의 바닷가로 훌쩍 밀어 올렸다. 끔찍한 밤이었다. 그러나 동이 트자 제우스가 보낸 엄청난 비도 그쳤다. 그리고 그들은 곧 이아손 일행과 만나게 되었다. 아르고스[34]가 맨 먼저 입을 뗐다.

"여러분이 누구신지 몰라도 모든 것을 굽어보시는 제우스 신의 이름으로 간청합니다. 우리에게 자비를 베풀어주십시오. 난파당한 우리를 도와주십시오. 거친 폭풍우가 불어닥쳐 우리가 타고 가던 배를 산산조각으로

---

[33] 큰곰자리 꼬리 부분에 있는 목동자리의 으뜸 별로 '곰의 감시인'이라고 불린다. 이 별이 큰곰자리의 주변을 도는 것처럼 보이기 때문이다. 우리나라에서는 시리우스 다음으로 가장 밝게 빛난다. 이 책에서처럼 가을에 이 별이 일찍 뜨면 격렬한 폭풍우가 불 징조다.
[34] 아르고호를 만든 아르고스가 아니라 그와 동명이인이자 처음으로 등장하는 프릭소스의 아들 아르고스다. 이 책에서는 네 형제를 대표해서 연장자인 아르고스만 말을 한다.

만들어 버렸습니다. 낡은 배지만 우리는 어쩔 수 없이 그걸 타고 파도를 헤쳐 올 수밖에 없었습니다. 여러분께 무릎을 꿇고 간청합니다. 우리 몸에 걸칠 것을 주시고 우리를 받아주십시오. 불행에 처한 동년배들[35]에게 온정을 베풀어주십시오. 자, 이방인과 보호를 구하는 자들의 수호신이신 제우스의 이름으로, 보호를 구하는 이방인들의 부탁을 들어주십시오. 이방인과 보호를 구하는 자들을 보호하는 것은 제우스 신의 일이기 때문입니다. 제우스 신은 지금도 우리를 굽어보고 계실 것입니다."

그러자 아이손의 아들이 곰곰이 생각하더니 피네우스의 신탁이 실현되었다고 믿고 그에게 다음과 같이 물었다.

"모든 것을 지금 당장 기꺼이 당신들에게 제공하겠습니다. 하지만 그러기 전에 우선 당신들이 도대체 어디에 살고 있으며, 무슨 일로 바다를 항해하고 있는지, 그리고 당신의 명예로운 이름과 가문에 대해 우리에게 솔직히 말해주십시오!"

그러자 불행을 당해 의지가지없는 아르고스가 입을 열었다.

"여러분은 분명 옛날에 아이올로스의 손자인 프릭소스라는 분이 그리스에서 아이아로 갔다는 얘기를 들었을 것입니다. 이 프릭소스는 헤르메스가 그 양피를 금으로 만들어준 양의 등에 타고 아이에테스의 왕궁에 도착했습니다. 그 황금양피를 여러분들은 지금도 보실 수가 있을 것입니다. 거대한 참나무 가지에 걸려 있지요. 프릭소스는 그 양이 시키는 대로 양을 도망자의 신인 크로노스의 아들 제우스에게 제물로 바쳤습니다.[36] 그러자 아이에테스는 그를 자신의 왕궁에 기꺼이 받아주고, 진심으로 기뻐하며 신랑이 마땅히 내야 할 지참금도 받지 않고 자신의 딸 칼키오페를 아내로 주었습니다. 그분들이 바로 우리의 부모님이십니다. 그 후 아버지 프릭소스는 나이 들어 아이에테스의 궁전에서 돌아가셨습니다. 그리고 우리는 그분의 유지를 받들어 아타마스의 보물을 가지러 오르코메노스로 급히 가는 중입니다. 당신이 우리의 이름도 알고 싶으시다면, 이 애는 키티소로스, 저쪽에 있는 애는 프론티스, 저 애는 멜라스입니다. 그리고 저는 아르고스라고 합니다."

그가 이렇게 이야기하자 영웅들은 아주 놀라면서도 그들을 만난 것을 기뻐하며 기꺼이 도와주려 했다. 하지만 당연한 반응이었지만 이아손은 다음과 같이 말했다.

"정말 그렇다면 당신들은 아버지 쪽으로 나와 친척입니다. 따라서 우리는 불행에서 구해달라는 여러분의 부탁을 기꺼이 받아

아레스

들이겠습니다. 크레테우스와 아타마스는 형제이기 때문입니다.37 그러니까 저는 크레테우스의 손자로서 우리 동료들과 그리스로부터 아이에테스의 도시로 가고 있는 중입니다. 하지만 이런 얘기는 우리 나중에 합시다! 우선 옷을 입으십시오! 여러분들이 이렇게 힘든 상황에서 우리에게 오시게 된 것도 신의 뜻이라고 생각합니다."

그는 이렇게 이야기하며 배에서 옷을 가져다 그들에게 주었다. 그런 다음 그들은 서둘러 아레스의 신전으로 갔다. 양을 제물로 바치기 위해서였다.38 그들은 잔돌을 이용해 세운 지붕이 없는 제단 주위에 죽 늘어섰다.

신전 안에는 검은 돌이 하나 단단하게 고정되어 있었다. 아마조네스가

---

35 영웅들은 모두 한창때의 젊은이들이다. 형제들 중 아르고스의 나이는 18~19세, 막내 동생 프론티스는 14~15세쯤으로 추정된다.
36 황금양은 인간처럼 말을 할 수 있었기 때문에 프릭소스에게 자신을 죽여 제우스 신께 제물로 바치라고 명령했다. 프릭소스가 망설이자 헤르메스 신이 그에게 그렇게 하라고 충고했다. 동물이 자신을 죽여 제물로 바치라고 하는 것은 신화에 자주 나오는 모티프다.
37 이아손의 아버지 아이손은 크레테우스의 아들이다. 프릭소스는 크레테우스 형제인 아타마스의 아들이기 때문에 이아손의 숙부다. 따라서 프릭소스는 상당히 고령으로 죽었다는 사실을 알 수 있고, 이아손과 아르고스의 나이는 거의 같았을 것이다.
38 아레스 섬에서 아레스 신의 새를 쫓았기 때문에 제물로 그를 달래야 했다.

그 앞에서 한때 기도를 올리던 성스러운 돌이었다. 아마조네스가 육지에서 이쪽으로 건너오면 항상 양이나 소만 이 제단 위에 태워 제물로 바친 것은 아니었다. 하지만 그들은 자신들이 일 년 이상 키우던 말을 잡기도 했다. 영웅들이 제물을 바친 후 식사를 마치자 아이손의 아들이 말했다.

"제우스 신은 정말 모든 것을 굽어보고 계실 것입니다. 우리 인간은 경건하든 부정한 사람이든 아무도 그의 보살핌으로부터 벗어나지 못합니다. 그래서 제우스 신은 당신들의 아버지가 계모에 의해 살해될 위험에 빠졌을 때도 그를 구해 먼 곳으로 데려가 엄청난 부를 주셨습니다. 그와 마찬가지로 제우스 신은 당신들도 끔찍한 폭풍으로부터 상처 하나 입히지 않고 구해주셨습니다. 여러분은 우리 배를 타고 아이아든, 신성한 오르코메노스[39]가 살던 부유한 도시든 어디든 마음 내키는 대로 갈 수 있습니다.

이 배는 아테나 여신의 정교한 솜씨로 건조되었습니다. 펠리온 산 정상에서 여신이 청동도끼로 목재를 베고, 그녀의 도움으로 아르고스가 완성했지요. 하지만 당신들의 배는 험악한 파도가 부숴버렸습니다. 좁은 흑해의 길목에서 하루 종일 서로 부딪치는 감청색 바위에 가까이 가기도 전에 말입니다. 자, 그러니 당신들이 우리 항해의 안내자와 조력자가 되어주십시오. 우리는 황금양피를 그리스로 도로 가져가려고 합니다. 우리가 프릭소스가 바친 제물을 찾기 위해 모험을 감행하는 것은 아이올로스 자손들에게 품고 있는 제우스의 화[40]를 풀어주기 위해서입니다!"

그는 이렇게 말하며 그들을 설득했다. 그러나 그들은 그의 말을 듣고 경악했다. 만약 그들이 황금양피를 가져가겠다고 하면 아이에테스가 가만히 있지 않을 것이 뻔하기 때문이었다. 아르고스는 그런 모험에 동참하는 것이 내심 두려우면서도 다음과 같이 말했다.

"오, 친구들이여, 우리는 힘닿는 데까지 당신들을 도울 것입니다. 도움이 필요하다면 틀림없이 돕겠습니다. 그러나 아이에테스의 성격은 잔인하고, 거칠고, 파괴적입니다. 그래서 저는 배를 타고 그곳으로 가는 것이

황금양피를 지키는 용. 이아손이 오르페우스를 대동하고 황금양피를 참나무 가지에서 훔쳐가고 있다.

무척 두렵습니다. 그는 자신이 헬리오스의 자손임을 자랑스러워하고, 주변에는 콜키스인들이 아주 많이 살고 있습니다. 더군다나 그가 내지르는 함성과 힘은 아레스 신과 비견될 정도입니다. 아이에테스 몰래 황금양피를 가져오는 것도 정말 쉽지 않을 듯합니다. 황금양피 옆에서 죽지도 않고 자지도 않는 용 한 마리가 그것을 지키고 있기 때문입니다. 그 용은 가이아가 카우카소스 산의 티파온의 바위 옆에서 낳았다고 합니다. 사람들의 이야기에 의하면 티파온이 크로노스의 아들 제우스의 번개를 맞고, 머리에서 뜨거운 피를 뚝뚝 흘리며 육중한 손을 그 바위에 올려놓은 적

39 오르코메노스는 도시 이름이기도 하지만 그 도시를 세운 사람이기도 하다. 그는 다나오스의 딸 이소노에와 제우스의 아들이었다.
40 프릭소스가 죽자 아이에테스 왕은 콜키스의 매장 관례에 맞게 그를 황금양피로 감싸서 나무에 매달아두었다. 제우스는 이것을 보고 모든 아이올로스 자손들에게 분노를 품었다. 그리스의 매장 방식에 어긋났기 때문이다. 살이 다 썩고 뼈만 남자 아이에테스는 다른 가죽으로 프릭소스의 뼈를 감싸 나무에 걸고 황금양피는 참나무에 걸어두었다..

이 있다고 합니다.41 그 후 부상당한 티파온은 니사의 평야와 산악지대를 헤매다가, 지금은 세르보니스 호수 아래에 누워 있다는 것입니다."

그가 이렇게 말하자, 앞으로 헤치고 나가야 할 난관을 생각하며 많은 영웅들의 얼굴이 창백해졌다. 하지만 그 말을 듣고 재빨리 펠레우스가 나서서 용감하게 대답했다.

"그런 식으로 우리에게 공포를 불러일으키지 마십시오. 우리도 힘이 그렇게 모자라지 않습니다. 우리의 의지 또한 아이에테스에게 무기를 들고 대적하지 못할 만큼 약하지 않습니다. 그와 전투를 하러 가는 우리도 병법에 일가견이 있습니다. 우리는 신들의 피를 이어받고 태어났기 때문입니다. 따라서 만약 그가 황금양피를 평화적으로 우리에게 내어주지 않으면, 콜키스 백성들도 결코 그의 편만을 들지는 않을 것입니다."

아르고호가 드디어 아이에테스의 왕국 콜키스에 도착하다

영웅은 처음으로 저녁 식사를 배부르게 먹고 잠자리에 누울 때까지 서로 번갈아가면서 이렇게 이야기했다. 그들이 새벽에 일어났을 때, 기분 좋은 순풍이 불었다. 그들이 돛을 올리자, 돛은 바람을 맞아 한껏 부풀어 올랐다. 그들은 재빨리 아레스의 섬을 떠났다.

밤이 되어 그들은 필리라 섬을 지나쳤다. 이곳은 우라노스의 아들 크로노스가 아직 올림포스의 티탄 족들을 다스리고, 제우스는 크레테 섬의 이다 산 옆 동굴에서 쿠레테스에 의해 자라고 있을 때, 레아를 속이고 크로노스가 필리라와 동침했던 곳이다. 레아 여신은 동침하고 있는 그들을 급습했다. 그러자 크로노스는 긴 갈기를 한 말의 모습으로 그곳에서 튀어나갔다. 오케아노스의 딸 필리라는 수치심에 사로잡혀 정든 그곳을 떠나 험악한 펠라스고이인들의 산으로 들어갔다. 그곳에서 그녀는 반은 말, 나머지 반은 신을 닮은 거대한 케이론을 낳았다. 사랑을 나누던 상대 크로노스가 갑자기 말로 변신했기 때문이다.

거기서부터 그들은 마크로네스인과 베케이레스인들이 사는 끝없이 펼쳐진 해안을 거쳐 오만한 사페이레스인들을 지나쳤다. 이들 다음으로는 비제레스인들을 지나쳤다. 그들은 그렇게 빠르게 앞으로 나아갔다. 기분 좋은 순풍이 불었기 때문이다.

항해한 지 얼마 되지 않아 벌써 흑해의 가장 후미진 곳이 그들의 시야에 들어왔다. 그 뒤로 카우카소스 산맥의 가파른 정상이 솟아올랐다. 그 산은 프로메테우스가 절대로 끊어지지 않는 쇠사슬로 단단한 바위에 묶인 채, 독수리에게 계속 쑥쑥 돋아나는 간을 쪼아 먹힌 곳이다.42

그들은 이 독수리가 밤사이 구름을 가르며 배 위를 날아가는 것을 보았다. 이 독수리가 날개를 퍼덕이며 지나가자 돛이 심하게 흔들렸다. 독수리는 하늘을 나는 새의 모습이 아니었다. 독수리의 빠른 날개는 마치 윤기 나는 노 같았다.

그 후 얼마 지나지 않아 간을 쪼아 먹히는 프로메테우스가 지르는 단말마의 비명소리가 들려왔다. 그의 비명소리는, 간을 파먹던 거친 독수리가 다시 산을 출발하여 똑같은 길로 되돌아가는 것이 감지될 때까지 대기에 가득 울려 퍼졌다.

41 그리스 신화에서는 피가 대지(가이아)에 떨어지면 무엇인가가 생겨난다. 우라노스의 피가 땅에 떨어져서 에리니에스가 태어났고, 메두사의 머리가 땅에 떨어져서 천마인 페가소스가 생겨났다. 여기서는 티파온의 피가 대지에 떨어져서 황금양피를 지키는 용이 태어났다는 뜻이다.
42 티탄 족인 프로메테우스는 인간에게 제우스의 불을 훔쳐다 주었다. 그 벌로 프로메테우스는 카우카소스 산 암벽에 쇠사슬로 묶인 채 제우스가 보낸 독수리에게 날마다 간을 쪼아 먹힌다. 낮에 파 먹힌 프로메테우스의 간은 밤에 다시 돋아났다. 프로메테우스는 천 년 동안 그런 고통을 당했다. 프로메테우스의 형벌은 이 책에 나오는 예언가 피네우스의 고통과, 특히 레토를 능욕하려다가 지하세계에서 독수리에 의해 똑같이 간을 파먹히는 거인 티티오스를 연상시킨다. 이아손은 불을 뿜는 황소와 싸우기 전 메데이아가 시킨 대로 몸에 약을 바른다. 그 약은 바로 프로메테우스가 흘린 피에서 자란 약초의 뿌리에서 얻은 것이다. 따라서 아폴로니오스가 프로메테우스의 이야기를 삽입한 것은 앞으로의 이야기를 원만하게 끌어가기 위한 고도의 기술이다.

밤이 되자 아르고스의 경험 덕택으로 그들은 넓게 흐르는 파시스 강과 흑해의 가장 바깥 경계선을 지나가게 되었다. 그들은 즉시 돛과 활대를 끌어내려 비어 있는 함에 집어넣고, 돛대도 옆으로 밀어 뉘었다. 그리고 재빨리 노를 저어 거대한 강줄기 속으로 들어갔다. 그 강은 사위에서 찰싹거리며 그들에게 길을 터주었다.

그들의 왼쪽에선 가파르게 솟은 카우카소스 산과 키타인의 도시인 아이아가, 다른 쪽에선 아레스의 평원, 그 옆에선 아레스의 숲이 보였다. 그 숲에는 용 한 마리가 눈을 번뜩이며 참나무 잎사귀가

독수리에게 간을 쪼아 먹히는 프로메테우스

우거진 가지에 걸려 있는 황금양피를 지키고 있었다. 아이손의 아들은 황금잔으로 꿀처럼 떨어지는 포도주 원액을 가이아, 토착 신, 죽은 영웅들에게 바치는 제주로 강물에 떨어뜨렸다. 그리고 무릎을 꿇고 자신에게 고난이 아닌 도움을 주고, 닻줄을 친절하게 받아주기를 간청했다. 그러자 앙카이오스가 곧바로 다음과 같이 말했다.

"우리는 콜키스와 파시스 강에 도착했습니다. 이제 우리 모두 함께 곰곰이 생각해야 할 때가 왔습니다. 우리는 아이에테스를 친절하게 달래야 할까요, 아니면 달리 대해야 할까요?"

앙카이오스가 말을 마치자 이아손은 아르고스의 충고대로 배를 갈대가 우거지고 수심이 얕은 만으로 몰고 들어가서, 수면에 띄운 채 닻에 매어 놓으라고 명령했다. 그런 곳은 그리 멀지 않은 곳에 있었다. 그들은 그곳에서 밤을 보냈다. 그 후 오래지 않아 그들이 기다리던 새벽이 찾아왔다.

3

메데이아와 이아손

불쌍한 내 신세여! 그가 죽어도 나는 고통에서 벗어날 수 없으리. 그 사람이 죽는다면 그것은 나에게 가장 큰 고통이 될 테니까. 아, 수치심도 명예도 다 저리 비켜라! 그 사람은 나의 도움을 받아 손가락 하나 다치지 않고 자신이 그리던 곳으로 돌아가야 해. 그러나 그가 그 과업을 이룬 바로 그날 나는 죽을 것이다. 천장 서까래에 목을 매고 죽든지 아니면 독약을 마시고 삶을 끝내든지 해야지.

이아손이 약을 뿌려 용을 잠재우고 있다. 이 책에서는 이아손이 아니라 메데이아가 용을 잠재운다.

3권

헤라와 아테나가 이아손과 영웅들을 도울 방안을 의논하다[1]

자, 에라토 여신[2]이여, 가까이 오셔서 어떻게 이아손이 메데이아의 사랑을 얻어 콜키스에서 이올코스로 황금양피를 가져가는지 저에게 말씀해주십시오! 당신도 키프리스가 하는 일에 참여하여 난공불락의 처녀들을 열정으로 휩싸이게 했지요. 그래서 당신에게는 그런 사랑스러운 이름이 붙어 있는 것입니다.

에라토 여신

영웅들은 빽빽한 갈대숲에 잠복해 눈에 띄지 않도록 주의했다. 그러나 헤라와 아테나는 그들을 찾아냈다. 그들은 제우스와 다른 신들로부터 멀리 떨어진 헤라의 침실로 가서 상의를 하고 있었다. 먼저 헤라가 아테나를 떠보았다.

"제우스의 딸이여, 당신이 먼저 의견을 말해보시지요! 이제 우리가 무엇을 해야 하지요? 어떻게

---

[1] 헤라와 아테나의 대화는 『일리아스』에서 헤라와 아프로디테가 나누는 대화가 모델이다. 그곳에서 헤라는 제우스를 자기의 품속에서 잠들게 하여 전세를 그리스에 유리하게 만들기 위해 아프로디테를 불러 도움을 청한다. 그러자 아프로디테는 헤라에게 누구든 홀릴 수 있는 마법의 띠를 가슴에서 풀어 건네준다.

[2] 9명의 무사이 중 서정시와 연애시를 담당하는 신. '사랑스러운 여인'이라는 뜻으로 남녀간의 사랑에 관여하기도 한다.

해야 그들이 아이에테스의 황금양피를 가지고 그리스로 돌아갈 수 있을까요? 좋은 방도가 있습니까? 좋은 말로 부탁해서는 아이에테스를 설득할 수 없을 것입니다. 물론 그가 아주 오만불손한 사람이긴 해도, 시도는 한번쯤 해보는 것도 좋겠지요."

그녀가 이렇게 이야기하자 아테나가 즉시 대답했다.

"헤라 여신, 당신은 저에게 단도직입적으로 물어보시는군요. 저도 속으로 그 일을 내내 생각하고 있었습니다. 그러나 저는 아직 영웅들의 용기를 북돋워줄 뽀족한 방도를 찾아내지 못했습니다. 여러 가지 방도를 생각해 보았습니다만, 어떻게 해야 할지 정하지는 못했습니다."

그 후 둘은 시선을 바닥에 고정하고 각자 따로 방도를 궁리했다. 곧 헤라가 먼저 조심스럽게 제안했다.

"자, 우리 지금 키프리스에게로 갑시다! 그녀를 만나 아들 에로스에게, 그가 어머니의 말을 잘 듣는다면, 약초를 잘 다룰 줄 아는 아이에테스의 딸에게 화살을 쏘아 이아손과 사랑에 빠지게 해달라고 부탁합시다. 그러면 그는 메데이아의 도움으로 황금양피를 그리스로 가져갈 수 있을 것입니다."

제우스의 머리에서 태어나는 아테나

그러자 그녀의 현명한 생각이 아테나 여신의 맘에 들었다. 그녀는 바로 헤라 여신에게 친절하게 말했다.

"헤라 여신, 우리 아버지는 아프로디테의 아들이 쏘는 화살의 위력을 모르고 저를 낳았습니다.3 저도 사랑을 불러일으키는 마력을 모릅니다. 그러나 그 방안이 맘에 드신다면 저는 기꺼이 따르겠습니다. 하지만 아프로디테를 만나서는 당신이 부탁하십시오."

헤라와 아테나가 아프로디테를 찾아가다

아테나가 이야기를 마치자, 그들은 벌떡 일어서서 키프리스의 커다란 궁전으로 발걸음을 재촉했다. 그 궁전은 절름발이 신랑4이 처음 그녀를 아내로 삼기 위해 제우스에게서 집으로 데려왔을 때 지어준 것이었다. 그들은 궁전 안뜰을 지나 침실 입구에 들어섰다. 그 침실은 여신이 헤파이스토스와 잠자리를 함께하는 곳이었다. 그는 아침 일찍 플랑크타이 섬 안쪽의 넓고 깊숙한 곳에 자리하고 있는 자신의 대장간으로 가서, 모루 위에서 불의 힘을 이용해 온갖 작품들을 벼르고 있었다. 그래서 그녀는 집에 혼자 있었고, 침실 문 맞은편에 놓여 있던 테두리를 상감으로 마무리한 팔걸이의자에 앉아 있었다.

그녀는 막 머리카락을 하얀 양어깨 위에 내려뜨리고는 황금빛으로 빗질을 해서 머리를 길게 땋아 내리려 하고 있었다. 그러나 여신들이 눈앞에 나타나자 그녀는 동작을 멈추고, 그들을 맞이했다. 그녀는 자리에서

---

3 아테나는 어머니 없이 제우스의 머리에서 완전무장하고 혼자 태어났다.
4 헤파이스토스는 태어날 때부터 절름발이였다. 제우스는 요정 디오네와의 사이에서 태어난 딸 아프로디테를 헤파이스토스에게 아내로 주었다. 아프로디테는 이에 만족하지 못하고 전쟁의 신 아레스를 정부로 두어 밀애를 즐겼다.

헤파이스토스의 대장간을 거니는 아프로디테와 에로스

일어나 그들을 안락의자에 앉게 했다. 곧이어 따라 앉은 아프로디테는 빗질을 하지 않고 양손으로 머리다발을 묶었다. 그녀는 미소를 지으면서 부드러운 목소리로 다음과 같이 말했다.

"존경하는 두 분께서 무슨 목적으로 이렇게 오랜만에 행차하셨습니까? 전에는 저를 좀처럼 찾아주시지 않던 두 분이 무슨 바람이 부셨습니까? 여신들 중 가장 훌륭하신 두 분이요."5

그러자 헤라가 다음과 같이 대답했다.

"농담도 잘하시는군요. 우리는 걱정으로 마음이 무거운데. 다른 게 아니고, 아이손의 아들과 황금양피를 가지러 그를 따라간 영웅들이 파시스 강에 배를 정박시켜 놓았습니다. 힘든 일이 코앞에 닥쳤는데 그들이 아주 걱정됩니다. 물론 이아손이 가장 많이 걱정이 되지요. 나는 이아손이 익시온6을 청동사슬에서 풀어주기 위해 하데스의 나라로 내려가더라도 내 사지에 힘이 붙어 있는 한 그 아래까지라도 내려가 그를 구할 것입니다. 펠리아스가 불행한 운명에서 벗어나 나를 조롱하지 않게 하기 위해서입니다. 그는 신들에게 제물을 바치면서 오만하게도 나에게 예의를 표하지 않았습니다. 하지만 이아손은 벌써 오래전부터 나의 사랑을 듬뿍 받아왔습니다.[7] 나는 물이 넘치는 아나우로스 강가에서 처음 그를 만났습니다. 나는 그 당시 인간의 정의감을 시험하고 있었고, 그는 사냥에서 돌아오는 길이었습니다. 모든 산과 구릉이 눈으로 덮여 있었습니다. 계곡 물이 콸콸 소리를 내며 쏟아져 내려왔습니다. 그때 나는 노파로 변장하고 있었습니다. 그는 그런 나를 측은하게 생각했던지, 어깨에 번쩍 올려 급류를 건네주었습니다. 그 이후로 나는 그를 계속해서 가장 높이 평가하고 있습니다. 어찌 됐든 당신이 이아손에게 무사 귀환을 허락하지 않으면 펠리아스는 자신의 잘못된 행동을 영영 참회하지 않을 것입니다."

헤라가 이렇게 이야기하자 키프리스는 속으로 상당히 놀랐다. 그리고 자신에게 간청하는 헤라의 모습에 두려움마저 느끼며 친절하게 말했다.

"고귀한 여신이시여, 제가 만약 말로든, 이 연약한 손으로든 할 수 있는 일이라면 그 무엇으로든 당신의 부탁을 무시한다면 저보다 더 나쁜 년은 없을 것입니다. 저는 또한 보답도 바라지 않겠습니다!"

그녀가 이렇게 이야기하자 헤라는 다시 곰곰이 생각해서 말했다.

"우리가 당신에게 온 것은 물리적인 도움이 필요해서가 아닙니다. 당신은 그냥 아들에게 아이에테스의 결혼하지 않은 딸을 아이손의 아들에

---

5 파리스의 심판을 반어적으로 암시한다. 이 심판에서 파리스는 세 여신 중 아프로디테가 가장 아름답다고 판결한다. 그러나 이 판결은 아르고호 모험 한 세대 이후에 벌어지는 트로이 전쟁에 앞서 내려진다.

6 익시온은 제우스의 도움으로 신화 사상 최초로 장인을 살해한 죄를 깨끗이 씻는다. 그러나 그는 제우스의 은혜를 저버리고 헤라를 겁탈하려고 한다. 화가 난 제우스는 익시온을 지하감옥 타르타로스에 가두고 영원히 굴러가는 불 수레바퀴에 묶어둔다.

7 『오디세이아』에서 키르케는 오디세우스를 떠나보내기에 앞서 그에게 앞으로의 항로를 알려주며, 헤라가 이아손을 총애한 나머지 위험한 플랑크타이 바위를 무사히 지나가게 해주었다고 말한다.

익시온

대한 열정으로 불타게 해달라고 귀띔만 해주십시오! 내 생각에는 그녀가 이아손에게 호의를 가지고 좋은 충고를 해준다면, 그가 쉽게 황금양피를 얻어서 이올코스로 돌아갈 수 있을 것 같습니다. 그녀는 아주 교활하기 때문입니다."

그러자 키프리스는 두 여신에게 말했다.

"헤라, 그리고 아테나 여신이여, 제 아들 녀석은 저보다 당신들에게 더 고분고분합니다. 그 녀석이 아무리 뻔뻔스러워도, 녀석의 눈을 보면 당신들에 대해서만은 수줍음을 드러내고 있으니까요. 하지만 그 녀석은 저는 전혀 개의치 않고 항상 제 화만 돋우고 저를 무시하기까지 합니다. 한 번은 장난기에 신물이 나서 모두가 모인 자리에서 그 녀석의 활과 화살을 분질러 버리겠다고 말한 적이 있습니다. 그 녀석의 화살은 정말 이상한 소리가 나고 남의 마음을 아프게 합니다. 그러자 내 아들 녀석은 적반하장으로 저에게 화를 내며 으름장을 놓았습니다. 자기가 화를 가라앉히고 있는 동안, 당장 자기 일에서 손을 떼지 않으면 나중에 뼈아프게 후회하게 될 것이라고 말이죠."

그녀가 이렇게 이야기하자 여신들은 미소를 지으며 서로를 빤히 쳐다보았다. 키프리스가 이어서 슬픈 음성으로 말했다.

"다른 신들에게 저의 고통은 웃음거리가 됩니다. 그걸 모든 신들에게 말로 다 설명할 수는 없겠지요. 저 혼자 아는 것으로 만족해야죠. 그러나 이번에는 당신들이 원하는 일이니 최선을 다해 그 녀석을 설득해 보겠습니다. 이번엔 아마 제 말을 거역하지 못할 것입니다."

그녀가 이야기를 마치자 헤라는 그녀의 부드러운 손을 잡았다. 헤라는 살짝 미소를 지으며 교활하게 말했다.

"그래요, 키테레이아. 제발 이번 일만은 당신이 말한 대로 지금 당장 실행에 옮겨주세요! 당신 아들에게 화를 내지도 말고, 더 이상 원망하며 다투지도 마세요! 언젠가 그도 변할 것입니다."

아프로디테의 부탁으로 에로스가 아이에테스 궁전으로 떠나다

이렇게 말하며 그녀가 자리에서 일어서자 아테나 여신도 뒤따라 일어섰다. 그들은 서둘러 돌아갔다. 키프리스 자신도 아들을 찾을 수 있을까 하고 올림포스 산 중턱으로 갔다. 그녀는 아들이 저 멀리 풍요로운 제우스의 정원에 있는 것을 발견했다. 그러나 그는 혼자가 아니었다. 그는 제우스가 그 미모에 반해 신들의 술 따르는 시종으로 삼으려고 납치해 와 하늘에 살게 한 가니메데스[8]와 함께 있었다.

그 둘은 그만한 또래 아이들이 으레 그런 것처럼 황금주사위[9]를 걸고 내기를 하고 있었다. 욕심 많은 에로스는 벌써 딴 주사위를 왼손 가득 가슴에 대고 똑바로 서 있었다. 그의 뺨에 사랑스러운 홍조가 감돌았다. 그러나 가니메데스는 쭈그리고 앉아 기가 죽고 말도 없었다. 그는 아직 주사위 두 개를 갖고 있었다. 끝없이 웃어대는 에로스 때문에 화가 난 가니메데스는 주사위를 연거푸 던졌다. 그러나 그는 그것마저도 금방 잃어버리고 풀이 죽어서 빈손으로 그곳을 떠났다. 그들은 키프리스

아프로디테(키프리스)와 에로스

---

[8] 가니메데스는 트로이아의 시조인 트로스의 아들이다. 그의 미모에 반한 제우스가 독수리로 변신해서는 그를 올림포스로 납치해 와 신들의 술시중을 들게 했다. 제우스는 이에 대한 대가로 그의 아버지 트로스에게 신마를 주었다고 한다.

[9] 주사위를 던져 가장 높은 것이나 가치 있는 것이 표시된 면이 나오는 쪽이 상대방의 주사위를 갖는 놀이로, 현대의 주사위 놀이와는 다르다. 주사위의 2면은 둥글고 아무런 표시가 없고 4면은 평면으로 표시가 되어 있다. 표시는 숫자가 아닌 신이나 귀중한 물건으로 했다. 예를 들어 에로스와 가니메데스가 갖고 노는 주사위에서 최고로 높은 면에는 아프로디테가 표시돼 있다.

가 다가오는 것도 알아차리지 못했다. 키프리스는 아들에게 다가가 먹살을 살짝 쥐고 말했다.

"왜 그렇게 웃니, 한심한 장난꾸러기 녀석아? 너 순진한 저 아이를 속이고 부당하게 주사위를 딴 거지? 자아, 잘 들어라. 이제 내가 너에게 시키는 일을 순순히 하기만 하면 그 예전 제우스 신께서 천진난만한 어린아이였을 때 가지고 놀던 장난감 하나를 주겠다. 그것은 크레테의 이다 산 동굴에서 사랑스러운 유모 아드라스테이아가 만들어 준 멋진 공이다. 헤파이스토스의 손으로 만들었어도 넌 이보다 더 좋은 귀중품은 차지할 수 없을 거다. 공은 금띠 몇 개가 벨트 모양으로 둘러싸고 있고, 띠 양쪽은 공 겉면과 물결 모양으로 금실로 이어져 있단다. 하지만 그 이음새는 눈에 보이지 않지. 그 위를 또 나선형으로 코발트 칠을 해 놓았기 때문이야. 그 공을 공중에 던지면 별똥별처럼 날면서 하늘에 불고랑을 만든단다. 그걸 너에게 주겠다. 그러나 너는 아이에테스의 딸의 가슴에 화살을 날려 이아손에게 불같은 사랑을 느끼도록 해라! 지체해서는 안 된다! 그렇지 않으면 형편없는 선물을 줄 것이다."

그 말을 듣고 있던 에로스는 귀가 솔깃해졌다. 그는 손에 갖고 있던 주사위도 던져버리고 양손으로 아프로디테의 옷을 양쪽에서 꽉 잡고 껴안으며, 그 공을 당장 달라고 졸랐다. 그녀는 아들을 부드러

가니메데스와
그를 납치한
제우스의 독수리

10 올림포스의 구름대문은 계절의 여신인 호라이 여신들이 지키고 있다. 호라이 여신은 에우노미아(질서), 디케(정의), 에이레네(평화) 등 세 자매다.
11 동쪽에서 하늘을 떠받치고 있는 카우카수스와 파로파미수스(힌두쿠시) 두 개의 산을 말한다. 서쪽에서는 아틀라스 산이 하늘을 떠받치고 있다.

운 말로 달래면서 그의 뺨에 키스를 했다. 그리고 그를 안고 미소를 지으며 다음과 같이 말했다.

"너의 이 사랑스러운 머리와 나의 머리를 걸고 맹세한다. 네가 만약 아이에테스의 딸의 가슴에 화살을 쏘아 맞춘다면 너를 속이지 않고 틀림없이 이 선물을 주겠다!"

이렇게 말하자 에로스는 주사위를 다시 모아 그것을 잘 센 다음 어머니의 품에 던졌다. 그리고 곧바로 나무 그루터기에 기대어 놓았던 황금화살이 들어 있는 전동을 메고 굽은 활을 집어 들었다. 그런 다음 위대한 제우스의 풍요로운 정원에서 빠져나가 곧 올림포스의 구름대문[10]을 통과했다.

바로 거기서 아래로 내려가는 하늘길이 나 있었다. 또 그곳에는 하늘을 떠받치고 있는 가파르게 솟은 산봉우리 두 개[11]도 있었다. 그것들은 지구의 꼭대기로 떠오른 태양이 맨 처음 세상을 붉게 물들이는 곳이다. 그 바로 아래에는 비옥한 대지와 인간들의 도시가 있었고, 성스러운 강줄기와 산, 그리고 그 주변의 바다도 보였다. 그렇게 에로스는 대기를 가르며 지상으로 내려갔다.

영웅들이 아이에테스 왕과의 대면을 앞두고 선상 회의를 열다

그사이 멀리 수심이 낮은 강의 만에 잠복하고 있던 영웅들은 선상 회의를 하고 있었다. 아이손의 아들이 그들에게 말하는 동안, 다른 영웅들은 자신들의 노 젓는 자리에 순서대로 앉아 그의 말에 조용히 귀를 기울였다.

"친구들이여, 우선 내 자신이 그러면 좋겠다고 생각이 드는 것을 솔직히 말씀드리겠습니다. 결정은 여러분이 내리셔야 합니다. 우리의 목적은 똑같습니다. 따라서 말할 권리도 누구에게나 똑같이 있습니다. 계획과 의견이 있는데도 침묵하는 사람은, 바로 우리의 귀향을 방해하는 사람으로 간주하겠습니다. 우선 여러분은 무기를 들고 배에 조용히 남아 있으십시오! 저는 동료 둘을 선별하여 프릭소스의 아들들과 함께 아이에테스의 궁전으로 가겠습니다. 그를 만나면 우선 저는 말로 한번 부탁을 해보겠습니다.

그가 친절하게 우리에게 황금양피를 넘겨줄 것인지, 아니면 오히려 자신의 힘을 믿고 우리의 제안을 거절할 것인지 알아보겠습니다. 이런 식으로 그의 속내를 파악해야, 그와 대적을 할 것인지 아니면 다른 방법이 더 좋을 것인지 결정할 수 있을 테니까요. 우리는 폭력으로 그의 재산을 빼앗고 싶지 않습니다. 적어도 말로 한번 설득해 보겠습니다. 우선 그를 직접 찾아가 부탁하면서 우리에게 호의를 느끼도록 하는 것이 좋을 것 같습니다. 사실 남자들의 용기로 겨우 할 수 있을 일도, 대화로라면 아주 쉽고 부드럽게 해냅니다. 누구를 달랠 때는 더욱 그렇습니다. 아이에테스도 옛날에 간교한 계모와 자신을 제물로 바치려는 아버지를 피해 도망쳐 온 프릭소스를 받아주었습니다. 어디에서든 누구나 이방인의 수호자인 제우스의 명령을 존중하고 지키는 법입니다. 그래서 정말 뻔뻔스러운 그도 그랬던 것입니다."

이아손 일행이 아이에테스 궁전에 도착하다

이아손이 이렇게 말하자 모두들 그 말에 흡족해했다. 아무도 다른 말을 하지 않았다. 그러자 그는 프릭소스의 아들들인 텔라몬, 아우게이아스에게 자기를 따라오라고 이르고,[12] 자신은 헤르메스의 지팡이를 들었다.

그들은 배의 갑판에 올라 배와 육지 사이의 갈대가 우거진 늪지를 지나 해안에 상륙했다. 이곳은 키르케의 평원[13]으로 불리는 곳으로 그곳에는 수양버들이 줄지어 자라고 있었고, 그 우듬지에는 사람의 시체가 줄에 매달린 채 단단하게 묶여 있었다.

그때까지 콜키스 사람들은 죽은 남자의 시체를 화장하는 것은 대단한 잘못이라고 생각했다. 또 시체를 부장품과 함께 땅에 묻고 그 위에 봉분을 쌓는 것도 금기시되었다. 그들은 시체를 무두질하지 않은 소가죽으로 싸서 도시 밖 나무에 매달아두었던 것이다. 그러나 하늘과 마찬가지로 땅도 이와 똑같은 권리를 갖고 있었다. 여자들은 땅에 매장했기 때문이다. 그것이 그들의 관습이었다.

영웅들이 앞으로 나아가고 있는 동안 헤라는 그들을 위해 도시 전체에 안개가 자욱하게 싸이게 했다. 그들이 아이에테스에게로 가는 동안 콜키스인들의 눈에 띄지 않게 하기 위해서였다. 그들이 평야를 지나 시내의 아이에테스 궁전에 도착하자마자 헤라는 안개를 거두었다.

그들은 궁전 입구에 멈춰 서서 넓은 성문과 성벽을 따라 길게 줄지어 지붕을 받치고 솟아 있는 기둥들을 보고 놀랐다. 청동으로 된 기둥머리에는 돌 주름 띠가 둘러쳐져 있었다. 제지당하지 않은 채 그들은 궁전으로 들어가는 성문을 지나갔다. 성문 안쪽 가까운 곳에는 초록색 잎이 무성한 포도나무가 덩굴을 높이 뻗고 있었고, 그 아래에는 헤파이스토스가 판 네 개의 샘이 쉬지 않고 흐르고 있었다. 그중 하나에서는 우유가, 다른 것에서는 포도주가, 또 다른 것에서는 향기로운 성유가 흘러 나왔고, 네 번째 샘의 바위구멍에서는 플레이아데스성단[14]이 지면 따뜻해졌다가도,

---

12 이들을 택한 이유는 텔라몬은 제우스의 손자였고, 아우게이아스는 헬리오스의 아들로 서로 한 번도 본 적이 없지만 아이에테스와 형제였기 때문이다.
13 오디세우스가 포세이돈의 분노를 진정시킬 방법을 찾기 위해 키르케의 집에서 오케아노스 강가의 킴메리오이 족을 지나 하계의 세계로 배를 몰아가는 것을 암시한다. 오디세우스가 포세이돈의 분노의 원인에 점차 가까이 다가가는 것처럼 이아손도 제우스의 분노의 원인에 점점 가까이 다가간다.
14 우리나라에서는 앙성(昴星)이라고도 하며 칠자매별이라고도 한다. 그 별들에는 아틀라스와 플레이오네 사이에서 태어난 칠공주의 이름이 붙어 있기 때문이다. 지금은 일곱 개의 별 중 여섯 개만 보이고 엘렉트라는 보이지 않는다. 플레이아데스성단이 흐릿하게 보이는 것은 사라진 엘렉트라를 다른 자매들이 그리워해서 눈물을 흘리기 때문이라고 한다. 이 성단이 11월에 지면 겨울이 시작되고, 5월에 뜨면 여름이 시작되는 것을 의미한다. 그러므로 아이에테스는 자동적으로 겨울에는 따뜻한 물을, 여름에는 차가운 물을 사용할 수 있었다.

플레이아데스성단

반대로 그것이 뜨면 얼음장처럼 차가워진 물이 콸콸 솟아올랐다. 그렇게 대단한 것을 솜씨 좋은 헤파이스토스가 키타인의 왕 아이에테스의 궁전에 만들어 주었다.

　헤파이스토스는 또 아이에테스에게 청동발굽과 청동입을 지닌 황소들도 만들어 주었다. 황소들은 입에서 무시무시한 불길을 내뿜었다. 이뿐 아니었다. 그는 아이에테스에게 단단한 철 덩어리 하나로 이음새 없는 쟁기도 하나 벼려 주었다. 그것으로 헤파이스토스는 플레그라이이 평원에서 벌어진 전투15로 지친 자신을 말과 함께 따뜻하게 맞아준 헬리오스에게 감사를 표했다. 성문을 지나자 철제 중간 성문 하나가 세워져 있었고, 그 주변 여기저기에는 이중문이 나 있는 조그마한 건물이 여러 개 있었다. 중간 성문 안쪽 양편으로는 정교한 회랑이 죽 늘어서 있었다. 그것과 열십자를 이루며 양쪽으로 비교적 높은 건물들이 들어서 있었다.

　이 중 하나가 특히 높이 솟아 있는 곳에 아이에테스 왕이 왕비와 거주하고 있었고, 다른 하나에는 그의 아들 압시르토스가 살고 있었다. 그는

제우스의 번개를 맞고 추락하는 파에톤

카우카소스의 요정 아스테로데이아가 낳은 아들이었다.16 아이에테스가 테티스와 오케아노스의 막내딸 에이디이아를 자신의 정식 아내로 맞이하기 전 일이었다. 콜키스인들은 그 아들을 칭송하여 빛나는 자라는 뜻의 파에톤17이라는 별칭으로 불렀다. 그는 모든 젊은이들 가운데서도 눈에 띄게 두드러졌기 때문이다. 또 다른 건물에는 시중드는 여자들과 아이에테스의 두 딸인 칼키오페와 메데이아가 머물고 있었다.

15 올림포스 신들과 거인 기간테스 사이의 전투를 의미한다. 일명 기간토마키아라고도 한다. 이 전투는 헤라클레스의 도움으로 제우스가 승리한다.
16 압시르토스가 카우카소스 산 요정의 아들이라는 것은 그가 순수 콜키스 혈통이라는 것, 더 나아가 죽으면 콜키스의 관습대로 매장되어야 한다는 사실을 암시한다. 그러나 후에 이아손은 그를 죽인 다음 땅속에 매장한다. 바로 이것 때문에 제우스는 영웅들에게 또다시 분노한다.
17 파에톤은 '빛나는 자' 라는 뜻으로 헬리오스의 별명이기도 하다. 이 파에톤(압시르토스)은 나중에 젊은 나이로 이아손에게 죽는 것이나 아버지의 마차를 몬 것이나 헬리오스의 아들 파에톤을 연상시킨다. 헬리오스의 아들 파에톤은 아버지의 태양마차를 몰다가 궤도에서 벗어나는 바람에 제우스의 번개를 맞고 하늘에서 떨어져 죽는다. 이 작품의 후반부에서 압시르토스는 이아손의 과업 수행을 참관하기 위해 떠나는 아버지 아이에테스에게 마차를 대령한다. 압시르토스도 분명 아버지의 마차를 몰았다는 사실을 짐작하게 해주는 대목이다.

이아손과 메데이아가 처음으로 마주치다

이아손 일행은 그곳에서 메데이아를 보았다. 그녀는 자신의 처소에서 나와 막 언니의 처소로 들어가는 중이었다. 헤라는 오늘 그녀를 궁에 잡아두었다. 보통 때라면 그녀는 전혀 궁에서 시간을 보내지 않고 헤카테의 신전에서 하는 일로 바빴다. 그녀는 그 여신의 사제였기 때문이다.

그녀는 그들을 가까이서 보고 비명을 질렀다. 칼키오페도 그 소리를 들었다. 시녀들도 실과 물레를 발 앞에 던져버리고 모두 밖으로 나왔다. 칼키오페는 그들과 함께 자신의 아들들이 함께 있는 것을 보고 기쁨에 겨워 손을 높이 쳐들었다. 그들도 어머니를 보자 기뻐서 오른손을 들어 인사를 드리고 어머니를 껴안았다. 그러자 그녀는 흐느끼면서 말했다.

메데이아

"너희들은 경솔하게 나를 떠났지만 먼 곳을 정처 없이 헤맬 운명은 아니었구나. 운명이 너희들을 이렇게 도로 데려오다니. 불쌍한 내 신세! 너희들은 도대체 무슨 잘못된 열정에 사로잡혀 아버지 프릭소스의 명령을 좇아 헬라스로 갔느냐? 너희 아버지가 임종하고 우리 모두 얼마나 슬퍼했더냐. 그런데 너희들까지 어미를 또 그렇게 슬픔에 잠기게 하다니. 오르코메노스가 도대체 누구이기에 너희가 아타마스의 재산을 찾으러 그의 궁전에 가야만 했더냐?"

그녀가 그렇게 이야기하는데, 아이에테스가 마지막으로 밖으로 나왔다. 그의 아내 에이디이아도 그를 따라 나왔다. 칼키오페의 목소리가 들렸기 때문이다. 궁전 뜰이 금세 사람들의 움직임으로 웅성거리기 시작했다. 하인들 무리는 커다란 황소를 돌보느라 바빴고, 도끼로 마른 장작을 패고, 또 불 위에 목욕물을 올려놓고 데우고 있었다. 모두들 왕을 시중들기 위해 동분서주하며 수고를 아끼지 않았다.

에로스의 화살을 맞은 메데이아

그 사이 에로스가 회색 안개를 뚫고 모습을 감춘 채 나타났다. 그는 마치 소 목동들 사이에서 등에로 알려진 쇠파리 같았다. 쇠파리는 풀을 뜯고 있는 소에 집요하게 달라붙는다. 에로스는 궁전 뜰 현관에서 잽싸게 활시위를 팽팽하게 죄더니 전동에서 사용한 적이 없는 고통스러운 화살 하나를 꺼내들었다. 그는 잰걸음으로 남이 알아차리지 못하게 현관을 지나 힐끗 사방을 둘러본 다음, 이아손의 발밑 아래에 쪼그리고 앉아서 활시위 한가운데에 활을 올려놓고, 양손으로 활을 당겨 메데이아를 정조준하고 쏘았다. 메데이아는 갑자기 당황하는 기색이 역력했다. 에로스는 환호성을 지르며 높은 궁전 건물을 빠져나와 돌아갔다.

에로스

화살은 그녀의 가슴속에서 불꽃처럼 타올랐다. 그녀는 계속해서 아이손의 아들에게 불타오르는 시선을 던졌다. 그녀는 정신이 혼미해져 깊은 생각을 할 수 없었다. 도무지 아무런 생각이 떠오르지 않았다. 심장이 달콤한 고통으로 아려왔다. 어둡고 나지막한 방에 불을 밝혀 실을 잣기 위해 아침 일찍 일어난 아낙네가 불기운이 희미하게 살아 있는 화로에 마른 풀을 넣으면, 힘없는 잔불에서 가까스로 살아난 불씨가 풀을 순식간에 살라버린다. 마치 이런 것처럼 그녀의 가슴속에 비밀스럽게 웅크리고 있던 사랑의 감정이 거세게 불타올랐다. 그녀의 부드러운 볼은 무력감으로 창백하게 변했다가도, 어떤 때는 홍조를 띠었다.

아이에테스 왕이 프릭소스 아들들을 추궁하다

하인들이 음식을 차려주자, 영웅들은 따뜻하게 데운 물로 몸을 씻고, 음식을 배부르게 먹고 마시며 기운을 차렸다. 그러자 아이에테스가 외손자들에게 물었다.

"이방인들 중 내 궁전에서 가장 후대했던 프릭소스와 내 딸의 아들들이여, 어떻게 해서 너희들은 그렇게 빨리 아이아로 돌아왔느냐? 혹시 항해하는 동안 갑자기 사고를 당한 것은 아니냐? 내가 너희들에게 그 길이 아주 멀다고 얘기했을 때도 너희들은 내 말을 듣지 않았다. 나는 언젠가 우리 아버지 헬리오스 신의 수레를 타고 여행을 할 때 그 사실을 알게 되었다. 당시 아버지는 내 동생 키르케를 서쪽 땅으로 데려가셨다. 그때 우리는 티르레니아의 해안가에 도착했지. 그래서 키르케는 아직도 우리 콜키스의 아이아로부터 멀리 떨어진 그곳에 살고 있다. 하지만 왜 내가 이런 얘기를 하지? 자 그럼 이제, 너희들의 항해가 왜 실패했는지, 너희들을 따라온 이 사람들은 누구인지, 그리고 너희들이 둥근 배에서 내려 어디에 상륙했는지 한번 솔직하고 분명하게 말해보거라!"

그렇게 아이에테스가 묻자 연장자인 아르고스가 다른 형제들을 대신해 부드럽게 말했다. 이아손 일행에 대한 걱정이 그를 사로잡았기 때문이다.

"아이에테스 왕이시여, 그 배는 격렬하게 불어닥친 폭풍우로 산산조각이 났습니다. 그 후 간신히 부서진 배 파편에 몸을 의지한 우리들을 큰 파도가 밤사이에 에니알리오스(전쟁의 신 아레스의 별명) 섬으로 밀쳐냈지요. 그런데 신이 우리를 구해주었습니다. 전에는 황량한 그 섬에 살던 아레스의 새들이 보이지 않았기 때문입니다. 바로 이 사람들이 낮에 미리 상륙해서 그 새들을 쫓아버렸던 것입니다. 제우스 신이나 그 어떤 인자한 운명의 여신이 우리를 불쌍하게 여겨 그들을 섬에 붙들어두었던 것 같습니다. 그들은 우리에게 금방 음식과 옷을 넉넉히 주었습니다. 우리에게서 프릭소스라는 영광스러운 이름과 당신의 이름을 듣고 나서 말입니다. 그들의 여행지는 바로 당신의 나라였기 때문입니다.

그 여행의 목적을 듣고 싶으시다면 당신에게 숨기지 않겠습니다. 어떤 왕이 수단 방법을 가리지 않고 이 사람에게서 재산을 빼앗고 조국에서 추방하고 싶어 했답니다. 이 사람이 아이올로스의 후손들 중 타의 추종을 불허할 정도로 출중했기 때문입니다. 그래서 그 왕은 의지할 데 없는 이 사람을 보내며 말했습니다. 황금양피가 그리스로 돌아올 때까지는 아이올로스 가문은 무자비한 제우스의 끔찍한 분노나 원한뿐 아니라 프릭소스에게 내려진 오명이나 형벌로부터 벗어날 수 없을 것이라고 말입니다.

그래서 팔라스 아테나 여신이 배를 건조했습니다. 그 배는 콜키스 남자들이 만드는 배와는 달랐습니다. 우리가 타고 간 것은 그중 최악의 것이었지요. 아니나 다를까 급격한 폭풍우와 바람이 그 배를 끔찍하게 부숴버렸습니다. 그러나 그들의 배는 어떤 폭풍우가 무섭게 밀어닥쳐도 끄떡없을 이음새로 단단하게 붙어 있습니다. 그 배는 바람의 힘으로도 달릴 수 있고, 남자들이 힘껏 젓는 노의 힘으로도 움직입니다. 바로 그 배에 저 사람은 전 아카이아에 널리 흩어져 있는 최고의 영웅들을 끌어모아, 많은 도시와 무서운 바다를 지나 당신의 나라로 온 것입니다. 당신이 황금양피를 내어줄 것이라고 생각하고 말입니다. 하지만 이 일은 전적으로 당신의 손에 달려 있습니다. 그는 황금양피를 강제로 빼앗기 위해서 온 것이 아니기 때문에, 그 선물에 상응하는 것을 당신에게 보답할 것입니다. 그는 저에게서 사우로마타이인들이 당신에게 굉장히 적개심을 품고 있다는 얘길 들었습니다. 그는 그들을 당신의 왕홀 밑에 복속시킬 것입니다.

그리고 이분의 이름과 또 같이 온 이분들이 누구인지 그 가문을 알고 싶으시다면 제가 자세하게 말씀드리겠습니다. 헬라스에서 다른 영웅들을 모이도록 한 여기 이분은 아이손의 아들이자 크레테우스의 손자 이아손이라고 합니다. 이분이 정말 크레테우스의 자손이라면 그는 저희와 아버지 쪽으로 친척입니다. 크레테우스와 아타마스는 아이올로스의 아들들이고, 프릭소스는 아타마스의 아들로 아이올로스의 손자이기 때문입니다. 그리고 여기 있는 이분은―당신은 소문으로 이런 이름을 지닌 헬리오스 신의 아들이 있다는 사실을 알고 계시겠지만―아우게이아스라고 합니다. 또 이분은 영광스러운 아이아코스의 아들 텔라몬입니다. 제우스가 아이아코스를 낳았기 때문입니다. 그리고 그를 따라온 다른 동료들도 모두 신들의 아들이거나 손자들입니다.”

이렇게 아르고스는 아이에테스를 설득하려고 했다. 그러나 왕은 이 말을 듣고 분노했다. 그의 심장은 끓어오르는 화로 터질 듯했다. 그는 칼키오페의 아들들이 가장 원망스러웠다. 그들 때문에 이 사람들이 왔다고 생각했기 때문이다. 흥분한 나머지 말할 때 그의 눈이 눈썹 밑에서 이글거렸다. 그는 분개해서 다음과 같이 말했다.

“술수 그만 부리고 내 눈앞에서 당장 꺼지거라, 이런 아무 짝에도 쓸모없는 녀석들아! 황금양피와 프릭소스[18]를 볼 생각일랑 꿈도 꾸지 말고 내 나라를 떠나거라. 너희들은 헬라스에서부터 모든 것을 함께 모의해서 이곳에 온 거야. 황금양피 때문이 아니라 내 왕권과 왕국이 탐나서겠지. 너희들이 한때 내 식탁에 나와 함께 앉아 식사를 하지 않았더라면 너희들의 혀와 양손을 잘라내서 발만 달려 돌려보냈을 것이다. 너희들이 나중에 다시 그런 일을 획책하지 못하고, 너희들이 신들에게 자행한 거짓[19]에 대한 대가로 말이다.”

이 말을 하면서 그는 격해졌다. 아이아코스의 아들 텔라몬은 속이 부글부글 끓어올랐다. 그는 막 심한 말로 거칠게 대답을 하려고 했다. 그러나 아이손의 아들이 그를 만류하며 다음과 같이 부드러운 말로 대답했다.

“아이에테스 왕이시여, 제발 저희의 모험을 나쁘게 보지 말아주십시오! 저희는 결코 당신이 생각하고 있는 이유 때문에 이곳에 온 것도 아니고, 우리 자신의 의지로 온 것도 아닙니다. 누가 감히 남의 재산 때문에 자발적으로 그렇게 거대한 파도를 헤치고 오겠습니까? 제가 모험을 하게 된 것은 오히려 신[20]의 뜻과 포악한 왕의 과업 때문이었습니다. 간청하는 저희에게 부디 자비를 베풀어주십시오! 그러시면 저는 당신의 무한한 덕망을 전 그리스에 알리겠습니다. 저희는 또 전쟁을 치르고서라도 당신에게 고마움을 표시할 준비가 되어 있습니다. 사우로마타이인이든 다른 어떤 종족이든 당신이 왕홀 밑에 복속시키려고 하는 민족이면 가리지 않겠습니다."

아이에테스 왕이 황금양피를 걸고 이아손에게 조건을 제시하다

이렇게 이야기하며 이아손은 부드러운 목소리로 그를 진정시키려고 애썼다. 그러나 아이에테스는 즉시 달려들어 그들을 죽이느냐, 아니면 그들의 힘을 한번 시험해보느냐 하는 두 욕구 사이에서 저울질하고 있었다. 심사숙고해 보니 후자가 더 좋아 보였다. 그래서 그는 이아손에게 다음과 같이 제안했다.

"이방인이여, 왜 자네는 모든 것을 꼬치꼬치 설명하려고 하는가? 자네들이 정말 신의 자손이라면, 혹은 그렇지 않더라도 나와 비교해서 전혀 손색이 없는 자들이라면, 원하는 대로 황금양피를 주겠다. 내가 자네를 한번 시험해본 다음에 말이다. 나는 자네들이 말한 헬라스의 왕처럼 고귀한 사람들에게는 전혀 원한이 없기 때문이다. 자네의 힘과 용기를 시험하기 위해 자네에게 부과하는 일은, 아무리 위험해도 나는 두 팔로 거뜬히 해치울 수 있는 것이다.

---

18 살이 다 썩어 이제는 다른 짐승의 가죽으로 싸서 나무에 매달아놓은 프릭소스의 뼈.
19 아이에테스는 이아손 일행이 신의 자손들이라고 말하는 아르고스의 말을 거짓이라 생각한다.
20 원래 모험을 하도록 시킨 제우스 혹은 그의 대변인 아폴론.

황소 두 마리가 아레스의 숲에서 풀을 뜯고 있다. 소들의 발은 청동이고 입에서 불까지 뿜는다. 나는 이 소들에 쟁기를 달아 하루에 8에이커 넓이의 아레스 신의 거친 밭을 갈 수 있다. 나는 신속하게 쟁기로 밭을 갈면서도, 고랑에 데메테르 여신(곡물의 여신)의 곡식을 얻기 위해 씨앗을 뿌리지 않는다. 그 대신 무시무시한 뱀의 이빨[21]을 뿌린다. 그러면 그 이빨들은 변신해서 무장한 병사들로 자라난다. 그들이 나를 에워싸고 나에게 대들면 나는 창으로 그들을 마구 베어 죽여버린다. 나는 이른 아침에 소들에게 쟁기를 달아 저녁때에 수확을 마친다.

자네가 만약 이 일을 해치우면 바로 그날로 황금양피를 자네 왕에게로 가져갈 수 있도록 할 것이다. 그러기 전에는 절대 자네에게 그것을 주지 않을 것이다. 헛된 희망을 품지 않기를 바란다. 용감한 사람이 사악한 사람에게 굴복한다는 것은 굴욕적인 일이니까."

아이에테스가 그렇게 이야기하자 이아손은 시선을 아래에 고정한 채, 그의 악의적인 제안에 당황해 말없이 앉아 있었다. 한참 동안 그는 이리저리 방도를 궁리해보았다. 그는 선뜻 그 일을 떠맡을 수가 없었다. 그것은 위험천만한 모험이었기 때문이다. 한참이 지나서야 비로소 그는 부드러운 말로 그에게 말했다.

"아이에테스 왕이시여, 당신은 저를 극도로 궁지로 몰아넣으시는군요. 그러나 당연합니다. 따라서 아무리 분에 넘치고, 죽는 한이 있더라도 그 일을 맡겠습니다. 저에게 여기로 가라고 강요한 그리스 왕의 무서운 협박보다 더 끔찍한 일은 저 같은 인간에게 다시 없을 테니까요."

그는 당황한 나머지 이렇게 이야기했다. 하지만 아이에테스 왕은 풀 죽은 그에게 아주 위협적인 말투로 대답했다.

"이제 자네 동료들에게 돌아가라. 나는 자네가 그 일을 하기 바란다. 그러나 만약 자네가 소들에게 멍에를 씌우는 것이 두렵고, 그 끔찍한 수확을 하기를 꺼린다면 내가 직접 그 모든 일을 할 것이다. 그러면 그 누구도 감히 자신들보다 더 강한 사람에게 대드는 일을 삼가겠지!"

메데이아가 첫 번째 독백에서 이아손에 대한 그리움을 표현하다

아이에테스가 이렇게 단호하게 이야기하자 이아손이 팔걸이의자에서 일어났고, 아우게이아스와 텔라몬도 따라 일어섰다. 프릭소스의 형제들 중에서는 아르고스만 그를 따랐다. 아르고스가 동생들에게 거기 남아 있으라고 눈짓했기 때문이다. 그렇게 해서 그들 모두는 궁전을 떠났다.

그들 중 특히 아이손의 아들이 용모와 우아함에서 모두를 능가했다. 메데이아는 베일의 미광 아래에서 은밀하게 그를 응시하며 놀라고 있었다. 그녀의 마음은 사랑의 고통으로 불타올랐고, 환영처럼 몸을 빠져나와 떠나는 그들의 발자취를 뒤쫓아 갔다. 영웅들은 그렇게 언짢게 궁전을 떠났다. 칼키오페는 화난 아버지가 무서웠다. 그녀는 남은 아들들과 함께 자신의 방으로 급히 돌아갔다. 그들 뒤를 메데이아가 따라갔다.

그녀는 마음속에 사랑의 신들이 야기한 것과 같은 온갖 것들을 생각하

---

21 아이에테스 이야기는 카드모스가 땅에 뿌린 뱀의 이빨을 연상시킨다. 소아시아의 왕 아게노르는 공주 에우로페가 제우스에게 납치되자 카드모스를 보내면서 그녀를 찾지 못하면 돌아올 생각을 하지 말라고 했다. 동생을 찾지 못한 카드모스는 아버지가 무서워 집으로 돌아가지 못하고 델포이에 가서 신탁을 받았다. 그 내용은 암소가 지쳐 쓰러지는 곳에 도시를 하나 건설하라는 것이었다. 길을 떠난 카드모스는 과연 도중에 암소 한 마리를 만난다. 그는 암소를 따라가 신탁이 지정한 곳에 도시를 세우려 했다. 우선 그는 아테나 여신에게 암소를 잡아 제물을 바치려고 아레스의 샘물에 물을 길러 갔다. 샘물엔 커다란 뱀이 똬리를 틀고 지키고 있었다. 카드모스가 그 뱀을 죽이자 아테나 여신이 그 이빨을 땅에 뿌리라고 했다. 얼마 되지 않아 땅속에서 무장한 병사들이 튀어 올라왔다. 카드모스가 그들 한가운데에 돌멩이 하나를 던지자 자기들끼리 서로 싸우다가 모두 죽고 다섯 명만 살아남았다.

며 걱정하고 있었다. 그녀의 눈에는 아직도 이아손의 모습이 어땠는지, 그가 어떤 옷을 입었는지 모든 것이 생생히 떠올랐다. 그가 말한 것, 그가 어떻게 팔걸이의자에 앉아 있다가 문 쪽으로 걸어 나갔는지 하는 것도 눈앞에 선했다. 이리저리 생각하다가 그녀는 급기야 그런 남자는 세상에 하나밖에 없다고 생각했다. 그녀의 귀에서는 계속해서 그의 목소리와 그가 했던 달콤한 말들이 울려왔다. 그녀는 그가 황소나 아이에테스에 의해 살해되지는 않을까 걱정스러웠다. 그러다가 그녀는 마치 그가 죽기라도 한 듯이 애통해했다. 부드러운 동정의 눈물이 고통스러워하는 그녀의 뺨 위로 흘러내렸다. 그녀는 소리 없이 흐느끼면서 다음과 같은 한탄조의 말을 뱉어냈다.

"불쌍한 나는 왜 이런 고통에 휩싸이는 걸까? 그 사람이 모든 영웅들 중 최고든 아니면 보잘것없는 겁쟁이든 어차피 죽을 운명이라면, 그래, 죽을 테면 죽으라지! 아, 그래도 그 사람이 죽지 않으면 좋으련만! 고귀한 페르세이스 여신(헤카테 여신의 다른 이름)이여, 그 사람이 불행에서 벗어나서 무사히 집으로 돌아가게 하소서! 그가 황소들에게 죽임을 당할 운명이라면 그전에 이 사실을 알게 하소서! 저는 그의 끔찍한 불행을 정말 바라지 않았다는 사실을 말입니다!"

아르고스가 이아손에게 메데이아에 대해 처음으로 언급하다

메데이아는 이렇게 근심걱정으로 괴로워하고 있었다. 영웅들이 도시와 백성들을 떠나 전에 평야를 거쳐 이쪽으로 올 때 이용했던 길과 똑같은 길을 따라 돌아가고 있는 동안, 아르고스가 이아손에게 다음과 같이 말했다.

"아이손의 아들이여, 당신은 제가 말하려는 계획을 비난할지 모릅니다. 그러나 불행에 처해 있을 때 수단을 강구하지 않는 것은 칭찬받을 행동이 아닙니다. 당신은 전에 저에게서 이곳 처녀들 중 하나가 헤카테 여신의 가르침으로 온갖 마술에 능통하다는 얘기를 들었을 것입니다. 제 생각으로는 우리가 그녀를 얻을 수만 있다면, 당신은 결코 과업에 실패할까 두려워할 필요가 없을 것입니다. 제가 걱정이 되는 것은 우리 어머니가 저를 위해 이 일을 맡아주지 않을지 모른다는 것입니다. 하지만 저는 다시 한번 어머니를 만나보려 합니다. 우리 모두에게 파멸의 순간이 점점 다가오고 있으니까요."

달의 여신 헤카테

그가 좋은 뜻으로 이렇게 말하자 이아손은 다음과 같이 말했다.

"오, 친구여, 그렇게 해주시오. 빨리 가서 어머니를 만나 잘 이야기해보시오. 현명한 말로 그녀에게 간청을 해보십시오! 그러나 우리의 귀향을 여자에게 송두리째 맡겨버린다면 우리가 기대할 희망은 거의 없습니다."

이아손이 동료들에게 아이에테스와의 회담 결과를 보고하다

이아손이 이렇게 이야기하자, 일행은 서둘러서 수심이 낮은 만으로 돌아갔다. 이아손 일행이 도착하는 것을 본 동료들은 기뻐서 그들에게 물었다. 하지만 아이손의 아들은 우울하게 다음과 같이 말했다.

"친구들이여, 거친 아이에테스는 우리들에게 마음속으로 깊은 분노를 품고 있습니다. 자세하게 얘기하면 보고하는 나에게나 물어보는 여러분에게 별 도움이 되지 않을 것입니다. 간단히 말해 그는 청동발을 지니고, 입에서 불을 뿜는 자신의 황소 두 마리가 아레스의 들판에서 풀을 뜯고 있다고 했습니다. 그는 나에게 이 황소로 하루에 8에이커의 밭을 갈고, 씨앗 대신 자기가 주는 뱀의 이빨을 뿌리라고 했습니다. 그러면 청동무기로 무장한 병사들이 땅에서 솟아나는데, 내가 같은 날 이들을 모두 죽여야 한다는 것입니다. 달리 뾰족한 수가 없어 나는 그 제안을 그냥 받아들였습니다."

그가 그렇게 이야기하자 모두에게 그 일이 도저히 실현 불가능한 것처럼 들렸다. 풀이 죽고 당황하여 영웅들은 오랫동안 멍하니 말없이 서로를 쳐다볼 뿐이었다. 한참이 지나서야 펠레우스가 모두에게 용감하게 말했다.

"지금은 우리가 구체적으로 무엇을 할지 의논할 때입니다. 저는 물론 우리에게 더 좋은 것은 말보다는 강한 주먹이라고 생각합니다. 용감한 아이손의 아들이여, 당신이 그 과업을 떠맡아 아이에테스의 황소에 멍에를 씌우려 한다면, 정말 그 약속을 존중하고 그것을 준비하는 것이 좋습니다. 하지만 당신 자신의 용기가 그리 미덥지 못하거든 그 일을 하지도 말고, 거기 우두커니 앉아서 다른 사람들의 도움을 바라며 주위를 둘러보지도 마십시오! 나로서는 절대 물러서지 않을 것입니다. 최악의 경우 죽기밖에 더하겠습니까."

아이아코스의 아들이 이렇게 말하자, 텔라몬이 자극을 받아 벌떡 일어섰다. 그러자 세 번째로 이다스가 의기양양하게 일어섰고, 틴다레오스의 두 아들 암피다마스와 케페우스도 뒤따랐다. 동시에 오이네우스의 아들 멜레아그로스도 합류했다. 그는 비록 수염은 하나도 나지 않았지만 영웅들 중 최고에 속했다. 그만큼 그의 용기는 대단했다. 하지만 다른 사람들은 앞에 나서지 않고 아무 말도 없이 조용히 있었다.

아르고스가 아이에테스와 싸우러 가려는 영웅들을 말리다

그러자 아르고스가 싸우겠다고 용감하게 나선 동료들을 향해 다음과 같이 말했다.

"오, 친구들이여. 그것은 정말 마지막 수단입니다. 제 생각에는 우리 어머니가 여러분에게 적절한 도움을 주실 것입니다. 그러니 아무리 싸우고 싶은 마음이 들어도 전처럼 배에 좀 남아주십시오. 인내심을 갖고 삼가는 것이 무모하게 사악한 불행 속으로 뛰어들어 파멸하는 것보다 나으니까요. 아이에테스의 궁전에는 헤카테 여신으로부터 교육받은 한 여자가 살고 있습니다. 그녀는 육지와 바다가 만들어내는 모든 영약을 다루는 데 능통합니다. 그녀는 이 약으로 꺼질 줄 모르는 불길의 열기도 식힐 수 있고, 노도와 같이 흐르는 강물도 멈추게 할 수 있으며, 별과 성스러운

헤카테 여신. 세 개의 몸 혹은 세 개의 얼굴을 가진 여신으로 마법을 담당하며 십자로에 자주 나타난다.

달의 궤도까지도 막아버릴 수 있습니다. 우리는 궁전을 떠나 이곳으로 오면서 바로 그녀를 생각했습니다. 그녀와 자매 사이인 우리 어머니가 그녀를 설득해서 우리를 도와 과업을 완수하게 할 수 있지 않을까 하고 말입니다. 제 말에 여러분이 동의하신다면 제가 지금 당장 아이에테스의 궁전으로 가보겠습니다. 아마 신이 도와주실 것입니다."

아르고스가 이렇게 말하자, 영웅들에게 호의를 갖고 있던 신들은 그들에게 전조 하나를 보여주었다. 매의 발톱을 피해 달아나던 겁먹은 비둘기 한 마리가 이아손의 무릎에 떨어졌고, 매는 선미에 떨어졌다.[22] 그러자 몹소스가 모든 사람들에게 신들의 전조를 해석해주었다.

"친구들이여, 이 전조는 신들의 뜻에 따라 생겨난 것입니다. 여러분에게 이보다 더 좋은 전조는 없을 것입니다. 온갖 수단을 다 동원해 그녀에게 접근하십시오. 제 생각에 그녀는 우리 말을 무시하지 못할 것입니다. 우리의 귀향이 키프리스 여신의 손에 달려 있다고 한 피네우스의 말이 정말이라면 말입니다. 아까 키프리스 여신의 사랑스러운 새가 죽음을 모면했습니다. 내 가슴속 영혼이 그 전조에 따라 예언하건대, 똑같은 일이 일어날 것입니다! 그러니, 자, 친구들이여 키테레이아를 찬양하며 우리를 도와달라고 간청합시다. 그리고 지체 없이 아르고스가 말한 대로 합시다."

그의 말에 동료들이 모두 피네우스의 당부를 떠올리며 찬성했다. 그러나 아파레우스의 아들 이다스만은 버럭 화를 내며 자리에서 벌떡 일어나 큰 소리로 말했다.

"부끄럽습니다. 우리가 여자들을 동료로 삼아 이리 왔습니까? 키프리

---

[22] 『일리아스』에서는 매가 비둘기를 잡는 것이, 『오디세이아』에서는 독수리가 비둘기를 잡는 것이 좋은 징조로 해석되고 있다. 비둘기는 왕성한 짝짓기 습관 때문에 아프로디테의 신조로 알려져 있다. 도망가는 비둘기는 메데이아를, 추격하는 매는 아버지 아이에테스를 상징한다. 새들은 하늘과 땅 두 공간에 살고 있기 때문에 신들에게 바쳐진 동물이다.

스에게 우리를 도와달라고 부탁을 하다니요! 여러분은 전쟁의 신 아레스가 아니라 비둘기와 매만 바라보며 싸움을 회피하고 있습니다. 다들 비키십시오! 더 이상 용감한 행동 운운하지 마시고 연약한 여자들 후릴 생각이나 하십시오!"

그가 분기탱천하여 이렇게 말하자 많은 동료들이 수군거리며 불평했다. 하지만 아무도 감히 그에게 대놓고 반대하지 못했다. 한참이 지나도 그는 여전히 씩씩거리며 앉아 있었다.

그러자 이아손이 그들의 용기를 북돋우며 자신의 생각을 다음과 같이 밝혔다.

"여러분 모두가 동의하시는 것처럼 아르고스를 궁전으로 보냅시다. 그리고 이 후미진 곳을 떠나 우리 배를 당당하게 강가에 정박시킵시다. 이제 이렇게 숨어서 싸움을 피하는 듯한 인상을 주지 않는 것이 좋을 것 같습니다."

그는 말을 마치고 아르고스에게 서둘러 도시로 다시 가라고 명령했다. 다른 동료들은 아이손의 아들의 지시대로 배의 닻을 올리고, 노를 저어 배를 얕고 후미진 만에서 빼내 강가에 정박시켰다.

아이에테스가 총동원령을 내리고 백성들에게 연설하다

그사이 아이에테스는 즉시 궁전에서 꽤 떨어진 곳으로 모든 백성들을 소집했다. 소집 장소는 그들이 전에도 모이곤 했던 곳이었다. 그는 미니아이인이 당해내기 어려운 계책과 그들에게 안겨줄 고통을 궁리했다. 그는 그 어려운 일을 스스로 하겠다고 한 남자를 황소들이 갈기갈기 찢어 죽이면, 울창한 산 정상의 나무를 베어서 그걸로 그의 동료들과 함께 배를 화장시켜 버리겠다고 백성들에게 다짐했다.23 그 음흉한 범죄자들은 자신들이 부린 무례한 만용에 대해 벌을 받아야 한다는 것이었다.

그는 프릭소스가 아무리 간절히 바라고, 모든 이방인들 중에서 눈에 띄게 친절하고 경건했어도, 만약 제우스 신이 헤르메스 신을 하늘에서 전령으로 보내 그를 보살피도록 배려만 하지 않으셨다면, 자신의 궁전의 식탁에 따뜻하게 받아들이지 않았을 것이라고 말했다. 하물며 자기 나라로 들어온 도둑들이 벌을 받지 않고 활개 치게 해서는 안 된다는 것이다. 이들은 남의 재산에 손을 대고, 비밀리에 음모를 꾸미고, 목동들의 축사를 잔인하게 공격하여 약탈하는 데만 관심을 두고 있기 때문이다.

특히 그는 프릭소스의 아들들은 자기 자신에게 응분의 대가를 치러야 한다고 말했다. 그들이 바로 파렴치하게 자신을 왕위에서 쫓아내기 위해 그런 범죄자들을 데리고 온 장본인이라고 생각했기 때문이다. 그것은 또 아버지 헬리오스 신에게서 전에 들은 불길한 신탁과 일치한다고 말했다. 그는 언젠가 아버지 헬리오스 신으로부터 자기 가문의 사람이 꾸미는 교활한 술수와 음모, 그리고 교묘한 현혹에서 벗어나야 한다는 말을 들었다. 그것이 바로 프릭소스의 아들들을 그들이 간절히 바라는 대로 그의 아버지의 유지를 받들어 멀리 아카이아로 떠나보낸 이유라는 것이다.

그는 자신의 딸들이나 아들 압시르토스가 자신에게 못된 짓을 꾸밀 것이라고는 추호도 의심하지 않았다고 했다. 단지 칼키오페의 아들들만이 그런 일을 할 것이라고 생각했다는 것이다. 이렇게 그는 무척 화를 내며 심복들에게 자신의 끔찍한 계획을 털어놓았다. 동시에 그들이 재앙에서 피하지 못하도록 배와 그 일행들을 철저히 감시해야 한다고 준엄하게 명령했다.24

---

23 산 위에 있는 나무를 베어서 불을 붙인 다음 경사를 이용하여 아래 강가에 정박해 있는 아르고호를 화장시키겠다는 말이다.
24 아이에테스가 하는 말은 모두 간접화법으로 되어 있다.

메데이아가 이아손의 꿈을 꾸고 난 후 두 번째 독백을 하다

그 사이 아르고스는 아이에테스의 궁전으로 돌아와서, 자신의 어머니를 갖은 말로 설득해 메데이아가 자기들을 도울 수 있도록 부탁했다. 칼키오페는 전에 이미 그럴 생각을 했었다. 하지만 공포가 그녀를 사로잡았다. 아버지의 엄청난 분노에 기겁을 한 메데이아의 마음을 얻는 것이 무익하고 하릴없는 일일 수도 있고, 그녀가 자신의 청을 들어주어도 계획이 만천하에 드러날지 모르기 때문이다.

침대에 누워 있던 메데이아에게 깊은 잠이 찾아와 그녀를 고통에서 해방시켜주었다. 그러나 달콤하지만 불길한 꿈이 금세 그녀를 괴롭혔다. 그녀의 마음이 온통 걱정에 사로잡혀 있었기 때문이다.

꿈속에서 그 이방인이 과업을 떠맡은 것은 황금양피를 가져가기 위해서가 아니었다. 그가 아이에테스의 도시로 온 것은 자신을 아내로 데려가기 위해서였다. 또 그녀는 꿈속에서 자신이 그 황소와 싸워 힘들이지 않고 과업을 완수했다. 그러나 그녀의 부모는 약속을 지키지 않았다. 황소에 멍에를 씌우라는 과업을 맡긴 사람은 그녀가 아니라 이아손이라는 것이다. 그래서 부모와 이방인 사이에 분쟁이 생겨 해결될 기미가 보이지 않았다. 결국 두 사람은 누가 옳은지 그 결정권을 그녀에게 맡겼다. 그녀는 뜻밖에도 부모를 외면하고 이방인의 손을 들어주었다. 깊은 배신감을 느낀 부모는 버럭 화를 내며 소리를 질렀다. 그 소리에 깜짝 놀라 그녀는 잠에서 깨어났다. 공포로 전율하면서 그녀는 일어나 무엇을 찾기라도 하는 듯이 벽을 둘러보았다. 그녀는 간신히 힘을 모아 예전처럼 마음을 다잡고 가냘프게 다음과 같이 중얼거렸다.

"불쌍한 내 신세여, 무서운 꿈까지도 나를 짓누르는구나! 그 영웅들 때문에 큰 불행이 닥칠까 두렵구나. 내 마음은 그 이방인 걱정으로 몹시 떨린다. 하지만 그 사람은 이곳에서 멀리 떨어진 자기 나라에 가서 아카이아의 처녀에게 구혼하라지! 나는 그냥 처녀로 우리 부모 집에 남아 있는 게 좋겠지! 아니, 아무리 그래도 나는 내 비열한 마음을 고쳐먹고, 더 이상 피를 나눈 언니를 나 몰라라 하지 않겠어. 그 이방인이 과업을 수행하도록 도와달라고 언니가 나에게 부탁하도록 해보겠어. 언니는 아들들을 걱정하고 있으니 그렇게 할 거야. 그래야 내 마음속의 고통이 사라질 수 있을 것 같아."

칼키오페가 동생 메데이아의 마음을 떠보다

이렇게 말하며 그녀는 일어서서 겉옷만 걸친 채 맨발로 방문을 열었다. 그리고 언니의 방으로 가려고 문지방을 넘어섰다. 하지만 부끄러운 마음이 들어 한참 동안 망설이며 방의 바깥 홀에 서 있었다. 그러다가 그녀는 다시 방향을 바꾸어 자기 방으로 들어왔다. 그녀는 다시 한 번 더 방에서 나왔다가 다시 들어갔다. 그녀의 발은 이렇게 하릴없이 그녀를 밖으로 몰고 갔다가 다시 안으로 데려왔다. 그녀가 나가려고 하면 수치심이 그녀를 안에 붙잡아두었고, 수치심으로 멈추어 서면 대담한 욕망이 그녀를 밖으로 재촉했다. 그녀는 세 번째로 그걸 시도했지만 다시 멈추어 섰다. 네 번째로 다시 방에 돌아온 그녀는 침대에 몸을 던졌다.

어떤 처녀에게 오빠들과 부모님이 최근에 결혼을 허락한 사랑스러운 애인이 있었다. 그녀는 부끄러움과 수줍음으로 하녀들과도 접촉을 꺼리고 슬픔에 잠겨 방 안에 앉아 애인을 애도한다. 모진 운명이 두 사람이 사랑의 정을 나누기도 전에 신랑을 저승으로 데려간 것이다. 그녀는 가슴이 천 갈래 만 갈래 찢어진 나머지 주인 잃은 침대를 바라보며 숨죽여 운다. 다른 여자들이 자신을 무시하고 조롱하지 않게 하기 위해서였다. 바로 그 처녀처럼 메데이아는 슬프게 흐느껴 울었다.

어렸을 적부터 메데이아를 돌보아주었던 하녀 하나가 우연히 애통해하고 있는 그녀를 보고, 즉시 칼키오페에게 그 사실을 알렸다. 마침 칼키오페는 아들들과 함께 어떻게 하면 메데이아의 마음을 얻을 수 있을까 궁리하며 앉아 있었다. 그녀는 하녀로부터 뜻밖의 소식을 듣고 그 기회를 놓치지 않았다. 그녀는 놀라면서 자신의 방에서 나와 동생의 방으로 서둘러 갔다. 메데이아는 슬픔에 잠겨 누워서 자신의 양 볼을 할퀴고 있었다. 칼키오페는 그녀의 두 눈이 눈물에 젖어 있는 것을 보고 다음과 같이 말했다.

"아, 마음이 아프구나! 메데이아야, 왜 그렇게 눈물을 흘리고 있니? 무슨 일이 있었니? 어떤 끔찍한 고통이 너를 괴롭히고 있는 거니? 신들이 갑자기 너에게 병을 내리시기라도 하셨니? 아니면 아버지가 나와 내 아들들에게 했던 끔찍한 위협의 말을 듣기라도 한 거니? 오, 이곳 부모님 집과 도시가 보이지 않으면 좋으련만! 콜키스인들의 이름이 들리지 않는 세상의 끝자락에 살면 얼마나 좋을까!"

그녀가 이렇게 이야기하자 동생의 볼이 빨개졌다. 메데이아는 곧바로 대답하고 싶은 마음이 굴뚝같았지만 처녀의 수치심 때문에 오랫동안 망설였다. 말이 막 혀끝에서 맴돌다가도, 곧 다시 가슴속 깊이 들어가 버렸다. 말이 그녀의 사랑스러운 입 안에서 맴돌았지만 더 이상 소리가 되어 튀어나오지는 않았다. 한참이 지나서야 비로소 그녀는 지혜롭게 다음과 같이 말했다. 사랑의 신들이 그녀를 부추겼기 때문이다.

"칼키오페 언니, 아버지가 이방인들과 언니의 아들들을 함께 죽이지 않을 것이라는 확신이 없어졌어요. 바로 조금 전에 잠깐 잠이 들었는데, 그런 슬픈 꿈을 꾸었어요. 신이 그 꿈을 현실이 되지 않게 하셨으면 좋으련만. 그리고 언니도 아들 일로 고통을 겪지 않기를 바라고요!"

이렇게 이야기하며 그녀는 칼키오페가 그녀에게 먼저 아들들을 도와달라고 하지 않을까 넌지시 그녀의 마음을 떠보았다. 칼키오페는 그 이야기를 듣고 전율하며 극심한 고통에 휩싸였다. 그녀는 다음과 같이 대답했다.

"내가 여기에 온 것은 이 모든 것을 생각하고 네가 나에게 도움을 줄 수 있지 않을까 알아보기 위해서였단다. 그러나 하늘과 땅에 대고, 내가 너에게 이야기하는 것을 네 가슴속에만 간직하고 나를 충실하게 도와주겠다고 맹세해라! 나는 신들, 너 자신, 부모님을 걸고 너에게 간청한다. 난 내 아들들이 사악한 죽음의 운명에 빠져 비참하게 갈기갈기 찢기는 것을 보고 싶지 않다. 그렇게 된다면 나는 나중에 죽어서도 나의 사랑스러운 아들들과 함께 분명 하데스의 나라에서 추악한 에리니에스가 되어 빠져나와 네 앞에 나타날 것이다!"

이렇게 이야기하면서 그녀는 눈물을 펑펑 쏟아냈다. 그녀는 털썩 주저앉아 동생의 무릎을 양손으로 잡고 자신의 머리를 그녀의 무릎에 파묻었다. 그와 동시에 두 자매는 서로의 신세를 한탄하며 슬피 울었다. 두 불행한 여인의 한탄 소리가 궁전 안 멀리까지 울려 퍼졌다. 슬픔에 사로잡힌 자매 중 먼저 이야기를 꺼낸 것은 메데이아였다.

"불쌍한 언니, 그렇게 끔찍한 저주와 에리니에스 운운하는 언니에게 내가 무슨 도움을 줄 수 있겠어요? 하지만 내가 언니의 아들들을 살릴 수만 있다면 얼마나 좋을까! 하여튼 언니가 나에게 하라고 요구한 그 콜키스인들의 강한 맹세, 위대한 하늘과 그 아래 신들의 어머니 대지에 걸고 하는 그 맹세를 두고 말할게요. 만약 내가 할 수 있는 일을 언니가 나에게 부탁하면 전력을 다해 언니를 돕도록 할게요."

그녀의 말을 들은 칼키오페가 다음과 같이 대답했다.

"우리 아들들을 위해 그 이방인이 과업을 이룰 수 있도록 꾀와 방책을 궁리해줄 수 있겠니? 그 사람은 너의 도움을 간절히 바라고 있단다. 아르고스도 그 사람의 권유로 조금 전에 나에게 와서 너의 도움을 얻게 해달라고 부탁했다. 지금 그 아이는 내 방에 혼자 있단다."

그녀가 이렇게 말하자, 메데이아의 가슴은 기쁜 나머지 세차게 두근거렸다. 동시에 그녀의 아름다운 얼굴은 분홍빛으로 물들었다. 그녀는 눈앞이 캄캄해지고 가슴이 벅차올라 다음과 같이 말했다.

"칼키오페 언니, 전 언니와 언니 아들들이 바라고 원하는 대로 할 거예요. 그렇지 않으면 제 눈은 여명을 다시는 보지 못할 것이고, 언니는 더 이상 살아서 저를 보지 못할 거예요. 제가 언니나 언니 아들들의 생명보다 더 중요하다고 여기는 건 아무것도 없어요. 언니의 아들들은 나에게는 형제나 마찬가지고, 동년배요, 피를 나눈 혈육이니까요! 나는 내 자신이 언니의 동생이기도 하지만 딸이라는 것도 알아요. 언니는 어렸을 때 언니 아들처럼 나에게도 젖을 물려 키웠으니까요.[25] 나는 전에 어머니에게서 계속 그런 얘기를 들었어요. 자, 이제 돌아가세요. 또 내가 도와주겠다고 한 말을 누구에게도 발설하지 마세요. 제가 언니에게 한 약속을 부모님이 아서서는 안 되니까요. 저는 새벽에 헤카테 신전으로 가서 이런 분쟁의 당사자인 그 이방인에게 황소를 마비시키는 약을 줄 거예요."

메데이아가 이아손을 도와주기로 결심하고 세 번째 독백을 하다

칼키오페는 급히 메데이아의 방에서 나가 아들들에게 동생이 도와주겠다고 한 소식을 알렸다. 그러나 메데이아는 혼자가 되자 다시금 수치심

---

[25] 칼키오페가 동생 메데이아의 어머니 역할을 한 것을 보면 둘 사이의 나이 차이는 적어도 15년은 될 것이다. 당연히 압시르토스와 메데이아의 나이 차이는 그보다 더 크다. 따라서 프릭소스의 아들들은 16~20세, 메데이아는 15~20세, 칼키오페는 30~35세, 압시르토스는 40세, 아이에테스는 60세쯤으로 추정할 수 있다.

과 끔찍한 공포에 사로잡히게 되었다. 아버지의 뜻을 거스르고 남자를 위해 그 일을 해야 하기 때문이었다.

밤의 장막이 대지를 어두움으로 감쌌다. 바다의 어부들은 배에서 큰곰자리와 오리온 별자리를 올려다볼 수 있었고, 많은 나그네들과 문지기들도 잠을 청했다. 아이를 잃은 엄마들조차도 깊은 잠에 빠질 때였다.26 도심지에서는 개 짖는 소리 하나 들리지 않고, 그 어떤 소리도 잦아들어 전혀 들을 수 없었다. 침묵만이 칠흑 같은 어두움을 감쌌다. 하지만 메데이아만은 전혀 달콤한 잠에 빠지지 못했다. 아이손의 아들에 대한 그리움과 걱정으로 그녀는 잠을 이룰 수 없었다.

그녀는 황소들의 엄청난 힘을 걱정하고 있었다. 황소들이 아레스의 밭에서 이아손에게 비참한 운명을 가져다 줄지도 모를 일이었다. 가슴속에서 심장이 요동을 멈추지 않았다. 통이나 냄비에 물을 부을 때 그 물에 반사된 햇빛이 건물 벽에 부딪히면 사방으로 심하게 요동친다. 그 빛은 소용돌이 물결을 일으키며 벽면에서 이리저리 급히 흔들린다. 여인의 심장도 그렇게 요동쳤다. 그녀의 눈에서 동정의 눈물이 흘렀다. 그녀의 마음은 고통으로 타들어 갔다. 고통은 그녀의 정수리의 가장 미세한 신경을 거쳐 아래쪽 목덜미까지 파고들었다. 사랑의 신들이 가슴속에 고통을 불러일으키면 사람들은 이곳이 가장 아픈 법이다.

그녀는 어떤 때는 황소를 잠재울 약을 그에게 줄 생각을 하다가도, 어떤 때는 주지 않고 오히려 그와 함께 죽을 생각을 했다. 또 어떤 때는 갑자기 죽지도, 약을 주지도 않고 자신의 운명을 조용히 견뎌야겠다고 생각하기도 했다. 결국 그녀는 결정을 내리지 못한 채 앉아서 다음과 같이 한탄했다.

"가련한 내 신세여! 어떤 방법을 써봐도 불행뿐이구나. 어디서도 내 마음은 안정을 찾을 수 없구나. 고통을 해결할 수 있는 방도는 보이지 않고 계속 마음만 타들어 가는구나. 내가 이 남자를 보기 전에, 그리고 칼키오페 언니의 아들들이 그리스로 가기 전에 아르테미스의 화살을 맞고 죽었더라면 좋았을 것을![27] 그들을 이리로 데려와 우리에게 고통과 눈물을 안겨준 것은 신이나 복수의 여신들이 아닐까? 과업을 수행하다가 죽는 것이 그의 운명이라면 그 사람은 밭을 갈다가 죽어야 하겠지! 어떻게 부모님 모르게 마법을 쓸 수 있을까? 부모님에게 뭐라고 이야기해야 하지? 어떤 계책과 방도가 그에게 도움이 될 수 있을까? 다른 동료들 없이 독대하여 그에게 한번 물어볼까?

불쌍한 내 신세여! 그가 죽어도 나는 고통에서 벗어날 수 없으리. 그 사람이 죽는다면 그것은 나에게 가장 큰 고통이 될 테니까. 아, 수치심도 명예도 다 저리 비켜라! 그 사람은 나의 도움을 받아 손가락 하나 다치지 않고 자신이 그리던 곳으로 돌아가야 해. 그러나 그가 그 과업을 이룬 바로 그날 나는 죽을 것이다. 천장 서까래에 목을 매고 죽든지 아니면 독약을 마시고 삶을 끝내든지 해야지. 그러나 내가 죽어도 사람들은 뒤에서 나를 손가락질하며 조롱하겠지. 나라 방방곡곡에 내 소문이 퍼지겠지. 콜키스 여자들은 여기저기서 입방아를 찧으며 나를 심하게 비난하겠지. 그 여자는 이방인 남자를 너무나 사랑하여 목숨을 끊었다네, 광적인 쾌락에 빠져 가족과 부모의 명예를 더럽혔다네 하고. 내가 받지 않을 비난이 어디 있겠는가? 고통스럽구나, 이 얼마나 가혹한 운명인가! 이런 치욕스럽고 엄청난 일을 저지르느니 차라리 오늘 밤 당장 이 방에서 삶을 마감해서 중상모략을 당하지 않는 게 낫겠다."

이렇게 말하며 그녀는 좋은 약을 비롯하여 아주 파괴적인 온갖 마법의 약이 다 들어 있는 상자 쪽으로 다가갔다. 그녀는 상자를 무릎 위에 올려놓고 옷을 눈물로 흠뻑 적시도록 슬피 울었다. 이렇게 자신의 운명을 몹

---

[26] 아르고호가 그리스로 귀환한 후 메데이아가 자신을 버린 이아손에 대한 복수로 자식들을 죽이는 것을 암시한다.
[27] 아르테미스는 여자들을 고통 없이 빨리 죽게 한다.

시 한탄하는 동안 메데이아의 눈에서는 눈물이 하염없이 쏟아져 내렸다. 그녀는 생명을 앗아가는 독약을 마시려고 했던 것이다. 그녀는 벌써 독약을 꺼내려고 상자의 끈을 풀고 있었다. 불쌍한 여인이었다! 그러나 갑자기 무자비한 하데스에 대한 공포가 그녀의 마음을 짓눌렀다.

한참 동안 그녀는 온몸이 마비된 듯 멍하니 앉아 있었다. 눈앞에 그동안 살아오면서 기뻤던 자잘한 많은 일들이 주마등처럼 스쳐 지나갔다. 그녀는 인생이 누릴 수 있는 온갖 즐거움을 생각해냈다. 소녀 시절 아주 명랑했던 친구들도 기억해냈다. 그녀가 이 모든 것을 하나하나 자세히 마음속에 떠올리자 태양이 전보다 더 사랑스러워 보였다. 그래서 그녀는 헤라의 뜻대로 마음을 바꾸어 약 상자를 무릎에서 내려놓았다. 그녀의 결심은 더 이상 다른 방향으로 흔들리지 않았다. 그녀는 여명이 빨리 밝아오기를 바랐다. 약속대로 이아손에게 황소를 제압할 약을 주고 그의 얼굴을 보기 위해서였다.

몇 번이나 그녀는 방문의 빗장을 풀고 문을 열어 여명이 떠오르는지 밖을 살펴보았다. 마침내 고대하던 에오스의 빛이 보이고, 도시는 다시 활기를 띠기 시작했다.

메데이아가 이아손을 만나려고 헤카테 신전으로 출발하다

아르고스는 동생들에게 궁전에 좀 더 남아서 메데이아의 생각과 의도를 알아보라고 당부한 다음, 자신은 그들과 헤어져서 배가 있는 곳으로 서둘러 갔다.

메데이아는 여명이 밝아오자 아무렇게나 늘어뜨려 놓았던 갈색 머리카락을 높이 올려 띠로 묶고, 마른 뺨을 문질러 폈다. 그녀는 게다가 넥타르

(신들이 마시는 음료) 냄새가 나는 성유도 몸에 반질반질하게 문질러 발랐다. 그런 다음 멋진 외투를 몸에 걸치고 예쁘게 굽은 브로치로 고정시켰다. 아름다운 목에다는 은은하게 빛나는 베일을 둘렀다.

그녀는 그런 모습으로 집 안을 서성이다 자신을 괴롭히던 많은 고통을 말끔히 씻어버리고 밖으로 나와―그녀는 후에 훨씬 더 큰 고통을 겪을 것이다[28]―하녀들을 불렀다. 하녀들은 총 열두 명이었고, 그녀와 동년배들이었다. 그들은 향내 진동한 그녀의 방 현관에서 잠을 자곤 했고, 아직 남자들과 잠자리를 같이해본 적이 없었다. 그녀는 그들에게 자신을 웅장한 헤카테 신전으로 데려갈 말들을 서둘러 마차에 매라고 명령했다.

하녀들이 서둘러 마차를 준비하는 동안 메데이아는 둥근 상자에서 마법의 약을 꺼냈다. 사람들은 그 약을 '프로메테우스의 수액'이라고 불렀다. 누군가가 먼저 한밤중에 제물을 바치며 외동딸 다이라 여신(헤카테 여신의 별명)의 마음을 달랜 후 이 수액을 몸에 문질러 바르면 그 몸을 청동무기로 아무리 찔러도 전혀 상처를 입지 않으며 이글거리는 불길도 피할 필요가 없었다. 더구나 바로 그날 하루 용기와 힘에서 그를 당해낼 자가 없었다. 그 수액을 얻은 약초는 카우카소스 산 숲 속에서 독수리에 의해 간을 뜯어 먹히던 프로메테우스가 고통스러워하며 흘린 피 이코르(신들이 피 대신 흘리는 영액)가 땅에 떨어지자 처음으로 생겨났다.

약초의 꽃은 1큐빗 높이로 두 개의 줄기 끝에서 피어나 흔들거렸는데, 그 색깔은 마치 코리코스의 사프란[29] 같았다. 하지만 땅속 뿌리 모양은 방금 칼로 자른 고기와 비슷했다. 바로 이 뿌리

메데이아

[28] 전지적 작가 서술 방법이다. 나중에 메데이아가 콜키스를 탈출하는 것과 이아손에게 복수하기 위해 그와의 사이에서 난 두 아들을 살해하는 것을 암시한다.
[29] 코리코스는 소아시아의 곶 이름으로 사프란 재배로 유명하다. 사프란은 데메테르와 페르세포네에게 제물을 바칠 때 사용되었다.

아프로디테와 그녀의 아들 아이네이아스. 아프로디테는 『일리아스』에서 부상당한 아들 아이네이아스를 구해 안고 가다가 갑자기 디오메데스의 창을 맞고 이코르를 흘린다. 이코르는 신들이 피 대신 흘리는 영액을 말한다. 원래 '고름, 농, 즙' 이라는 뜻이다.

에서 그녀는 산속 참나무에서 그런 것처럼 카스피아 조개로 검은 수액을 모아 마법의 약으로 사용했다.

그녀는 수액을 모으기 전, 멈추지 않고 흐르는 물에 일곱 번 몸을 씻고 청년의 보호자인 브리모(헤카테의 또 다른 별명)를 불렀다. 그녀는 깊은 밤 검은 옷을 입고 밤의 방랑자이자 대지의 여신이며 사자들의 주인인 브리모를 일곱 번이나 부르며 간청했다. 그녀가 그 티탄의 뿌리를 베어내자 대지가 큰 소리를 내며 부르르 떨었다. 이아페토스의 아들 프로메테우스조차도 고통스러워 어쩔 줄 모르며 짙은 신음을 토해냈다.

그녀는 바로 그 약을 꺼내 탐스러운 가슴을 두른 향기로운 띠 속에 집어넣고 대문 밖을 나가 빠른 마차에 몸을 실었다. 양옆에 각각 한 명씩 두

---

30 헤카톰베라고 하며 '소 백 마리의 제물' 이라는 뜻으로 성대한 제물을 의미한다.

명의 하녀가 올라탔다. 그녀는 오른손에 몸소 공들여 만든 채찍을 든 채 고삐를 잡고 시내로 말을 몰았다. 다른 하녀들은 마차의 뒤쪽 난간을 잡고 그 뒤를 따라 넓은 길을 달려 내려갔다. 그들은 우아한 옷을 하얀 무릎 위까지 걷어 올렸다. 이들의 모습은 마치 레토의 딸이 파르테니오스 강의 부드러운 물이나 암니소스 강물에 목욕을 한 후에 빠른 수사슴이 끄는 황금마차에 올라타고 선 채로 산 위로 올라가는 것과 같았다. 향기로운 큰 제물30을 흠향하기 위해서다. 그때 아르테미스 여신 뒤를 수행원인 요정들이 멀찌감치 떨어져서 뒤따른다. 요정들은 일부는 암니소스 강의 원류 근처에서 모여들었고, 또 일부는 숲이나 샘물이 많은 산속에서 왔다. 그들이 지나가자 주변에서 야생 동물들이 벌벌 떨고 낑낑거리며 꼬리를 흔들어댄다. 마치 그것처럼 메데이아 일행은 시내를 서둘러 지나갔다. 백성들이 공주의 시선을 피하면서 비켜섰다.

잘 닦여진 길을 지나 평원을 달려 헤카테 사원에 도착한 그녀는 재빨리 빠른 마차에서 내려 수행원들에게 다음과 같이 열정적으로 말했다.

아르테미스 여신. 활을 메고 사냥을 하다 지치면 숲 속의 샘에 와서 몸을 씻으며 쉬곤 했다.

"친구들이여, 나는 이방인 남자들이 득실대는 곳을 돌아다니는 큰 잘못을 저질렀다. 그들은 우리나라 이곳저곳을 배회하고 있다. 도시 전체가 깊은 시름에 잠겨 있지. 그래서 전에는 날마다 사원에 모이곤 했던 여자들도 오늘은 보이질 않는구나.31 그러나 우리는 이미 이곳에 왔다. 이젠 아무도 오지 않을 것이다. 그러니 오늘은 우리끼리 재미있는 놀이도 하고 마음껏 즐기다가, 풀밭의 아름다운 꽃들도 꺾어서 여느 때처럼 같은 시간에 집으로 돌아가자! 특히 너희들이 오늘 내가 하는 일을 도와준다면 많은 선물을 갖고 집으로 돌아갈 것이다. 아르고스가 그렇게 해달라고 나에게 부탁했다. 칼키오페 언니도 그랬다. 하지만 너희들은 나에게 들은 이야기는 조용히 마음에만 담아두어야 한다. 우리 아버지의 귀에 들어가서는 안 되니까! 그들은 나에게 선물을 줄 테니 황소를 길들이는 일을 떠맡은 그 이방인을 끔찍한 싸움에서 구해내 달라고 했다. 나는 그 제안을 받아들이기도 했다. 나는 그 사람에게 다른 동료를 대동하지 말고 혼자 오라고 했다. 그가 선물을 가져오면 그걸 너희에게 나누어 줄 것이고, 나는 그 대신 그에게 그 끔찍한 마법의 약을 줄 것이다. 그러니 그 사람이 오면 너희들은 옆으로 물러나 있어라."

그녀가 이렇게 이야기하자 그 대담한 제안이 모두의 마음에 들었다.

이아손 일행이 메데이아를 만나려고 헤카테 신전으로 향하다

아르고스는 동생들로부터 메데이아가 아침 일찍 신성한 헤카테 사원으로 갈 것이라는 얘기를 듣고 이아손을 따로 불러 들판으로 데리고 갔다. 암피코스의 아들 몹소스가 그들을 따라갔다. 그는 새의 비행을 해석하거나 여행을 하는 사람들에게 충고하는 데 능했다.

이전의 어떤 남자도 그 당시 이아손처럼 생긴 사람은 아직까지 없었다. 제우스의 소생인 영웅들도, 다른 신들의 핏줄을 이어 받은 자손들도, 제우스의 부인 헤라가 그날 이아손에게 부여한 외모나 말투를 따라가지 못했다. 그의 동료들조차도 은은하게 빛을 발하는 그를 경탄의 눈초리로 쳐다볼 지경이었다. 암피코스의 아들은 즐겁게 길을 따라나섰다. 모든 것을 예감하고 있었기 때문이다.

그들이 걸어가는 들판의 신전 근처에는 포플러가 한 그루 있었다. 잎이 무성해 나무 위에서 요란한 까마귀들이 자주 밤을 보내곤 했다. 그중 한 마리가 헤라의 지시를 받고 우듬지 위에서 날개를 퍼덕이며 까악까악 울며 다음과 같이 말했다.

"삼척동자도 아는 것을 생각조차도 하지 못하는 미련한 자가 예언가라니. 처녀는 다른 낯선 사람 앞에선 총각에게 달콤한 말도, 사랑스러운 말도 건네지 않는다는 것을 모르다니! 예끼, 저리 비켜라, 이 형편없는 예언가여. 키프리스 여신도, 부드러운 사랑의 신들도 너 같은 바보에겐 사랑을 불러일으키지 않을 것이다."

까마귀가 이렇게 나무라자 몹소스는 신이 보낸 새의 음성을 듣고 미소를 띠며 다음과 같이 말했다.

"아이손의 아들이여, 이제 당신 혼자 헤카테 여신의 신전으로 가십시오. 그곳에서 당신은 그녀를 만나게 될 것입니다! 그녀를 친절하게 대하도록 하십시오. 그것은 전에 아게노르의 아들 피네우스가 말한 것처럼, 과업을 이루는 데 당신의 후원자가 될 키프리스 여신의 뜻이기도 합니다. 아르고스와 저는 여기 이곳에 남아 당신이 돌아올 때까지 기다리겠습니다. 그러니 당신 혼자서 그녀에게 간청하고 부드러운 말로 그녀를 설득해 보십시오."

---

31 헤카테 여신도 아르테미스 여신처럼 여자들의 일을 담당한다. 따라서 해산을 하거나 신비스러운 의식을 거행할 때 여자들이 그 이름을 부르며 도움을 간청한다.

이렇게 그가 사려 깊게 이야기하자 두 사람은 그 말에 금방 동의했다.

메데이아가 이아손을 만나서 마법의 약을 전달하다

메데이아는 아무리 놀이에 집중해보려고 해도 다른 생각들을 떨쳐버릴 수 없었다. 그녀는 어떤 놀이에도 재미를 느끼지 못하고 금방 지루해져서 어찌할 바를 모르며 중간에 그만두었다. 그녀의 눈동자는 하녀들을 향해 조용히 멈춰서질 못했다. 그녀는 계속해서 얼굴을 돌려 멀리 길 쪽을 바라보곤 했다. 발걸음이나 바람 소리가 들렸다고 생각이 들 때면 그녀의 심장은 거의 터질 것만 같았다. 그러나 오래지 않아 마침내 그녀가 애타게 그리워하던 그 사람이 나타났다.

그 모습은 마치 시리우스가 오케아노스에서 하늘 높이 떠오르는 것과 같았다. 시리우스는 보기에 아름답고 화려하게 떠오르지만 양떼들에겐 엄청난 시련을 예고한다.[32] 그렇게 멋진 모습으로 아이손의 아들은 그녀에게 다가왔다.

하지만 그의 모습은 그녀에게 비참한 욕망의 고통을 불러일으켰다. 심장이 튀어나오려고 했다. 눈앞이 캄캄해졌고, 볼에 뜨거운 홍조가 감돌았다.[33] 다리를 앞으로도, 뒤로도 뗄 힘이 없었다. 두 발이 마비된 것 같았다. 하녀들은 그사이 모두 물러났다.

둘은 말없이 조용히 마주 보고 서 있었다. 그들은 마치 바람이 불지 않을 때는 조용히 땅에 깊이 뿌리를 박고 있다가 바람이 불어닥치면 움직

---

[32] 시리우스가 떠 있는 동안이 그리스에서 가장 더운 시기이다. 따라서 시리우스는 털로 수북하게 덮인 양떼에게 고역이 아닐 수 없다.
[33] 메데이아의 얼굴에 감도는 홍조는 이아손에 대한 정욕을 상징한다. 헤시오도스도 『노동과 나날』에서 시리우스가 머리와 무릎에 작열할 때면 '여자들은 가장 욕정이 이는 시기지만, 남자들은 가장 기력이 없는 때'라고 쓰고 있다.

이면서 계속해서 시끄럽게 쏴쏴 하고 살랑대는 두 그루의 참나무나 키 큰 전나무 같았다. 그렇게 두 사람은 에로스의 부채질로 마음껏 서로 이야기하고 싶은 욕구를 느꼈다. 아이손의 아들은 그녀가 신이 내린 심적 혼란에 빠져 있다는 것을 알아채고 달래듯이 다음과 같이 말했다.

"여인이여, 어째서 당신은 혼자뿐인 나를 부끄러워하십니까? 저는 다른 남자들처럼 허풍쟁이가 아닙니다. 저는 제 조국에 있을 때도 똑같았습니다. 그러니 여인이여, 나를 너무 부끄러워하지 마시고 마음 내키는 대로 물어보거나 말해보시오. 어떤 불의도 용납하지 않는 이 신성한 장소에서 호의를 갖고 우리가 이렇게 만났으니 솔직하게 말하고 물어보시오! 하지만 달콤한 말로 나를 실망시키려고 하지는 마시오. 당신은 나에게 힘을 주는 마법의 약을 주겠다고 친언니에게 약속했으니까요!

헤카테 여신, 당신의 부모, 이방인과 보호를 구하는 이에게 손을 내미는 제우스 신에 대고 당신에게 간청합니다. 나는 그 두 사람으로, 즉 이방인과 보호를 구하는 자로 엄청난 고난에 빠져 당신에게 와서 무릎을 꿇고 간청하고 있습니다. 당신과 당신의 언니가 없으면 나는 힘든 과업을 이룰 수 없으니까요. 도와주시기만 한다면 나중에 감사의 표시는 하겠습니다. 도움을 입고도 멀리 떨어져 살아가야 하는 사람의 당연한 도리이고 예의겠지만, 저는 멀리에서나마 당신의 명예와 이름을 드높일 것입니다. 다른 영웅들도 그리스에 도착하면 당신을 칭송할 것입니다. 해변에 앉아서 분명 우리의 운명을 한탄하고 있을 영웅들의 아내와 어머니들도 그럴 것입니다. 당신은 그들도 끔찍한 고통에서 구해내줄 테니까요.

헬리오스의 딸 파시파에가 언젠가 미노스에게 낳아주었던 딸 아리아드네도 테세우스가 어려운 과업을 이루도록 선행을 베풀었습니다. 그녀는 아버지의 분노를 진정시킨 후 그 영웅과 함께 배를 타고 조국을 떠났습니다. 신들도 그녀를 무척 사랑했지요. 신들은 그녀를 기리기 위해 하늘 한가운데에 관 모양의 별자리를 만들어 주었습니다. 그 별자리는 '아리아드네의 왕관'이라고 하는데 밤새도록 하늘에 떠 있습니다. 당신도 우리 영웅들 일행을 구해준다면 틀림없이 신들의 보답을 받을 것입니다. 당신의 인품을 보아하니 정말 따뜻하고 온화한 마음의 소유자일 것이 분명하군요."

미노타우로스를 죽이는 테세우스. 크레테 섬의 미노스는 속국 아테네로부터 매년 선남선녀 각 7명을 조공으로 받았다. 그들은 미로에 갇혀 있는 괴물 미노타우로스에게 바쳐졌다. 미노스의 아내 파시파에와 황소 사이에서 태어난 괴물 미노타우로스는 일 년에 한 번 인육을 먹어야 거친 성정이 가라앉았다. 아테네의 왕 아이게우스의 아들 테세우스는 이 괴물을 죽이기 위해 7명의 청년들 중 하나로 자원하여 크레테 섬으로 건너간다. 그러나 그는 괴물을 처단한다고 해도 미로를 빠져나오는 방법을 알 재간이 없었다. 고심하던 테세우스에게 미노스의 딸 아리아드네는 테세우스에게 실타래를 건넨다. 테세우스에게 반한 그녀가 미로를 설계한 다이달로스에게 도움을 요청했던 것이다. 테세우스는 미로 문 앞에 실을 묶고 안으로 들어가 괴물을 해치운 후 무사히 미로를 빠져나와 아리아드네를 데리고 그리스로 도망간다.

아리아드네를 데리고 가던 테세우스는 식수 조달을 위해 키클라데스 군도의 낙소스 섬에 잠깐 들렀다가 그녀가 잠든 사이 혼자만 섬을 빠져나온다. 테세우스가 아리아드네를 낙소스 섬에 버린 것은 그녀를 디오니소스 신과 맺어주려는 아테나 여신의 명령이었다고도 하며, 테세우스 일행이 그 섬에 기항했을 때 섬에 있던 디오니소스 신이 그녀의 자태에 반해 그녀를 납치했다고도 한다.

디오니소스 신은 그녀와 사랑을 나눈 후 헤파이스토스가 준 황금관을 그녀에게 선물로 주었다. 이 황금관은 후에 별자리가 되어 '아리아드네의 왕관'이라는 명칭을 얻게 된다. 이 별은 극을 중심으로 도는 별자리가 아니라 콤파스 자리가 뜨면 뜨고, 게자리가 뜨면 져서 밤새 빛난다.

위 테세우스에게 버림받은 아리아드네 **아래** 아리아드네와 디오니소스

이렇게 추켜세우자 그녀는 시선을 아래로 향한 채 넥타르처럼 달콤한 미소를 지었다. 칭찬의 말을 듣자 그녀의 마음이 약간 누그러졌다. 그녀는 눈을 들어 그의 얼굴을 쳐다보았다. 하지만 그에게 무슨 말을 건네야 할지 몰랐다. 모든 것을 한꺼번에 말하고 싶은 욕구를 느꼈다.

우선 그녀는 망설이지 않고 향기로운 가슴 띠 속에서 마법의 약을 꺼냈다. 그러자 이아손은 기쁜 낯으로 그것을 재빨리 두 손으로 받았다. 정말 그녀는 그가 원하기만 한다면 가슴속에서 혼이라도 빼서 그에게 기꺼이 주었을 것이다. 에로스는 그럴 정도로 이아손의 갈색 머리에서 달콤한 매력의 불꽃이 발산하게 만들었다. 그녀의 번뜩이는 시선도 꼼짝없이 그 불꽃의 포로가 되어버렸다. 그녀의 가슴이 뜨거워졌다. 그녀의 가슴은 밤새 장미꽃 위에 내린 이슬이 아침 햇살을 받고 녹는 것처럼 그렇게 녹아 내렸다.

두 사람은 부끄러워서 눈을 금방 아래로 향했다가도, 다시 서로를 힐끗 훔쳐보았으며, 밝은 눈썹 아래 눈을 반짝이며 서로에게 사랑스러운 미소를 지어 보였다. 마침내 그녀가 정신을 가다듬고 이아손에게 말했다.

"이제부터 내가 당신을 도와주기 위해 계획한 것을 말할 테니 잘 들으세요. 당신이 우리 아버지에게 가면, 아버지는 밭에 뿌리라고 뱀의 턱에서 빼낸 끔찍한 이빨을 줄 것입니다. 그러면 한밤중까지 기다렸다가, 멈추지 않고 흐르는 강물에 목욕을 한 다음, 검은 옷을 입고 다른 사람들을 대동하지 말고 혼자 구덩이 하나를 동그랗게 파세요! 그 구덩이 안에서 암염소를 잡은 다음 장작을 가지런히 쌓고 그 위에 생고기를 통째로 올려놓으세요. 그런 다음 당신은 잔으로 부지런한 벌들의 꿀을 떨어뜨리면서 페르세스의 외동딸 헤카테 여신의 마음을 달래십시오! 헤카테 여신에게 기도로써 간청한 후엔 장작더미에서 물러나십시오! 발소리나 개 짖는 소리가 나도 뒤를 돌아보아서는 안 됩니다. 그렇지 않으면 당신은 모든 것을 망치게 될 것이고 동료들에게 무사히 돌아가지 못할 것입니다.

아침이 되면 이 마법의 약을 녹여서 옷을 벗은 다음 섬유를 바르듯이 몸에 반질반질하게 문질러 바르십시오! 그러면 당신에게 엄청난 힘과 굉장한 능력이 생길 것입니다. 인간이 아니라 불멸의 신이 된 것 같은 착각이 들 정도일 것입니다. 창뿐 아니라 방패와 검에도 그것을 발라야 합니다! 그러면 땅에서 솟아난 병사들의 창끝도, 무서운 황소의 입에서 뿜어져 나오는 견디기 힘든 화염도 당신을 해칠 수 없을 것입니다. 하지만 그런 상태가 아주 오랫동안 지속되는 것은 아닙니다. 그 약효는 단지 하루 동안만 지속됩니다. 그러니 이 싸움에서 절대로 물러서지 마십시오!

당신에게 충고를 하나 더 해드리겠습니다. 당신이 그 억센 황소에 멍에를 씌워서 전심전력을 다해 거친 밭을 갈면서 거무스레한 땅에 뱀의 이빨을 뿌리면 이랑에서 거인들이 이삭처럼 쑥쑥 자라납니다. 그들이 수없이 솟아나와 땅에서 꿈지락거리기 시작하면 남몰래 큰 돌덩이 하나를 그들을 향해 던지세요. 그러면 그들은 맹견들이 먹이를 놓고 싸우듯이 그 돌을 놓고 서로 싸우다가 죽을 것입니다.

자, 이제 아주 서둘러서 싸우러 가십시오! 이 일을 끝마치면 당신은 황금양피를 콜키스의 아이아에서 그리스로 가져갈 수 있을 것입니다. 어디로 가든 아무튼 당신이 원하고, 마음 내키는 곳으로 갈 수 있을 것입니다!"

이렇게 말하고 나서 그녀는 말없이 시선을 땅바닥에 고정시키고 사랑스러운 볼 위를 뜨거운 눈물로 촉촉하게 적셨다. 곧 그 사람은 자신을 떠나 멀리 바다 위를 항해해야 할 것이기 때문이다. 그녀는 다시 슬픈 목소리로 그에게 말을 걸며 그를 빤히 쳐다보다가 오른손을 덥석 잡았다. 그녀의 눈에서 부끄러움이 사라진 지 벌써 오래였기 때문이다.

"언젠가 당신이 고향으로 돌아가게 되면 메데이아의 이름을 기억해주세요! 나도 당신이 비록 멀리 떨어져 있어도 당신을 생각할 것입니다. 또 내가 묻는 말에 흔쾌히 대답해주세요! 당신의 고향은 어디입니까? 이제 여기를 떠나 바다를 항해해서 어디로 가실 겁니까? 부유한 오르코메노스 근처로 가실 겁니까, 아니면 아이아이아 섬 가까운 곳으로 가시나요? 그리고 당신이 아주 유명하다고 말한 파시파에의 딸이자 우리 아버지의 누이가 되는 그 여자에 대해서도 이야기해주세요."

그녀가 이렇게 이야기하자 그녀의 눈물을 본 이아손도 갑자기 사랑의 감정에 강하게 사로잡혔다. 그래서 그는 교활하게 메데이아에게 다음과 같이 대답했다.

메데이아와 이아손이 사랑의 맹서를 나누다

"그래요. 저는 분명 당신을 밤이나 낮이나 절대로 잊지 못할 것입니다. 제가 모진 운명에서 벗어나서 무사히 아카이아로 정말 돌아가거나, 아이에테스가 우리에게 더 힘든 임무를 부여하지 않는다면 말입니다. 그리고 우리 조국에 대해 알고 싶으시다면 내 기꺼이 말씀드리지요. 내 마음도 그러라고 하니까요. 우리나라는 주변이 가파른 산에 둘러싸여 있고, 양과 목초지가 아주 많습니다. 이아페토스의 아들 프로메테우스가 귀골의 데우칼리온을 낳은 곳이기도 하지요. 데우칼리온은 최초로 도시를 건설하고 신들을 위한 신전을 세웠고 왕으로서도 최초로 인간을 다스렸습니다. 그곳에 사는 주민들은 그 나라를 하이모니아라고도 합니다. 내 고향 도시 이올코스도 그 안에 있고, 아이아이아 섬에 대해서는 전혀 듣지 못

---

34 이 책에 나오는 계보를 보면 다음과 같다. 프로메테우스—데우칼리온—헬렌—아이올로스—아타마스(—프릭소스/헬레)/크레테우스(—아이손—이아손). 아이올로스의 아들로서 미니아스(아이올로스의 아들인 시시포스의 손자로서, 아이올로스의 증손자, 혹은 고손자)는 임의에 따라 만들어진 것이다. 『신통기』는 미니아스를 전혀 언급하고 있지 않으며, 아폴도로스와 아폴로니오스는 클리메네의 아버지로 언급하고 있을 뿐이다.
35 미노스 왕은 아테네에 대해서는 철권정치를 했지만 정의감이 강했던 왕이다. 그렇기 때문에 『오디세이아』를 보면 그는 지하세계에서 영혼들의 죄를 심판하는 재판장이 된다.

했을 다른 많은 도시들도 다 그 안에 있습니다.

　전설에 의하면 아이올로스의 아들 미니아스[34]가 언젠가 이곳을 떠나, 카드모스가 세운 나라와 인접해 있는 오르코메노스를 건설했다고 합니다. 그런데 제가 우리 집과 당신이 물어본 미노스의 딸이자 아주 유명한 아리아드네에 대해서―이것이 바로 사람들이 그 사랑스러운 처녀에게 붙여준 빛나는 이름입니다만―당신에게 모두 이야기하는 것이 무슨 의미가 있을까요? 그 당시 미노스 왕이 자기의 딸 때문에 테세우스에게 호의적으로 대한 것처럼 당신의 아버지가 우리에게 친절하게 대하면 또 모르겠지만!"

　그는 이렇게 달래는 어투로 달콤하게 말했다. 하지만 그녀는 쓰라린 고통으로 마음이 아파왔다. 슬픔에 잠긴 그녀는 이아손에게 다음과 같이 애원하듯 말했다.

　"그리스에서는 약속을 지키는 것이 미덕이겠지요. 그러나 우리 아버지 아이에테스는 당신이 말한 파시파에의 남편 미노스[35]와 같은 사람이 아닙니다. 나도 아리아드네와 비교할 만한 인물이 못 됩니다. 그러니 이방인에 대한 친절은 생각도 하지 마세요! 하지만 이올코스로 돌아가시거든 저만 생각해주세요! 저도 부모님의 뜻과는 달리 당신만 생각하겠어요! 만약 당신이 나를 완전히 잊어버리면 어떤 성스러운 목소리나 새가 날아와서 그 사실을 나에게 알려줄 것입니다. 아니면 빠른 폭풍우가 나를 싣고 바다를 건너 이올코스로 데려다 줄 것

이아손과 메데이아

입니다. 당신을 직접 만나 원망하며 나의 도움으로 위기에서 벗어난 사실을 상기시켜주기 위해서죠. 오, 내가 갑자기 당신 궁전의 손님이 되어 나타나면 얼마나 좋을까요!"

그녀는 이렇게 말하며 동정심을 불러일으키는 눈물을 양 볼에 뚝뚝 떨어뜨렸다. 그러자 이아손이 교활하게 다음과 같이 대답했다.

"불쌍한 여인이여, 폭풍우나 새 이야길랑 하릴없이 하지 마세요. 당신은 쓸데없는 말을 하고 있습니다. 당신이 그곳 그리스 땅에 오신다면 모든 남자들과 여자들에 의해 칭송받아 마땅할 것입니다. 당신은 아마 여신처럼 존경받을 것입니다. 당신의 도움으로 그들의 아들들이 집으로 돌아왔고, 형제, 친구들, 젊은 남편들이 많은 난관을 극복하고 무사히 귀환했으니까요. 또 당신은 신방에서 우리가 함께할 잠자리를 펼 것입니다. 그 무엇도 우리를 갈라놓지 못할 것입니다. 죽음이 우리 둘을 수의로 감싸기 전까지는 말입니다."

그 말을 듣고 있던 그녀는 감정이 복받쳐 올랐다. 그러나 그런 일이 가져오게 될 파멸을 예감하고 몸서리를 쳤다. 불행한 여인이었다.

그녀는 그리스에 가서 사는 것을 더 이상 거부할 수 없게 되었다. 헤라 여신이 펠리아스에게 불행을 안겨주기 위해 메데이아가 고향 아이아이아를 떠나 성스러운 이올코스로 오게 하기 때문이다.

멀리서 지켜보고 있던 하녀들은 말없이 걱정을 하고 있었다. 메데이아가 어머니가 있는 집으로 돌아가기엔 시간이 너무 촉박했기 때문이었다. 그러나 메데이아는 이미 약간 늦었지만 아이손의 아들이 다음과 같이 말하지 않았다면 아직 돌아갈 생각을 하고 있지 않았을 것이다. 이아손의 모습과 나긋나긋한 말이 그녀를 황홀하게 만들었기 때문이다.

"이제 돌아갈 시간입니다. 그렇지 않으면 우리도 모르게 해가 질 것입니다. 그래서 누군가 모든 것을 다 알아챌지 모릅니다. 하지만 우리 나중에 여기서 또 만납시다!"

그렇게 두 사람은 부드러운 말로 서로의 마음을 솔직하게 털어놓고 헤어졌다. 이아손은 기쁨에 겨워 배에 있는 동료들에게 가려고 일어섰고, 메데이아도 하녀들에게 돌아갔다. 하녀들은 그녀에게 다가섰지만 그녀는 하녀들이 다가오는 것을 알아차리지 못했다. 그녀의 영혼은 구름 위를 날아다니고 있었기 때문이다. 그녀는 꿈을 꾸듯이 빠른 마차에 사뿐히 발을 올려놓고 한 손으로는 고삐를, 다른 손으로는 아주 멋지게 만든 채찍을 잡고 말을 몰았다. 말들은 질주해서 금세 궁전에 도착했다.

메데이아가 돌아오자 칼키오페는 아들들이 걱정스러워 그녀에게 안부를 물었다. 그러나 메데이아는 멍하니 정신이 나가서 그녀의 말을 하나도 듣지 못했고, 질문에 대꾸도 하고 싶지 않았다. 그녀는 침대 곁 낮은 의자에 앉더니 뺨을 왼쪽 손으로 비스듬히 괴었다. 자신이 얼마나 나쁜 일을 계획하고 있는지 생각하자 그녀의 눈이 촉촉하게 젖어들었다.

텔라몬과 아이탈리데스가 뱀의 이빨을 가지러 가다

한편 아이손의 아들은 수행하던 두 동료들과 헤어졌던 장소에 돌아와 그들과 합류하자 모든 것을 자세하게 이야기해 주었다. 그들은 곧 다른 영웅들이 있는 배에 도착했다. 영웅들은 이들을 보자 반갑게 맞이하며 빙 둘러서 그들에게 꼬치꼬치 캐물었다. 그러자 이아손은 그들 모두에게 메데이아의 계획을 말해주고 마법의 약도 꺼내 보여주었다. 동료들 중 이다스만 멀리 떨어져서 불만을 삭이고 있었을 뿐, 다른 영웅들은 기뻐하면서도 어둠이 짙게 내린 터라 조용히 자신의 일에 열중하고 있었다.

아침이 밝아오자 그들은 밭에 뿌릴 씨앗을 가져오도록 아이에테스에게 두 영웅을 보냈다. 아레스의 사랑을 받았던 텔라몬과 헤르메스의 자랑스러운 아들 아이탈리데스가 선발되었다. 그들의 발걸음은 헛되지 않았다.

뱀을 죽이는 카드모스

아이에테스 왕은 그들이 찾아오자 과업을 수행하도록 아오니아 뱀의 끔찍한 이빨을 순순히 넘겨주었던 것이다.

그 뱀은 원래 오기고스의 테베에서 아레스의 샘을 지키고 있었다. 그러나 누이 에우로페를 찾아 나선 아게노르의 아들 카드모스에 의해 죽임을 당했다. 그는 신탁에 따라 아폴론 신이 그의 길잡이로 내려주었던 소가 인도한 대로 그곳에 들렀다가 뱀을 죽인 뒤 그곳에 정착했다. 하지만 트리톤의 여신 아테나는 뱀의 턱에서 이빨을 뽑아 아이에테스와 뱀을 죽인 카드모스에게 각각 선물로 나누어 주었다. 카드모스는 그 이빨들을 아오

36 카드모스가 뱀의 이빨을 땅에 뿌리자 땅에서 병사들이 솟아나왔다. '씨 뿌려 나온 자' 라는 뜻의 '스파르토이'로 불리는 자들이었다. 카드모스가 그들 한가운데에 커다란 돌을 하나 던지자, 병사들이 그걸 놓고 서로 처절하게 싸우다가 다섯만 살아남는다. 에키온, 우다이노스, 크토니오스, 히페레노르, 펠로로스가 그들이다. 카드모스는 이들을 테베의 백성으로 삼았다. 그 후 카드모스는 아레스의 뱀을 죽인 죄 값을 치르기 위해 8년 동안 노예처럼 아레스를 섬겼다. 제우스는 그에게 아레스와 아프로디테의 딸 하르모니아를 아내로 주었다.

니아 평원에 뿌린 다음 아레스가 휘두르는 창을 피해 살아남은 자들만 땅에서 솟아나온 종족으로 그곳에 살도록 했다.36 그런데 아이에테스는 그 이빨들을 그 당시 흔쾌히 영웅들에게 내주어 배로 가지고 가도록 했던 것이다. 그는 이아손이 소에 멍에를 얹을 수 있을지는 몰라도 그 과업을 완벽하게 이루어낼 것이라고는 꿈에도 생각하지 않았기 때문이다.

이아손이 헤카테 여신에게 제물을 바치다

태양이 서쪽 아이티오피아에서도 가장 먼 산등성이의 어둑어둑한 대지 아래로 사라지자, 밤의 여신이 말에 멍에를 얹었다. 영웅들은 닻줄 옆 땅바닥에 잠자리를 마련했다. 하지만 이아손은 밝게 빛나던 큰곰자리가 기울고 하늘의 대기가 아주 고요해지자마자 필요한 물건을 챙겨 도둑처럼 은밀히 한적한 장소를 찾아 나섰다. 낮에 미리 모든 것을 준비해두었기 때문이다. 암양과 젖은 아르고스가 나서서 양떼를 찾아 마련해 왔고, 다른 필요한 물건들은 그가 직접 배에서 가져왔다.

그는 사람들이 다니는 길에서 멀리 떨어지고 탁 트인 하늘 아래 깨끗한 평지에 놓여 있는 한적한 장소를 발견하고 우선 성스러운 강물에 자신의 부드러운 몸을 경건한 마음으로 씻었다. 그런 다음, 전에 렘노스의 힙시필레이아가 달콤했던 사랑의 순간을 기억하라고 주었던 짙은 청색의 외투를 입었다.

그 후 이아손은 땅에 1큐빗의 깊이로 구덩이를 파고, 장작을 쌓아 올리고 그 위에서 양의 목을 딴 다음 고기를 조심스럽게 펼쳐놓았다. 그러고는 장작 아래에 불을 지펴 제물을 태우면서 물로 희석한 제주를 부었다. 동시에 그는 브리모 헤카테를 부르며 자신이 과업을 수행할 때 도와달라고 간청했다.

이아손은 그렇게 헤카테를 불러낸 다음 몸을 돌렸다. 그러자 그 무시무시한 여신은 자신을 부르는 소리를 듣고 깊은 나락에서 나와 아이손의 아들이 바친 제물로 다가갔다. 그녀는 몸 전체를 끔찍한 뱀과 참나무 가지로 감싸고 있었다. 그녀 주변에는 꺼지지 않는 횃불이 이글거리고 지하의 개들이 사납게 짖어대고 있었다. 그녀가 발을 내딛자 풀밭이 진동했으며 주변의 강과 습지에 사는 요정들이 놀라 큰 소리로 비명을 질러댔다. 요정들은 마침 그곳 아라만테스의 파시스 강가로 놀러 나와 춤을 추고 있었던 것이다.

공포가 아이손의 아들을 엄습했다. 하지만 그는 뒤를 돌아보지 않고 발걸음을 재촉해서 동료들과 합류했다. 벌써 아침놀이 떠서 눈 덮인 카우카소스 산 정상을 밝게 비추고 있었다.

아이에테스 왕이 이아손의 과업을 참관하기 위해 무장하다

그 시각 아이에테스 왕은 갑옷을 가슴에 두르고 있었다. 아레스가 자신의 손으로 플레그라이이 평원에서 미마스를 때려죽인 뒤 아이에테스에게 선물로 주었던 갑옷이다. 그는 네 개의 깃 장식이 달린 황금투구를 썼다. 투구는 헬리오스가 오케아노스의 물결을 헤치고 처음으로 솟아오를 때 머리 주변을 에워싸고 있는 빛처럼 밝게 빛났다.

그는 몇 겹을 겹쳐 만든 방패와 창을 높이 휘둘렀다. 창은 아무도 당해낼 수 없을 만큼 엄청났다. 영웅들 중 그 누구도 그 창에 대적할 수 없었다. 유일하게 힘으로 그 창에 대항할 수 있었던 헤라클레스를 멀리 남겨두고 왔기 때문이다.

아이에테스가 타고 가도록 파에톤이 날쌘 말이 끄는 실한 마차를 대령했다. 아이에테스는 마차에 올라 양손으로 고삐를 잡고, 서둘러 말을 몰아 넓은 마차 길을 따라 도시를 빠져나왔다. 이아손이 수행하는 과업을 참관하기 위해서였다. 수많은 백성들이 그의 뒤를 따랐다. 그것은 마치 포세이돈이 마차에 올라 이스트모스의 경기에 갈 때나, 말을 타고 타이나론이나, 레르나의 호숫가, 자주 그런 것처럼 칼라우레이아, 히안테스족의 온케스토스 숲, 하이모니아의 암벽, 나무가 울창한 게라이스토스에 갈 때와 비슷했다.37 콜키스인의 왕 아이에테스는 그렇게 보였다.

이아손이 무기와 몸에 마법의 약을 바르다

그사이 이아손은 메데이아가 일러준 대로 마법의 약을 녹인 다음 방패와 거대한 창뿐 아니라 칼 표면에도 문질러 발랐다. 그러자 주위에 있던 동료들이 팔로 창을 시험해보았다. 그들은 창을 조금도 구부릴 수 없었다. 창은 그들의 강한 힘에도 전처럼 부러뜨릴 수가 없었고 몹시 단단했다. 아직도 동료들에게 화를 품고 있던 아파레우스의 아들 이다스도 자신의 커다란 칼로 창 자루 끝 부분을 쳐보았다. 그러자 망치를 모루에 친 것처럼 칼날이 튕겨져 나왔다. 영웅들이 과업에 대한 기대로 부풀어 올라 기뻐하며 환호성을 질렀다.

그 후 이아손은 자신의 몸에도 약을 발랐다. 그러자 뭐라 형용할 수 없는 엄청나고 무시무시한 힘이 몸 안을 흐르는 게 느껴졌다. 양쪽 팔이 힘으로 넘쳐 힘차게 움직였다. 군마가 전의에 불타면 벌떡 일어서서 울음소리를 내며 말굽으로 땅을 탁탁 찬다. 그리고 양쪽 귀를 쫑긋 세우고 자

---

37 포세이돈을 기리기 위해 경기를 하면서 그를 찬양했던 일곱 성지다. 1. 코린토스의 이스트모스 2. 펠로폰네소스 반도 남단의 타이나론 3. 아르골리스의 레르나 4. 아르골리스 동쪽 해안가의 섬인 칼라우레이라 5. 보이오티아의 코파이스 호숫가의 온케스토스 6. 페네이오스 강가의 테살리아(하이모니아) 7. 에우보이아의 남쪽 끝 게라이스토스.

랑스러운 듯 목을 위로 들어 올린다. 아이손의 아들은 마치 그런 군마처럼 사지에 뻗치는 힘에 희열을 느꼈다.

그는 이쪽저쪽으로 훌쩍훌쩍 뛰어보았으며, 손으로 청동방패와 물푸레나무 창을 높이 흔들어보기도 했다. 그 광경을 본 사람이라면, 구름이 거친 비바람을 몰아올 때 그런 것처럼, 겨울철에 캄캄한 하늘에서 갑자기 생겨난 번개가 구름 속에서 계속 번쩍인다고 생각했을 것이다.

영웅들은 더 이상 과업을 수행하는 것을 미룰 필요가 없었다. 그들은 노 젓는 자리에 질서정연하게 앉아 아레스의 평원 쪽으로 서둘러 배를 몰았다. 아레스 평원은 도시 맞은편 쪽에서 강을 약간 거슬러 올라간 곳에 있었다. 어떤 왕이든 서거하면 왕족들이 그를 기리기 위해 달리기나 마차 시합을 주선한다. 마차 코스는 출발점, 전환점, 그리고 골인 지점으로 되어 있는데, 도시에서 아레스 평원 사이의 거리는 그 코스쯤 되었다.

영웅들은 아이테스 왕과 그 백성들을 볼 수 있었다. 콜키스 백성들은 카우카소스 산기슭에 흩어져 서 있었지만, 왕은 바로 강가에서 왔다 갔다 서성이고 있었다.38

이아손이 황소에 멍에를 씌우다

동료들이 평원 쪽 강가에 닻줄을 단단히 매자, 아이손의 아들은 과업을 이루기 위해 창과 방패를 들고 배에서 훌쩍 뛰어내렸다. 그는 동시에 날카로운 뱀의 이빨로 가득한 밝게 빛나는 청동투구를 손에 들고, 칼은 어깨에 찬 채, 옷은 걸치지 않은 맨몸39이었다. 그의 모습은 한편으로는 아레스와, 또 다른 한편으로는 황금검을 찬 아폴론과 흡사했다.

그가 밭 쪽을 쳐다보자, 청동멍에와 그 옆에 단단한 한 덩어리 철로 벼리어 만든 쟁기가 보였다. 그는 좀 더 가까이 다가가 커다란 창을 거꾸로

수직이 되게 세운 뒤 투구를 기대어놓고, 방패만 들고 황소들의 수많은 발자국을 따라 앞으로 나아갔다. 그러자 황소 두 마리가 동시에 어딘지 전혀 알 수 없는 지하동굴에서 갑자기 튀어나오면서 입으로 불을 내뿜었다. 지하동굴에 주변이 자욱한 연기로 둘러싸인 엄청나게 큰 소 우리가 있었던 것이다.

소들을 보자 영웅들은 공포에 사로잡혔다. 하지만 이아손은 양다리에 힘을 주어 벌린 채 소들이 돌진해 오기를 기다렸다. 마치 바닷가 절벽의 바위가 쉼 없이 몰아치는 폭풍우로 생긴 파도가 몰려오기를 기다리는 형국이었다.

그는 황소들을 향해 방패를 앞쪽으로 내밀었다. 그러자 황소 두 마리가 울부짖으며 강력한 뿔로 방패를 들이받았다. 하지만 이아손은 그들의 공격에도 꿈쩍하지 않고 서 있는 자리에서 조금도 밀려나지 않았다. 대장장이가 좋은 가죽을 무두질해서 만든 풀무로, 사그라지는 불꽃을 살리기 위해 화덕 곳곳에 뚫린 구멍을 통해 바람을 불어넣으면, 화덕 아래에서 갑자기 불길이 치솟으며 쉬익 하는 소름끼치는 소리가 난다. 두 마리 황소는 마치 그때와 같은 소리를 내며 끔찍한 불길을 주둥이에서 뿜어댔다. 이글거리는 불꽃이 번개처럼 이아손을 덮치더니 그를 감쌌다. 하지만 메데이아가 준 마법의 약이 효력을 발휘해 그를 보호해주었다.

이아손은 오른편 황소의 뿔을 잡고는 있는 힘을 다해 가까이 있던 청동 멍에가 있는 쪽으로 끌고 가서, 자기 발로 그 황소의 청동발을 가볍게 차서 무릎을 꿇렸다. 이아손은 돌진해 오던 다른 황소도 발로 한 번 툭 차서

---

38 도시와 카우카소스 산은 파시스 강의 입구 쪽에서 보면 왼쪽 즉, 북쪽 강가에 있고, 아레스 평원과 숲은 도시 맞은편에서 약간 강을 거슬러 올라간 남쪽 강가에 있다. 이아손 일행은 원래 강 입구 근처 북쪽 강가에 정박해 있었지만 임무를 완수한 다음엔 하구 쪽으로 내려온 남쪽 강가에 머문다. 콜키스인들은 자연적으로 만들어진 원형극장에서처럼 맞은편 강가에서 벌어지는 싸움을 오케스트라를 구경하듯 지켜보고 있다. 아이에테스는 남쪽으로 강이 휘어 반원형으로 돌출된 북쪽 강변에 있다.
39 이아손이 맨몸인 것은 1. 몸에 마법의 약을 발랐기 때문일 것이고, 2. 완전무장한 아이에테스와 대비를 이루도록 하기 위해서, 3. 헤시오도스의 『노동과 나날』에서처럼 고대 그리스 농부들의 전통에 따른 것이다.

불을 뿜어대는 두 마리의 황소에 멍에를 씌우는 이아손

똑같이 무릎을 꿇렸다. 그 후 그는 넓은 방패를 땅바닥에 던져놓은 다음, 양쪽으로 벌린 두 다리로 황소를 양쪽에 각각 한 마리씩 무릎을 꿇린 채 눌러 제압했다.

이아손은 여전히 불길에 싸여 있었다. 아이에테스는 그의 힘을 보고 대경실색했다. 그사이 미리 약속이 되어 있었던 틴다레오스의 아들들 폴리데우케스와 카스토르가 가까이 다가와서 멍에를 땅바닥에서 들어 소에 맬 수 있도록 이아손에게 건네주었다. 이아손은 그 멍에를 소의 목덜미에 단단히 고정시키고 두 황소 사이에 쟁기 채를 끼워 넣어 뾰족하고 구부러진 끝을 멍에에 걸었다. 틴다레오스의 아들들은 불을 피해 배로 돌아갔다.

이아손은 다시 방패를 들어 등 뒤에 메고 날카로운 이빨로 그득한 무거운 투구와 무적의 창을 집어 들었다. 그는 펠라스고이 족의 농부가 소를 몰 때 가시로 그러는 것처럼 창으로 황소의 아래쪽 옆구리 한가운데를 상처가 날 정도로 찌르며, 철로 정성 들여 만든 쟁기를 힘차게 몰았다.

아레스의 들판을 쟁기로 갈다

소들은 처음에는 광란하여 끔찍한 불길을 토해냈다. 끔찍한 포효를 내지르기도 했다. 그 소리는 선원들이 특히 두려워하여 들렸다 싶으면 금방 큰 돛을 내려 접어버리는 폭풍우가 내는 굉음 같았다. 그러나 오래지 않아 황소는 창끝에 내몰려 어쩔 수 없이 앞으로 나아갔다. 그들 뒤에서 거친 밭이 소의 힘과 힘센 쟁기질꾼에 의해 갈아엎어지고 있었다. 동시에 쟁기가 지나갔던 고랑을 따라 남자도 들기 무거웠을 흙덩이들이 큰 소리를 내며 부서졌다.

이아손은 그렇게 쟁기를 발로 힘차게 밟으면서 소들 뒤를 따라갔다. 그리고 이미 간 땅의 이랑 중 자신에게서 먼 쪽에 이빨들을 뿌리고 계속 주위를 둘러보았다. 땅에 뿌린 씨앗에서 생긴 병사들이 불행하게도 자신을 너무 일찍 공격해 올지 모르기 때문이었다. 새벽부터 시작하여 하루의 3분의 1[40]이 남고, 농부들이 지쳐서 이제 멍에를 풀고 소들을 쉬게 할 즐

---

[40] 아폴로니오스도 낮을 『일리아스』에서 호메로스가 그런 것처럼 아침, 한낮, 저녁으로 3등분한다. 호메로스는 밤도 3등분한다.

거운 휴식 시간이 되었으면 좋겠다고 말할 때쯤이 되자, 8에이커쯤 되는 밭 전체가 지칠 줄 모르는 쟁기질꾼에 의해 다 갈아엎어졌다.

이아손은 소들을 멍에에서 풀어준 다음 평원으로 쫓아버리고, 그 자신은 배로 돌아갔다. 이랑에는 땅에서 태어난 남자들이 아직 보이지 않았기 때문이다. 그의 주변으로 동료들이 그를 격려하며 몰려들었다. 그는 투구로 강줄기에서 물을 퍼 갈증을 식혔다. 그리고 무릎을 부드럽게 하기 위해 굽혔다 폈다 하면서 결의를 다졌다. 전의에 불타는 그의 모습은, 사냥꾼들을 향해 엄니를 갈면서 원한을 품은 주둥아리에서 땅바닥 아래로 많은 거품을 뿜어내는 멧돼지 같았다.

땅에서 솟아난 병사들을 베다

바로 그때 땅에서 솟아난 병사들이 이삭처럼 밭 전체에서 쑥쑥 자라나기 시작했다. 살육을 즐기는 아레스의 숲은 온통 무거운 방패, 양날 칼, 번쩍이는 투구로 가득했다. 무기들이 발산하는 광채가 아래로부터 공중을 가로질러 하늘까지 뻗쳤다. 땅에 많은 눈이 내린 후, 폭풍우가 불어 칠흑같이 어두운 밤에 겨울 구름을 흩어버리면 모든 별들이 어둠 속에서 반짝이며 그 모습을 드러낸다. 병사들이 지상 위로 솟아 나왔을 때는 바로 이때처럼 반짝거렸다.

바로 그 순간 이아손은 술수에 능한 메데이아의 충고를 생각해냈다. 그는 땅에서 둥글고 아주 큰 돌을 하나 집었다. 그것은 전쟁의 신 아레스의 거대한 투원반 같았다. 네 명의 건장한 장정의 힘을 합쳐도 조금도 들어올릴 수 없을 정도였다. 그는 그 돌을 가볍게 들어 올려 달려가서는 멀리서 병사들 무리를 향해 던졌다. 그런 다음 자신은 방패 뒤에 은밀하게, 하지만 용기백배한 채 웅크리고 앉았다. 콜키스인들이 함성을 내질렀다.

마치 바닷물이 험한 갯바위에 부딪힐 때 나는 소리 같았다. 그러나 아이에테스 왕은 이아손이 거대한 돌을 던지는 것을 보고 할 말을 잃었다.

　병사들은 거대한 소리를 내며 발 빠른 개처럼 돌 주변에 모이더니 함성을 내지르며 서로를 죽였다. 병사들은 서로의 칼에 찔려 하나씩 그들의 어머니 격인 땅으로 꼬꾸라졌다. 그들은 마치 격렬한 돌풍에 뿌리째 뽑히는 소나무와 참나무 같았다. 바로 그때 어두운 공기를 가르며 잽싸게 달려든 이아손은 병사들에게 공포의 대상이었다. 그는 마치 하늘에서 갑자기 나타나 불길을 내며 치솟는 혜성 같았다. 이아손은 그렇게 땅에서 솟아난 병사들을 향해 공격을 퍼부었다. 그는 칼집에서 번쩍이는 칼을 빼들어 닥치는 대로 휘두르며 돌진했다. 그들은 아랫배와 옆구리까지 몸의 반만 공중으로 솟아난 자들도 있었고, 어떤 자들은 무릎까지 드러나 있었고, 또 다른 자들은 막 일어서고 있었다. 싸우기 위해 서둘러 걸어가는 자들도 있었다.

　이웃한 두 나라의 백성들 사이에 전쟁이 터졌을 때 농부는 적군이 자기보다 먼저 들판의 곡식을 거두어 갈까 두려워, 서둘러서 방금 간 굽은 낫을 손에 들고는 곡식이 태양빛을 받아 충분히 익을 때까지 기다리지 못하고, 추수기도 아닌데 곡식을 수확하러 간다. 마치 그것처럼 이아손은 땅에서 솟아나고 있는 병사들을 죄다 베어버렸다.

　밭고랑이 물로 넘치는 수로처럼 피로 범벅이 되었다. 어떤 병사들은 앞으로 꼬꾸라지며 자신의 이빨로 거친 흙을 한 입 가득 물었다. 또 다른 병사들은 뒤로 넘어지기도 하고 손바닥을 짚기도 했으며, 옆으로 넘어지기도 했다. 그들은 마치 바다의 괴물들 같았다. 많은 병사들은 땅 위로 발을 내딛기 전에 공격을 당해 아래로 축 처진 목의 무게를 견디지 못해 공중으로 튀어나온 만큼 다시 땅속으로 가라앉았다. 그것은 제우스 신이 엄청난 비를 내리면, 농부들이 애써 가꾼 농장의 새싹들이 뿌리 줄기가 꺾여 땅바닥에 나뒹구는 것과 같았다. 그러면 그걸 기른 농부들에게 실망과 함께 고통이 엄습한다. 그처럼 그 당시 아이에테스 왕의 마음속에는 무거운 고통이 밀려들었다.

그는 어떻게 하면 영웅들에게 당한 치욕을 갚아줄까 궁리하며 콜키스인들을 이끌고 시내로 돌아갔다. 그날은 그렇게 저물었다. 그리고 이아손은 자신의 과업을 거뜬히 해냈다.

4 황금양피를 찾아 돌아오다

무정한 에로스여, 당신은 인간들 사이에 얼마나 많은 고뇌와 증오의 씨앗을 뿌리십니까! 당신으로부터 끔찍한 불화와 탄식과 불평뿐 아니라, 다른 숱한 고통들도 비롯됩니다. 신이시여, 어서 채비를 하셔서, 메데이아의 마음을 가증스러운 열정으로 불타게 한 것처럼 적의 무리들도 물리쳐 주십시오!

칼라이스와 제테스가 아르고호에서 청동인간 탈로스가 죽는 것을 지켜보고 있다. 가운데에 배에 승선하고 있는 영웅은 이아손이다.

4권

메데이아가 궁전에서 도망쳐 이아손 일행과 합류하다

오, 무사 여신이여, 제우스의 딸이여,[1] 이제 그 콜키스 여인의 고뇌와 생각을 말해주소서! 저는 그녀가 자기 백성들을 버린 것을 고통스러운 열정이라고 해야 할지, 아니면 수치스러운 도피라고 해야 할지 아직 결정을 내리고 못하고 있습니다. 저는 정말 흔들리기만 하고 아무 말도 하지 못하겠습니다.

아이에테스는 궁전에서 부하들 중 심복들과 함께 밤새도록 영웅들에게 어떻게 하면 끔찍한 파멸을 안겨줄까 고심하고 있었다. 그는 생각하기도 싫은 과업의 결과에 몹시 분노하며, 그것은 딸들이 개입하지 않고는 있을 수 없는 일이라고 확신했다.

한편 헤라 여신은 메데이아의 마음속에 아주 고통스러운 공포를 심어주었다. 그녀는 엄청난 공포에 시달렸다. 마치 울창한 숲 속에서 개 짖는 소리에 놀란 민첩한 암사슴 같았다. 자신이 영웅들을 도와주었다는 사실을 아버지가 모를 리 없을 것이며, 곧 아버지에게 끔찍한 일을 당할 것이라고 확신했기 때문이다. 모든 사실을 알고 있는 하녀들도 불안했다.

그녀는 두 눈이 이글이글 타올랐으며, 귀 속에서는 윙윙 하는 소리가 아주 크게 들렸다. 그녀는 자주 목덜미를 잡기도 했고, 곱슬머리를 세게

---

[1] 무사 여신을 부르는 것은 고대 시인들이 자신들이 무사 여신들의 종복이라고 생각했기 때문이다. 시인은 무사 여신의 영감을 받아 노래할 뿐이라는 것이다. 이 책에서도 여러 군데서 무사 여신을 부르는 대목이 나온다. 『일리아스』, 『오디세이아』, 『신통기』 등도 무사 여신을 부르는 것으로 시작한다.

잡아 뜯기도 했으며, 단말마의 고통으로 절규하기도 했다. 어찌할 바를 모르던 그녀에게 헤라 여신이 프릭소스의 아들들과 함께 도망가도록 부추기지 않았더라면, 그 여인은 마침내 마법의 약을 마셔서 운명을 거스르고 말았을 것이고, 헤라의 계획은 수포로 돌아갔을 것이다.

갑자기 그녀의 마음속에서 잦아들던 용기가 되살아났다. 그녀는 마법의 약을 상자에서 모두 꺼내 가슴속에 꾸려 넣었다. 침대와 이중문의 문설주에 키스를 하고 벽을 손으로 만져보았다. 그런 다음 두 손으로 긴 곱슬머리를 잘라서,[2] 자신이 처녀라는 징표로 어머니가 보도록 방 안에 남겨두었다. 그리고 고통스러운 목소리로 한탄했다.

"사랑스러운 어머니, 저 대신 이 긴 곱슬머리를 당신에게 남겨놓고 떠납니다. 제가 비록 아주 멀리 떠나더라도 잘 지내세요! 칼키오페 언니여, 그리고 우리 집아, 안녕. 아, 그 이방인이 콜키스로 오기 전에 바다가 그를 삼켜버렸다면 좋았을 것을!"

그녀는 그렇게 말하면서 뜨거운 눈물을 펑펑 쏟아냈다. 유복한 집에서 살다가 이국땅으로 갓 잡혀온 여자는 운명의 장난으로 조국을 떠나왔지만, 힘든 고통도 당한 적이 없고, 아직 비참한 생활이나 노예의 일에도 익숙지 않아 여주인의 거친 손에 어찌할 바를 모르며 허둥대는 법이다. 마치 그런 여자처럼 매력적인 메데이아는 집에서 서둘러 나갔다. 그녀가 마법을 걸자 대문의 빗장이 튕기면서 저절로 풀렸다. 그녀는 맨발로 좁은 길을 따라 달려갔다. 왼손으로는 겉옷을 위로 올려 눈썹 위 이마와 예쁜 뺨 주위를 가리고, 오른손으로는 치마 끝을 땅 위로 들어 올렸다. 그녀는 공포에 질린 채 서둘러서 눈에 잘 띄지 않는 길을 통해 넓은 궁전의 성벽을 빠져나왔다. 파수병들 중 누구도 그녀를 알아보지 못했다. 그들은 그녀가 빠져나가리라곤 꿈에도 생각하지 못했다.

그녀는 거기서부터 헤카테 신전으로 갈 수 있는 길을 정확하게 머릿속에 그려두고 있었다. 그곳 길들은 그녀에게 전혀 생소하지 않았다. 마법

잠에 빠진 엔디미온

을 쓰는 사람들이 늘 그런 것처럼 전에 자주 시체[3]나 해로운 식물의 뿌리를 찾아 그곳을 돌아다녔기 때문이다. 그러나 그녀의 마음은 여전히 공포로 떨렸다.

수평선에 막 모습을 드러낸 티탄 신 메네 여신[4]은 메데이아가 그렇게 황급히 도망가는 것을 보자 아주 기뻐하며 마음속으로 다음과 같이 중얼거렸다.

"나만 얼이 빠져 라트모스의 동굴로 달려가는 게 아니구나. 나만 잘생

달의 여신 메네

2 결혼식 때 신부는 자신의 곱슬머리를 잘라 제물로 바친다. 죽은 사람의 영전에도 곱슬머리를 잘라 바친다. 메데이아가 영원히 어머니를 떠나 이아손과 결혼하려 한다는 것을 알 수 있다.
3 남자들의 시체는 죽으면 가죽에 싸 나무에 매달아놓았으니, 여자들의 시체를 말한다.
4 달의 여신이며 셀레네라고 한다. 메네는 헬리오스와 에오스처럼 티탄 신 히페리온과 테이아의 자식이다. 이 달의 여신은 제우스의 아들인 엔디미온과 사랑에 빠졌다. 엔디미온은 아버지 제우스에게 부탁하여 늙지도 죽지도 않고 영원히 잠을 잘 수 있는 축복을 누린다. 메네는 키스하기 위해 매일 밤 라트모스 산에 있는 동굴로 엔디미온을 찾아간다.

긴 엔디미온 때문에 애를 태우는 것이 아니구나! 암캐5 같은 네가 즐겨 그랬듯이, 어두운 밤 조용히 마법을 걸 때 외우곤 했던 너의 이상한 주문에도 난 정말 자주 내 사랑을 그리워했었지. 그런데 보아하니 이제 너도 나와 똑같은 열정에 사로잡혀 있구나. 심술궂은 여신이 네가 이아손 때문에 쓰라린 고통을 겪도록 해주었구나. 네가 그 고통을 감당할 만큼 똑똑하다지만 어디 가서 한번 견뎌봐라!"

메데이아는 서둘러 발걸음을 재촉하여 강가에 도착하자 한결 기분이 좋아졌다. 건너편에서는 영웅들이 성공적으로 이루어낸 과업을 기뻐하며 밤새 밝혀놓은 불빛이 보였다. 그녀는 건너편을 향해 어둠을 뚫고 날카로운 목소리로 프릭소스의 막내 아들인 프론티스의 이름을 불렀다.6 프론티스는 형들, 그리고 아이손의 아들과 함께 그것이 메데이아의 목소리임을 금방 알아차렸다. 동료들은 그런 사실을 알고 놀라 말을 잃었다.

그녀가 세 번 큰 소리로 부르자, 프론티스가 영웅들이 시키는 대로 세 번 그 소리에 화답했다. 그사이 영웅들이 노를 빨리 저어 그녀에게로 다가갔다. 그들이 닻줄을 맞은편 강가에 던지기도 전에 이아손이 벌써 갑판에서 땅으로 잽싸게 뛰어내렸다. 프릭소스의 두 아들 프론티스와 아르고스도 그 뒤를 이어 땅으로 뛰어내렸다. 그러자 메데이아는 그들의 무릎을 손으로 잡고 다음과 같이 말했다.

"친구들이여, 아이에테스 왕에게서 불행한 저를 구해주시고, 당신 자신들도 목숨을 부지하세요! 조금 전에 모든 것이 들통이 났습니다. 이제 다른 방도가 없습니다. 아이에테스가 빠른 말에 올라타기 전에 배를 타고 도망가세요. 제가 감시를 하고 있는 용을 잠들게 한 후에 당신들에게

---

5 헤카테는 개를 데리고 다녔는데, 메데이아는 헤카테 신전의 사제였다.
6 메데이아는 아마 부끄러워서 프릭소스의 막내아들 이름을 불렀을 것이다. 이아손도 그 뜻을 존중하여 프론티스를 대동하고 건너편 강가로 그녀를 데리러 간다.
7 결혼의 신으로서의 헤라의 별명은 '헤라 지기에' 다. '지기에' 는 '중개자' 라는 의미다.

황금양피를 드리겠어요. 하지만 이방인이여, 그러기 전에 우선 여기 동료들 앞에서 당신이 나에게 한 약속의 증인으로 신들을 불러주세요! 고향을 버리고 멀리 떠나온 나를 돌보지 않아, 그곳에서 내가 업신여김이나 치욕을 당하지 않도록 해주세요!"

그녀는 괴로움에 겨워하며 이렇게 말했다. 그러자 아이손의 아들은 속으로 무척 기뻤다. 그는 자신의 무릎에 웅크리고 앉아 있는 그녀를 일으켜 세우며 다음과 같이 위로의 말을 건넸다.

"가련한 여인이여, 올림포스의 제우스 신과 그분의 부인이자 결혼의 신이신 헤라 여신[7]이 증인이 될 것이오. 우리가 만약 그리스로 돌아가면 나는 당신을 내 정실부인으로 삼고 우리 집으로 맞아들일 것이오."

그는 이렇게 말하며 오른손으로 메데이아의 손을 꼭 잡았다. 그러자 그녀는 그들에게 즉시 성스러운 숲으로 배를 저어 가라고 명령했다. 아직 어두울 때 아이에테스 몰래 황금양피를 탈취해서 가져가기 위해서였다.

메데이아의 말이 떨어지자 곧바로 행동이 이어졌다. 그들은 그녀를 승선시킨 다음 강가에서 배를 출항시켰다. 영웅들이 열심히 노를 저어 배를 빠르게 앞으로 몰고 나아가자 철퍼덕거리는 소리가 크게 들려왔다. 바로 그때 메데이아가 배의 후미로 달려가서 절망하며 손을 강가 쪽으로 뻗었다. 그러자 이아손은 그녀에게 위로의 말을 건네며 불안을 해소시키려 했다.

이아손이 메데이아의 도움으로 황금양피를 탈취하다

시간은 사냥꾼이 눈에서 잠을 떨어내려 애쓰는 때쯤이었다. 이 시간이면 사냥꾼은 사냥개를 믿지 않고, 새벽 미풍이 불 때까지 절대로 잠들지 않는다. 새벽놀도 달갑게 생각하지 않는다. 그것이 하얀 빛줄기를 비추

헤르메스

며 야생동물의 흔적과 냄새를 지워버리기 때문이다.

바로 그때쯤에 아이손의 아들과 메데이아는 배에서 내려 무성한 초원으로 들어갔다. 그 초원은 양의 안식처라고 불렸다. 양이 미니아스의 손자이자 아타마스의 아들을 등에 태우고 와서 처음으로 지친 무릎을 내려놓았던 곳이기 때문이다. 근처에는 아이올로스의 손자 프릭소스가 도망자들의 수호자인 제우스 신을 위해 전에 세웠던 불에 그을린 제단의 기단이 놓여 있었다. 그는 그 제단 위에서 도중에 만난 친절한 헤르메스가 그에게 충고한 대로 그 놀라운 황금양을 제물로 바쳤다.

영웅들은 아르고스가 충고한 대로 이아손과 메데이아에게 그곳에 들르도록 했다. 그들은 오솔길을 거쳐 성스러운 숲으로 들어가면서 황금양피가 걸쳐 있는 거대한 참나무를 발견했다. 황금양피는 아침에 솟아오르는 태양의 영롱한 빛을 머금고 붉게 물든 한 점 구름 같았다. 양피를 지키고 있던 용은 두 사람이 다가오자 잠들지 않는 눈으로 날카롭게 쏘아보더니 그들을 향해 엄청나게 긴 목을 내밀며 섬뜩하게 쉭쉭거렸다. 긴 강변과 거대한 숲 전체에 그 소리가 울렸다. 그 소리는 티탄의 나라 아이아로부터 멀리 떨어진 콜키스 지역의 리코스 강변에 사는 사람들에게도 들렸다.8 리코스 강은 쏴쏴 소리를 내며 흐르는 아락세스 강에서 갈라져 나와 파시스 강과 성스러운 물결이 만난다. 리코스 강과 파시스 강은 하나가 되어 함께 카우카소스 해로 흘러 들어간다. 갓 몸을 푼 산모들은 불안에 가득 차 잠에서 깨어, 자신의 품속에서 곤히 잠을 자다가 쉭쉭거리는 소리에 흠칫 놀라는 어린 핏덩이를 힘껏 안는다. 숲에 불이 나면 자욱한 검은 연기가 소용돌이치며 위로 피어오른다. 연기는 연이어 빠르게 공중으로 올라간다. 몇 겹으로 원을 그리며 지상으로부터 하늘로 점점 더 높이 솟아오른다.

그 당시 그 괴물은 마치 그처럼 무수한 원을 이루며 마른 비늘로 뒤덮인 몸을 비비 꼬아 똬리를 틀고 있었다. 메데이아는 그렇게 똬리를 틀고 있는 용을 똑바로 쳐다보면서 그를 향해 나아갔다. 동시에 달콤한 노래로 신들 중 최상위인 잠의 여신 히프노스를 불러, 그 괴물에게 마법을 걸도록 도와달라고 간청했다. 밤길을 거니는 자비로운 지하의 여신에게도 괴물에게 접근하는 것을 허락해달라고 간청했다. 아이손의 아들은 겁에 질려 뒤에서 그녀를 따랐다.

용은 벌써 그녀의 노랫소리에 취해 태어날 때부터 갖고 있던 꾸불꾸불한 몸의 형태를 포기하고 기다란 허리를 곧게 뻗어 무수한 똬리를 풀기 시작했다. 검고 가파른 파도가 부드러운 바다 물결을 만나 조용히 스르르 풀어지는 것과 같았다. 하지만 용은 갑자기 그 끔찍한 머리를 위로 뻗으면서 그 둘을 무시무시한 턱으로 잡아채려 했다. 그때 메데이아가 주문을 외우면서, 희석하지 않은 마법의 약물에 미리 담갔던 갓 자른 노간주나무[9] 가지를 들어 용의 눈 위에 대고 털었다. 그러자 진한 약 냄새가 용을 잠에 빠지게 만들었다. 용의 턱이 바로 그 자리에서 아래로 푹 꼬꾸라졌다. 이제 용의 무수한 똬리는 완전히 풀린 채 울창한 숲 속으로 멀리 길게 뻗어버렸다.

메데이아가 눈짓을 하자 이아손은 참나무에서 황금양피를 재빨리 걷어냈다. 그러는 동안 메데이아는 아직도 그 자리에 버티고 서서 그 야수의 목에 계속해서 약을 바르고 있었다. 이아손이 메데이아에게 배로 돌아가라고 말하자 비로소 그녀는 그늘진 아레스의 숲을 떠났다. 보름달이 뜨면 소녀는 하늘에서 지붕 밑 자신의 방으로 떨어지는 달빛을 부드러운

---

[8] 아이에테스의 아버지 헬리오스는 티탄 신인 히페리온의 아들이다. 아이아는 콜키스의 한 도시이고, 콜키스의 왕은 아이에테스다.
[9] 노간주나무는 뱀을 쫓거나 뱀이 무는 것을 방지한다고 한다.

용을 잠재우는 이아손. 이 책에서는 이아손이 아니라 메데이아가 용을 잠재운다.

옷으로 마음껏 받아들인다. 소녀의 마음은 아름답게 비치는 달빛을 보고 기쁨으로 넘쳐흐른다. 이아손이 손으로 황금양피를 높이 쳐들었을 때도 마음이 마치 그 소녀처럼 기쁨으로 넘쳐흘렀다.

황금양피에서 나는 광채로 인해 갈색 솜털로 뒤덮인 그의 뺨과 이마가 불그스레한 홍조를 띠었다. 황금양피는 그 크기가 일 년생 소나 일 년생 수사슴의 가죽만 했다. 양피는 모두 황금이었고 겉에는 양모의 털이 묵직하게 덮여 있었다. 그가 걸어갈 때 내딛는 발 앞쪽 바닥이 밝게 빛났다. 그는 걸어가다가 어떤 때는 그 양피를 목덜미에서부터 발까지 닿도록 왼쪽 어깨에 짊어졌으며, 어떤 때는 사람이든 신이든 누가 나타나서 그것을 빼앗아 가지는 않을까 너무 두려운 나머지 접어서 손에 단단히 쥐고 그 감촉을 느꼈다.

황금양피를 들고 있는 이아손

지상에 여명이 점점 밝아올 무렵 그들은 동료들에게 돌아왔다. 영웅들은 황금양피를 보고 놀랐다. 그것은 마치 제우스의 번개처럼 번쩍거렸다. 모두가 달려 나와 그것을 손으로 직접 들고 만져보고 싶어 했다. 그러나 아이손의 아들은 그들을 제지하고 새로 만든 외투를 던져 그것을 덮었다. 그런 다음 그는 메데이아를 번쩍 들어 갑판에 앉히고는 모두에게 다음과 같이 말했다.

"친구들이여, 이제 우리 조국으로 돌아가는 것을 더 이상 미루지 맙시다! 우리의 목적이 이분의 충고 덕택으로 마침내 성공적으로 이루어졌기 때문입니다. 우리는 그것 때문에 위험한 항해를 참고 견뎠으며 갖은 고초를 다 겪었지요. 따라서 저는 이분을 이분의 뜻대로 저의 정식 부인으로 삼아 집으로 모셔가려 합니다. 그러니 여러분도 여러분 자신뿐 아니라 아카이아 전체를 구해준 이 귀한 분을 보호해주어야 합니다. 제 생각으로는 틀림없이 아이에테스가 곧 많은 군대를 이끌고

와 우리가 강에서 바다로 나가는 것을 저지할 것입니다. 이제 여러분의 반은 한 자리씩 띄워서 앉아 노를 저어주시고, 나머지 반은 적의 화살 공격이 있을 때 재빨리 소가죽 방패를 내밀어 동료들을 지켜 우리의 귀환을 지원해야 합니다. 우리의 자식들도, 우리의 사랑스러운 조국도, 그리고 연로하신 부모님도 모두 우리 손에 달려 있습니다. 그리스가 치욕을 당하느냐 아니면 커다란 명예를 얻느냐 하는 것도 마찬가지로 우리 손에 달려 있습니다."

그는 이렇게 이야기하고 무구를 들었다. 그러자 동료들이 열광하며 환호성을 질렀다. 이아손은 재빨리 칼집에서 칼을 뽑아 닻줄을 쳐 끊고, 무장한 채로 메데이아 근처 키잡이 앙카이오스 옆에 가 섰다. 배는 열심히 노를 젓는 영웅들의 힘을 받아 강줄기를 벗어나기 위해 서둘러 앞으로 나아갔다.

아이에테스의 명령으로 콜키스 군대가 아르고호를 추격하다

그사이 오만한 아이에테스를 비롯하여 모든 콜키스인들은 메데이아의 사랑과 행적에 대해 낱낱이 알게 되었다. 그들은 모두들 무기를 들고 광장에 모였다. 겨울바다에선 강풍에 수많은 파도가 포말을 일으키며 일어나고, 낙엽의 계절엔 울창한 숲 속에서 수많은 나뭇잎이 우수수 땅으로 떨어진다. 누가 그 파도와 나뭇잎의 수를 헤아릴 수 있겠는가? 그처럼 셀 수 없이 많은 콜키스인들이 강가를 따라 함성을 내지르며 밀려오고 있었다.

그들 중 아이에테스가 단연 돋보였다. 그는 헬리오스가 선물로 준 말이 끄는 잘 만들어진 마차에 타고 있었다. 그의 말들은 바람처럼 빨랐다. 그는 왼손에 둥근 방패를, 오른손에 아주 기다란 소나무 횃불을 높이 쳐들

네 마리의 신마가 끄는 전차를 타고 가는 헬리오스. 동서에 두 개의 궁을 가지고 있어 신마를 타고 이동했다.

고 있었다. 그의 옆에는 거대한 창이 앞으로 솟아 마차 난간에 비스듬히 놓여 있었다. 마차의 고삐는 압시르토스의 양손에 붙들려 있었다.

그사이 영웅들의 배는 건장한 노잡이들과 바다 쪽으로 흐르는 강의 거대한 물줄기 덕택으로 점점 더 멀어져가고 있었다. 분노한 왕은 하늘을 향해 팔을 높이 쳐들고 이 사악한 범죄의 증인으로 헬리오스와 제우스 신을 불렀다. 동시에 부하들 쪽으로 몸을 돌려, 육지에서든 아니면 배를 타고 추적하여 거친 바다에서든 딸을 잡아 당장 대령하지 않으면, 그 대가를 톡톡히 치러야 할 것이라고 크게 소리쳤다. 사악한 범죄를 저지른 이방인들과 딸을 응징하여 맺힌 분노를 풀지 못하면, 자신의 엄청난 분노와 불행에 책임을 지고 목을 내놓을 각오를 하라고 외쳤다.

아이에테스가 그렇게 부르짖자, 콜키스인들은 바로 그날 당장 함선을 여러 척 바다에 띄우고 삭구를 실어 채비를 갖춘 다음 곧바로 추격에 나섰다. 그들의 배는 커다란 함대라기보다는 오히려 엄청난 수의 새떼가 소리를 내며 바다 위를 날아가는 것 같았다.

파플라고니아 해안에서
아르고스의 충고로 귀환 항로를 정하다

 그러나 그사이 강한 바람이 불었다. 메데이아를 가능한 한 빨리 펠라스고이 족의 나라에 가게 하여 펠리아스의 가문에 파멸을 가져다 주려는 헤라 여신의 뜻에 따른 것이었다. 그래서 영웅들은 셋째 날 아침에 벌써 배의 닻줄을 할리스 강 앞의 파플라고니아 해안에 고정시켰다. 메데이아가 그곳에 하선해서 헤카테 여신에게 제물을 바치자고 했기 때문이다. 하지만 이때 메데이아가 제물을 바치면서 한 의식을 나는 말하고 싶지 않다. 아무도 그 의미를 몰랐고, 나도 그걸 노래할 용기가 선뜻 나지 않기 때문이다. 그러나 그 당시 영웅들이 여신을 위해 바닷가에 세운 제단은 지금까지 남아 있어 후세 사람들이 볼 수 있다.
 바로 그때 아이손의 아들은 다른 영웅들과 함께 아이아로부터 고향으로 돌아오는 길은 갔던 길과 다를 것이라고 말해주었던 피네우스의 말을 떠올렸다. 그러나 아무도 그 길이 어떤 길인지 감을 잡을 수가 없었다. 그러자 아르고스[10]가 다음과 같이 모두가 듣고 싶어 하던 이야기를 해주었다.
 "우리는 여러분이 전에 만났던 그 족집게 예언가가 말한 그 길을 따라

---

[10] 아르고스는 심플레가데스를 통과하지 않고 다른 길로 그리스로 돌아갈 수 있는 정보를 콜키스의 문서보관소에서 수집했다. 그는 이미 그쪽 길로 오르코메노스로 돌아가려다가 한 번 실패했기 때문이다. 그는 부딪히는 바위가 멈추어 섰다는 사실을 아직 몰랐다.

[11] 포세이돈과 리비에 사이에서 태어난 벨로스는 슬하에 두 아들 다나오스와 아이깁토스를 두었다. 왕위를 물려받은 큰아들 다나오스에게는 여러 여자들로부터 얻은 50명의 딸인 다나이데스(다나이스들이라는 뜻)가 있었다. 그는 동생 아이깁토스와의 불화 때문에 딸들과 함께 그리스의 아르고스로 망명을 한다. 나라를 버린 형을 대신하여 리비아의 왕이 된 동생 아이깁토스는 자식들을 서로 결혼시켜 두 집안을 화해시키기 위해 아르고스로 형을 찾아간다. 형은 마지못해 동생의 제안을 받아들이지만 첫날밤 신부들은 아버지의 사주로 신랑들을 모두 바늘로 찔러 죽인다. 그러나 그사이 서로 사랑하는 사이가 된 다나오스의 큰딸 히페르메스트라가 아이깁토스의 큰아들 링케우스를 살려준다. 49명의 다나이데스는 끔찍한 살인 행위로 지하감옥 타르타로스에서 지금도 밑 빠진 독에 체로 물을 길어 채우는 형벌을 받고 있다.

첫날밤에 남편을 살인한 죄로 밑 빠진 독에 물을 길어 채우는 형벌을 받고 있는 49명의 다나이스들

오르코메노스로 가게 될 것입니다. 트리톤의 딸 테베의 혈통을 이어받은 신들의 사제들이 말한 다른 길이 있기 때문입니다. 그 당시는 지금 하늘을 돌고 있는 별들이 아직 모두 없었습니다. 사람들이 성스러운 다나오스[11] 종족에 대해 물어보아도 아무런 얘기를 들을 수 없었습니다. 단지

아피아¹²에 아르카디아인들만 살고 있었기 때문입니다. 사람들이 존경해 마지않는 그들은 달 앞에 살았다고도 하며 산속에 있는 도토리를 먹고 살았다고도 합니다. 또 펠라스고이 족의 땅도 영광스러운 데우칼리온의 후손이 다스리고 있지 않았습니다.

그 당시는 초기 인류의 어머니인 비옥한 땅 이집트가 '안개의 나라'로 불리고, 넓게 흐르는 '트리톤' 강이 안개의 나라 전체에 물을 대주며, 제우스 신이 내린 비가 경작지를 촉촉이 적셔주지 않아도 그 물줄기로 작물이 무럭무럭 자라던 때였습니다. 사람들 얘기로는 거기서부터 어떤 남자가 자기 민족의 힘과 용기를 믿고 전 유럽과 아시아를 횡단했다고 합니다. 그는 여행길에 수많은 도시를 건설했습니다. 몇몇 도시는 아직도 사람들이 살고 있지만 다른 도시들은 그렇지 않습니다. 그 후 상당히 많은 시간이 흘렀기 때문입니다. 물론 아이아(콜키스)는 아직도 있습니다. 이 남자가 아이아에 정착시켰던 사람들의 자손들도 아직 그곳에 그대로 있습니다.

그런데 이 자손들에게는 조상들로부터 물려받은 유품이 하나 있습니다. 그것은 여행자들을 위해 수로와 육로로 통하는 모든 길과 지침서를 기록한 지도입니다. 그 지도를 보면 오케아노스 맨 아래쪽 끝자락에 이스트로스라는 강이 있습니다. 넓고 깊게 흘러 화물선도 다닐 수 있는 강으로, 지도에 아주 멀리까지 그려져 있습니다. 그 강은 처음에는 홀로 광활한 들판을 관통합니다. 북풍이 불어오는 먼 리파이오이스 산맥에서 발원합니다. 그러나 그 강은 트라케와 스키티아의 국경에 오면 두 갈래로 나누어집니다. 하나는 이곳 동해로 흘러 들어오고, 다른 하나는 아켈로오스 강이 여러분들의 나라에서 시작하여 그 바다로 흘러 들어가는 것이 사실이라면, 여러분의 나라와 인접해 있는 트리나크리아 해(시칠리아 해)의 깊은 만을 통해 물을 쏟아냅니다."

그렇게 말하자 헤라 여신이 행운을 약속하는 신호를 보내주었다. 그걸 보고 모두들 경외심에 가득 차서 그 길을 택하는 데 동의하였다. 그들 앞쪽 하늘에서 방향을 바꾸어 가야 할 곳으로 빛줄기가 나타났던 것이다. 그들은 리코스[13]의 아들을 내려놓은 다음 돛을 활짝 펴고 기쁘게 배를 몰아 앞으로 나아갔다. 파플라고니아 산맥이 보이자 그들은 카람비스 곶을 돌아 방향을 꺾지 않았다. 바람과 하늘에 나타난 광채는 그들이 이스트로스 강어귀로 들어갈 때까지 계속되었다.

콜키스 추격대 1진이 아르고호를 앞질러 아드리아 해로 빠져나가다

한편 콜키스 군대 중 일부는 도망자들을 부질없이 쫓다가 그만 감청색 바위를 지나 흑해를 빠져나갔다.[14] 압시르토스가 지휘하는 또 다른 콜키스의 추격대는 이스트로스 강에 도착했다. 하지만 압시르토스는 그 강의 '아름다운 어귀'라는 강줄기로 배를 몰아 영웅들과 멀어지고 있었다. 급기야 그는 대륙의 등성이를 관통하여 영웅들보다 먼저 이오니아 해의 가장 안쪽에 있는 만으로 접어들게 되었다.

이스트로스 강은 페우케라는 섬을 감싸고 흐른다. 그 섬은 삼각형 모양으로 넓은 밑면은 바다 쪽을, 뾰족한 부분은 강 쪽을 향해 펼쳐져 있다. 따라서 강줄기는 두 부분으로 갈라진다. 그중 위쪽 강줄기는 나렉스, 나머지 아래의 강줄기는 '아름다운 어귀'라고 하는데, 압시르토스와 콜키스인들은 바로 이 아래쪽 강줄기를 이용하여 영웅들보다 더 빨리 앞으로

---

12 포로네우스의 아들 '아피스'는 펠로폰네소스 반도를 자신의 이름을 따 '아피아'라고 한다.
13 마리안디노이 족의 왕 리코스의 아들 다스킬로스. 왕은 베브리케스인들을 혼내준 영웅들에게 감사하여 아들을 길잡이로 써달라고 아르고호에 태워 보낸다.
14 콜키스의 추격대들이 두 개로 나누어진 것을 보면, 그들은 그 바위가 움직이는 것을 그만두었다는 것과 이스트로스 강으로 들어가는 통로도 아주 잘 알고 있었다는 것을 알 수 있다.

나아가게 되었던 것이다.

그에 비해 영웅들은 섬의 위쪽 강줄기를 따라 항해함으로써 그들과 멀리 떨어져서 뒤를 따라가게 되었다. 강가 풀밭에서는 순진한 목동들이 배들을 보고 놀란 나머지 수많은 양떼를 놔두고 도망쳤다. 거대한 괴물로 우글대는 바다에서 야수들이 왔다고 믿었던 것이다. 트라케인들의 피가 섞인 스키타이인들, 시기노이인들, 트라우케노이인들, 라우리온의 거대하고 거친 들판에 사는 신도이인들은 전에 어디에서도 배를 본 적이 없었기 때문이다.

영웅들은 앙구론 산을 거쳐 거기서부터 멀리 떨어진 카울리아코스 산과 라우리온 평야를 지나쳤다. 카울리아코스 산은 이스트로스 강이 바다로 흘러가기 전 그것을 끼고 양쪽으로 나뉘는 지점이다. 이미 크로노스 해로 빠져나갔던 콜키스인들은 길목 여기저기를 차단하고 있었다. 영웅들이 그들 손아귀에서 몰래 빠져나가지 못하게 하기 위해서였다.

아르테미스

영웅들은 그들 뒤에서 조용히 강을 따라 내려오다가, 하구를 빠져나와 제우스의 딸 아르테미스에게 바친 두 개의 브리고이 섬 가까이에 이르렀다. 영웅들이 수많은 압시르토스의 부하들을 피하기 위해 상륙한 것은 그중 한 섬이었다. 다른 섬에는 성스러운 신전이 있었기 때문이다. 콜키스인들은 수많은 섬들 중 그것들만 비워두었다. 제우스의 딸이 두려웠기 때문이다. 하지만 다른 섬들은 콜키스인들이 모두 차지하고 바닷길을 지키고 있었다. 압시르토스는 인근 섬들의 해안, 살랑곤 강, 네스타이아 지역까지 수많은 병사들을 배치했다.

영웅들과 콜키스 추격대 사이의 타협에 메데이아가 분노하다

그 당시 끔찍한 싸움이 일어났다면 수적으로 열세인 미니아이인들이 더 많은 사상자를 냈을 것이다. 하지만 그들은 그 전에 타협을 하여 큰 싸움을 피했다. 그들은 제물을 죽여 바치면서 계약을 맺었다. 황금양피는 그걸 계책으로 가져갔건 아니면 주지 않으려는 왕에게서 공개적으로 빼앗아 갔건 영원히 그들이 갖는 것이 합당하다는 것이다. 왕이 과업을 완수하면 그들에게 주기로 약속했기 때문이다. 그러나 메데이아는—그것이 양측의 쟁점이었다—영웅들을 떠나 레토의 딸에게 임시로 맡겨야 한다는 것이었다. 그러면 판결을 맡기로 한 인근의 왕들 중 하나가 메데이아가 다시 아버지의 집으로 돌아가야 할지, 아니면 영웅들을 따라 그리스로 가도 될지 현명한 판결을 내려줄 것이라는 것이다.

메데이아가 이 모든 것을 곰곰이 마음속에 생각해보자 심장이 극심한 고통으로 빠르게 뛰기 시작했다. 그녀는 재빨리 이아손을 동료들로부터 따로 불러내서 멀리 떨어진 한적한 곳으로 데려갔다. 그런 다음 그의 면전에 대고 원망 어린 말을 퍼부었다.

"아이손의 아들이여, 당신들은 어떻게 나를 놓고 그런 협상을 할 수 있나요? 성공했다고 해서 벌써 모든 것을 잊고, 당신이 어려울 때 하신 말씀은 이제 전혀 개의치 않으시나요? 보호를 구하는 자들의 수호자인 제우스 신에게 한 맹세는 어디 갔으며, 달콤한 약속은 어디 갔나요? 나는 그 약속을 믿고 부끄럽게도 나에게 최고의 가치였던 내 조국과 우리 가족의 명예와 부모를 저버렸지요. 나는 당신의 과업 때문에 혼자 슬픈 물총새15 무리에 뒤섞여 멀리서 바다를 쏘다니는 신세가 되었습니다.

15 알키오네는 바람의 신 아이올로스의 아들이다. 그는 새벽별 에오스포로스의 아들인 케익스와 결혼했다. 그들은 행복하게 살면서 자신들을 제우스와 헤라로 비유했다. 화가 난 제우스는 케익스는 아비새로 알키오네는 물총새로 만들어버렸다. 그래서 물총새는 지금도 절망에 빠져 구슬프게 운다.

하지만 당신은 내 덕택에 황소와 땅에서 솟아난 병사들과의 과업을 무사히 마쳤습니다. 모든 계획이 들통이 난 뒤에도 저의 잘못된 열정 때문에 당신은 결국 황금양피도 얻게 되었습니다. 하지만 저는 모든 여성에게 끔찍스러운 치욕을 남겼습니다. 그래서 저는 당신의 딸과 아내와 동생으로서 당신을 따라 그리스로 가는 것이라고 감히 말합니다. 그러니 어디서나 저를 보살펴주세요! 왕들을 만나러 갈 때도 당신 없이 나만 혼자 남겨두지 마세요! 딴소릴랑 하지 말고 그냥 절 지켜만 주세요! 당신은 의리를 지키고, 우리 둘이 함께했던 약속도 꼭 지켜야 합니다! 그렇지 않으면 차라리 당신 칼로 내 목을 베주세요! 그것이 저의 삐뚤어진 욕망에 합당한 대가를 치르는 길일 것입니다.

무정한 사람이여! 만약 당신들 두 사람이 어려운 중재를 일임한 왕이 제가 오빠에게 가야 한다고 판결을 내리면, 제가 어떻게 아버지를 대면할 수 있을까요? 그럼 정말 대단히 명예스러운 일이겠네요! 저는 저지른 끔찍한 범죄에 대해 어떤 끔찍한 형벌이나 무거운 판결을 받을까요! 당신은 귀환을 기뻐하겠네요? 당신이 자랑스럽게 생각하는 제우스의 부인이자 하늘의 여왕도 당신이 그렇게 되도록 그냥 놔두지는 않을 것입니다! 언젠가 당신은 고통으로 괴로워하며 나를 생각하게 될 것이고, 황금양피도 일장춘몽처럼 지하세계로 허무하게 사라질 것입니다! 당신의 무자비한 행동으로 내가 겪은 고통에 대한 대가로 복수의 여신도 당신을 조국에서 내쫓을 것입니다! 내가 한 말들이 그냥 무의미하게 땅에 떨어지는 일은 절대 없을 것입니다! 당신은 파렴치하게도 위대한 맹세를 깨뜨리는 범죄를 저질렀으니까요! 당신네들은 나를 조롱하여도 내내 좌불안석일 것입니다. 당신네들이 지키기로 맹세했지만 그러지 못한 약속 때문에요."

메데이아가 이아손과 함께 오빠 압시르토스의 살해 계획을 세우다

그녀는 이렇게 이야기하며 끓어오르는 분노를 격하게 터뜨렸다. 그녀는 배에 불을 질러 모든 것을 불태운 다음 자신도 타오르는 불 속에 몸을 던지고 싶었다. 불안해진 이아손은 그녀에게 부드럽게 다음과 같이 말했다.

"불행한 여인이여, 진정하시오! 나도 이 방법이 마음에 들지 않습니다. 다만 우리는 당신 때문에 구름처럼 몰려든 적군들과의 싸움을 지연시키려고 애쓰고 있을 따름입니다. 이 지역에 사는 모든 사람들이 압시르토스를 도와 어떻게 해서든지 당신을 아버지가 있는 집으로 데려가려고 합니다. 당신을 우리에게서 빼앗아 가기라도 할 태세입니다. 그렇다고 그들과 싸움을 벌이면 우리는 모두 잔혹하게 죽임을 당할 것입니다. 우리가 죽어서 당신을 포로로 그들에게 넘겨준다면 그것은 당신에게 더 끔찍한 고통이 될 것입니다. 하지만 우리가 맺은 계약이 압시르토스를 파멸에 빠뜨릴 계책을 마련해줄 것입니다. 당신 때문에 콜키스인들에게 호의적인 이곳 사람들도 당신의 오빠이자 보호자임을 주장하는 그 사람만 없어지면 아마 우리들에게 지금처럼 적대적으로 대하지는 않을 것입니다. 그래도 콜키스인들이 나를 통과시켜 주지 않는다면 그들과 당당히 맞서 싸울 것입니다."

이렇게 말하며 그는 그녀를 달래보려고 했다. 그러자 그녀는 다음과 같이 등이 오싹한 말을 했다.

"지금부터 제가 하는 말을 곰곰이 생각해보세요! 전에도 저는 잘못된 열정에 눈이 멀고, 신의 설득으로 음모를 꾸며 파렴치한 범죄를 많이 저질렀지만 또 한 번 그런 일을 해야 할 것 같군요. 당신은 콜키스인들의 창에 맞서 싸우려면 싸우세요! 그전에 저는 제 오빠를 부드러운 말로 구슬려 당신 손아귀에 넣어보겠어요. 당신은 좋은 선물을 보내 그의 환심을 사세요. 콜키스의 전령들이 돌아갈 때 저는 어떻게 해서든지 압시르토스가 홀로 나와 협의를 하도록 애써달라고 그들을 설득할 것입니다. 제 제안이 마음에 들면 그때 오빠를 죽이고 콜키스인들과 전투를 벌이세요. 전 그것에 전혀 개의치 않겠어요!"

영웅들이 압시르토스가 타고 온 콜키스 배를 습격하다

그래서 두 사람은 합의를 하고 압시르토스를 잡을 끔찍한 함정을 판 뒤, 그에게 많은 선물을 보냈다. 그중에는 힙시필레이아의 성스러운 분홍색 외투도 있었다. 이것은 원래 카리테스 여신들이 디아 섬16에서 손수 만들어 디오니소스 신에게 주었던 옷이다. 그 후 디오니소스 신은 그것을 아들인 토아스에게 주었고, 토아스는 다시 그것을 힙시필레이아에게 물려주었으며, 그녀는 다시 그것을 많은 다른 멋진 장신구와 함께 이아손에게 선물로 주었던 것이다. 아무리 만지고 보아도 도무지 싫증이 나지 않을 정도로 굉장한 옷이었다.

그 옷에서는 또한 신의 향내도 묻어났다. 니사의 왕이 그것을 깔고 포도주와 넥타르에 반쯤 취해 미노스 왕의 딸의 탐스러운 젖가슴을 애무하며 동침한 적이 있기 때문이다. 그녀는 크노소스에서부터 테세우스를 따라왔다가 디아 섬에서 버림받았다.

메데이아는 전령들에게 압시르토스가 뿌리칠 수 없을 말을 건넸다. 약속대로 그녀가 여신의 신전에 도착하여 칠흑 같은 밤의 장막이 사위를 덮거든 자신에게 와서 위대한 황금양피를 가지고 다시 아버지 아이에테

---

16 낙소스 섬. 아리아드네가 괴물이자 이복 동생 미노타우로스를 죽이는 것을 도왔듯이 메데이아는 이아손이 자신의 이복 오빠 압시르토스를 죽이는 것을 도와준다.

카리테스 여신들. 아름다움을 상징하는 세 여신으로 에우프로시네, 탈리아, 아글라이아를 말한다. 이들은 신과 인간, 자연계의 모든 것에 기쁨과 온화함을 주는 아름답고 청아한 여신들로서 고대 그리스의 많은 지역에서 숭배되었다. 예술 작품에서는 처음에는 긴 드레스 차림으로 손을 맞잡고 춤과 노래를 하는 모습으로 그려졌으나, 헬레니즘 시대에는 나체로 묘사된다.

스의 궁전으로 가져갈 계책을 함께 강구해보자는 것이었다. 프릭소스의 아들들이 강제로 그녀에게 이방인들을 따라가도록 했다는 말을 덧붙이는 것도 잊지 않았다. 그렇게 전령들을 구슬리면서 그녀는 마법의 약을 공중에 뿌렸다. 그 냄새는 멀리 험준한 산의 야생동물들조차도 냄새를 맡고 내려올 정도로 진했다.

무정한 에로스여, 당신은 인간들 사이에 얼마나 많은 고뇌와 증오의 씨앗을 뿌리십니까! 당신으로부터 끔찍한 불화와 탄식과 불평뿐 아니라, 다른 숱한 고통들도 비롯됩니다. 신이시여, 어서 채비를 하셔서, 메데이아의 마음을 가증스러운 열정으로 불타게 한 것처럼 적의 무리들도 물리쳐 주십시오!

메데이아가 자신을 찾아온 오빠를 얼마나 잔인하게 죽였을까? 그것이 우리 이야기의 다음 내용이다.

이아손이 압시르토스를 살해하고 매장하다

합의대로 메데이아를 아르테미스 신전에 남겨둔 다음 영웅들과 압시르토스의 전령들은 서로 헤어져서 따로따로 배를 몰고 상륙했다. 하지만 이아손은 매복을 한 채 압시르토스와 그의 일행들을 기다리고 있었다. 압시르토스는 메데이아의 야비한 약속을 철석같이 믿고 높은 파도를 가르며 급히 배를 몰아 야심한 밤에 성스러운 섬에 들어섰다. 그리고 혼자서 그녀를 찾아가서, 정말 이방인들을 함정에 빠뜨릴 계책을 마련할 마음이 있는지 슬며시 떠보았다. 마치 연약한 아이가 어른들도 꺼리는 겨울철 급물살을 건너는 것과 같았다. 두 사람은 마침내 세세한 부분에서 서로 합의점에 도달하게 되었다.

바로 그 순간 아이손의 아들이 오른손에 칼을 들고 휘두르며 가까운 매복 장소에서 튀어나왔다. 그러자 메데이아는 시선을 옆으로 돌리고 베일로 눈을 가렸다. 오빠가 칼을 맞고 죽는 것을 보지 않기 위해서였다. 백정이 커다란 뿔을 지닌 거친 황소를 한참 노려보다가 죽일 때처럼, 이아손은 신전 근처에서 압시르토스를 그렇게 쳐 죽였다.17 신전은 섬 맞은편에

아르테미스 신전. 로마가 기독교를 국교로 선포한 이후에 다신교를 막으면서 많이 파괴된 모습이다.

살던 브리고이 족이 아르테미스 여신을 위해 세웠던 것인데, 압시르토스는 신전으로 올라가는 계단에서 무릎을 꿇고 꼬꾸라졌다. 그는 마지막 숨을 몰아쉬며 상처에서 뿜어져 나오는 검붉은 피를 두 손으로 막았지만, 튀어 오른 피가 옆으로 피신한 동생의 하얀 베일과 옷을 붉게 물들였다.

그들이 저지른 끔찍한 살인행위를 전지전능하고 무자비한 복수의 여신은 날카롭게 낱낱이 흘겨보고 있었다. 그러나 이아손은 우선 죽은 자의 사지를 잘라내고, 피를 세 번 핥은 다음, 암살자들이 살인을 속죄할 때 그러는 것처럼 다시 피를 세 번 뱉어냈다.[18] 그 후 그는 피로 범벅이 된 시체를 땅에 보이지 않게 묻었다.[19] 그래서 그의 뼈는 아직도 압시르티데스

---

[17] 일설에 의하면 메데이아와 영웅들은 미리 납치해 온 어린 압시르토스의 사지를 찢어 바다에 뿌려 아이에테스의 추격을 지체시킨다. 또 다른 설에 의하면 압시르토스는 콜키스에서 살해된다.
[18] 죽은 자의 사지를 잘라내는 것은 복수하지 못하도록 미연에 방지하기 위한 미신에서 나온 행위이고, 피를 세 번 핥아내고 뱉는 것도 사자의 힘을 약화시키기 위한 일종의 정화의식이다.
[19] 콜키스인의 시체를 땅에 묻는 것은 콜키스인의 장례예법에 맞지 않으며 콜키스인에게는 치욕이라고 할 수 있다. 제우스는 이아손의 이런 행동 때문에 분노하여 항로를 바꾸어 귀향을 지연시킨다. 제우스의 분노는 이 책의 근본 테마다.

아이에테스에게 추격당하는 아르고호. 이아손은 황금양피를 손에 꽉 잡고 있고 메데이아는 동생 압시르토스를 죽이려 하고 있다. 이 책이 아닌 다른 판본에서 메데이아는 도망칠 시간을 벌기 위해 미리 납치해온 동생을 살해하여 토막 내 바다에 버린다. 아버지 아이에테스는 아들의 시체를 수습하느라 아르고호를 놓친다.

인들 곁에 누워 있다.

영웅들은 메데이아가 공격 신호로 높이 흔들었던 횃불을 보고 신속하게 노를 저어 자신들의 배를 압시르토스가 타고 왔던 콜키스의 배에 바짝 갖다 대고, 군인들을 모두 도륙했다. 마치 매가 비둘기떼를 덮치거나, 혹은 우리로 뛰어든 사나운 사자가 양떼를 몰아대는 격이었다. 그들 중 누구도 죽음을 면치 못했다. 화마가 닥치듯 갑자기 습격을 당했기 때문이다. 나중에 비로소 이아손이 도와주기 위해 합류했지만, 그들은 그의 도움이 전혀 필요하지 않았으며 오히려 이아손을 걱정하고 있었다.

콜키스인들이 뿔뿔이 흩어지다

그들은 그곳에 앉아서 앞으로의 항해를 위한 계획을 숙의했다. 그들이 협의를 하고 있는데 메데이아가 도착했다. 그러자 펠레우스가 맨 먼저 말문을 열었다.

"저는 여러분에게 제안을 하나 하고 싶습니다. 지금 이슥한 밤에 당장 배에 올라 적들이 점령하고 있는 지역과 반대 방향으로 노를 저어 갑시다. 그러면 아침에 그들이 모든 사실을 알게 되어도 일치단결하여 우리를 추적하기 힘들 것입니다. 왕자를 잃은 그들은 걷잡을 수 없이 공황 상태에 빠질 것이기 때문입니다. 그들이 사분오열하면 우리는 나중에 항로를 바꿔 고향에 돌아가기가 훨씬 수월할 것입니다."

그렇게 이야기하자 영웅들은 모두들 아이아코스의 아들의 말에 동의했다. 그들은 재빨리 배에 올라 항로를 바꾸고 힘차게 노를 저어 성스러운 엘렉트리스 섬으로 갔다. 그 섬은 에리다노스 강[20] 하구에서 가깝고 섬들 중 가장 위쪽에 있었다.

콜키스인들은 그들의 왕자가 죽은 것을 알고 아르고호와 미니아이인들을 찾기 위해 크로노스 해 전역을 샅샅이 뒤졌다. 하지만 헤라 여신은 하늘에서 끔찍한 번개를 내려 그들을 방해했다. 결국 포악한 아이에테스의 분노가 두려워 콜키스의 집으로 돌아가기를 꺼렸던 그들 모두는 각각 사방으로 뿔뿔이 흩어져 정착지를 건설했다.

어떤 사람들은 영웅들이 한때 차지했던 섬들로 가서 아직도 그곳에 살고 있다. 그 섬들은 압시르토스의 이름을 따 압시르티데스 군도라고 불린다. 또 다른 사람들은 일리리아의 깊고 검푸른 강가에 성채를 하나 쌓았다. 그 옆에는 하르모니아와 카드모스의 무덤[21]이 있는 엥켈레이스 족의 정착지가 있었다. 또 다른 사람들은 크로노스의 아들 제우스가 번개를 쳐서 맞은편 섬으로 건너가지 못하도록 했을 때부터 케라우노이라고 불리는 산속에 정착했다.

영웅들이 힐로이 족 마을에 들르다

한편 영웅들은 항해를 해도 이제 위험이 없을 거라는 생각이 들자 항로를 다시 바꾸어 배를 몰다가 힐로이 족이 사는 해안가에 닻줄을 묶었다. 섬들이 바다에서 수없이 솟아나서 그걸 뚫고 나아가는 것이 어려웠기 때문이다. 그러나 힐로이 족은 전처럼 더 이상 그들에게 적대감을 품지 않

---

20 현재의 포 강. 에리다노스 하구에 있는 엘렉트리스 강은 '호박'이라는 뜻의 '엘렉트론'에서 유래했다. 파에톤이 아버지 헬리오스의 태양마차를 몰다 제우스의 번개를 맞고 에리다노스 강에 떨어져 죽자 파에톤의 누이 헬리아데스들은 슬피 울다 포플러 나무가 되었고, 눈물은 호박이 되어 떨어져 강물을 타고 둥둥 떠내려갔다고 한다. 헤로도토스의 『역사』에 의하면 에리다노스 강은 호박의 원산지다.
21 카드모스는 동생 에우로페를 찾으러 그리스로 넘어온 소아시아의 왕자다. 하지만 그는 동생을 찾지 못하고 신탁에 의해 보이오티아의 테베 시를 건설하고 아레스와 아프로디테의 딸인 하르모니아와 결혼했다. 그 후 카드모스는 아내와 함께 테베를 떠나 일리리아인들에 의해 고통을 받던 엥켈레이스 족에게로 이주하여, 신탁대로 일리리아인들을 정복하고 왕으로 추대되었다. 카드모스는 죽은 후에는 아내와 함께 뱀으로 변신하여 제우스에 의해 엘리시온의 뜰로 보내졌다.

았다.22 오히려 그들은 영웅들이 그곳을 통과하도록 도와주고 아폴론의 커다란 삼발이 하나를 감사의 표시로 받았다.

포이보스는 모험에 대해 조언을 구하기 위해 성스러운 피토에게로 온 아이손의 아들에게 모험을 꼭 할 거면 삼발이 두 개를 가져가라고 했다. 신탁에 의하면 이 삼발이를 세워놓는 곳이면 어디든지 적들이 쳐들어 와 혼란에 빠지는 법이 없다고 한다. 그래서 이 삼발이는 아직도 그곳 땅속 어딘가에 숨겨져 있다. 유한한 인간들에게 영원히 눈에 띄지 않도록 친절한 힐로이 족의 도시 근처 땅속 깊숙이 박혀 있다. 물론 그들이 이곳에 도착했을 때는 힐로스 왕은 이미 죽은 뒤였다.

힐로스 왕은 예쁜 멜리테가 파이아케스의 나라에서 헤라클레스에게 낳아준 인물이다. 헤라클레스는 자식을 죽인 끔찍한 살인죄를 씻기 위해 디오니소스의 유모 마크리스를 만나기 위해 파이아케스의 궁전으로 찾아온 적이 있었다. 그때 그는 아이가이오스 강의 딸이자 물의 요정 나이아데스 중 하나인 멜리테에게 반해 그녀를 강제로 취했다. 그후 힘센 힐로스가 태어났다. 힐로스는 성년이 되자 더 이상 그 섬에서 나우시토오스 왕의 엄격한 통제를 받으며 살고 싶지 않았다. 그래서 그는 파이아케스의 원주민을 모아 크로노스 해를 건너가 그곳에 상륙했다. 진정한 영웅 나우시토오스는 그의 항해를 함께 준비해주었다. 그 후 힐로스는 원주민 멘토레스인들과 소떼를 놓고 다투다가 그들에게 죽임을 당했다.23

살인 행위에 분노한 제우스 신이 아르고호를 회항시키다

무사이 여신들이여, 어떻게 해서 이 바다의 저쪽 아우소니아 해안을 따라, 그리고 스토이카데스라고 불리는 리기레스 제도를 돌아서까지 아르고호의 항로가 보입니까? 어떤 피치 못할 사정 때문에 그들이 그렇게 멀리 갔습니까? 무슨 바람이 불어 그들을 그쪽으로 몰고 갔습니까?

    신들의 왕 제우스는 푹 꼬꾸라져서 처참하게 죽은 압시르토스의 주검을 보고 두 사람이 저지른 만행에 분기탱천했다. 그래서 제우스는, 영웅들은 아이아이아 섬의 키르케가 시키는 대로 끔찍한 피를 씻고 헤아릴 수 없이 많은 고초를 겪은 다음에야 비로소 고향으로 돌아가게 될 것이라고 선언했다.

    영웅들은 누구도 그런 사실을 알아차리지 못하고 힐로이 족의 나라를 떠나 계속 멀리 나아갔다. 그들은 전에 콜키스인들이 차지하고 있던 리부르니아 군도의 디스켈라도스 섬, 사랑스러운 피티에이아 섬, 그리고 이사 섬을 거쳐 케르키라 섬을 지나가게 되었다. 포세이돈은 아소포스의 딸이자 예쁜 머리카락을 지닌 케르키라에 반해 플레이우스에서 멀리 떨어진 그곳에 그녀를 납치해 와 거처를 마련해주었다. 뱃사람들이 바다 쪽에서 이 섬을 보면 사방이 검게 물들어 있다. 그래서 이 섬은 '검은 케르키라'라고 불린다.

22 이 지역에 사는 모든 사람들이 이아손 일행에게 적대적이었다. 그것은 앞서 자신의 인도 문제를 놓고 오빠 압시르토스와 협정을 맺은 것에 분노하는 메데이아에게 이아손이 하는 말에서 언급되었다. 하지만 이제 힐로이 족은 태도를 바꾸어 자신들의 배로 아르고호를 안내하여 암초들을 무사히 통과하도록 도와준다.

23 헤라클레스는 첫째 부인 메가라와의 사이에 세 아들을 두고 행복하게 살았다. 그러던 어느 날 갑자기 아내와 자식들이 맹수로 보인 헤라클레스는 그들을 목 졸라 죽였다. 헤라의 질투로 정신이상이 되었던 것이다. 제정신으로 돌아온 헤라클레스는 살인죄를 씻기 위해 델피로 가서 신탁을 물어보았다. 신탁은 바보 왕 에우리스테우스가 시키는 열두 가지의 과업을 하라는 것이었다. 헤라클레스가 과업을 손쉽게 해치우자, 에우리스테우스는 괜한 트집을 잡았다. 히드라를 죽인 것과 아우게이아스의 외양간을 치운 것은 무효라는 것이다. 히드라는 이올라오스의 도움을 받았고 외양간은 헤라클레스가 아니라 페네이오스와 알페이오스 강이 치웠다는 것이 그 이유였다. 그래서 헤라클레스는 두 가지의 과업을 더 해야 했다. 이 책에 나오는 헤라클레스가 속죄하기 위해 디오니소스의 유모를 찾아가는 이야기나 그와 멜리테와의 사랑 이야기는 잘 알려져 있지 않다. 또 힐로이 족의 시조 힐로스가 헤라클레스와 멜리테와의 사이에서 태어났지만, 아폴로도로스에 따르면 마지막 부인 데이아네이라와의 사이에서 낳은 아들이다.

이 섬을 지난 후 그들은 시원한 바람을 즐기며 멜리테 섬, 험준한 케로소스 섬, 그리고 가장 위쪽에 있는 님파이아 섬을 지나갔다. 그곳에는 아틀라스의 딸 칼립소가 살고 있었다. 그들은 안개에 싸인 케라우노이 산을 보게 될 것이라고 생각했다. 하지만 바로 그때 헤라는 영웅들에 대한 제우스의 엄청난 분노와 계획을 알아차렸다. 그녀는 영웅들의 모험을 완결시킬 심산으로 그들의 맞은편에서 폭풍을 일으켰다. 그러자 배는 순식간에 뱃머리를 돌려 험준한 엘렉트리스 섬으로 다시 돌아갔다. 배가 달리는 도중 용골 앞쪽 중앙 아치형 목재에서 갑자기 거친 인간의 목소리가 들려왔다. 팔라스가 말하는 능력을 부여한 도도나의 참나무였다.

모두들 아르고호의 목소리와 제우스의 엄청난 분노를 듣고 끔찍한 공포에 사로잡혔다. 그 목소리는 키르케가 압시르토스를 죽인 소름끼치는 살인죄에서 그들을 속죄시켜주지 않으면 오랜 항해의 어려움과 위험한 폭풍우에서 결코 벗어나지 못할 것이라고 했기 때문이다. 또 그 목소리는 폴리데우케스와 카스토르를 불러 불멸의 신들께 페르세와 헬리오스의 딸인 키르케를 찾을 수 있는 아우소니아 해로 들어가게 해달라고 기도하라고 명령했다.[24] 아르고호가 어둠 속에서 그렇게 외치자, 틴다레오스의 아들들은 벌떡 일어서서 신들을 향해 손을 높이 쳐들고 간절히 기도했다. 하지만 다른 미니아이 족의 영웅들은 깊은 시름에 빠져 있었다.

아직도 타고 있는 파에톤의 시체

그 사이 배는 돛을 달고 쏜살같이 달려 에리다노스 강어귀에 접어들었다. 그곳에는 파에톤이 언젠가 불꽃으로 이글거리는 번개를 가슴에 맞고 반쯤 탄 채 헬리오스의 전차에서 떨어진 수심이 아주 깊은 석호가 있었다. 그 석호에서는 아직도 파에톤[25]의 시체가 타고 있어 진한 연기가 솟

포플러로 변신하는 파에톤의 누이들

24 폴리데우케스와 카스토르는 제우스의 아들이기도 했기 때문에 제우스의 화를 진정시키기에 아주 적절했을 것이다.

25 헬리오스의 아들 파에톤은 아버지의 태양마차를 몰다가 궤도에서 벗어나 세상을 온통 불바다로 만들었다. 제우스는 세상을 구하기 위해 그에게 번개를 던졌다. 번개를 맞고 즉사한 파에톤은 에리다노스 강에 추락했다. 그의 죽음을 애도하며 슬피 울던 누이들은 포플러가 되고, 눈물은 호박이 되었다. 하지만 이 책에서는 파에톤의 누이들이 포플러로 변하지 않은 것으로 생각해야 한다. 그들은 아직 포플러 나무에 싸여 울고 있기 때문이다.

구쳐 오르고 있다. 어떤 새도 가볍게 날갯짓하며 그 위를 무사히 지나갈 수 없다. 날아가다가 도중에 화염 속으로 떨어져버린다. 강가에서는 헬리오스의 딸들이 바람에 산들거리는 높이 솟은 포플러 숲 속에서 처량하게 통곡하고 있다. 파에톤이 불쌍해서다. 그들의 눈에서는 반짝이는 호박 눈물이 한없이 흘러나온다. 모래에 떨어진 호박 눈물은 낮에 햇빛을 받으면 마른다. 하지만 엄청난 폭풍이 불어 검푸른 석호의 물이 강가를 씻어 내리면 호박 눈물 모두가 에리다노스 강의 거센 물결 속으로 휩쓸려 들어간다.

켈토이 족(현재의 켈트 족)의 전설에 따르면 소용돌이치는 파도에 실려 간 것은 다름 아닌 레토의 아들 아폴론이 성스러운 히페르보레이오이 족에게 가면서 하염없이 흘린 눈물이다. 아버지 레토가 그에게 찬란한 천상을 떠나라고 명령해서다. 그는 고상한 코로니스가 비옥한 라케레이아의 아미로스 강어귀에서 아폴론에게 낳아준 아들 일로 단단히 화가 났었다.26 그런 전설이 켈토이 족 사람들에게 널리 퍼져 있다.

영웅들은 식욕이나 갈증을 전혀 느끼지 못했다. 즐거운 마음도 도무지 생기지 않았다. 하루 종일 강물 속에서 피어오르는 고약한 냄새로 고생하고 있었기 때문이다. 그것은 아직도 타고 있는 파에톤의 시체에서 나는 지독한 악취였다. 게다가 밤에는 헬리오스의 딸들의 통곡 소리가 그들의 귓전을 날카롭게 때렸고, 그들이 밤새 쏟아낸 호박 눈물이 기름 방울처럼 물결에 두둥실 실려 왔다.

그 후 그들은 에리다노스 강으로 흘러 들어오는 깊은 로다노스 강 수역으로 접어들었다. 여기서 서로 합류한 두 강줄기는

의술의 신 아스클레피오스

노호하며 소용돌이를 일으킨다. 로다노스 강은 밤으로 들어가는 문과 밤의 거처가 있는 이 근처 세상의 심연에서 시작한다. 그 강은 거기서부터 발원하여, 첫 번째 물줄기는 오케아노스 만으로, 두 번째 물줄기는 이오니아 해로 강물을 쏟아내고, 나머지 셋째 물줄기는 일곱 개의 지류로 나뉘면서 사르디니아 해의 광활한 만으로 흘러 들어간다.

에리다노스 강물을 빠져나온 영웅들이 접어든 곳은 다름 아닌 그 밑에 로다노스 강의 수원이 있고 폭풍우가 이는 호수였다. 호수는 켈토이 족의 땅에 끝없이 펼쳐져 있었다. 그들은 그곳에서 하마터면 처참한 화를 당할 뻔했다. 호수의 출구 하나가 바로 오케아노스로 들어가는 만과 통하고 있었기 때문이다. 그들은 아무것도 모르고 그곳으로 들어가려고 했다. 그랬다면 그들은 더 이상 살아 돌아올 수 없었을 것이다. 하지만 바로 그때 헤라 여신이 하늘에서 황급히 뛰어 내려와 헤르키니아 바위산에서 아래를 향해 비명을 질렀다. 그 소리를 듣고 모두들 공포로 몸을 떨었다. 천지 사방이 쩌렁쩌렁 울렸기 때문이다.

그들은 여신의 명령으로 뱃머리를 돌렸다. 고향으로 돌아갈 수 있는 항로로 들어서기 위해서였다. 결국 오랜 시간이 흐른 뒤 영웅들은 헤라 여신의 뜻에 따라 켈토이 족과 리구리아 족의 숱한 병사들과 한 번도 부딪히지 않은 채 파도가 넘실대는 바닷가에 도착했다. 항해하는 동안 날마다 여신이 그들 주변에 안개를 자욱하게 뿌려주었기 때문이다. 영웅들은 일곱 개의 지류 중 가운데 지류를 통해서 스토이카데스 군도에 무사히

26 코로니스가 낳은 아폴론의 아들은 명의 아스클레피오스였다. 그가 계속해서 죽은 자를 살리자 하데스는 할 일이 없어졌다. 세상의 질서가 무너질 것을 염려한 제우스는 아스클레피오스를 번개로 쳐서 죽였다. 이에 대한 보복으로 아폴론은 제우스의 충실한 종복인 키클로페스들을 죽였다. 분노한 제우스는 그를 지상의 아드메토스 왕에게 보내 일 년 동안 종살이를 하도록 했다. 아폴로니오스는 아폴론의 유배지를 아드메토스 왕궁이 아니라 히페르보레이오이의 나라로 고쳤다. 아스클레피오스는 사실 코로니스가 직접 낳지 않았다. 코로니스는 아폴론의 아이를 임신하고도 인간인 이스키스와 결혼하려 했다. 분노한 아폴론은 그녀를 화형시키고 그전에 몸속에서 아스클레피오스를 꺼냈다.

상륙했다. 제우스의 두 아들 덕택이었다. 그래서 지금도 그곳에는 그들을 위해 제단과 사당이 세워져 있다. 그들은 이 항해에만 수호자로서 따라간 것이 아니다. 제우스는 후세 사람들의 배를 보호하는 일도 이들에게 맡겼다.

영웅들은 다시 스토이카데스 군도를 떠나 항로를 아이탈리아 섬으로 돌렸다. 여기서 그들은 레슬링 시합을 벌인 뒤 몸에 발랐던 기름을 조약돌로 닦아냈다. 그때 물들었던 색깔과 비슷한 조약돌이 아직도 그 해변에 흩어져 있다. 그중 아르고오스라고 불리는 항구에는 철로 된 원반과 멋진 무기도 남아 있다.

이아손과 메데이아가 키르케를 만나 살인죄를 씻다

다시 그곳을 떠나 영웅들은 서둘러서 아우소니아 해의 높은 파고를 뚫고 나아갔다. 얼마 지나지 않아 티르레니아 해변이 보였고, 그들은 곧 유명한 아이아이아 항구에 도착하여 가까운 해변에 닻줄을 묶었다. 거기서 그들은 키르케를 만났다. 그녀는 막 바닷물로 머리를 씻고 있었다. 밤에 악몽을 꾼 탓으로 머리가 심란했기 때문이다.

꿈속에서 궁전의 모든 방과 벽에서 온통 피가 뚝뚝 떨어지는 것 같았다. 그리고 불꽃 하나가 지금까지 그녀를 찾아왔던 이방인들을 홀리곤 했던 마법의 약을 모두 집어삼키고 있었다. 불꽃이 훨훨 타오르자 그녀는 제단에 바쳤던 동물의 피를 손으로 떠서 뿌림으로써 불을 끄고 끔찍한 공포도 진정시켰다. 그렇기 때문에 새벽녘에 잠에서 깨어나자 그녀는 곱슬머리와 옷을 바닷물로 씻어 정화시키고 있었던 것이다.

날것을 먹는 동물과도 비슷하지 않으며, 전체 형태도 인간과 비슷하지 않고 몸 여기저기서 서로 다른 종의 사지가 돋아나 있는 그런 야생동물

키르케와 길들인 동물들

들이 모두 함께 그녀를 따라 나왔다. 마치 양이 떼를 지어 우리에서 몰려 나와 목동을 따라가는 것 같았다. 다른 종의 사지를 한 그런 생물들은 대지가 한때 태초의 진흙으로 만들어낸 적이 있다. 그때는 대지가 아직 메마르지 않았을 때였다. 건조한 대기와 수분을 빼앗아 가는 작열하는 태양빛이 없었기 때문이다. 이런 생물들은 시간이 흐름에 따라 정식 종으로 발전한다. 형태로 보아 무어라고 규정지을 수 없는 이런 생물들이 키르케를 따라왔다.27

27 그리스의 철학자 엠페도클레스의 이론에 따른 생물 생성 과정. 그에 의하면 생물이 만들어지는 첫 단계는 흙, 물, 공기, 불/태양이 혼합하여 그것들보다 더 복잡한 물질을 만든다. 다음 단계는 아직 굳지 않아 생성 능력이 있는 대지 중 원시 진흙에서 사지를 비롯한 신체의 부분들이 따로따로 생겨난다. 더 높은 단계에서는 이 신체의 부분들이 서로 연결하여 여러 종류의 혼합 생물로 발전한다. 그 후 혼합 생물 중 생식 능력이 있고 생존 능력이 있는 것들만 살아남는다. 인간이나 다른 생물들은 이런 생물체 발전의 마지막 최종 단계에서 형성된 것이다. 키르케는 마술을 부려 인간을 바로 그 전 단계의 변종으로 되돌려놓는다.

영웅들은 완전히 공포에 사로잡혔다. 키르케의 모습과 눈을 보는 사람은 누구나 그녀가 아이에테스의 동생이라는 것을 금방 알 수 있었다.

키르케는 악몽의 불안을 떨쳐버리자 즉시 궁전으로 향했다. 그녀는 영웅들에게 음흉한 눈짓을 보내며 따라오라고 부드럽게 손짓했다. 그러나 이아손의 지시를 받은 영웅들은 그 자리에서 꼼짝하지 않았다. 이아손은 메데이아만 슬며시 앞으로 끌어당겼다.

두 사람은 키르케의 뒤를 따라 궁전에 도착했다. 키르케는 그들이 찾아온 이유를 궁금해하며 윤이 나는 팔걸이의자에 앉으라고 권유했다. 하지만 두 사람은 말없이 조용히 화롯가로 가서 쪼그리고 앉았다. 위험에 처한 자들이 보호를 요청할 때는 그렇게 하는 것이 관례다. 메데이아는 두 손으로 얼굴을 감쌌고, 이아손은 압시르토스를 죽인 큰 손잡이가 달린 검을 땅에 박았다. 그들은 눈을 들어 키르케를 똑바로 쳐다보지 못했다. 하지만 키르케는 그들이 도망자 신세이며 살인죄를 저질렀다는 것을 금방 알아챘다. 그녀는 보호를 간청하는 자의 수호자인 제우스 신의 원칙을 존중했다. 그것에 따르면 아무리 분노가 일어도 살인자들도 충분히 보호를 받아야 했다.

그래서 그녀는 화롯가에 와서 보호를 간청하는 죄인들을 정화시킬 때 하는 희생제를 집전했다. 우선 돌이킬 수 없는 살인죄를 속죄하기 위해 해산한 지 얼마 되지 않아 아직 젖퉁이가 퉁퉁 불어 있는 새끼 암소 한 마리를 두 사람 위에 쳐들었다. 그런 다음 암소의 목을 따서 피를 두 손에 적시고, 제주를 바치며 제우스 신을 달랬다. 그녀는 제우스를 정화시키는 자이자, 복수를 해주는 자이며, 보호를 바라는 사람들의 수호자로 불렸다. 집 안에 생긴 쓰레기는 키르케의 시중을 드는 나이아데스들이 밖으로 가져갔다.

그사이 키르케는 집안 화롯가에서 밀가루 전병이나 다른 제사 용품들을 제주28 없이 태우며 기도를 드리고 있었다. 무시무시한 에리니에스의 분노를 가라앉히고, 제우스가 그들 둘에게 호의적이고 친절하게 대하도록 하기 위해서였다. 그들의 손이 이방인의 피로 더럽혀졌건 혈육의 피로 더럽혀졌건 일단 자신에게 도움을 간청하러 왔기 때문이다.

모든 의식을 완벽하게 끝낸 그녀는 그들을 화롯가에서 일으켜 세워 반질반질한 팔걸이의자에 앉게 했다. 그리고 그녀는 맞은편에 얼굴을 맞대고 앉아서 그들에게 항해의 목적지며, 어디에서 이곳 자신의 왕궁까지 오게 되었는지, 그리고 왜 오자마자 자신의 화롯가에 주저앉았는지를 꼬치꼬치 캐물었다. 악몽에 대한 끔찍한 기억이 마음속에 떠올랐던 것이다.

그녀는 메데이아의 가문과 그녀의 모국어도 알고 싶어 했다. 메데이아가 땅에 떨구었던 시선을 들어 자신을 바라보는 순간 그녀가 자신의 혈육임을 직감했기 때문이다. 헬리오스의 가문인 것은 눈을 보면 정확하게 알 수 있었다. 헬리오스 가문의 눈은 멀리에서도 금빛처럼 강한 광채를 발했다. 메데이아는 성정이 거친 아이에테스의 딸이었지만 이것저것을 묻는 키르케에게 콜키스어로 친절하게 대답을 해주었다.[29]

메데이아는 영웅들의 모험과 여정뿐 아니라 그들이 어려운 시험을 어떻게 이겨냈는지, 근심 어린 언니의 말에 혹해서 자신들이 어떤 잘못을 저질렀는지, 그리고 프릭소스의 아들과 함께 아버지의 엄청난 분노를 피해 어떻게 몰래 도망쳤는지 설명해주었다. 메데이아는 오빠 압시르토스를 죽인 사실은 말하지 않았지만 키르케를 속일 수는 없었다. 키르케는 한탄하는 메데이아가 가여웠던지 다음과 같이 말했다.

"안타깝구나! 너는 정말 사악하고 부끄러운 항해를 하고 있다! 내 생각에 너는 아이에테스의 분노의 화살을 피할 길이 없을 것이다. 머지않아

---

28 제주는 포도주를 가리키며, 술이 아닌 다른 음료수인 물, 꿀, 우유, 피 등을 바친다.
29 이 작품에서 처음으로 언어 문제가 언급된다. 고대 그리스 문학작품의 등장인물들은 모두 서로 언어의 불편함이 없이 의사소통할 수 있다. 그들은 모두 그리스어를 썼다. 하지만 이곳에서 메데이아와 키르케는 콜키스어로 말함으로써 이아손은 이 말을 알아듣지 못한다.

그는 살해당한 아들의 원수를 갚기 위해 그리스로 쳐들어갈 것이다. 네가 엄청난 범죄를 저질렀잖느냐. 나는 너에게 다른 해를 끼치지는 않겠다. 네가 나에게 보호를 간청하러 왔고, 더군다나 한 핏줄을 물려받았기 때문이다. 그러나 당장 내 집에서 나가거라. 누군지는 몰라도 네가 아버지 대신 선택한 미지의 그 이방인도 데려가라! 이제 화롯가에서 무릎을 꿇고 나에게 간청하지도 말거라! 나는 너의 계획과 치욕스러운 도피를 인정하지 않을 것이다."

그녀가 이렇게 말하자 고통이 메데이아를 엄습해왔다. 그녀는 옷으로 얼굴을 가리고 슬프게 흐느꼈다. 그러자 이아손이 불안에 떠는 그녀의 손을 잡고 궁전을 나왔다. 그렇게 그들은 키르케의 궁전을 떠났다.

헤라 여신이 플랑크타이 바위를 무사히 통과시키기 위해 준비하다

하지만 그들은 제우스의 아내의 시야에서 벗어나지 못했다. 더군다나 이리스 여신이 그들이 궁전을 떠나는 것을 보고 헤라 여신에게 이 사실을 알렸다.[30] 헤라 여신이 그들의 배가 출발하면 알려달라고 명했기 때문이다. 헤라 여신은 이리스에게 다시 강조해서 말했다.

"충실한 이리스야, 지금까지 임무를 잘 완수했다만, 이번에도 내 일을 좀 해다오! 지금 당장 너의 빠른 날개로 테티스 여신에게 날아가 바다에서 나와 이곳 나에게로 좀 와달라고 해라! 지금 그녀가 몹시 필요하구나. 그런 다음 헤파이스토스가 육중한 망치로 청동모루 위에서 쇠를 벼르고 있는 해안으로 가서, 아르고호가 그곳을 지날 때까지 활활 타오르는 불의 열기를 식혀달라고 전해줘라. 그런 다음 너는 또 아이올로스에게 서둘러 가서 내 뜻을 전해라! 대기에서 태어난 모든 바람을 통치하는 아이올로스에게 하늘 아래 어떤 바람도 잠재워달라고 해라! 바다에 바람 한 점 불어서는 안 된다! 물론 제피로스의 미풍은 불어야 한다. 그들이 알키노오스의 파이아케스의 섬에 도착하도록 하기 위해서다."

헤파이스토스와 테티스

그렇게 이야기하자 이리스는 즉시 빠른 날개를 펴고 하늘에서 뛰어 내려와 대기를 가로질러 날아가다가 바다의 신 네레우스의 거처가 있는 곳에서 에게 해로 잠수해 들어갔다. 그리고 맨 먼저 테티스를 찾아가 헤라의 뜻을 전하며 급히 찾아뵙도록 했다. 그다음 그녀는 헤파이스토스를 찾아가 쉽게 그가 무거운 철망치를 내려놓도록 했다. 당연히 연기에 그을린 풀무도 윙윙거리는 것을 멈추었다. 마지막으로 그녀는 히포테스의 자랑스러운 아들 아이올로스에게 갔다. 그녀가 그에게 헤라의 말을 전하면서 무릎을 쉬며 잠시 노독을 푸는 동안[31] 테티스는 벌써 네레우스와 자매들을 떠나 바다에서 나와 올림포스의 헤라에게로 올라갔다. 헤라는 그녀를 곁에 앉힌 다음 말을 시작했다.

"테티스 여신, 내가 너에게 하는 말을 한번 잘 들어보아라! 너는 내가 아이손의 아들과 그의 모험을 도와주는 다른 사람들을 마음속으로 얼마나 아끼고 있는지 알 것이다. 나는 앞으로 그들이 플랑크타이 바위를 통과할 때도 그들을 지켜주고 싶다.[32] 그곳은 엄청난 폭풍우가 불어닥치고 주변

---

[30] 이리스는 헤르메스처럼 신들의 전령이다. 『일리아스』에서 헥토르의 시체 반환 문제를 원만히 해결하기 위해 이리스는 아킬레우스의 어머니 테티스를 제우스에게 안내한다. 그러자 제우스는 테티스를 아킬레우스에게 보내고 이리스는 헥토르의 아버지 프리아모스에게 보낸다.
[31] 앞서 이리스가 날아다녔다고 쓰고 있으면서, 여기서는 지친 무릎을 쉬었다고 하는 것은 이리스가 날개를 발에 갖고 있었다는 것을 말해준다. 헤르메스도 발에 날개가 달렸다.
[32] 『오디세이아』에서는 키르케가 오디세우스에게 앞으로의 항로를 설명해주면서 그 바위를 통과한 배는 아르고호 단 한 척밖에 없었다고 쓰고 있다. 오디세우스는 아르고호와는 달리 그 바위를 통과하지 않고 스킬라와 카립디스를 통과한다.

목욕하려는 테티스를 제압하려는 펠레우스

가파른 바위엔 거대한 파도가 물보라를 일으키며 부서지고 있다. 하지만 지금 그들을 기다리고 있는 건 스킬라가 살고 있는 높은 절벽과 소용돌이치는 카립디스의 목구멍이다.

어린 시절부터 나는 너를 길렀고, 바다에 사는 어떤 네레이데스들보다도 특히 너를 좋아했다. 제우스가 아무리 끈질기게 요구해도 너는 감히 그와 동침하지 않았기 때문이다. 그 작자는 항상 여자들과 동침하는 데만 관심을 갖고 있지. 신이든 인간이든 가리지 않고 말이다. 그런데도 너는 나를 존경하고 경외하는 마음에서 그의 요구를 거절했다. 그러자 그는 끔찍하게도 네가 절대로 신의 부인이 되지 못할 것이라고 맹세했다. 그래도 그는 거부하는 너에게 추파를 던지는 짓을 그만두지 않았다. 존경스러운 테미스[33]가 넌 아버지보다 더 나은 아들을 낳을 운명이라고 말하기 전까진 말이다. 널 간절히 원했지만 그는 그 말을 듣고 널 포기했다. 다른 자가 신들의 왕으로 군림하지 않을까 두려웠기 때문이다. 자신이 영원히 통치하고 싶었던 게지. 그 후 나는 너에게 지상의 인간들 중 가장 훌륭한 자[34]를 골라 남편으로 주었다. 네가 결혼의 즐거움을 만끽하고 자식들도 낳도록 하기 위해서였다. 나는 또한 너의 결혼식에 모든 신들을 초대했다. 내 손으로 직접

---

[33] 우라노스와 가이아의 자식인 티탄 12신 중 한 명으로 정의의 여신이다. 아폴로도로스에 의하면 제우스와 포세이돈은 그녀의 예언 때문에 테티스를 포기한다. 그녀가 테티스가 사랑하여 아이를 낳으면 아버지보다 더 강한 자를 낳을 것이라고 했기 때문이다. 아이스킬로스의 『프로메테우스』에 의하면 제우스가 테티스를 포기한 것은 프로메테우스의 예언 때문이었다고 한다.

[34] 펠레우스. 테티스는 불, 물, 야수 등으로 변신하며 펠레우스와의 결혼을 거부했다. 그러나 펠레우스는 케이론의 충고로 기어이 그녀를 정복한다. 그 후 이들 사이에서 아킬레우스가 태어난다. 혹설에 의하면 펠레우스는 보잘것없는 평범한 인간이었다고 한다.

키르케와 스킬라. 스킬라에게 반한 글라우코스가 키르케를 찾아가 그녀의 사랑을 얻게 해달라고 부탁했다. 그러나 글라우코스에게 사랑을 느낀 키르케는 오히려 스킬라를 질투하고 그녀가 즐겨 찾는 못에 독약을 풀어 스킬라를 하체가 개 머리인 괴물로 만들어 버린다.

어린 아킬레우스에게 활쏘기를 가르치는 케이론

신부의 횃불을 들기도 했지. 네가 나에게 보여준 존경심 때문이었다.

자아, 이제 너에게 나의 진심을 이야기하겠다. 지금 너의 아들 아킬레우스는 켄타우로스 족인 케이론의 집에서 아직도 어머니 젖을 갈구하며 나이아데스들의 손에 키워지고 있다. 하지만 그 아이가 언젠가 엘리시온의 뜰로 내려가게 되면 아이에테스의 딸인 메데이아의 남편이 되기로 예정돼 있다.[35] 그러니 미래의 시어머니로서 너의 며느리를 좀 도와다오! 펠레우스도 마찬가지다! 왜 아직도 그를 원망하고 있니? 물론 그가 어리석었다.[36] 하지만 실수는 신들도 한단다.

헤파이스토스는 내 지시대로 분명 풀무질을 그만둘 것이라고 생각한다. 히포테스의 아들 아이올로스도 순풍인 제피로스만 빼고는 세차게 몰아치는 다른 바람들은 제지할 것이다. 영웅들이 파이아케스의 항구에 가도록 하기 위해서다. 그들의 무사 귀환을 위해 힘을 써주거라! 암초들과 거대한 파도가 걱정스럽다만 그것들은 너와 자매들이 막아줄 수 있겠지. 그들이 맥없이 카립디스의 목구멍에 빠져, 그 괴물이 그들 모두를 한 번에 집어삼키게 해서는 안 된다. 또 그들이 끔찍한 스킬라37의 동굴도 지나가서는 안 된다! 스킬라는 크라타이이스('강한 여자'라는 뜻)라고 부르기도 하지. 밤길을 소요하는 헤카테 여신이 바다의 신 포르코스에게 낳아주었는데, 아우소니아 해에서는 공포의 대상이다. 그 괴물이 절대로 아가리를 벌리고 영웅들에게 달려들어 빼어난 자들을 골라 해치는 일이 있어서는 안 된다! 그들이 그런 재앙을 피할 수 있도록 다른 길로 배를 안내하길 바란다."

그녀가 이렇게 이야기하자 테티스는 다음과 같이 말했다.

"정말 헤파이스토스의 활활 타오르는 불의 열기와 세차게 몰아치는 바람이 잦아든다면, 아무리 거친 파도가 일어도 배를 반드시 구하겠어요. 분명히 약속드릴 수 있습니다. 다만 순풍 제피로스는 꼭 필요합니다. 하

---

35 아킬레우스와 메데이아의 지하세계의 결혼 생활에서 대해서는 아폴로도로스의 『원전으로 읽는 그리스 신화』에 언급되어 있다. 그는 그들이 부부가 되어 지하세계 '축복받은 자들의 섬'에 거주하고 있다고 말한다. 축복받은 자들의 섬은 '엘리시온의 뜰' 이나 '축복받은 자들의 뜰' 과 같은 곳으로 추정된다. 『오디세이아』에는 엘리시온의 뜰이 '사람이 살기에 가장 편안한 곳' 이라고 되어 있다.
36 테티스는 아들 아킬레우스를 불멸의 존재로 만들기 위해 새벽마다 아들의 몸을 불 속에 그을렸다. 우연히 그걸 본 펠레우스가 아들을 죽이는 것으로 착각하고 달려가서 아들을 빼앗자 테티스는 그 길로 집을 나가 바다 속으로 들어간다. 일설에 의하면 테티스는 아킬레우스를 불 속에 그을린 것이 아니라 지하세계의 강 스틱스 강물에 적셨다고 하며, 이 책에서처럼 신들이 영생하도록 도와주는 음식 암브로시아를 발라주었다고도 한다.
37 『오디세이아』에서 카립디스는 바다의 소용돌이이고, 스킬라는 그 옆 절벽 동굴에 사는 괴물이다. 스킬라는 개의 목소리와 12개의 발, 6개의 목과 머리를 갖고 있었다. 스킬라 때문에 오디세우스의 부하 여섯이 한꺼번에 목숨을 잃는다.

지만 지금은 우선 자매들을 만나러 아주 먼 길을 떠나야 할 때입니다. 그들은 기꺼이 저를 도와줄 것입니다. 또 배가 정박해 있는 곳에도 들러야 합니다. 영웅들이 새벽에 출항할 마음을 먹도록 해주기 위해서입니다."

그녀는 그렇게 말하며 벌떡 일어서서 공중에서부터 감청색 바다의 소용돌이 속으로 뛰어 들어갔다. 그리고 네레이데스 자매들을 불렀다. 테티스의 목소리를 듣고 모두들 그녀 주변에 우르르 몰려왔다. 그녀는 헤라의 부탁을 알리며 자매들을 모두 아우소니아 해로 보내고 자신은 신속하게 바다를 건넜다.

테티스는 번갯불이나 태양이 수평선 저 너머 대지 위로 떠오를 때 비추는 햇빛보다도 더 빨리 서둘러 티르레니아 지방의 아이아이아 해변에 도착했다. 영웅들은 배에서 원반던지기와 활쏘기 시합을 즐기고 있었다. 그녀는 그들에게 다가가 아이아코스의 아들이자 자신의 남편인 펠레우스의 손끝을 살며시 잡았다. 하지만 아무도 그녀를 분명하게 볼 수 없었다. 테티스는 펠레우스의 눈에만 보였던 것이다. 그녀는 펠레우스에게 말을 건넸다.

"이곳 티르레니아 해변에서 더 이상 시간을 허비하지 마세요! 당신들을 도와주시는 헤라 여신의 명령이니 새벽에 묶어두었던 닻줄을 푸세요! 이제 헤라 여신의 부탁을 받고 네레이데스들이 서둘러 올 것입니다. 당신들의 배가 플랑크타이 바위 사이를 안전하게 지나도록 도와주기 위해서입니다. 그것은 운명이 당신들에게 정한 항로입니다. 하지만 내가 네레이데스들과 함께 오는 것을 보더라도 남에게 절대로 이야기해서는 안 됩니다! 내 말을 명심하세요! 그렇지 않으면 저는 당신에게 전보다 더 화를 낼 테니까요."

테티스는 이렇게 말하고 즉시 깊은 바다 속으로 사라졌다. 펠레우스는 몹시 고통스러웠다. 그동안 테티스는 아직 어린애였던 귀한 아킬레우스 일로 화가 나 집과 침대를 떠난 후 찾아오는 일이 없었기 때문이다. 그 당

네레이데스들에 둘러싸인 펠레우스와 테티스

시 그녀는 항상 한밤중에 아들의 유한한 육체를 불길에 그을렸다. 하지만 낮에는 다시 아들의 부드러운 몸에 암브로시아를 발라주었다. 그를 불사의 몸으로 만들어주고 피부가 보기 흉하게 노화되는 것을 막아주기 위해서였다.

그러던 어느 날 침대에서 일어난 펠레우스는 사랑스러운 아들이 불 속에서 버둥거리는 것을 보았다. 그는 그 광경을 보고 한심하게도 끔찍한 비명을 내질렀다. 그 소리를 들은 테티스는 놀라 울부짖는 아이를 황망히 땅바닥에 떨어뜨리고, 화가 머리끝까지 올라 집을 빠져나와 바다 속으로 뛰어 들어갔다. 마치 산들바람이나 환영처럼 재빨랐다. 그 후 그녀는 집에 온 적이 한 번도 없었다. 그걸 생각하니 펠레우스는 무척 당황스러웠다. 그럼에도 그는 동료들에게 테티스의 지시사항을 모두 전해주었다. 그러자 그들은 하던 경기를 서둘러 마치고 음식을 준비했다. 식사 후에는 예전처럼 바닥에 잠자리를 깔고 잠을 청했다.

오르페우스가 노래와 리라 연주로 세이레네스를 물리치다

　새벽의 여신 에오스가 빛을 전하며 중천에 떠오르고 제피로스가 세차게 불어오자 영웅들은 자리를 털고 일어나 노 젓는 자리로 갔다. 그들은 즐거운 마음으로 돌 닻을 바다 밑에서 끌어올리고 다른 모든 삭구를 말끔하게 말아 올렸다. 그들은 돛을 높이 올리고 활대에 있는 밧줄로 팽팽하게 죄었다. 순풍의 힘을 받아 배는 미끄러지듯 앞으로 나아갔다. 오래지 않아 그들의 시야에 아름다운 안테모에사 섬이 들어왔다. 그곳에는 낭랑한 목소리를 지닌 세이레네스가 살고 있었다. 그들은 아켈로오스의 딸들로 달콤한 노래로 마법을 걸어 그곳에 닻줄을 내리는 여행객들에게 해를 가했다. 그들은 무사이들 중 하나인 아리따운 테릅시코레가 아켈로오스와 동침한 후 태어났고, 강인한 데메테르의 딸 페르세포네가 아직 처녀였을 때 함께 노래를 부르며 그들을 돌봐주기도 했다. 그 당시 그들의 모습은 반은 새, 또 반은 처녀의 형상을 하고 있었다. 그들은 항구에 매복한 채 두루 살펴보고 있다가 많은 사람들에게서 자주 달콤한 귀환의 꿈을 앗아가 버렸다. 사람들을 기진맥진하게 하여 죽여버리기 때문이다.

　그들은 영웅들에게도 입에서 백합같이 부드러운 목소리를 사정없이 날려 보냈다. 영웅들은 벌써 배에서 해안에 닻줄을 던지려 했다. 바로 그때 오이아그로스의 아들인 트라케의 오르페우스가 손으로 재빨리 자신의 비스토니아 수금의 줄을 죄고 명랑하고 빠른 선율을 울려 퍼지게 했다. 그러자 일대 혼란이 일어나며 동시에 모든 영웅들의 귀는 수금 소리로 윙윙거렸다. 오르페우스의 수금 소리가 세이레네스의 노랫소리를 무찌른 것이다. 제피로스는 고물 쪽에서 이는 거친 파도와 함께 계속 배를 앞으로 밀고 갔다. 세이레네스의 노랫소리도 점점 희미해졌다. 하지만 영웅들 중 유일하게 텔레온의 용감한 아들 부테스가 경솔하게도 노 젓는 자리에서 벌떡 일어나 바다 속으로 뛰어 내렸다. 세이레네스의 낭랑한

부하들의 귀를 밀랍으로 막고 자신은 돛대에 몸을 꽁꽁 묶어 세이레네스 노래의 마법을 피하는 오디세우스

 노랫소리에 정신이 홀린 것이다. 불쌍한 부테스는 섬 해안에 오르기 위해 보랏빛 파도를 뚫고 헤엄쳐 나아갔다. 세이레네스들이 막 그에게서 귀환의 꿈을 앗아갈 판이었다. 하지만 근처 에릭스 산의 수호신 키프리스 여신이 그를 딱하게 여겨 소용돌이 속에서 그를 낚아채 구한 다음, 자비를 베풀어 릴리바이온 곶에 정착시켰다.

테티스 여신과 그 자매들 도움으로
플랑크타이 바위를 무사히 지나가다

영웅들은 슬픔에 사로잡혀 세이레네스가 사는 섬을 떠났다. 하지만 그들은 곧 바다의 갈림길에서 배가 난파당할 뻔한 훨씬 더 고약한 일을 당했다. 한쪽 길 이쪽으로는 스킬라가 사는 매끈한 바위가 보였고, 그 너머에는 카립디스가 계속해서 끓어오르며 포효하고 있었다. 또 다른 쪽 길에는 플랑크타이 바위가 요동치고 있었다. 예전이었다면 그 바위 정상의 벌겋게 달구어진 암석들 틈으로 이글거리는 불꽃이 솟아오르고 주변 대기는 연기로 깜깜해서 햇빛을 전혀 볼 수 없었을 것이다. 헤파이스토스가 일을 중단한 뒤였지만 아직도 그곳 바다에서는 뜨거운 김이 솟아나왔다.

바로 그 순간 네레이데스들이 사방에서 그들에게 다가왔다. 테티스 여신은 뒤쪽에서 배의 키를 잡았다. 그들의 배를 플랑크타이 바위 쪽으로 안내하기 위해서였다. 돌고래들은 맑은 하늘 아래 바다 속에서 떼를 지어 배를 에워싸고 함께 빠르게 달리다가 어떤 때는 앞쪽에서, 다른 때는 뒤쪽에서, 또 다른 때는 옆쪽에서 그 모습을 드러낸다. 그것은 선원들에게는 즐거운 광경이다. 마치 그런 것처럼 네레이데스들은 바다 속에서 나타나 아르고호 주변을 에워싸고 떼를 지어 따라왔다. 배의 항로는 테티스가 맡았다.

아르고호가 플랑크타이 바위로 접어들자 네레이데스들은 재빨리 그들의 옷깃을 하얀 무릎까지 들어 올리고 배 주변 암초들과 파도 위로 올라가 배 양편으로 흩어져 섰다. 거센 바다 물결로 배가 이리저리 흔들렸다. 파도가 거치게 일어나 바위 주변에 부딪혔다. 네레이데스들은 어떤 때는 절벽처럼 높이 공중으로 솟아올랐다가, 또 어떤 때는 바다 밑바닥까지 깊이 내려갔다. 그 정도로 주변 바다는 거친 파도로 출렁댔다. 해변 모래사장에서 처녀들이 두 편으로 나누어 옷깃을 말아 올려 허리띠에 고정시키고 둥근 공을 갖고 놀 때, 한 편은 다른 편이 던진 공을 받아 땅에 떨어지지 않도록 공중으로 높이 던진다. 마치 그때처럼 네레이데스들은 달리는 배가 암초에 부딪히지 않도록 조심하며, 한편은 이쪽에서 다른 편은 저쪽에서 파도 위 공중으로 배를 번갈아 던졌다.

네레이데스와 돌고래

바위 주변에서 끊임없이 파도가 노호하며 부글부글 끓어올랐다. 가파른 낭떠러지 위에 똑바로 서서 무거운 어깨를 망치 자루에 기대고 있던 헤파이스토스 신은 이들을 보고 깜짝 놀랐다. 휘황찬란한 하늘 위에서는 제우스의 부인 헤라도 그 광경을 보고 공포에 싸여 아테나를 팔로 꼭 붙들었다. 봄날 낮 시간은 길어지는 법이다. 요정들은 그 시간만큼이나 애를 써서 배가 노호하는 바위 사이를 무사히 통과하도록 했다. 그러자 영웅들은 바람을 이용하여 계속 앞으로 미끄러지듯 나아갔다.

그들은 곧 헬리오스 신의 소들이 풀을 뜯고 있는 트리나키아 섬의 초원을 지나갔다. 그곳에서 네레이데스들은 물새처럼 바다 속 깊이 총총히 사라졌다. 이제 헤라가 내린 임무를 완수했기 때문이다.

공기를 가르고 지척에서 영웅들의 귀에 양과 소의 울음소리가 함께 들려왔다. 이슬 맺힌 수풀 속에서 헬리오스의 두 딸 중 동생 파에투사가 손에 은으로 된 단장을 짚은 채 양을 치고 있었다. 하지만 언니 람페티에[38]는 소들을 따라가면서 구리 원석으로 된 반질반질한 소몰이용 지팡이를

---

[38] 헬리오스의 딸로 소떼를 보호하는 요정. 『오디세이아』에서 오디세우스는 이 섬에 들렀다가 키르케의 경고를 무시하고 부하들이 소를 잡아먹는 바람에 배와 부하들을 모두 잃고, 카립디스를 다시 한번 통과한 다음 먼저 칼립소의 섬에 들른다. 오디세우스는 거기서 칼립소와 7년간 같이 지낸 다음에야 파이아케스인들의 나라에 도착했다.

휘두르고 있었다. 영웅들은 이 소들이 강가와 평야, 그리고 골짜기에서 풀을 뜯는 것을 보았다. 검은색 소는 단 한 마리도 없었고, 소들은 모두 다 우유처럼 하얗게 빛났고 황금뿔을 지니고 있었다. 낮에 영웅들은 계속해서 이 소들 곁을 지나쳐 갔지만, 밤에는 새벽의 여신이 다시 얼굴을 보일 때까지 망망대해를 헤치고 나아갔다.

콜키스 추격대 *리진*이 메데이아를 인도해줄 것을 요구하다

이오니아 해협 앞쪽 케라우노이 해에 양쪽으로 나란히 길게 뻗은 커다란 섬이 있다. 전설에 따르면 이 섬 밑에는 크로노스가 무자비하게 아버지의 성기를 잘라낸 커다란 낫이 놓여 있다고 한다.39 무사이 여신들이여, 어쩔 수 없이 초기 인간들의 전설을 알리는 저에게 자비를 베푸소서! 어떤 사람들은 그 낫은 데메테르가 땅에서 곡식을 벨 때 썼던 것이라고 주장한다. 대지의 일을 관장하는 여신이 언젠가 사랑하는 마크리스 때문에 그 섬에 머물면서 티탄 신족들에게 이삭을 베는 걸 가르쳤기 때문이다. 그때부터 파이아케스인들의 성스러운 보금자리인 그 섬은 큰 낫을 의미하는 드레파네라고 불렸다. 따라서 파이아케스인들도 혈통을 따져보면 우라노스의 피에서 유래한다.

아르고호는 많은 어려움을 겪으면서 트리나키아 섬으로부터 바람에 실려 바로 이

아버지의 성기를 자른 크로노스가 낫을 들고 있다.

섬에 도착하게 되었다. 그들이 오자 알키노오스와 백성들은 우정 어린 희생제를 올리며 환영했다. 모든 사람들이 그들을 보고 환호성을 질렀다. 그들은 자기 친자식들이 돌아온 것처럼 영웅들을 반겼다. 영웅들도 군중에 싸여 기쁨을 만끽했다. 마치 상륙한 곳이 테살리아인 것 같은 착각이 들 정도였다. 그러나 영웅들은 바로 싸울 채비를 갖추어야 했다. 아주 가까이에서 콜키스의 엄청난 군대가 나타났기 때문이다. 그들은 흑해 어귀를 따라 그리고 감청색 바위를 지나 영웅들을 추격해 온 함대였다.

그들은 무례하게도 메데이아를 아버지에게 데려가도록 내놓으라고 요구했다. 그렇지 않으면 지금 당장뿐 아니라 후에 아이에테스 왕이 도착해서도 피비린내 나는 전쟁을 면치 못할 것이라고 강하게 으름장을 놓았다. 하지만 알키노오스 왕은 전쟁을 고집하는 그들을 만류했다. 전쟁을 치르지 않고 양측의 끔찍한 분쟁을 해결하기 바랐기 때문이다.

메데이아가 영웅들과 아레테 왕비에게 탄원하다

그러나 메데이아는 엄청난 공포에 사로잡혀 이아손의 동료들에게 계속 애원을 했고, 두 팔로 알키노오스의 아내인 아레테의 무릎을 부여잡고 말했다.

"무릎을 꿇고 왕비님께 간청합니다. 제발 자비를 베푸셔서 저를 콜키스인들에게 넘겨서 아버지에게로 데려가도록 하지 말아 주십시오! 당신이 정말 인간 종족의 한 일원이라면 말입니다. 인간은 경솔하게 과실을 범하여 쉽게 불행에 빠지곤 합니다. 저도 잠깐 분별력을 잃었었습니다.

---

39 크로노스는 어머니 가이아가 시키는 대로 큰 낫으로 아버지 우라노스의 성기를 잘라 뒤로 던졌다. 그러자 성기에서 나온 피가 땅에 떨어져 복수의 여신인 에리니에스, 거인족 기간테스, 물푸레나무 요정들인 멜리아이가 생겨났고, 바다에 떨어진 성기 주위에서 거품이 일더니 아프로디테가 생겼다.

헤카테 여신. 그녀는 달의 여신, 대지의 여신, 지하의 여신 등 세 여신이 한 몸이 된 여신으로 천상·지상·바다 속에서 힘을 발휘하며, 부와 행운을 준다고 생각되었다. 달의 여신으로서는 흔히 아르테미스와 동일시된다. 그녀의 모습을 사람은 볼 수 없으나 개는 볼 수 있었다. 그녀는 한밤중에 햇불을 들고 지옥의 개떼를 거느리고 십자로에 나타나는 여신으로 생각되었다.

하지만 그것은 욕정 때문은 아니었습니다! 헬리오스의 성스러운 빛에 대고 맹세합니다. 밤길을 소요하는 페르세스의 딸 헤카테를 기리는 비밀의 식에 대고 맹세합니다. 저는 제 자신의 의지로 이방인들을 따라 그곳을 떠난 것이 아닙니다. 끔찍한 공포가 엄습해 와 저는 도망칠 생각을 하게 되었습니다. 범죄를 저질러 다른 방도가 없었던 것입니다! 아직도 저의 허리띠는 아버지 집에서처럼 더럽혀지지 않고 순결합니다.40 왕비님, 저를 불쌍히 여겨주시고 당신의 남편이 저에게 자비를 베풀도록 힘써주십시오! 신들이 당신께 만족스러운 삶과 아름다움, 그리고 자식들을 선물하시고41 도시가 절대로 정복당하지 않고 번성하도록 축복을 내리시길 바랍니다!"

이렇게 그녀는 무릎을 꿇고 눈물을 쏟으며 아레테에게 애원했다. 메데이아는 영웅들에게도 각각 번갈아가며 도움을 청했다.

"최고의 인간들이라는 당신들 때문에 그리고 당신들의 임무 때문에 나는 곤란에 처해 있습니다. 당신들은 나의 도움으로 황소에 멍에를 씌웠고 파멸을 불러오는 땅에서 태어난 전사들의 싹도 모조리 잘랐습니다. 또 당신들은 내 덕에 황금양피를 테살리아로 가지고 가게 되었습니다. 그러나 여기 있는 나는 조국과 부모를 잃고 집도 잃고 삶의 기쁨도 잃어버렸습니다. 당신들은 내 덕택으로 당신 조국과 고향에 가서 살 수 있게 될 것이고 다시 한 번 눈으로 직접 부모님도 보게 되는 기쁨을 누리게 될 것입니다. 하지만 신은 나를 못마땅하게 여기시고 영광을 빼앗아갔습니다. 그래서 나는 처량하게 이방인들과 이곳저곳을 헤매고 있습니다. 당신들이 맺은 계약과 맹세를 두려워하십시오! 보호를 간청하는 자의 수호신인 에리니에스와 내가 아이에테스의 손에 들어가 불명예스럽고 고통스럽게 살해당할 때 신이 가할 복수를 두려워하십시오! 저는 몸을 보호할 어떤 신전이나 성벽이나 군대도 없습니다. 오로지 당신들뿐입니다. 그런데 당신들은 정말 무자비하고 냉혹합니다! 어쩔 줄 모르며 이방인 왕비의 무릎을 두 손으로 부여잡고 간청하는 나를 부끄러워하지 마십시

---

40 여자가 맨 처음 허리띠를 풀 때는 결혼할 때이고, 그다음엔 아이를 낳을 때다.
41 한 세대 이후에 오디세우스가 파이아케스의 나라에 도착했을 때 왕비에게는 5명의 아들과 결혼 적령기의 나우시카 공주가 있었다.

오! 당신들은 황금양피를 얻을 욕심이라면 모든 콜키스인들 심지어는 오만한 아이에테스와도 창을 들고 싸웠을 것입니다. 하지만 모두와 고립되어 그들밖에 없는 지금 당신들의 용기는 어디로 갔습니까."

그녀는 이렇게 애원했다. 그녀가 무릎을 꿇고 애원하는 사람은 모두 그녀에게 용기를 북돋워주었고 고통스러워하는 그녀를 위로해주려고 했다. 그들은 창날을 잘 세우고 칼집에서 칼을 빼서 손에 들고 흔들며 그들이 부당한 판결을 받아들이라고 한다면 당당히 맞서 그녀를 돕겠다고 말했다.

그녀가 영웅들 사이에서 그렇게 애쓰는 동안 고단한 인간들에게 평안을 가져다 주는 밤이 슬며시 찾아와 전 대지를 정적으로 감쌌다. 그러나 메데이아는 조금도 잠을 이루지 못했다. 가슴속에서 고통스러운 생각이 연이어 생겨났다. 일에 열중해서 밤에도 물레를 돌리는 여인 같았다. 아비 잃은 자식들은 곁에서 칭얼대고 그녀는 남편을 그리워한다. 결국 그녀의 볼에는 눈물이 흐르고 부끄러운 운명을 짊어진 자신을 한탄한다. 메데이아의 볼도 그 여인의 볼처럼 젖었다. 그녀의 심장이 칼로 찌르는 듯한 고통으로 오그라들었다.

알키노오스 왕이 침실에서 아레테 왕비에게 계획을 털어놓다

한편 도시의 궁전 내실에서는 알키노오스 왕과 그의 고의 고상한 아내 아레테가 어두운 밤 그들의 침대 위에서 메데이아를 놓고 이야기를 나누고 있었다. 부인은 남편인 왕에게 동정 어린 말투로 도움을 요청했다.

"여보, 제발 그 여인을 콜키스인들로부터 보호해주시고 미니아이인들에게 호의를 베풀어주세요! 아르고스와 테살리아 사람들은 우리 섬과 아주 가까운 곳에 있습니다. 그러나 아이에테스는 전혀 우리와 가깝게 살

제우스와 안티오페

고 있지 않아요. 우리는 아이에테스를 전혀 몰라요, 단지 그에 관해 소문만 들었을 뿐이지요. 더구나 끔찍한 고통에 시달리는 그 여자의 애원을 듣고 나는 가슴이 찢어졌답니다. 그녀를 콜키스인들에게 넘기지 마세요! 그녀를 아버지에게 데려가지 않도록 해주세요!

맨 처음 황소를 이기도록 마법의 약을 그에게 준 건 물론 그녀의 잘못이었지요. 그 후 그녀는 우리도 자주 눈이 멀면 그렇듯이 악을 악으로 고쳐보려다가, 결국 폭력적인 아버지의 엄청난 화를 피해 달아나게 되었던 거예요. 그런데 내가 듣기로는 이아손은 그녀를 자신의 궁전으로 데리고 가서 정식 아내로 맞이하겠다고 엄숙하게 맹세했다고 합니다. 그러니, 여보, 당신은 자진해서 이아손이 그 맹세를 지키지 못하도록 해서는 안 돼요! 당신 실수로 분노한 아버지가 딸에게 끔찍한 해를 가하지 않도록 하세요! 아버지는 딸들에게 질투심을 품는 법이니까요. 닉테우스가 자신의 사랑스러운 딸 안티오페를 어떻게 다루었고,[42] 다나에가 아버지의 만

---

[42] 닉테우스의 딸 안티오페는 제우스의 아이를 임신하여 산달이 되자 아버지의 화를 피해 시키온의 에포페우스에게 가서 그와 결혼했다. 분을 이기지 못한 닉테우스는 형제 리코스에게 원수를 갚아줄 것을 부탁하고 자살했다. 리코스는 에포페우스를 죽이고, 안티오페를 잡아다 죄수처럼 학대했다. 또 그사이 낳은 쌍둥이 형제 제토스와 암피온 형제를 산속에 버렸다. 장성한 형제는 나중에 진실을 알게 되고, 리코스와 그의 아내 디르케를 죽여 어머니의 원수를 갚는다.

다나에. 황금소나기로 변한 제우스가 청동탑에 스며들어 다나에는 페르세우스를 낳게 된다.

행으로 바다에서 얼마나 많은 고통을 당했습니까!⁴³ 멀리 거슬러 올라갈 것도 없지요. 최근에도 잔인한 에케토스가 딸의 눈알을 청동바늘로 찔렀다잖아요.⁴⁴ 그녀는 지금 애통해하며 음침한 헛간에서 청동광석을 빻으며 사위어가고 있습니다."

그녀는 그렇게 간청하며 말했다. 아내의 말을 듣고 그는 감동을 받았다. 그는 곧바로 다음과 같이 말했다.

"아레테, 그 여자를 위해 무기를 들고 콜키스인을 쫓아내 영웅들에게 호의를 보일 수도 있소. 하지만 나는 제우스의 엄한 계율을 해치지 않을까 두렵소. 더군다나 당신이 바라는 대로 아이에테스를 얕보는 것은 더 좋지 않소. 아이에테스보다 더 위엄 있는 왕은 없기 때문이오. 그는 마음만 먹으면 아무리 멀어도 그리스와도 전쟁을 벌일 수 있을 것이오. 따라서 나는 모든 사람들이 인정할 가장 좋은 판결을 내리는 것이 필요하오. 내 그걸 당신에게 숨기지 않겠소. 그 여자가 아직 처녀라면 나는 아버지에게 돌아가도록 결정할 것이오. 그러나 그 남자와 벌써 동침을 했다면 나는 그녀를 남편에게서 빼앗지 않을 것이며, 배에 핏덩이를 갖고 있다면 그 아이도 적들에게 넘겨주지 않을 것이오."

아레테 왕비의 전갈을 듣고 이아손과 메데이아가 결혼하다

그는 그렇게 이야기하고 곧바로 잠이 들었다. 그러나 왕비는 남편이 한 중요한 말을 마음에 새겨두었다. 이어 그녀는 침대에서 일어나 침실을 빠져나왔다. 시종들도 함께 깨어서 총총걸음으로 여주인의 뒤를 따랐다. 그녀는 조용히 전령을 불렀다. 영리한 그녀는 아이손의 아들에게 그 여자와 잠자리를 하고, 알키노오스 왕에게는 더 이상 간청하지 말라고 전하라고 했다. 왕이 콜키스인들에게 직접 가서 내릴 판결을 말해주는 것도 잊지 않았다. 만약 여자가 아직도 처녀라면 아버지에게 돌려보낼 것이지만, 한 남자와 이미 동침을 했다면 더 이상 부부의 사랑으로부터 그녀를 떼어놓지 않겠다는 것이다.

아레테가 전할 말을 이르자 전령은 발을 재촉하여 궁전을 빠져나와 이

---

43 다나에의 아버지 아크리시오스는 딸이 아이를 낳으면 자신을 죽일 것이라는 신탁을 듣고 딸을 청동탑에 가두었다. 그러나 황금소나기로 변한 제우스가 청동탑에 스며들어 다나에는 페르세우스를 낳게 된다. 놀란 아크리시오스는 딸과 페르세우스를 궤짝에 넣어 바다에 띄워 보냈다. 어부의 도움으로 살아나게 된 다나에 모자는 나중에 영웅이 되어 화해하기 위해 아크리시오스를 찾아오지만, 그는 지레 겁을 집어먹고 옆 나라로 도망친다. 오해를 풀기 위해 할아버지를 찾아 나선 페르세우스는 때마침 그 나라에서 벌어진 원반던지기 대회에 참여하여 경기를 벌이다가 원반을 잘못 던져 관중석에 앉아 있던 할아버지를 맞혀 죽인다.

44 에페이로스의 전설적인 왕 에케토스는 잔인한 폭군의 대명사였다. 그는 자국민을 억압했을 뿐만 아니라 이방인들은 갈기갈기 찢어 죽였다. 특히 그는 자신의 딸 메토페의 애인 아이크모디코스를 토막 내 죽이고, 딸은 청동바늘로 찔러 소경으로 만든 다음 청동광석을 빻도록 했다. 그래야 다시 시력이 되살아난다는 것이다.

아손에게 아레테의 친절한 말과 신을 경외할 줄 아는 알키노오스 왕의 계획을 전해주었다. 이아손은 도시 근처 힐로스 항에 정박해 있는 배 옆에서 동료들을 만났다. 그들은 무장을 한 채 경계를 서고 있었다. 그들에게 아레테로부터 들은 말을 전하자 다들 진심으로 기뻐했다. 아주 고무적인 소식이었기 때문이다.

즉시 그들은 관례대로 신들을 위해 바칠 제주를 포도주에 물을 섞어 만든 다음 경건한 마음으로 양 몇 마리를 제단으로 끌고 갔다. 그런 다음 그들은 바로 그날 밤 메데이아가 첫날밤에 쓸 잠자리를 성스러운 동굴에 마련해 주었다. 그 동굴은 한때 신중한 아리스타이오스의 딸 마크리스가 살았던 곳이다. 아리스타이오스는 벌꿀의 창시자이며 힘들게 수확한 올리브에서 기름을 짜내는 방법도 알아냈다. 또 마크리스는 헤르메스가 불길에서 니사의 제우스의 아들을 구해 데려오자 아반테스 족의 에우보이아에서 맨 먼저 그를 가슴에 안고 메마른 입술을 꿀로 촉촉하게 적셔주었다.[45] 그것을 본 헤라가 화를 내며 그녀를 섬에서 추방했다. 그러자 마크리스는 그곳에서 멀리 떨어진 파이아케스인들의 성스러운 동굴에 정착하여 그곳 주민들에게 엄청난 부를 가져다 주었다. 바로 그곳에 그들은 넓게 잠자리를 만들고 그 위에 번쩍이는 황금양털을 깔았다. 명예롭고 훌륭한 결혼식이 되게 하기 위해서였다.

그들을 위해 요정들도 형형색색의 들꽃들을 꺾어서 하얀 가슴에 한아름 가져왔다. 타오르는 불꽃에서 비치는 것과 같은 광채가 모든 요정들을 에워쌌다. 그것은 황금양털의 술에서 흘러나온 빛이었다. 황금양피는 그것을 쳐다보는 요정들의 눈에 달콤한 욕망을 부추겼다. 그들은 손을 뻗어 황금양피를 만져보고 싶은 마음은 간절했지만 부끄러워서 차마 그러질 못했다. 요정들 중 일부는 아이가이오스 강의 딸로 불렸고, 어떤 요정들은 멜리테 산 정상 주변에 살았다. 또 다른 요정들은 평야 출신으로 숲의 요정들이었다. 이들은 제우스의 아내 헤라가 이아손에게 명예가 되게 하기 위해 보냈다. 요정들이 향내 나는 옷으로 가려서 두 사람을 맺어 주었던 그 동굴은 아직도 '메데이아의 성스러운 동굴'로 불린다.

  영웅들도 손에 창을 들고 흔들어댔다. 갑작스러운 적들의 공격에 대비하기 위해서였다. 영웅들의 머리에는 예쁜 나뭇잎이 달린 가지로 만든 관이 씌워져 있었다. 그들은 오르페우스의 맑은 수금 소리에 맞추어 신방으로 들어가는 입구에서 결혼 축가를 불렀다. 물론 영웅 이아손은 알키노오스의 나라에서 결혼식을 올리는 것을 원치 않았다. 그는 이올코스로 돌아간 다음 아버지의 궁전에서 결혼식을 올리고 싶었다. 그것은 메데이아도 마찬가지였다. 그들은 어쩔 수 없이 결혼해야 했던 것이다. 그러나 고뇌를 안고 태어난 우리 인간 족속은 즐거움에만 발을 내딛고 살 수 없다. 기쁨에는 항상 쓰라린 고통이 뒤따르는 법이다. 그들은 달콤한 사랑으로 불타올랐지만 알키노오스가 정말 결심한 대로 행동할 것인지 불안해했다.

  에오스가 하늘의 빛을 전하며 떠오르고 어두운 밤을 공중에 흩어버렸다. 섬의 해안과 저 멀리 평야의 이슬 맺힌 길이 햇빛을 보고 방긋 웃었다. 거리가 사람들의 목소리로 시끄러웠다. 주민들이 밖으로 나와 시내를 돌아다니고 있었고, 멀리 마크리스 반도 끝자락의 콜키스인들도 마찬가지였다. 약속대로 곧 알키노오스가 나타났다. 메데이아에 대해 결정한 것을 알리기 위해서였다. 그는 손에 황금으로 된 정의의 왕홀을 들고 있었다. 그는 지금까지 그것의 이름으로 모든 백성들에게 판결을 내렸다.

---

45 세멜레는 카드모스와 하르모니아의 딸이었다. 그녀가 제우스의 사랑을 받아 임신하자 질투가 난 헤라는 그녀의 어렸을 적 유모로 변장하여 세멜레에게 제우스의 진짜 모습을 보도록 부추겼다. 제우스는 스틱스 강에 대고 맹세한 터라 어쩔 수 없이 하늘에서의 모습대로 세멜레 앞에 나타났다. 그러자 세멜레는 제우스가 가지고 온 번개의 빛을 견디지 못하고 불타버리고 말았다. 세멜레는 제우스의 연인들 중 유일하게 인간의 몸이었기 때문이다. 제우스는 헤르메스를 시켜 그녀의 몸에 있던 핏덩이를 구해와 자신의 허벅지를 가르고 집어넣었다. 그 후 시간이 흘러 제우스가 허벅지에서 꺼내 낳은 자식이 바로 디오니소스였다. 아리스타이오스는 세멜레의 자매인 아우토노에와 결혼했기 때문에 아우토노에의 딸 마크리스는 디오니소스의 조카이다.

그의 뒤에서는 파이아케스 최고의 전사들이 완전무장을 하고 빽빽하게 대열을 이루어 행진을 하고 있었다.

　영웅들을 보기 위해 여자들이 떼를 지어 담장 밖으로 나왔다. 시골에 사는 농부들도 소문을 듣고 왔다. 헤라가 모든 사실을 그대로 퍼뜨렸기 때문이다. 어떤 사람은 많은 양들 중에서 가장 좋은 숫양 한 마리를 골라 가져왔고, 어떤 사람은 아직 농사일을 해보지 않은 송아지 한 마리를 가져왔다. 또 다른 사람들은 포도주에 물을 섞는 데 쓰는 손잡이가 둘 달린 잔을 가져와 세워놓았다. 태운 제물에서 연기가 높이 솟아올랐다.

　여자들은 관습대로 정성 들여 만든 옷들과 황금 장신구들과 갓 결혼한 부부가 착용할 만한 다른 장신구들을 가져왔다. 그들은 영웅들의 빼어난 얼굴과 체격, 그중에서도 오이아그로스의 아들 오르페우스를 보고 놀랐다. 그는 수금을 켜고 그 아름다운 가락에 맞추어 노래를 부르면서 반질반질한 샌들 바닥으로 땅을 두드리며 박자를 맞추고 있었다. 요정들은

휴식을 취하고 있는 요정들

오르페우스가 달콤한 결혼 축가를 연주하면 모두 함께 따라 불렀다.

하지만 요정들은 그 후 곧 다시 원무를 추면서 무반주로 헤라 여신, 당신을 위해 노래를 불렀습니다! 아레테의 마음을 움직여 알키노오스의 현명한 결정을 이아손에게 전하도록 한 분이 바로 당신이었기 때문입니다.

왕이 결혼한 메데이아를 인도해줄 수 없다고 결정하고 아르고호가 출발하다

알키노오스는 공평한 판결 조건이 공포된 직후 두 사람의 결혼 사실이 공개되자 자신의 결정을 결코 굽히지 않았다. 끔찍한 공포나 충분히 예상되는 아이에테스의 엄청난 분노도 그의 마음을 흔들어놓지 못했다. 그는 양측에게 그들이 자신의 뜻에 따르기로 사전에 한 맹세는 절대로 깨뜨릴 수 없다고 단언했다.

콜키스인들은 자신들의 요청이 전혀 받아들여질 수 없다는 사실을 깨닫고, 더군다나 그가 그들에게 판결을 따르든지 아니면 배를 타고 자신의 나라를 떠나든지 둘 중의 하나를 선택하라고 명령하자, 아이에테스 왕의 위협에 몸을 떨며 알키노오스 왕에게 자신들을 백성으로 받아들여달라고 정중하게 간청했다. 그리하여 콜키스인들은 파이아케스인들의 섬에서 아주 오랫동안 같이 살았다.

그 후 콜키스인들은 바크키아데스 족이 에피라[46]에서 그 섬으로 건너오자 맞은편 육지로 이주했다. 그곳에서부터 그들은 아만테스 족의 케라우노이 산맥, 네스타이아 지역, 그리고 오리코스까지 퍼져 나갔다고 한다. 이것은 아주 오랜 시간이 흐른 뒤에야 비로소 일어난 일이다. 하지만

---

[46] 그리스 본토 아르골리스에서 가까운 도시.

운명의 여신 모이라이 세 자매. 클로토는 인간의 생명줄을 잣고, 라케시스는 그것을 나누어 주고, 아트로포스는 그것을 끊는 역할을 한다.

양치기의 수호신 아폴론 신전에 메데이아가 세운 제단 위에 아직도 사람들이 해마다 운명의 여신들[47]과 요정들을 위해 제물을 바친다.

알키노오스 왕은 떠나는 미니아이인들에게 많은 선물을 주었다. 아레테도 마찬가지였다. 그녀는 특히 궁전에서 열두 명의 시녀[48]를 골라 메데이아를 따라가도록 했다.

아르고호가 폭풍우로 시르테와 해안사막에 좌초하다

일곱째 날 그들은 드레파네를 떠났다. 새벽에 하늘이 맑게 개고 순풍이 불었다. 그들은 바람의 힘으로 앞으로 나아갔다. 그러나 영웅들은 아직 아카이아의 나라에 발을 디딜 운명이 아니었다. 그들은 리비아의 끝자락에서 겪어야 할 고난을 아직 남겨두고 있었다. 그들은 돛을 활짝 펴고 암브라키아 만과 쿠레테스의 나라를 거쳐 에키나데스 군도를 지나갔다. 곧 펠롭스의 나라(펠로폰네소스 반도)가 눈에 들어왔다.

그러나 바로 그때 갑자기 항해하고 있는 그들을 사나운 북풍 보레아스가 낚아채서 꼬박 아홉 밤 아홉 날을 리비아 해 쪽으로 몰고 갔다. 바람에 계속 밀리다가 결국 그들은 한번 들어가면 더 이상 되돌아올 수 없는 시르테 만으로 접어들고 말았다. 그곳은 사방이 수심이 얕고 바다 밑은 온통 해초가 자라며, 수면 위엔 거품이 소리 없이 떠다니고, 그 옆 해변에는 모래사장이 안개 속에 끝없이 펼쳐져 있다. 길짐승이나 날짐승 아무것도 찾아볼 수 없었다.

바로 그때 갑자기 밀물이 밀어닥쳐 배를 들어 올려 만 아주 깊숙이 해변 모래사장으로 밀어 넣었다. 바닷물은 규칙적으로 육지에서 밀려왔다가 다시 해변으로 거칠게 밀려오기 때문이다. 배의 용골이 모래사장에 드러났다. 영웅들은 배에서 뛰어 나와 안개 속에 끝없이 펼쳐진 대지를 보고 불안에 사로잡혔다.

대지는 마치 안개처럼 광활하고 멀리까지 뻗어 있었다. 그들은 주변 어디서도 샘이나 길, 그리고 목동이 돌보는 축사도 보지 못했다. 주위는 오로지 고요한 정적만이 흐를 뿐이었다. 걱정스러운 나머지 누군가가 다른 사람에게 물었다.

"이곳이 대체 어떤 곳이지? 사나운 바람이 도대체 우리를 어디로 데려

---

47 모이라이라고 하며 클로토, 라케시스, 아트로포스 세 자매를 말한다. 헤시오도스는 『신통기』에서 똑같은 이름을 지닌 두 종류의 운명의 여신을 언급한다. 하나는 밤의 여신 닉스의 딸들로 사자를 지하세계로 데려가는 운명의 여신이다. 이때 그들은 죽음의 여신인 케레스나 복수의 여신인 에리니에스와 비슷한 역할을 한다. 또 하나는 제우스와 테미스의 딸이자 계절의 여신들인 호라이의 자매들이다. 이때 클로토는 인간의 생명줄을 잣고, 라케시스는 그것을 나누어 주고, 아트로포스는 그것을 끊는 역할을 한다.

48 12명의 숫자는 메데이아가 헤카테 신전에서 거느리던 시녀 숫자와 똑같다. 이로써 아르고호의 승선 인원은 총 68명이 되었다. 51명의 아르고호의 영웅들, 4명의 프릭소스의 아들들, 메데이아, 12명의 시녀들을 합한 숫자다. 원래 아르고호의 영웅들은 총 55명이었다. 그중 헤라클레스, 힐라스, 폴리페모스, 부테스가 도중에 하선했고, 이드몬과 티피스가 죽었다. 또 데이마코스의 세 아들이 승선했고, 리코스의 아들 다스킬로스가 승선했다 하선했다.

온 것일까? 죽음을 두려워하지 말고 올 때와 같은 항로를 택해 과감하게 감청색 바위 사이를 통과했더라면 좋았을 것을! 제우스의 뜻[49]에 어긋나더라도 그곳으로 가다가 용감하게 죽는 것이 더 좋았을걸! 비록 짧은 시간인지 몰라도 여기에 이렇게 역풍으로 묶여 있는데 이제 우리가 할 수 있는 일이 뭐가 있겠어? 황량한 해변의 모래사장은 정말 끝도 없이 뻗어 있네!"

이렇게 말하자 키잡이 앙카이오스가 불행한 사태에 어쩔 줄 모르며 영웅들에게 말했다.

"아마 우리는 여기서 아주 끔찍한 운명에 직면한 것 같습니다. 이 불행에서 빠져나갈 방도는 없습니다. 설령 육지 쪽에서 바람이 불어도 우리는 여기 모래사장에 파묻혀 최악의 상황을 맞이할 것입니다. 아무리 바다를 둘러보아도 얕은 곳뿐이고, 바닷물은 회색빛 모래사장으로 밀려와 포말을 일으키며 하릴없이 부딪힙니다. 물론 이 성스러운 배도 벌써 오래전에 먼 바다에서 비참하게 산산조각이 났을 것입니다. 그런데 갑자기 밀물이 밀어닥쳐 배를 해변 모래사장으로 올려놓더니 다시 바다로 돌아갔습니다. 지금도 배 주변에 바닷물이 밀려들긴 해도 바닥만 적실 뿐 항해하기엔 턱없이 부족합니다. 그래서 저는 단언합니다. 이제 우리가 계속 항해해서 귀환할 희망은 산산이 깨져버렸습니다. 누구든 한번 실력을 보여주세요! 귀환할 방도를 찾으면 그에게 키를 맡기겠습니다. 하지만 아무리 애를 써도 제우스 신은 우리에게 결코 귀환할 날을 허락하지 않을 것입니다."

그가 눈물을 흘리면서 이렇게 말하자 항해에 능한 모든 영웅들이 그의

---

49 압시르토스를 죽인 이아손 일행이 키르케에게 가서 죄를 씻도록 한 제우스의 결정이다. 제우스는 감청색 바위로 가지 말라고 하지는 않았다.
50 소아시아의 리디아에 있는 강으로 백조로 유명하다. 전설에 의하면 백조는 특히 죽기 전에 날개를 펴덕이며 노래를 부른다고 한다.

말에 동의했다. 결국 영웅들은 심장이 굳어지고, 얼굴이 창백해졌다. 사람들은 전쟁이 터지거나 전염병이 퍼지기 시작하면, 혹은 장맛비가 내려 소들이 힘들여 일구어낸 농사일을 망쳐놓으면, 마치 죽은 혼령처럼 도시를 돌아다닌다. 조각한 신상들이 저절로 땀에 젖거나 피를 흘리고, 성스러운 숲에서 포효 소리가 들리고, 한낮에 태양이 빛을 잃고 사방이 칠흑같이 어두워지고 하늘이 갑자기 별들로 총총할 때도 마찬가지다. 그때처럼 영웅들은 절망한 채 길게 뻗은 해변을 계속 헤매고 돌아다녔다. 곧 어둑어둑 저녁이 찾아왔다. 그러자 영웅들은 두 팔로 서로를 껴안고 눈물을 흘리면서 마지막 우정을 나누었다. 그 후 각자가 서로 헤어져서 모래 속에 몸을 묻고 최후를 맞이할 참이었다.

그들은 각자 누울 장소를 찾기 위해 이리저리로 흩어졌다. 그들은 머리를 옷으로 감싼 다음, 전혀 아무것도 마시지도 먹지도 못한 채 밤새도록 동이 틀 때까지 끔찍한 죽음을 기다리며 누워 있었다. 멀리 아이에테스의 딸 옆에는 시녀들이 서로 몸을 밀착시킨 채 탄식하고 있었다. 날지 못하는 새끼 새들이 바위 틈 둥지에서 밑으로 떨어지면 날카롭게 울어댄다. 혹은 아름답게 흐르는 팍톨로스 강[50] 상류의 벼랑에서 백조들이 구슬픈 노래를 부르면 이슬 맺힌 풀이나 아름다운 강의 물줄기가 이에 화답한다. 마치 이럴 때처럼 시녀들은 금발머리를 모래 위에 얹고 밤새 애달픈 비가를 토해내며 한탄했다.

리비아의 요정들의 신탁으로 아르고호를 떼메고 사막을 통과하다

최고의 영웅들은 거기서 불명예스럽게 자신들의 과업을 이루지 못한 채 아무도 모르게 정말 그렇게 생을 마감했을 것이다. 그러나 어찌할 바를 모르며 애를 태우고 있는 그들을 리비아의 수호 여신들이 가엾게 여겼다. 그들은 아테나 여신이 제우스의 머리에서 튀어나왔을 때 트리톤 호수의 물에 깨끗이 씻기기도 했었다. 한낮이어서 하루 중 가장 강렬한 햇빛이 리비아를 달구었다. 그러나 그들은 아이손의 아들에게 다가와 손으로 조용히 머리를 감싸고 있는 옷을 벗겨냈다. 이아손은 여신들이 부끄러워 시선을 옆으로 돌렸다. 그러나 그들은 경외심에 떨고 있는 그에게만 부드럽게 다음과 같이 말했다.

"불쌍한 자여, 왜 그렇게 절망감에 빠져 있는가? 우리는 네가 황금양피를 얻으러 출항한 것을 알고 있고, 너희들의 고난도 모두 알고 있노라. 너희들이 육지와 바다를 방랑하면서 얼마나 많은 엄청난 일을 해냈는지 우리는 알고 있노라. 우리는 양을 보호하는 이 땅의 고독한 수호신이자, 리비에[51]의 딸이기도 하며, 인간의 말을 할 줄도 아노라. 자 그러니 이제 더 이상 그렇게 슬픔에 잠겨 괴로워하지 마라! 동료들을 일으켜 세워라! 이

포세이돈과 그의 부인 암피트리테

제 포세이돈의 부인 암피트리테가 포세이돈의 빠른 마차를 멍에에서 풀어내면 곧바로 그렇게 오랫동안 힘들게 너희들을 몸속에 품고 고생했던 어머니에게 감사의 마음을 표해라. 그러면 너희들은 고귀한 아카이아에 돌아갈 수 있을 것이다."

이렇게 이야기한 후 그들은 서 있는 자리에서 스르르 사라졌다. 동시에 그들의 목소리도 희미해졌다. 하지만 이아손은 주변을 살피며 벌떡 일어서서 다음과 같이 말했다.

"저에게 자비를 베푸소서, 위대한 사막의 여신이여! 하지만 귀향에 대해서는 저는 당신의 신탁을 전혀 이해하지 못하겠습니다. 물론 저는 동료들을 소집해서 그것이 우리가 귀환을 할 수 있는 징표인지 아닌지 논의를 해보기는 할 것입니다. 많은 사람들이 협의를 하면 그만큼 좋으니까요."

그렇게 이야기하며 그는 벌떡 일어나서 모래에 범벅이 된 채 동료들을 큰 소리로 불렀다. 마치 숲 속에서 암사자를 뒤쫓으며 포효하는 수사자 같았다. 그의 우렁찬 목소리가 산속 멀리 계곡에까지 울렸다. 주변 풀밭의 소들과 소 목동들이 공포에 질려 심하게 몸을 떨었다. 그러나 영웅들에게 동료의 목소리는 전혀 공포를 불러일으키지 않았다. 그것은 친구의 목소리였기 때문이다. 풀이 죽은 채 동료들이 이아손의 주변으로 바싹 모여들었다. 그는 낙담한 그들을 닻줄 근처 여자들 곁에 앉히고 모든 것을 자세하게 설명하기 시작했다.

"친구들이여, 내 말을 들어보십시오! 근심하고 있는 나에게 세 여신이 나타났습니다. 그들은 목 아래 부분에서부터 등을 거쳐 엉덩이까지 염소 가죽을 둘러쓰고 있었습니다. 그들은 내 머리에 바싹 다가오더니 부드러운 손으로 머리에 두르고 있던 옷을 벗겨서 내 얼굴을 드러냈습니다. 그

---

51 에파포스와 멤피스의 딸로 리비아의 수호신이자 포세이돈의 연인이다.

런 다음 그들은 나에게 일어나 여러분들에게 가서 이르라고 명령했습니다. 암피트리테가 포세이돈의 빠른 마차를 멍에에서 풀어내면 그렇게 오랫동안 힘들게 우리들을 몸속에 품고 고생했던 어머니에게 진심 어린 감사의 마음을 표하라고 말입니다. 그러나 저는 이 신탁을 도저히 이해할 수 없습니다. 그들은 이 땅의 수호신이자 리비에의 딸이라고도 말했습니다. 또 그들은 우리가 이전에 바다와 육지에서 얼마나 많은 일을 당했는지 모든 것을 다 알고 있다고 했습니다. 그 후 저는 그들을 그 자리에서 더 이상 볼 수가 없었습니다. 안개나 구름 같은 것이 우리들 사이에 끼어들어 그들이 보이지 않았기 때문입니다."

그 말을 듣고 모두들 놀라움을 금치 못했다. 바로 그때 미니아이인들에게 정말 이상한 징후가 나타났다. 바다에서 엄청나게 큰 말이 육지로 뛰어 올라왔던 것이다. 머리 양쪽이 털로 덮이고 목덜미에는 황금색 갈기가 하늘 높이 휘날리고 있었다. 말은 사지에서 뚝뚝 떨어지는 바닷물을 털어낸 다음 바람처럼 빨리 달려갔다. 재빨리 펠레우스가 기쁨에 넘쳐 모인 동료들을 향해 말했다.

"제 생각으로는 이제 포세이돈의 말이 사랑스러운 아내의 손으로 멍에에서 풀린 것입니다. 예측건대 어머니는 다름 아닌 우리가 타고 있는 배입니다. 정말입니다! 우리 배는 그동안 우리를 몸에 품고 온갖 어려운 풍상을 모두 이겨냈지요! 이제 그 배를 우리의 지칠 줄 모르는 힘으로 무쇠 같은 어깨에 올려놓고 발 빠른 말이 달려간 길을 따라 사막을 건넙시다. 말은 물이 없는 사막으로 뛰어가지 않을 것이기 때문입니다. 제 생각으로는 그의 족적은 위쪽으로 나 있는 바다의 만을 우리에게 알려줄 것입니다."

그가 이렇게 이야기하자 그의 정확한 해석이 모두의 맘에 들었다. 지금 하는 말은 무사이 여신들의 말이다. 나는 피에리아데스[52]의 뜻을 좇아 노래 부를 뿐이다. 나는 다음과 같은 이야기를 아주 정확하게 들었다. 왕가의 아들들 중 가장 출중한 영웅들이 불굴의 힘과 의지로 배와 그 부속 물건들을 모두 공중에 높이 들고 꼬박 열이틀 낮밤 동안 리비아 해안의 사구를 빠져나갔다는 것이다. 그들이 그 어려운 일을 할 때 겪었던 비참함과 고통을 누군들 다 묘사할 수 있겠는가? 궁지에 몰려 있으면서도 그들이 한 일을 보면 그들은 정말 신들의 핏줄을 이어받은 자손이다. 그들은 배를 어깨에 메고 즐겁게 트리톤 호수까지 들고 간 다음 호수 안으로 들어가서 건장한 어깨에서 내려놓았다.

헤스페리데스를 만나 헤라클레스가 다녀간 사실을 알게 되다

그런 다음 그들은 미친개들처럼 신속하게 뿔뿔이 흩어져서 샘물을 찾았다. 간난신고를 겪은 뒤라 엄청난 갈증이 그들을 괴롭혔기 때문이다. 여기저기를 헤매던 그들의 노력은 헛되지 않았다. 마침내 성스러운 평야를 만났기 때문이다. 그곳은 어제까지만 해도 뱀 라돈[53]이 아틀라스 영토에 있는 황금사과를 지키고, 그 주변에서는 요정 헤스페리데스들이 감미로운 노래를 부르던 곳이었다. 땅에서 태어난 그 뱀은 그들이 도착했을 때 벌써 헤라클레스에게 죽임을 당해 사과나무 둥지에 내동댕이쳐져 있었다. 뱀의 꼬리 부분만 아직도 꿈틀거리고 있을 뿐 머리부터 검은 등까지는 생명이 꺼져 있었다. 파리떼가 진물을 흘리는 상처에 죽은 채 말라붙어 있었다. 헤라클레스의 화살이 레르나의 물뱀의 독을 핏속에 퍼지게

---

[52] 무사이 여신. 무사이 여신들이 주로 살았다고 하는 트라케의 피에리아 지방에서 파생한 말로 피에리아의 딸들이라는 뜻이다.
[53] 포르키스와 케토 사이에서 태어난 뱀으로 헤스페레데스의 황금사과를 지켰다. 이 뱀은 불사의 몸으로 백 개의 머리를 지녔다. 혹자는 티폰과 에키드나의 자식, 혹은 가이아의 자식이라고 하기도 한다. 헤라클레스에게 죽임을 당하자 헤라가 별자리로 만들어주었다.

헤스페리데스의 황금사과와 그것을 지키는 뱀 라돈

했기 때문이다.54

   그 근처에서는 헤스페리데스들이 하얗게 반짝이는 손으로 갈색 곱슬머리를 감싼 채 큰 소리로 통곡하고 있었다. 영웅들은 알아차리지 못하게 그들에게 다가갔다. 그들이 갑자기 다가오자 헤스페리데스들은 먼지와 흙이 되어버렸다. 그러자 오르페우스는 신이 내린 징조를 알아보고 그 자리에 서서 기도를 하면서 그들에게 다음과 같이 말했다.

"오, 아름답고 선하신 여신들이여, 당신들이 하늘의 여신이건 하계의 여신이건 아니면 양떼를 지켜주시는 고독한 수호신이건 우리에게 자비를 베푸소서! 오케아노스의 핏줄들인 요정들이여, 우리 앞에 모습을 드러내시고 바라건대 우리에게 바위틈에서 나오는 샘물이나 땅에서 솟는 성스러운 샘을 가리켜주소서! 여신들이여, 우리가 끔찍한 갈증을 해소할 수 있도록 도와주소서! 그렇게 해주시면 우리가 언젠가 다시 항해를 해서 아카이아에 도착하면 여신들 중 당신들에게 제일 먼저 수많은 제물과 제주, 그리고 향기로운 음식을 바칠 것입니다."

그는 비통한 목소리로 애원하며 이렇게 말했다. 여신들은 절망한 그들을 안타깝게 여겼다. 그들은 우선 땅에서 싹이 돋아나게 만들었다. 싹은 금세 커다란 가지가 되어 공중으로 뻗더니, 나중에는 단단한 나무 둥지가 땅 위로 솟아났다. 그래서 헤스페레는 포플러가, 에리테이스는 느릅나무가, 아이글레는 성스러운 버드나무 줄기가 되었다. 하지만 나무들마다 옛날 그들의 모습이 또렷하게 그대로 드러났다. 정말 놀라운 기적이었다. 아이글레가 간절히 간청하는 그들에게 부드러운 말투로 말했다.

"여기서 경계를 서고 있던 뱀을 죽이고 황금사과를 모조리 빼앗아 간 그 뻔뻔스러운 개 같은 자가 누군지는 모르지만 그 사람이 여기에 온 것이 당신들의 고통에 도움이 된 것 같습니다. 하지만 그 사람은 우리를 지독한 슬픔에 빠지게 했습니다. 그가 온 것은 바로 어제였습니다. 그는 생

---

54 아폴로도로스에 의하면 헤라클레스는 아틀라스를 시켜 딸들이 지키고 있는 황금사과를 가져오게 했다. 프로메테우스가 그렇게 하라고 충고했기 때문이다. 그사이 헤라클레스는 아틀라스 대신 하늘을 어깨로 받치고 있었다. 사과를 가져온 아틀라스는 갑자기 태도를 바꾸어 헤라클레스로부터 하늘을 넘겨받으려 하지 않았다. 그러자 헤라클레스는 아틀라스에게 자기는 처음이라 어깨가 아픈데, 받치는 방법을 좀 보여달라고 꾀를 썼다. 아둔한 아틀라스는 시범을 보이려 헤라클레스에게서 하늘을 덥석 넘겨받았다. 그러나 아폴로니오스는 헤라클레스에게 제우스의 아들로서의 면모를 부여하기 위해 이 판본을 따르지 않았다. 그에 의하면 헤라클레스는 사과를 지키고 있는 뱀을 죽이고 직접 사과를 땄다. 아르고호의 영웅들과 헤라클레스가 거의 만날 뻔하다가 빗겨가게 한 것도 아폴로니오스의 창작이다.

목욕하는 요정들

김새나 기질 모두 아주 험악했었지요. 험상궂은 이마 밑에서 두 눈이 번뜩였습니다. 정말 무자비한 자였습니다! 게다가 그는 무서운 사자 가죽을 무두질도 하지 않고 몸에 둘러쓰고 있었습니다. 또 손에는 올리브 나무로 만든 거대한 몽둥이 하나와 이 괴물 뱀을 죽여 없앤 활과 화살을 들고 있었습니다. 그 사람도 그때 갈증으로 입이 바싹 말라서 이곳에 왔었습니다. 그도 대지를 걸어서 지나왔기 때문입니다.

그는 물을 찾아 번개처럼 빠르게 이곳 여기저기를 쏘다녔습니다. 하지만 그는 물을 발견하지 못했습니다. 그런데 여기 트리톤 호숫가에서 가까운 곳에 바위 하나가 있었습니다. 그는 한참 생각에 잠기더니 아니면 신이 그렇게 하라고 계시를 주었든지, 그 바위를 발꿈치로 세게 찼습니다. 그러자 거기서 물이 콸콸 솟아나왔습니다. 그는 두 손과 가슴을 땅바닥에 받치고 바위틈에서 나오는 물을 엄청나게 많이 마셨습니다. 마치 풀을 뜯는 소처럼 앞으로 고개를 숙이고 커다란 배가 질리도록 실컷 마셨지요."

그녀가 그렇게 이야기하자 그들은 기쁨에 겨워 아이글레가 샘이 있던 장소라고 알려준 곳으로 잽싸게 달려가 그것을 찾았다. 개미들은 땅에 구멍을 파고 좁은 구멍으로 떼를 지어 몰려 들어가고, 파리들은 꿀 한 방울만 떨어져도 그것을 빨아 먹으려는 욕심에 지칠 줄 모르고 그 주위에 빽빽하게 날아든다. 마치 그런 것처럼 영웅들은 그 당시 바위 샘 주위에 몰려들었다. 영웅들은 기뻐 어쩔 줄 몰랐다. 그중 하나가 물에 촉촉이 젖은 입술로 다음과 같이 소리쳤다.

"굉장합니다! 헤라클레스는 멀리 떨어져 있어도 갈증에 지친 동료들을 구했군요. 우리가 이곳을 뒤지면 혹시 헤라클레스를 도중에서 만날 수 있지 않을까요?"

이렇게 말하자 그런 일을 할 만한 사람들이 동의했고, 그를 찾아 이리저리로 뿔뿔이 흩어졌다. 밤사이 바람에 모래가 날아와 그의 발자국들이 지워져버렸기 때문이다. 우선 보레아스의 두 아들들이 자신들의 날개를 믿고 떠났고, 다음으로 에우페모스는 빠른 발을 믿고, 링케우스는 멀리 볼 수 있는 날카로운 시력을 믿고 출발했다. 그들과 함께 다섯 번째로 칸토스도 찾아 나섰다. 칸토스가 그들처럼 헤라클레스를 찾아 나선 것은 신들의 결정과 자신의 용감한 기질 때문이었다. 그는 헤라클레스로부터 엘라토스의 아들 폴리페모스를 어디에 두고 왔는지 듣고 싶었다. 그는 그 친구의 소식을 자세히 알고 싶었다.

뒤에 남겨진 폴리페모스는 우선 미시아인들을 위해 영광스러운 도시를 하나 건설해 주고, 항해에 대한 두려움 때문에 육지를 거쳐 아르고호를 찾아 나섰다. 그 후 그는 바닷가에 사는 칼리베스인들의 나라에까지 갔다가, 운명의 여신에 의해 그곳에서 죽음을 맞이했다. 그래서 아직도 그곳 바닷가 바로 앞 높이 솟은 은빛 포플러 아래에 그의 묘비가 세워져 있다.

어쨌든 그 당시 링케우스만이 망망한 대륙 저 멀리서 헤라클레스가 가는 것을 보았다고 믿었다. 그것은 마치 신월 때 사람들이 달을 보았다거나, 아니면 구름에 가린 달을 보았다고 착각하는 것과 같았다. 링케우스는 동료들에게 돌아가서 이제 더 이상 누구도 그를 찾아 나서도 따라잡지 못할 것이라고 이야기했다. 발 빠른 에우페모스와 트라케의 보레아스의 두 아들 등 다른 동료들도 돌아왔다. 모두들 아무리 찾아보았지만 성과가 없었다.

칸토스는 양치기의 돌팔매를 맞고, 몹소스는 독사에 물려 죽다

그런데 그중 칸토스만은 리비아에서 끔찍한 죽음의 여신이 데려갔다.55 헤라클레스를 찾던 그는 풀을 뜯고 있는 양떼를 만났다. 양떼를 따라 양치기인 한 남자가 오고 있었다. 칸토스는 굶주리고 있는 동료들을 생각해서 양떼들을 데려가려 했다. 하지만 그걸 지키려는 양치기의 돌팔매를 맞고 절명하고 말았다. 양치기는 결코 얕잡아 볼 태생이 아니었다.

그의 이름은 카파우로스로 리코레이아56의 포이보스와 존경받을 만한 여자 아카칼리스의 손자였다. 아카칼리스가 버거운 신의 씨를 배자 미노스는 자신의 딸이었지만 그녀를 리비아로 추방해버렸다. 그러자 그녀는 포이보스에게 멋진 아들 하나를 낳아주었고, 아들을 자랑스럽게 암피테미스 혹은 가라마스라고 불렀다. 암피테미스는 그 후 트리톤 호수의 요정과 몸을 섞었고, 요정은 그에게 나사몬과 힘센 카파우로스를 낳아주었다. 바로 이 카파우로스가 그 당시 자신의 양떼를 지키기 위해 칸토스를 죽였던 것이다. 하지만 카파우로스는 그가 한 짓을 알게 된 영웅들의 거친 손을 벗어나지 못했다. 미니아이인들은 슬픔에 젖어 칸토스의 시체를 가져다가 통곡을 하며 그곳에 묻어주고 양떼도 빼앗아 왔다.

그런데 바로 같은 날 암피코스의 아들 몹소스도 무자비한 운명에 희생되었다. 예언력이 있어도 그는 무서운 운명을 비껴가지 못했다. 이렇듯 죽음은 누구도 피할 수 없는 법이다. 모래 속에 한낮의 더위를 피해 끔찍한 뱀 한 마리가 숨어 있었다. 뱀은 자극을 받지 않으면 공격하기에는 너

메두사의 머리를 자른 페르세우스. 메두사의 머리는 하도 흉측해서 보는 사람은 누구나 돌로 변했다. 페르세우스는 그녀의 얼굴을 보지 않기 위해 청동방패를 거울로 이용해 머리를 자른다.

무 굼뜨고, 무서워서 도망가는 사람의 면전에 달려들기에도 너무 느렸다. 하지만 그 뱀이 한번 자신의 검은 독을 생물체에 주입하면 황천길은 1큐빗도 안 된다. 대지의 자양분을 먹고 사는 생물체라면 무엇이든지 마찬가지다. 솔직히 말해도 괜찮다면 그 뱀이 이빨로 물자마자 의술의 신 아폴론이 약을 발라 치료해도 마찬가지다. 반신 페르세우스 에우리메돈—그의 어머니가 그를 이렇게 불렀다—이 리비아 상공을 날고 있을 때 손에 왕에게 줄 갓 자른 고르고의 머리를 갖고 있었다. 그때 땅바닥에 떨어진 검은 핏방울 하나하나에서 그런 뱀들의 족속이 태어났다.[57]

55 모험 도중 죽은 4명의 영웅들 중 칸토스만 일대일 결투에서 죽는다. 영웅들이 콜키스로 오다가 이드몬은 멧돼지에 물려서, 티피스는 병 때문에 죽었고, 그리스로 돌아가다가 몹소스는 뱀에 물려 죽는다. 아폴로도로스의 책에는 아르고호의 영웅들이 리비아에서 벌이는 모험 장면이 없고, 칸토스의 죽음이나 칸토스라는 이름도 나오지 않는다. 아폴로니오스가 칸토스라는 인물을 등장시킨 것은 콜키스로 올 때와 그리스로 돌아갈 때 죽은 영웅의 숫자를 각각 2명으로 맞추기 위해서였을 것이다.
56 델포이의 한 지명.
57 메두사의 머리에서 나온 피가 땅에 떨어져 뱀이 생겨났다는 것은 순전히 아폴로니오스의 창작이다.

그런데 몹소스가 앞으로 나아가려고 발을 내디딜 때 왼쪽 발바닥으로 밟은 것은 바로 그 뱀의 꼬리였다. 뱀은 고통스러워하며 그의 다리를 둘둘 말더니 장딴지를 독니로 물어 상처를 냈다. 메데이아와 다른 시녀들은 그 자리에서 도망을 쳤다. 그러나 몹소스는 겁 없이 피나는 상처를 만져보았다. 아주 아프지는 않았기 때문이다. 불쌍한 사람이었다! 몸 구석구석으로 벌써 독이 퍼져 마비증세가 일어났다.

그의 눈엔 짙은 어둠이 내렸다. 그가 무거운 발을 땅에 내딛자마자 갑자기 몸이 식으며 힘없이 스르르 땅바닥에 꼬꾸라졌다. 동료들과 영웅 아이손의 아들은 그의 비참한 최후에 놀라워하며 그의 주변에 몰려들었다. 하지만 그는 죽어서도 잠시도 태양 아래 누워 있어서는 안 될 운명이었다. 몸에 독이 퍼져 안쪽에서 살이 부패하고, 머리카락이 머리에서 흐물흐물 빠졌기 때문이다. 그들은 재빨리 청동곡괭이로 구덩이를 하나 깊게 팠다. 여자들과 영웅들은 끔찍한 일을 당한 사자를 애통해하며 자신들의 머리카락 일부를 잘라 넣었다. 완전무장을 하고 그들은 예의를 다 갖춰 세 번 사자 주변을 행진한 다음, 그 위에 흙을 덮어 봉분을 쌓았다.

트리톤 신의 도움으로 호수에서 해안으로 빠져나오다

영웅들이 배에 오르자 바다 쪽으로 남풍이 강하게 불었다. 그들은 트리톤 호수에서 나가기 위해 백방으로 애썼다. 하지만 아무 소용이 없었다. 그들은 배를 타고 하루 종일 정처 없이 호수 위를 맴돌았다. 뱀은 작열하는 태양빛이 뜨겁게 몸을 달구면, 쉭쉭거리고 연신 머리를 이쪽저쪽으로 돌리며 땅바닥에다 구불구불한 길을 내면서 날쌔게 기어간다. 들어가 더위를 피할 곳을 찾기 위해서다. 광기에 휩싸인 뱀의 눈은 타오르는 불꽃처럼 이글거린다. 그처럼 아르고호도 빠져나갈 수 있는 출구를 찾아 하

포세이돈의 말. 말들 사이로 포세이돈이 보인다. 말은 포세이돈을 상징한다.

릴없이 호수 여기저기를 헤매고 돌아다녔다. 그러자 오르페우스가 아폴론이 준 커다란 삼발이를 배에서 꺼내 그곳 토착 신들에게 무사 귀환을 바라며 바치자고 제안했다.

그래서 그들은 육지에 상륙해서 아폴론의 물건을 해안가에 세웠다. 그러자 금방 트리톤 신(바다의 신)이 한창때의 청년의 모습을 하고 그들에게 나타나 한 줌의 흙을 주워 올리더니 그것을 영웅들에게 선물로 주며 말했다.

"친구들, 이걸 받으시오! 나에게는 이곳에 도착한 손님들에게 줄 선물이 이것 말고는 더 좋은 게 없습니다. 하지만 사람들이 낯선 곳을 항해하다 보면 자주 그러는 것처럼 여러분도 뱃길을 찾기를 원하신다면 내 그것을 알려드리겠습니다. 우리 아버지 포세이돈 신이 저에게 이곳 바다 사정을 잘 가르쳐주었기 때문입니다. 나는 해안 지역을 다스리고 있습니다. 여러분들은 아무리 멀리 사셔도 야수의 고향 리비아에서 태어난 에우리필로스[58]에 대해 들어보셨을 것입니다."

그가 그렇게 이야기하자 에우페모스가 두 손으로 그 흙덩이를 덥석 받더니 다음과 같이 대답했다.

---

[58] 포세이돈의 아들. 리비아의 왕으로 알려져 있기도 하다.

"당신이 영웅 아피아 땅[59]과 미노스 해를 정말 잘 아신다면 물어보는 우리에게 제발 사실대로 대답해주십시오! 우리는 이곳에 오고 싶어서 온 것이 아닙니다. 거친 북풍이 우리를 이 나라의 끝자락 해안으로 몰아댔습니다. 그래서 우리는 배를 들고 힘들게 육지를 걸어 이 호수로 오게 되었던 것입니다. 그러나 우리는 도대체 어디로 가야 펠롭스의 신성한 나라에 갈 수 있는지 도무지 모르겠습니다."

그가 이렇게 말하자 트리톤 신은 손을 뻗어 멀리 수심이 아주 깊은 호수의 입구를 가리키며 말했다.

"바로 저기 호수가 움직이지 않고 유난히도 검푸른 색을 띠는 곳이 바로 바다로 나가는 출구입니다. 양쪽으로 하얀 파도가 희미하게 일고 있지요. 그 파도 사이의 좁은 항로가 호수 밖으로 나가는 길입니다. 거기서부터 안개 낀 바다는 크레테를 지나 성스러운 펠롭스의 나라로 이어집니다. 그러나 호수를 빠져나가 바다로 들어가는 길을 찾거든 배의 항로를 오른쪽으로 유지하십시오. 해안이 북쪽으로 향하고 있는 한 그걸 계속 따라가십시오. 하지만 해안이 곡선을 이루며 다른 방향으로 꺾이면 바로 그때부터 바다로 가는 항로가 안전합니다. 그러니 길게 튀어나온 곳에서 곧바로 바다 쪽으로 나가십시오. 그럼 즐겁게 항해하십시오! 힘들다고 불평하지 마십시오. 젊음은 어려운 일도 겁내지 않는 법입니다!"

트리톤 신이 이렇게 친절하게 말하자 그들은 신속하게 배에 올랐다. 얼른 배를 몰아 호수에서 빠져나가기 위해서였다. 그들은 열심히 노를 저어 앞으로 나아갔다. 그러는 동안 트리톤이 삼발이[60]를 어깨에 멨다. 호

---

59 펠롭스의 이름을 따서 만든 펠로폰네소스를 말한다. 펠롭스는 탄탈로스의 아들로 펠로폰네소스의 시조다. 펠로폰네소스는 한때 황금기를 구가했던 아피스 왕의 이름을 따 아피아라고 불리기도 했다.
60 헤로도토스의 『역사』를 보면 트리톤 신은 삼발이를 자신의 신전에 세우기 전에, 그 위에 앉아 이 삼발이를 소유하는 자가 리비아에 앞으로 100개의 도시를 건설할 것이라고 예언한다. 이것을 들은 원주민들이 리비아 땅이 이방인의 식민지가 되는 것을 예방하기 위해 삼발이를 땅속에 감추었다.
61 포르키스와 네레우스는 바다의 신이다. 네레우스는 네레이데스의 아버지이기도 하다.

수 속으로 들어가려고 하는 것 같았다. 그 순간 그는 순식간에 삼발이를 갖고 시야에서 사라졌다. 영웅들은 고무되었다. 신들 중 하나가 그들 앞에 나타나 행운을 약속했기 때문이다. 그들은 아이손의 아들에게 양들 중 가장 좋은 것을 골라 트리톤 신에게 바치고 동시에 이런 좋은 징조에 대해 한마디 해달라고 제안했다. 그는 서둘러 양 한 마리를 골라 선미에서 높이 들고 기도했다.

"호숫가에서 저희에게 나타나신 신이시여. 당신이 바다의 괴물 트리톤이시든 아니면 바다에서 태어난 딸들이 이야기하는 포르키스이시든 혹은 네레우스[61]이시든 우리에게 자비를 베풀어 무사히 귀환할 수 있도록 허락해주십시오!"

이렇게 말한 다음 그는 양의 목을 따서 선미에서 바다 속으로 던졌다. 그러자 트리톤이 이번에는 원래의 모습으로 다시 나타났다. 말 잘 듣는 경주마를 경기가 있는 넓은 길로 데리고 나올 때 기수는 한손으로 털이 무성한 갈기를 잡고 그 옆에서 같이 뛴다. 그러면 말은 주둥이로 반들거

트리톤. 꼬리 끝에는 갈고리가 달렸고, 초승달의 양 끝처럼 두 부분으로 갈라져 있다.

포세이돈

리는 재갈의 작은 쇠막대를 질근질근 씹으며 거만하게 목을 높이 쳐들고 따라온다. 그렇게 트리톤은 볼록한 아르고호의 선수재를 잡고 바다 쪽으로 잡아당겼다.

그의 모습은 위쪽 머리에서부터 어깨와 허리 주위 배의 모양까지는 놀랍게도 신과 아주 비슷했다. 그러나 허리 아래에 바다 괴물의 꼬리가 이쪽저쪽 양쪽으로 뻗어 있었다. 그는 꼬리로 계속해서 수면을 쳤다. 꼬리 끝에는 갈고리가 달렸고, 초승달의 양 끝처럼 두 부분으로 갈라져 있었다. 그는 아르고호를 계속 앞으로 끌어 호수 밖 바다로 들여보낸 다음 재빨리 물속으로 사라졌다. 영웅들은 이런 엄청난 광경을 눈으로 직접 보고 환호성을 질렀다.

아직도 그곳 해안에는 아르고 항구와 그 배를 연상시키는 것이 있으며 포세이돈과 트리톤 신을 위해 만든 제단이 남아 있다. 그들이 그곳에 정박하여 하루 종일 머물렀기 때문이다.

메데이아가 마법으로 크레테 섬의 탈로스를 죽이다

새벽이 되자 그들은 황량한 땅을 우현에 두고 제피로스의 도움을 받아 돛을 팽팽히 펴고 달렸다. 다음 날 아침 길쭉한 곶 하나와 그 앞으로 쭉 뻗은 바다가 보였다. 갑자기 서풍이 잦아들더니 남서풍이 불었다. 순풍이 불기 시작하자 그들은 환호성을 질렀다. 그러나 해가 지고, 고단한 농부들도 쉬게 하는 금성이 하늘에 떠오르자 그들은 돛을 내리고 돛대를 접었다. 어두운 밤에 바람이 멈추었기 때문이다. 이제 닳을 대로 닳아 반질반질해진 노의 위력을 보여줄 차례였다.

그들은 그날 밤 내내 그리고 다음 날 하루 종일 또 이어지는 밤에도 계속해서 노를 저었다. 멀리서 암석투성이의 카르파토스 섬이 그들을 맞이했다. 그들은 그 섬을 거쳐 에게 해의 섬들 중 가장 바깥쪽 섬인 크레테로 건너가 상륙하려고 했다. 하지만 청동인간 탈로스가 그들이 크레테 해안에 닻줄을 내리는 것을 방해했다. 그들이 안전한 딕테 항에 들어가려고 하자 탈로스는 거대한 암석에서 바위를 떼어 던지며 위협했다.

탈로스는 지금은 영웅시대를 살고 있지만 원래 물푸레나무에서 만든 청동 종족의 생존자로, 제우스의 아들이 에우로페에게 낳아주어 섬을 지키도록 했다.62 그래서 그는 날마다 청동발로 하루에 세 번 크레테 섬을 순시했다. 그의 몸 전체와 사지는 청동으로 되어 있어서 상처를 입힐 수 없었다. 그런데 그의 발목 힘줄 밑에 피로 가득 찬 정맥이 하나 있었고, 그걸 아주 얇은 피부가 감싸고 있었다. 그의 생사는 바로 이 피부에 달려 있었다.

영웅들은 피곤에 지쳐 있었지만 공포에 질려 열심히 노를 저어 배를 재빨리 해안으로부터 멀리 떨어진 곳으로 몰고 갔다. 후퇴하는 그들을 향해 메데이아가 다음과 같이 말하지 않았다면 그들은 갈증과 탈진으로 괴로워하면서도 크레테에 상륙하는 것을 포기했을 것이다.

"제 말을 좀 들어보세요! 저 사람이 누군지도 모르고, 온몸이 청동으로 되어 있어도, 불사의 몸만 아니라면 저는 혼자서도 이 남자를 쓰러뜨릴 수 있을 것 같아요. 그러니 그 사람이 나에게 굴복하고

탈로스

---

62 헤시오도스의 『노동과 나날』을 보면 황금종족과 은종족 이후에 제우스는 물푸레나무에서 청동종족을 만들어냈다. 청동종족 다음으로는 현재의 인간(철종족) 전 단계인 영웅의 종족이 이어진다. 아르고호의 영웅들은 바로 영웅종족에 속했다.

탈로스와 아르고호의 영웅들

물러설 때까지 배를 바위의 사정거리 밖에 정박하고 계세요!"

그렇게 이야기하자 영웅들은 노를 저어 배를 안전거리 밖으로 뺀 다음 그녀가 어떤 기발한 계책을 쓸 것인지 기다렸다. 그러자 메데이아는 자신의 뺨을 보랏빛 외투로 감싼 다음 앞 갑판으로 올라갔다. 아이손의 아들은 그녀의 손을 잡고 그녀가 노 젓는 자리들을 지나가도록 안내해주었다.

그녀는 주문으로 생명을 앗아가는 죽음의 여신들을 달래고 찬양했다. 하데스 신의 충실한 종63인 그들은 공중 여기저기를 돌아다니다가 살아 있는 사람에게 돌진한다. 그녀는 바로 그 여신들에게 무릎을 꿇고 세 번 주문을 외우고 세 번 기도를 하며 간청했다. 그런 다음 힘상궂은 표정을 지으며, 청동인간 탈로스에게 적개심 어린 시선을 던져 그의 시력을 잃게 만들었다. 또 그녀는 이를 갈면서 끔찍한 원한을 그에게 보내 보이지 않게 파멸을 가져오는 환상을 불러일으켰다.

신들의 아버지 제우스 신이시여, 놀라움을 금할 길이 없습니다. 파멸은 병이나 상처로만 일어나는 것이 아니라 멀리서도 불행은 우리에게 닥칠 수 있다는 사실이 말입니다! 그래서 청동으로 되어 있어도 탈로스는 마술에 능한 메데이아의 힘에 눌려 죽게 되었던 것입니다.

탈로스는 영웅들이 상륙하는 것을 막기 위해 무거운 돌을 들어 올리다가, 그만 뾰족한 돌부리에 자신의 발목의 약한 피부를 긁히고 말았다. 거기서 녹은 납처럼 이코르가 흘러나왔다. 돌출한 바위에 올라섰던 탈로스는 더 이상 서 있질 못했다. 벌목공이 날카로운 도끼로 반쯤 자르다가 남겨두고 숲을 떠난 산속의 아름드리 소나무는 밤에 돌풍이라도 불라치면 처음에는 약간 흔들리다가 나중에는 뿌리째 뽑혀 바닥에 쓰러진다. 마치 그런 소나무처럼 탈로스는 지칠 줄 모르던 발을 이쪽저쪽으로 흔들더니 엄청난 굉음을 내며 땅바닥에 힘없이 쓰러졌다.

암흑 속에서 아폴론 신이 나타나 아나페 섬을 비추어주다

그날 밤을 영웅들은 크레테에서 보냈다. 새벽이 되자 그들은 미노스의 팔라스 아테나 여신을 위해 제단을 쌓았다. 그리고 물을 길어 아르고호에 올랐다. 제일 먼저 살모니스 곶을 통과하기 위해서였다. 그러나 그들이 크레테의 망망대해를 지나가고 있는 동안 사람들이 종종 지옥의 밤이라고 부르는 그런 밤이 그들을 엄청난 공포로 몰아넣었다. 바로 그런 지옥의 밤에는 별도 반짝이지 않고, 달빛도 비추지 않는다. 단지 하늘에서 칠흑 같은 어둠이 내려오고 아득한 심연에서 다른 어둠이 솟아오를 뿐이다. 그들은 자신들이 하데스의 나라에서 표류하는지, 아니면 바다 위에서 표류하는지 알지 못했다.

그들은 어찌할 바를 모르며 배를 바다 물결이 이끄는 대로 내맡겼다. 그때 이아손이 손을 높이 들고 큰 소리로 포이보스 아폴론을 부르며 그들을 구해달라고 간청했다. 당황한 그의 눈에서 눈물이 뚝뚝 떨어졌다. 그는 아폴론 신에게 피토와 아미클라이에 많은 제물을 바치겠다고, 또 오르티기아에도 많은 제물을 바치겠다고 약속했다.

63 원문에는 '하데스의 개들'로 되어 있다. 에우리피데스의 『엘렉트라』에서 죽음의 여신인 케레스는 '개의 눈을 지닌 여신들'로 묘사된다.

그러자 레토의 아들 당신은 그의 청을 들어주셔서 하늘에서 바다에 박혀 있는 두 개의 멜란테이우스 바위로 급히 내려오셨습니다. 그리고 두 바위 중 하나에 오르셔서 오른손으로 당신의 황금활을 높이 쳐들었습니다. 황금활은 주위를 번쩍이는 빛으로 환하게 비추어 주었습니다.

그들의 눈에 스포라데스 군도 중 조그마한 히푸리스 섬 바로 곁의 아주 작은 섬이 보였다. 그들은 그곳에 닻줄을 내리고 정박했다. 얼마 지나지 않아 새벽의 여신이 일어나 빛을 비추었다. 그들은 아폴론을 위해 화려한 숲을 택해서 그늘진 곳에 제단도 쌓았다. 그리고 멀리까지 비추어준 빛 때문에 포이보스를 '아이글레테스'64라고 부르고, 아주 작은 가파른 섬은 '아나페'65라고 불렀다. 그들이 위급할 때 아폴론이 그 섬을 그들 앞에 보여주었기 때문이다. 그들은 황량한 해안에서 준비할 수 있는 모든 것으로 정성을 다해 제물을 바쳤다.

파이아케스 출신인 메데이아의 시녀들은 영웅들이 타고 있는 장작에다 제주 대신 물을 뿌리는 것을 보고 도저히 웃음을 참을 수 없었다. 그들은 알키노오스 궁전에서 항상 많은 소들을 풍성하게 제물로 바치는 것을 보았기 때문이다. 영웅들은 시녀들의 조롱을 즐기면서도 그런 그들을 심한 말로 꾸짖었다. 그들 사이에 맘에 없는 가벼운 욕설과 언쟁이 오갔다. 그때 영웅들과 시녀들 사이에서 일어난 언쟁 때문에 그 섬에서는 사람들이 제물을 바치며 아나페의 수호신 아폴론 아이글레테스를 달랠 때 여자들은 남자들과 언쟁을 벌인다.

에우페모스의 꿈과 그의 후손들 이야기

날씨가 좋아 그들이 그곳에서 닻줄을 풀고 출발하자 에우페모스가 마이아의 귀한 아들을 경외하며66 밤에 꾼 꿈을 생각해냈다. 꿈에서 트리톤 신이 자신에게 주어 손으로 쥐고 가슴에 안고 있던 흙덩이가 그의 하얀 젖을 머금고 축축해지더니 거기서 아리따운 소녀가 생겨났다. 그는 억제할 수 없는 욕정을 느끼고 그녀와 몸을 섞었다. 그는 자신의 젖으로 만들어낸 딸과 한 몸이 된 자신의 신세를 한탄했다. 그러나 그 소녀는 부드러운 말투로 다음과 같이 말했다.

"저는 트리톤 신의 혈족으로 당신 자식들의 유모입니다. 당신의 딸이 아닙니다. 트리톤과 리비에가 저의 부모이기 때문입니다. 그러니 저를 네레우스의 딸들의 보호 아래 아나페 근처 바다에 살게 해주십시오. 나중에 저는 당신 자손들을 돌보기 위해 태양빛을 받고 다시 나타날 것입니다."

에우페모스는 이런 꿈을 기억해내고는 아이손의 아들에게 그것을 이야기해주었다. 아이손은 포이보스 아폴론의 신탁을 곰곰이 생각해보더니 에우페모스에게 다음과 같이 말했다.

"친구여, 당신에게는 정말 훌륭한 명예가 주어졌습니다. 그 흙덩이를 바다에 던지십시오. 그러면 신들이 당신에게 당신의 자손들이 살게 될 섬을 하나 만들어줄 것입니다. 트리톤 신이 당신에게 리비아 땅의 흙을 선물로 주었기 때문입니다. 우리를 만나 당신에게 그 흙을 건네준 신은 다름 아닌 바로 트리톤 신밖에 없습니다."

그가 이렇게 이야기하자 에우페모스는 이아손의 말을 허투로 듣지 않았다. 그는 신탁에 고무되어서 흙을 바다에 던졌다. 바로 그 흙에서 칼리스테 섬이 생겨났다. 그 섬은 에우페모스의 자손들의 성스러운 거주지가 된다. 그의 자손들은 처음에는 신티오이 족의 렘노스 섬에 살았다. 그 후

---

64 '빛나는 자'라는 뜻이다.
65 '현현', 혹은 '출현'이라는 뜻이다.
66 헤르메스는 아틀라스의 딸 마이아와 제우스 사이의 아들로 신들의 전령이지만 꿈의 안내자 역할도 했다.

그들은 그곳에서 티르레니아 족에 의해 추방되어 스파르타로 가서 환대를 받았다. 나중에 그들이 스파르타를 떠나자 아우테이손의 듬직한 아들 테라스가 그들을 칼리스테 섬으로 안내했다. 테라스는 그 섬을 자신의 이름을 따서 테라 섬이라고 개명했다. 하지만 그런 일은 에우페모스 이후 세대에야 일어났다.

거기서부터 그들은 날개를 단 듯 아주 빨리 수많은 파도를 헤치고 나아가 아이기나 해변에 상륙했다. 그곳에서 그들은 갑자기 식수를 길어오는 것을 놓고 가벼운 언쟁을 벌였다. 누가 가장 빨리 물을 길어서 배로 가져올 수 있느냐는 것이다. 두 가지, 즉 갈증과 순풍이 한꺼번에 밀어닥쳤기 때문이다. 그래서 그때부터 거기 미르미도네스의 청년들은 손잡이가 두 개 달린 항아리에 물을 가득 담아 어깨에 얹고 하는 달리기 시합으로 서로 자웅을 가린다.

시인은 영웅들과 작별하고, 아르고호는 파가사이 항에 무사히 도착하다

자, 신의 피를 이어받은 영웅들이여, 저에게 자비를 베푸소서! 저의 노래가 해마다 인간들에게 더 달콤하게 들리게 하소서. 저는 마침내 여러분이 해야 할 과업의 영광스러운 종착점에 도달했습니다. 아이기나를 출항하여 올 때는 이제 더 이상 어떤 모험도 여러분의 항해를 위협하지 않았습니다. 돌풍도 전혀 불지 않았습니다. 여러분은 편안히 케크로피아 해안과 에우보이아의 아울리스를 지나 로크리스인들이 사는 오푸스의 도시들을 거쳐 즐겁게 파가사이 해안에 상륙했습니다.

아르고호의 영웅들

부록

지도

아르고호의 원정로 | 헬레스폰토스와 보스포로스 해협
흑해 주변의 상세도 | 아드리아 해 상세도 | 돌아오는 항해로

아이올로스와 아이에테스의 가계도

참고문헌

아르고호의 영웅 55인 찾아보기

찾아보기

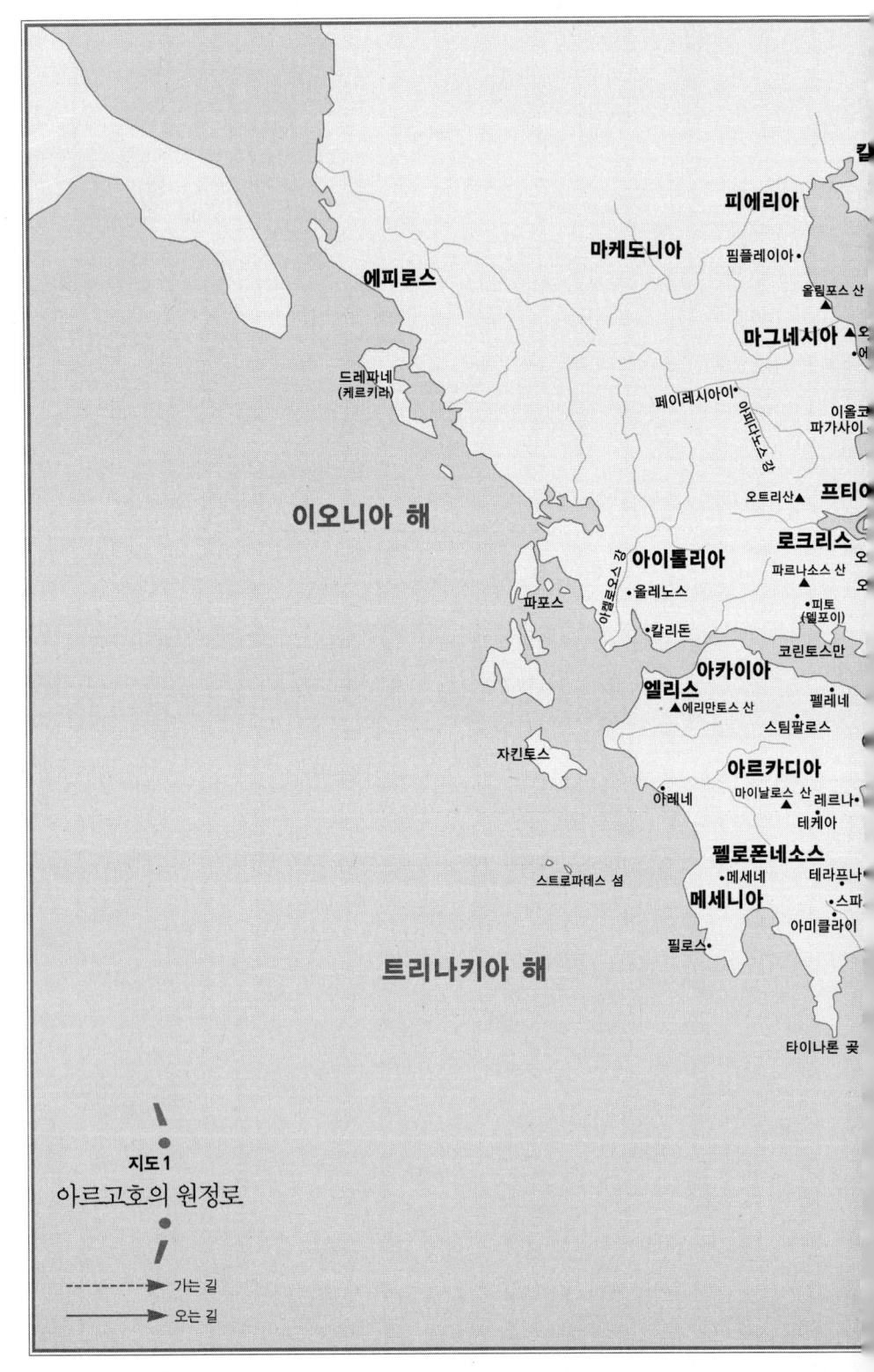

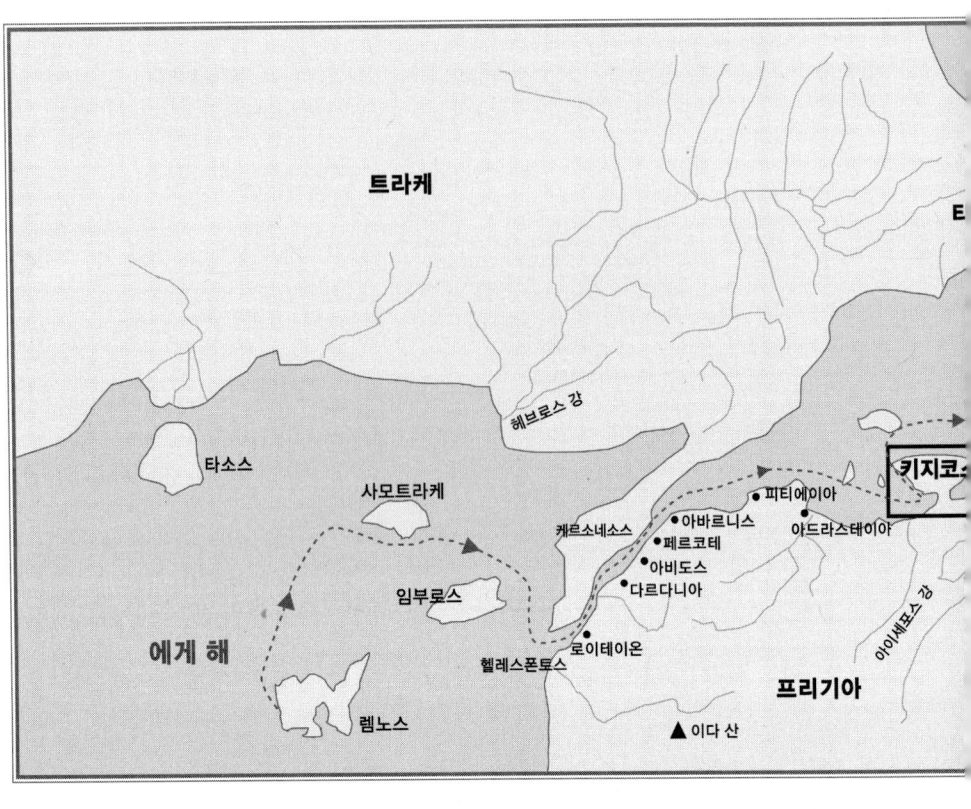

지도 2
헬레스폰토스와 보스포로스 해협

----------▶ 아르고호의 원정로

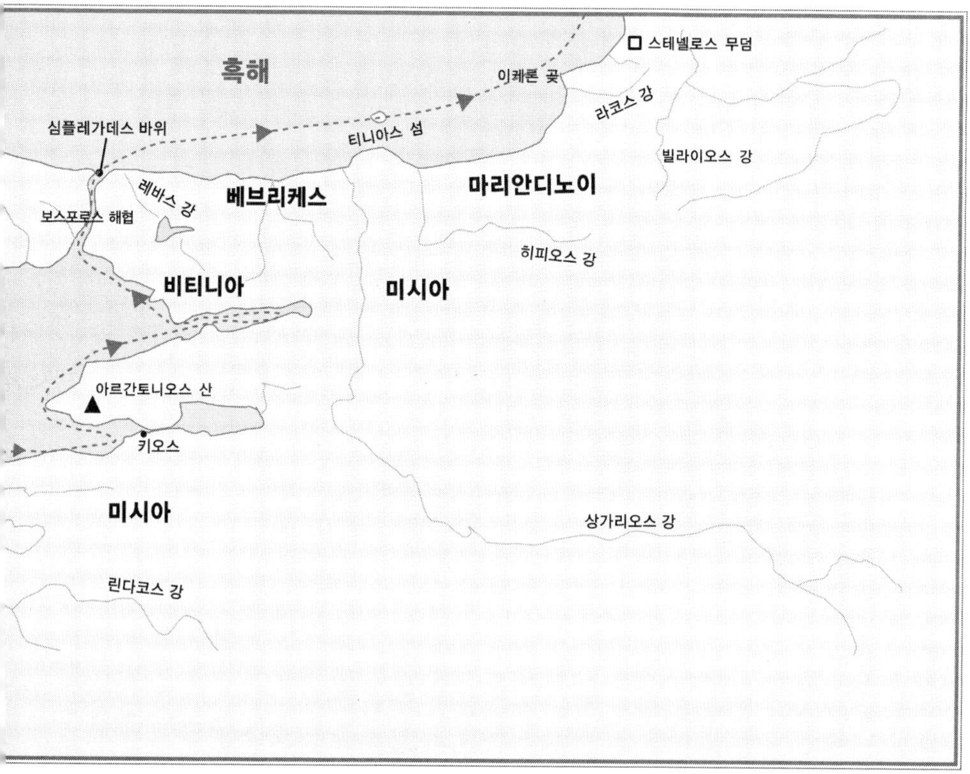

지도 1

- 흑해
- 심플레가데스 바위
- 이케톤 곶
- 스테넬로스 무덤
- 티니아스 섬
- 라코스 강
- 레바스 강
- 베브리케스
- 마리안디노이
- 빌라이오스 강
- 보스포로스 해협
- 비티니아
- 히피오스 강
- 미시아
- 아르간토니오스 산
- 키오스
- 미시아
- 상가리오스 강
- 린다코스 강

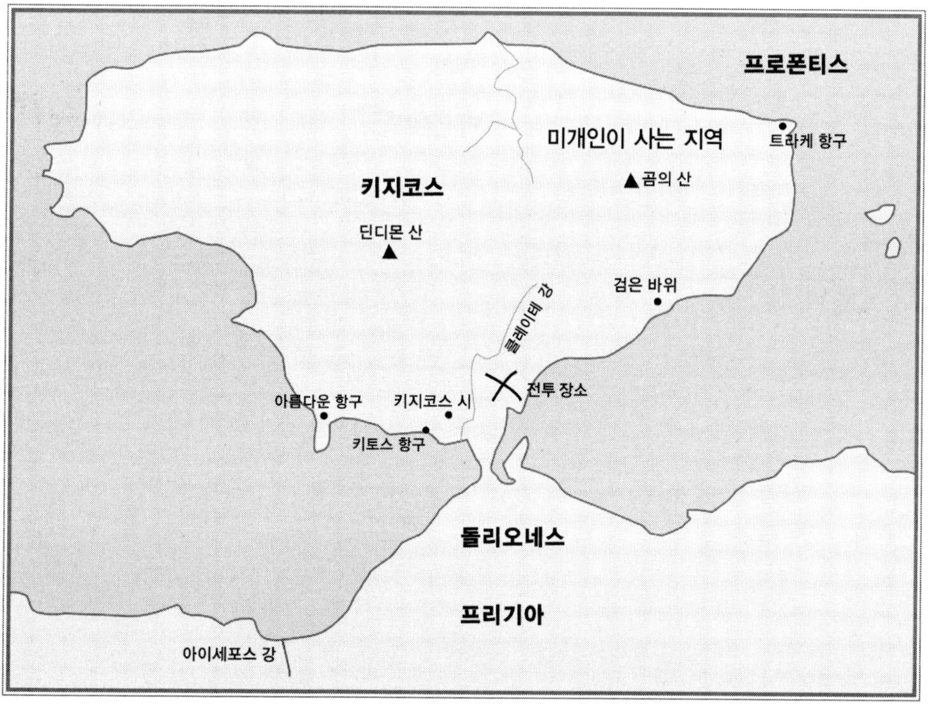

지도 2

- 프로폰티스
- 미개인이 사는 지역
- 트라케 항구
- 키지코스
- 곰의 산
- 딘디몬 산
- 검은 바위
- 아이셉스 강
- 아름다운 항구
- 키지코스 시
- 전투 장소
- 키토스 항구
- 돌리오네스
- 프리기아
- 아이세포스 강

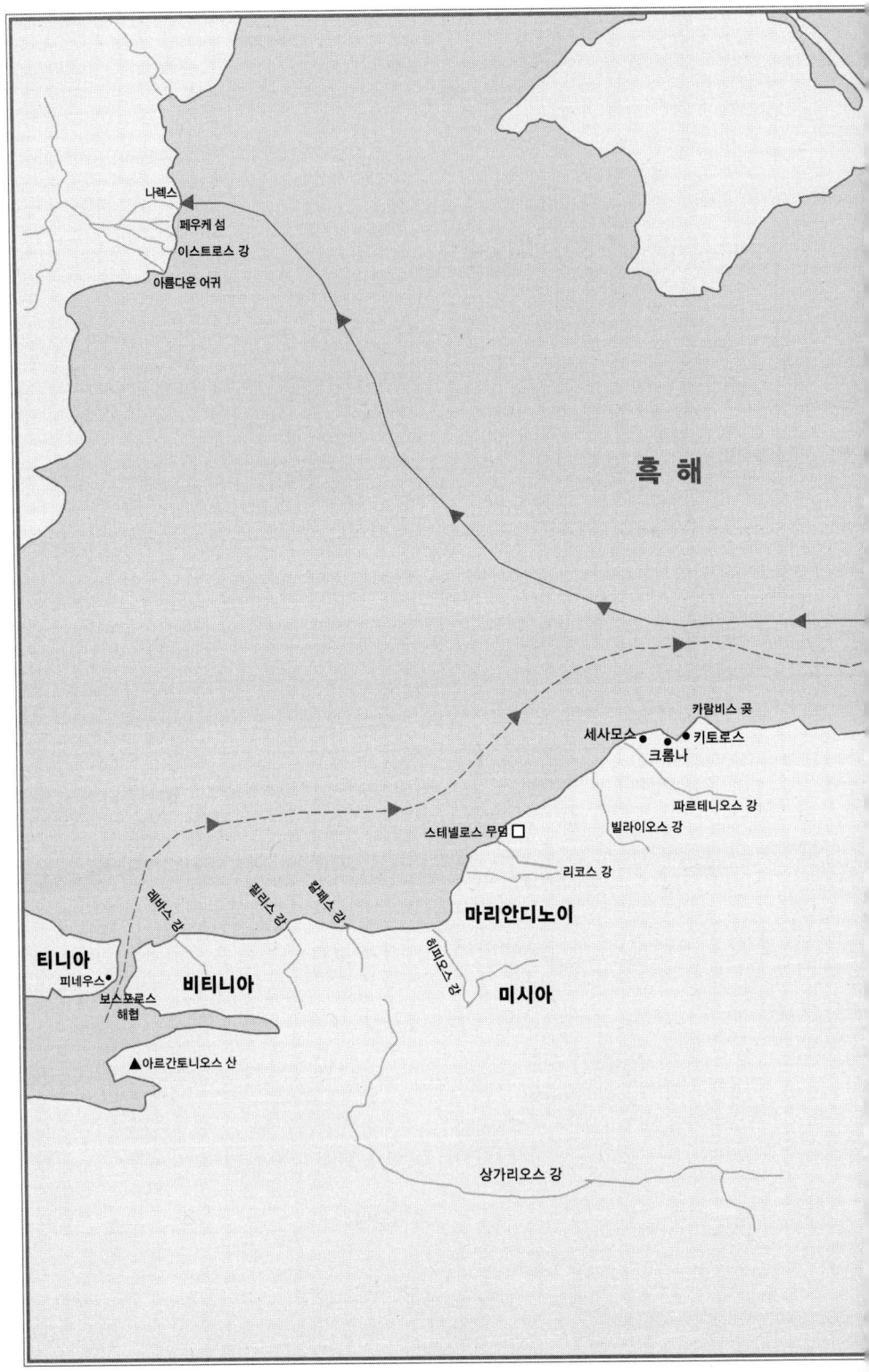

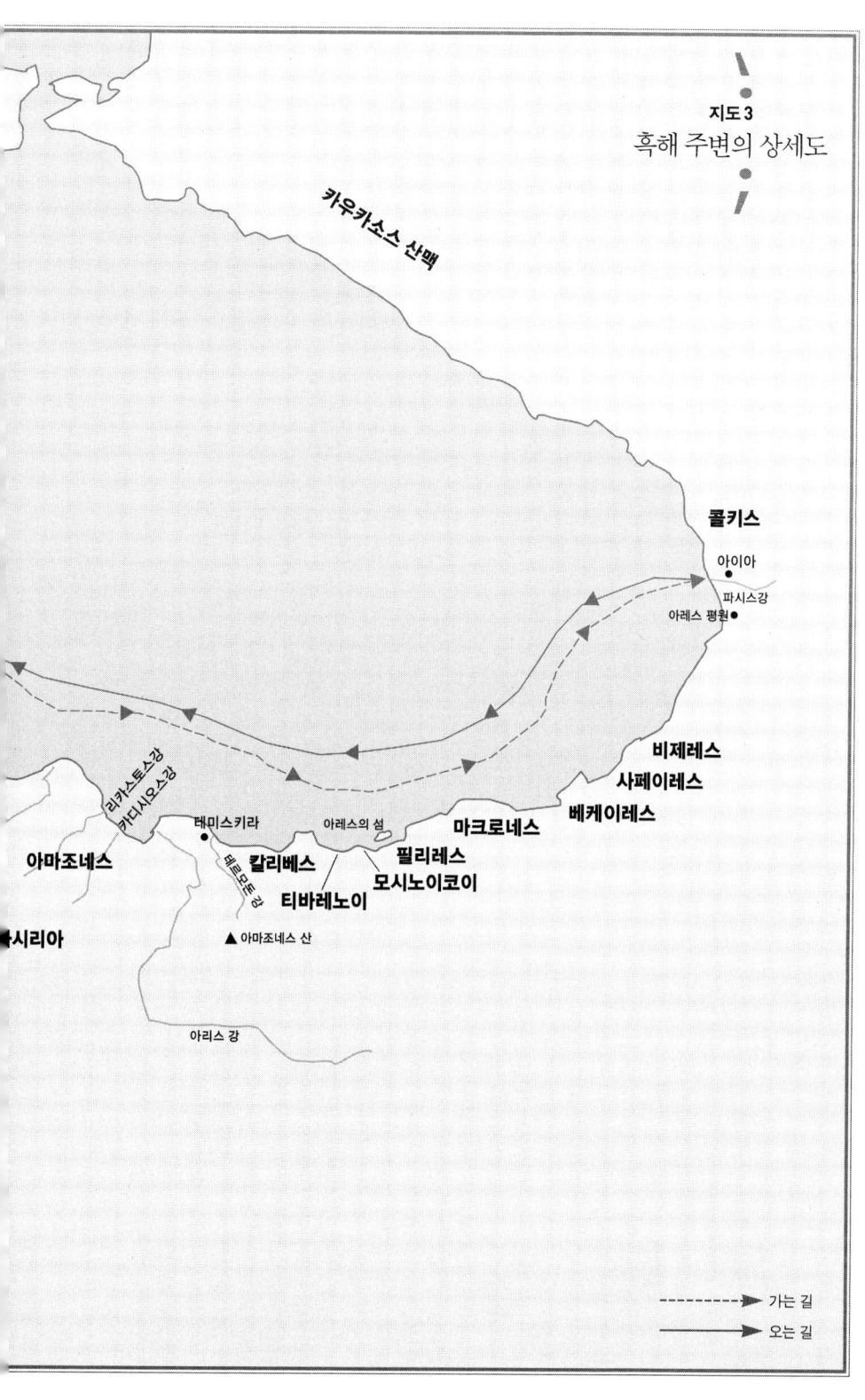

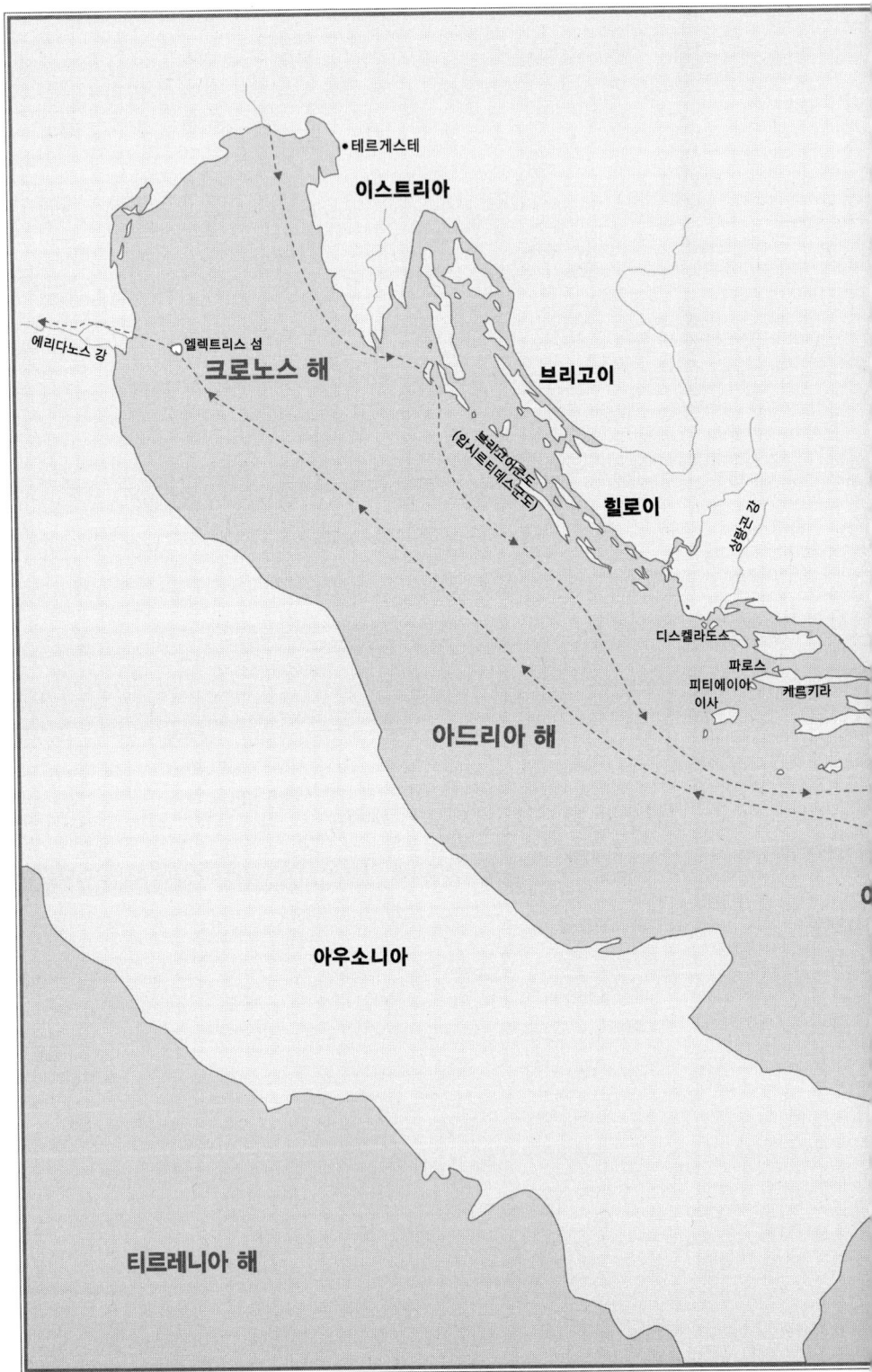

지도 4
아드리아 해 상세도

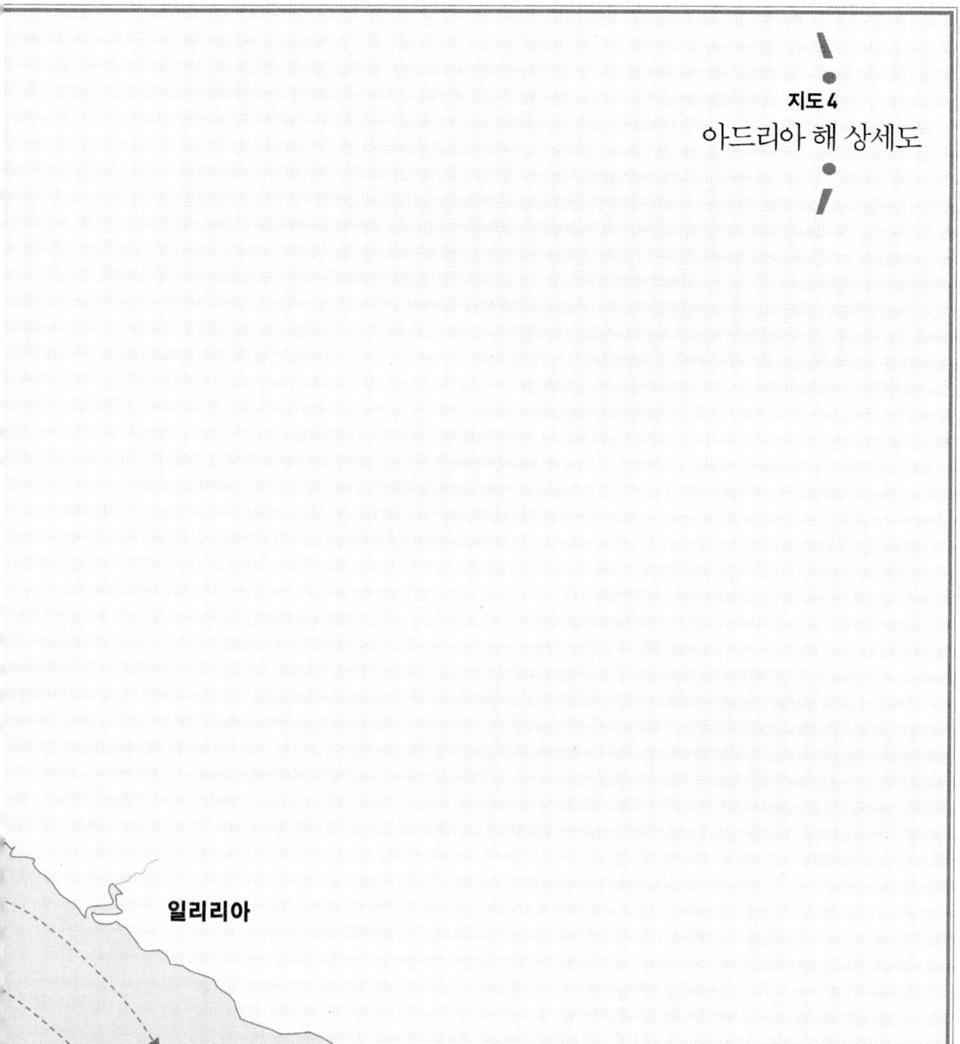

일리리아

• 에피담노스

님파이아 ○
• 오리콘

케라우노이 산

케라우노이 해

--------▶ 아르고호의 원정로

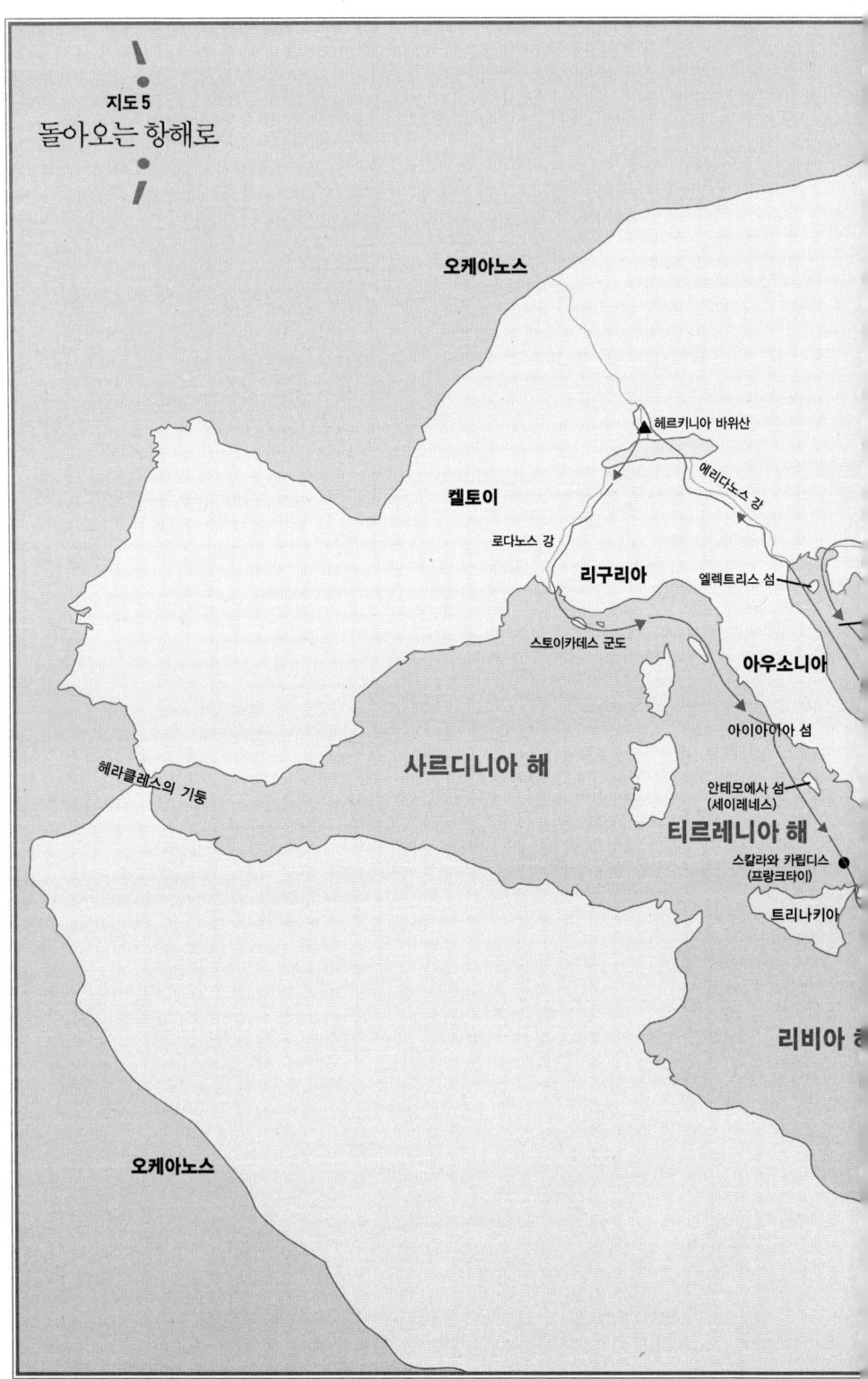

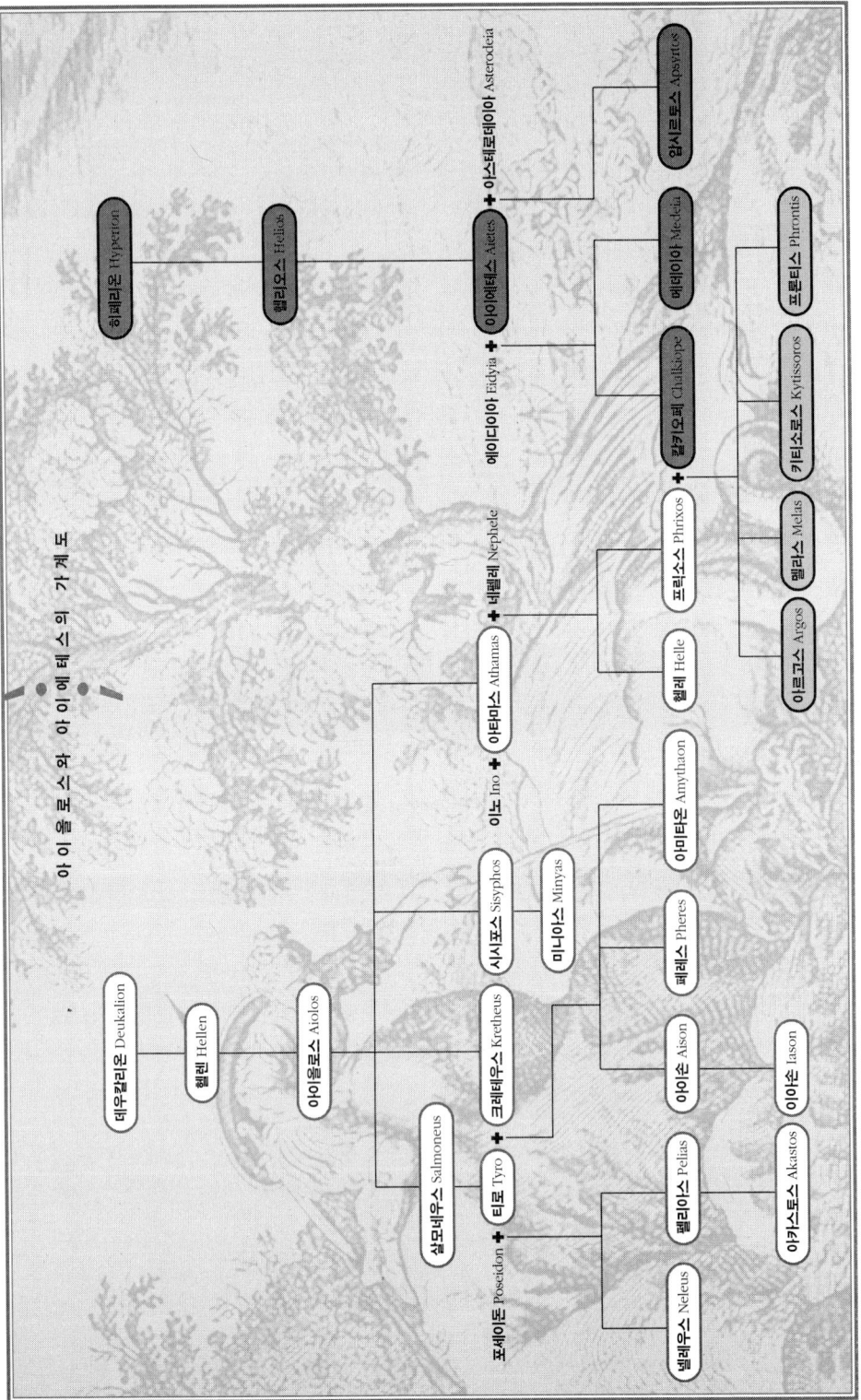

- 윤일권 · 김원익, 『그리스 로마 신화와 서양문화』, 문예출판사, 2004
- 헤시오도스, 김원익, 『신통기』, 민음사, 2003
- 이태형, 『재미있는 별자리 여행』, 김영사, 1989
- 호메로스, 천병희, 『오디세이아』, 단대출판부, 2002
- 호메로스, 천병희, 『일리아스』, 단대출판부, 2001
- 아이스킬로스, 천병희, 『아이스킬로스 비극』, 단대출판부, 2002
- 소포클레스, 천병희, 『소포클레스 비극』, 단대출판부, 2002
- 에우리피데스, 천병희, 『에우리피데스 비극』, 단대출판부, 2002
- 아폴로도로스, 천병희, 『원전으로 읽는 그리스 신화』, 숲, 2004
- 헤로도토스, 박광순, 『역사』(상 · 하), 범우사, 2001
- 피에르 그리말, 최애리 외, 『그리스 로마 신화 사전』, 열린책들, 2003
- 플라톤, 박희영, 『향연, 사랑에 관하여』, 문학과지성사, 2004
- 유재원, 『그리스 신화의 세계』(1, 2), 현대문학, 2002
- 크리스타 볼프, 김인순, 『메데이아』, 청양, 1997

- Edward Tripp, *Lexikon der antiken Mythologie*, übersetzt von Rainer Rauthe, Stuttgart, 1990 Pindar, Oden, Griechisch/Deutsch, Stuttgart, 1986
- Robert von Ranke-Graves, *Griechische Mythologie*, Quellen und Deutung, Reinbek bei Hamburg, 1999
- Apollonios Rhodios, *Die Argonauten*. Verdeutscht von Thassilo von Scheffer, Leipzig, 1940
- Apollonios Rhodios, *The Argonautika*. The Story of Jason and the Quest for the Golden Fleece, Trans, with Introduction and Glossary by Peter Green, Berkeley / Los Angeles / London, 1997(University of California Press)
- H. Herter, *Beiträge zu Apollonios von Rhodos*, Rheinisches Museum 91 (1942) S. 226~249
- H. Herter, *Zur Lebensgeschichte des Apollonios Rhodios*, Rheinisches Museum 92 (1942) S. 310~326
- A, Rengakos, *Zur Biographie des Apollinios von Rhodos*, Wiener Studien 105 (1992), S. 39~67
- Händel, P., *Die zwei Versionen der Viten des Apollonios Rhodios*, Hermes 90 (1962), S. 429~443

- Ute Schmidt-Berger, *Christa Wolfs Medea. Eine feministische Transformation des Mythos*, Der Altsprachliche Unterricht 40 (1997), S. 127~140
- Friederike Mayer, *Potenzierte Fremdheit: Medea-die wilde Frau*. Betrachtungen zu Christa Wolfs Roman Medea. Stimmen, *Literatur für Leser* (1997, 2), S. 85~94
- Ute Heidmann Vischer: *Die andere Art, Medea zu lesen*, Wie Schriftstellerinnen des zwanzigsten Jahrhunderts Euripides fü sich entdecken, Verena Ehrich-Haefeli/Hans-Jürgen Schradet / Martin Stern(Hrsg.), *Antiquitates Renatae. Deutsche und französische Beiträge zur Wirkung der Antike in der europäischen Literatur*. Festschrift für Renate Böschenstein zum 65. Geburtstag, Würzburg 1998, S. 334~344
- Marianne Hochgeschurz(Hrsg), Christa Wolfs Medea. *Voraussetzungen zu einem Text. Mythos und Bild*, Berlin, 1998

아르고호의 영웅 55인 찾아보기

나우플리오스Nauplios(1) | 58, 152
라오코온Laokoon | 61~62
레오도코스Leodokos | 57
링케우스Lynkeus | 59~60, 246, 307
멜레아그로스Meleagros | 55, 60~62, 194
몹소스Mopsos | 27, 53~54, 100~101, 153, 196, 210~211, 308~310
부테스Butes(1) | 54, 280~281, 297
아드메토스Admetos | 52~53, 60, 267
아레이오스Areios | 57
아르고스Argos(1) | 16, 21, 27, 50, 57, 63, 68~69, 101, 140, 150, 161, 164
아스테리오스Asterios | 60
아스테리온Asterion | 51
아우게이아스Augeias | 60, 180~181, 188, 191, 263
아이탈리데스Aithalides | 52, 81~82, 221
아카스토스Akastos | 18, 63, 68, 98, 100
악토르Aktor | 53, 152
암피다마스Amphidamas | 59, 158~159, 194
암피온Amphion | 60, 86~87, 289
앙카이오스Ankaios(1) | 59~60, 70~72, 76, 118
앙카이오스Ankaios(2) | 61, 150~152, 168, 244, 298
에르기노스Erginos | 61, 63, 152
에리보테스Eribotes | 53, 158
에리토스Erytos | 52
에우리다마스Eurydamas | 53
에우리티온Eurytion | 53
에우페모스Euphemos | 19, 21, 60, 136~138, 152, 307, 311, 318~320
에키온Echion | 52, 222
오르페우스Orpheus | 29, 34, 50~51, 74~76, 78, 93, 102, 119, 135, 143, 153, 165, 280, 293~295, 304, 311
오일레우스Oileus | 53, 158
이다스Idas | 59~60, 73~74, 98, 149, 196, 221, 225
이드몬Idmon | 58, 72~75, 148~150, 297, 309
이아손Iason | 8, 14~24, 26, 29~33, 35~36, 38~39, 41, 49~52, 62~65, 67~69, 71~74, 76, 85, 88, 90, 92~93, 95~96, 98, 100~102, 108~109, 118, 122, 130~131, 133, 140~141, 146~147, 151~152, 161, 163, 165, 167~168, 171~172, 174~176, 178, 180~181, 183~187, 189~193, 196~197, 199,

203~207, 210~212, 216, 218~221,
223~232, 234~235, 237~244, 251,
253~254, 256~258, 260, 263, 268,
270~272, 285, 289, 291~293, 295, 298,
300~301, 317, 319
이피클로스Iphiklos(1) | 52, 57, 62
이피클로스Iphiklos(2) | 62
이피토스Iphitos(1) | 54~55, 117
이피토스Iphitos(2) | 62
제테스Zetes | 62, 108, 123, 125,
130~131, 234
카스토르Kastor | 59~60, 98, 115, 117,
119, 229, 264~265
칸토스Kanthos | 53~54, 307~309
칼라이스Kalais | 62, 108, 125, 131, 234
케페우스Kepheus | 59~60, 194
코로노스Koronos | 52
클리티오스Klytios | 54, 98, 118, 158
탈라오스Talaos | 57, 115, 117
텔라몬Telamon | 54, 60, 98, 108~109,
118, 180~181, 188, 191, 194, 221
티피스Tiphys | 27, 56, 70, 76~77, 95,
107~108, 120, 137~138, 140, 148, 150,
297, 309
팔라이모니오스Palaimonios | 62
팔레로스Phaleros | 54
페리클리메노스Periklymenos | 59
펠레우스Peleus | 11~12, 20, 25, 54, 60,
77, 79, 98, 118, 149~151, 166, 194, 260,
274, 276~279, 302
폴리데우케스Polydeukes | 29, 59~60,
98, 114~117, 119, 146, 229, 264~265
폴리페모스Polyphemos |52~53, 104,
106~110, 297, 307
플레이아스Phleias | 57
헤라클레스Herakles | 39, 53, 55, 57~60,
62, 68, 70~72, 76, 90~92, 96~98,
102~110, 112, 118~119, 127, 146~147,
152, 154~155, 158~159, 183, 224,
262~263, 297, 303, 305, 307~308
힐라스Hylas | 58, 104~107, 109~110,
297

ㄱ

가니메데스Ganymedes │ 30, 177~178
가라마스Garamas │ 308
게네타이오스Genetaios │ 128, 157
게라이스토스Geraistos │ 225
게피로스Gephyros │ 98
기게스Gyges │ 103
글라우케Glauke │ 35
글라우코스Glaukos │ 109, 146, 275
기간테스Gigantes │ 115, 183, 285
기간토마키아Gigantomachia │ 115, 183
기르톤Gyrton │ 52

ㄴ

나렉스Narex │ 249
나사몬Nasamon │ 308
나우볼로스Naubolos │ 58, 62
나우시토오스Nausithoos │ 262
나우크라티스Naukratis │ 11
나우팍티아Naupaktia │ 13, 51
나우플리오스Nauplios(2) │ 58
나이아데스Naiades │ 81, 262, 270, 276
낙소스 섬Naxos │ 214, 254
네레우스Nereus │ 108~109, 273, 312~313, 319
네메시스Nemesis │ 123
네스타이아Nestaia │ 250, 295
네스토르Nestor │ 95
네페이아스Nepeias │ 101
네펠레Nephele │ 13
넬레우스Neleus │ 14, 57, 59, 95
노미오스Nomios │ 134
논노스Nonnos │ 10
니사이아Nisaia │ 146, 150
니사Nysa │ 152, 166, 254, 292
닉스Nyx │ 84, 297
닉테우스Nykteus │ 289
님파이아Nymphaia │ 264

ㄷ

다나에Danae │ 289~291
다나오스Danaos │ 58, 165, 246~247
다나이데스Danaides │ 246
다르다니아Dardania │ 94
다스킬로스Daskylos │ 147~148, 131, 149, 249, 297
다이라Daira │ 207
닥틸로이Daktyloi │ 100~101
데우칼리온Deukalion │ 100, 218, 248
데이마코스Deimachos │ 149, 154, 297
데이아네이라Deianeira │ 55, 263
데일레온Deileon │ 154

델로스Delos | 67, 71, 142
델피네스Delphynes | 142~143
델피Delphi | 18~19, 22
도도나Dodona | 14, 19, 76, 264
도이아스Doias | 128, 156
돌로프스Dolops | 79
돌로피아Dolopia | 53
돌리오네스Doliones | 94~95, 97~100, 146
드레파네Drepane | 284, 296
드리오페스Dryopes | 105
디르케Dirke | 289
디스켈라도스Dyskelados | 263
디아Dia | 55, 254
디오네Dione | 173
디오메데스Diomedes | 208
디오스쿠로이Dioskouroi | 59, 93
디케Dike | 27~28, 51, 178
디프사코스Dipsakos | 141
딕테Dikte | 75, 100~101, 131, 315
딘디몬Dindymon | 96~97, 100~102

ㄹ

라리사Larisa | 52
라우리온Laurion | 25
라케다이몬Lakedaimon | 59
라케레이아Lakereia | 266
라케시스Lachesis | 296~297
라트모스Latmos | 237
라피타이Lapithai | 52, 55
람페이에Lampeie | 57
람페티에Lampetie | 283
레다Leda | 58~59

레르나Lerna | 59, 225, 303
레르노스Lernos | 58, 62
레바스Rhebas | 127, 141, 147
레아르코스Learchos | 13
레아Rhea | 75, 100, 102~103, 166
렘노스Lemnos | 19~21, 80~83, 85, 89~92, 114, 146, 223, 319
로다노스Rhodanos | 266~267
로데Rhode | 8
로이테이온Rhoiteion | 94
로크리스Lokris | 320
리기레스Ligyres | 262
리부르니아Liburnia | 263
리비에Libye | 246, 300, 302, 319
리카스티아Lykastia | 156
리카온Lykaon | 135
리코레우스Lykoreus | 115
리코레이아Lykoreia | 308
리코스Lykos | 118, 131, 145~149, 240, 249, 289, 297
리쿠르고스Lykurgos | 59
리크레이온Lyrkeion | 57
리키아Lykia | 67, 142
리파이오이스Rhipaiois | 248
린다코스Rhyndakos | 103
릴리바이온Lilybaion | 281

ㅁ

마그네시아Magnesia | 62, 79
마이날로스Mainalos | 60
마르마라Marmara | 95
마리안디노이Mariandynoi | 118, 127, 145~146, 249

마이나데스Mainades | 81
마크로네스Makrones | 98, 101, 129, 167
마크리스Makris | 262, 284, 292~293
메가라Megara | 146, 263
메가브론테스Megabrontes | 98
메갈로사케스Megalossakes | 98
메네토스Menetos | 52
메네Mene | 237
메노이티오스Menoitios | 53
메데이아Medeia | 14~17, 19~20, 23~24, 26, 29~33, 35~39, 167, 170~172, 183~185, 191~192, 196, 199~204, 206~207, 209~210, 212, 217~221, 225, 227, 230, 235~244, 246, 251, 253~254, 256, 258, 260, 263, 268, 270~272, 276~277, 284~285, 287~288, 291~293, 295~297, 310, 314~316, 318
메두사Medusa | 167, 309
메로프스Merops | 96
메토페Metope | 291
멘토레스Mentores | 262
멜라니페Melanippe | 155
멜라스Melas | 14, 22, 83, 163
멜라이나Melaina | 127, 141
멜란테이우스Melanteius | 318
멜람푸스Melampous | 14, 57, 75
멜리보이아Meliboia | 79
멜리아Melia | 113, 285
멜리케르테스Melikertes | 13
멜리테Melite | 262~264, 292
멤피스Memphis | 301
모시노이코이Mossynoikoi | 128, 157, 161

모이라이Moirai | 296~297
무사이Mousai | 33, 50~51, 134, 150, 171, 262, 280, 284, 302~303
므네모시네Mnemosyne | 50~51
미그도니아Mygdonia | 147
미니아스Minyas | 62~63, 218~219, 240
미르미도네스Myrmidones | 320
미르미돈Myrmidon | 52
미르틀레스Myrtles | 134
미르틸로스Myrtilos | 87
미리네스Myrines | 81
미리네Myrine | 80
미마스Mimas | 117, 224
미시아Mysia | 101, 103~104, 108~110, 112, 146~147, 307
밀레토스Miletos | 61, 95

ㅂ

바실레우스Basileus | 98
바크키아데스Bakchiades | 295
바토스Battos | 18
베브리케스Bebrykes | 29, 35, 113, 116~118, 146~148, 249
베케이레스Becheires | 129, 167
벨로스Belos | 246
보레아스Boreas | 62~63, 79, 108, 120, 122~126, 128, 130~131, 133, 142, 297, 307
보스포로스Bosporos | 49, 101, 120, 137
보이오티아Boiotia | 13, 62, 108, 150, 225, 261
부테스Butes(2) | 55
브론테스Brontes | 75, 98

브리고이Brygoi | 250, 257
브리모Brimo | 208, 223
브리아레오스Briareos | 103
비스토니아Bistonia | 51, 280
비아스Bias | 14, 57, 115, 117
비제레스Byzeres | 129, 167
비티니아Bithynia | 113, 120, 127, 140, 145, 147
빌라이오스Billaios | 147

ㅅ

사라피스Sarapis | 11
사르디니아Sardinia | 267
사르페돈Sarpedon | 63
사모트라케Samothrake | 9, 93
사우로마타이Sauromatai | 187, 189
사페이레스Sapeires | 129, 167
살랑곤Salangon | 250
살모네우스Salmoneus | 13
살모니스Salmonis | 317
상가리오스Sangarios | 145
세르보니스Serbonis | 166
세사모스Sesamos | 154
세이레네스Seirenes | 12, 17, 29, 34, 280~282
세피아스Sepias | 79
셀레네Selene | 237
소오나우테스Soonautes | 127, 146
소포클레이오스Sophokleios | 8
수다Souda | 8
스코이네우스Schoineus | 88
스키노스Skinos | 81
스키아토스Skiathos | 79

스키티아Skythia | 248, 250
스킬라Skylla | 34, 273~275, 277, 282
스테넬로스Sthenelos | 152~153
스테로페스Steropes | 75
스토이카데스Sthoikades | 262, 267~268
스트로파데스Strophades | 125
스틱스Styx | 51, 125, 277, 293
스팀팔로스Stymphalos | 158~159
스파르토이Spartoi | 222
스포드리스Sphodris | 98
스포라데스Sporades | 318
시기노이Sigynnoi | 250
시데로Sidero | 14, 23
시르테Syrte | 296~297
시리우스Sirius | 134~136, 161, 212
시링크스Syrinx | 78~79
시키온Sikyon | 289
시파이Siphai | 56
신도이Sindoi | 250
신티오이Sintioi | 80~81, 319
실레우스Silleus | 7~9
심플레가데스Symplegades | 16, 49, 136, 138~139, 141, 246

ㅇ

아가메스토르Agamestor | 150
아게노르Agenor | 120, 122~123, 130, 133, 140, 191, 211, 222
아그레우스Agreus | 134
아나우로스Anauros | 15, 22, 49, 175
아나페Anaphe | 317~319
아드라스테이아Adrasteia | 101, 178
아라만테스Amarantes | 224

아라이티레아Araithyrea | 57
아락세스Araxes | 240
아레네Arene | 59, 74
아레스토르Arestor | 16, 21, 57, 68
아레테Arete | 285, 287~288, 290~292, 295~296
아레토스Aretos | 115, 117~118
아레티아스Aretias | 158
아르간토니오스Arganthonios | 103
아르게스Arges | 75
아르고나우티카Argonautika | 5
아르고스Argos(2) | 14, 22~23, 161~164, 168, 186, 188~189, 191~192, 195~197, 199, 202, 206, 210~211, 222, 238, 240, 246
아르고호Argo | 5~8, 10~13, 16~21, 23~25, 27, 29, 32~35, 49, 51, 53, 55~56, 59~60, 67, 69~72, 76~77, 79, 81, 85, 95, 97, 107, 112, 122, 126~127, 136, 153, 161, 166, 175, 198, 205, 234, 244, 249, 258, 260, 262~264, 272~273, 282, 284, 295~297, 299, 305, 307, 309~310, 314~317, 320~321
아르케실라스Arkesilas | 18
아르킬로코스Archillochos | 11
아르타케스Artakes | 98
아르타키아Artakia | 95
아리스타르코스Aristarchos | 9
아리스타이오스Aristaios | 134~135, 292~293
아리아드네Ariadne | 213~215, 219, 254
아마란테스Amarantes | 129
아마조네스Ama80, 266zones | 128, 154~156, 163~164
아미로스Amyros | 80, 266
아미모네Amymone | 58
아미코스Amykos | 29, 113~119, 126, 146, 148
아미클라이Amyklai | 317
아미타온Amythaon | 14
아바르니스Abarnis | 94
아바스Abas | 53, 58, 148~150
아반테스Abantes | 292
아비도스Abydos | 94
아소포스Asopos | 57, 86, 154, 263
아스테로데이아Asterodeia | 20, 183
아스테리아Asteria | 71
아스티팔라이아Astypalaia | 150
아시리아Assyria | 154
아오니아Aonia | 222~223
아우소니아Ausonia | 262, 264, 268, 277~278
아우테이손Auteison | 320
아우토노에Autonoe | 135, 293
아우톨리코스Autolykos | 154
아울리스Aulis | 33, 320
아울리온Aulion | 152
아이가이오스Aigaios | 262, 292
아이가이온Aigaion | 103
아이깁토스Aigyptos | 246
아이글레테스Aigletes | 318
아이글Aigle | 305~306
아이기나Aigina | 54, 320
아이기알로스Aigialos | 60, 128, 154
아이네우스Aineus | 94, 99
아이네테Ainete | 94

아이세포스Aisepos │94, 101

아이소니스Aisonis │71

아이손Aison │14~15, 18, 20, 30, 51~52, 57, 63~65, 68, 71~73, 100, 109, 130~132, 134, 151, 162~164, 168, 174~175, 179, 185, 187~188, 191~192, 194, 197, 204, 211~213, 220~221, 224, 226, 238~241, 243, 246, 251, 262, 273, 291~300, 311, 313, 316, 319

아이아Aia │13, 15, 16, 20~21, 24, 33, 130~131, 149, 160, 162, 164, 168, 186, 217, 240~241, 246, 248

아이아이아Aiaia │16, 218, 220, 263, 268, 278

아이아코스Aiakos │54, 108~109, 118, 151, 188, 194, 260, 278

아이에테스Aietes │13~14, 16~17, 20, 22, 24, 30, 36, 60, 63~64, 68, 109, 129, 132, 147, 151, 160, 162~166, 168, 172, 174, 177~184, 186, 188~199, 203, 218, 219, 221~225, 227~228, 231~232, 235, 238~239, 241, 243~255, 257~258, 261, 270~271, 276, 285, 287~290, 295, 299

아이올로스Aiolos │13~14, 22~23, 25, 57~58, 62, 162, 164~165, 187~188, 218~219, 240, 251, 272~273, 277

아이크모디코스Aikmodikos │291

아이탈리아Aithalia │268

아이톨리아Aitolia │59, 62

아이티오피아Aithiopia │223

아카이아Achaia │25, 60, 63, 65, 69, 187, 198, 200, 218, 243, 296, 301, 305

아카칼리스Akakallis │308

아케론Acheron │82, 127, 145, 152

아케루시아Acherousia │127, 145~146, 150

아켈로오스Acheloos │72, 280

아크리시오스Akrisios │291

아크몬Akmon │156

아킬레우스Achilleus │12, 25, 37, 51, 53, 276, 278

아타마스Athamas │13, 94, 141, 162~163, 184, 188, 216, 240

아탈란테Atalante │58, 61, 86, 88

아테나Athena │16, 22, 29~30, 50, 54~57, 63, 67, 74, 76~77, 81, 88, 95, 115, 136, 139~140, 150, 159, 164, 170~173, 176~177, 187, 191, 214, 283, 300, 317

아트로포스Atropos │296~297

아티카Attika │54~55, 95

아파레우스Aphareus │59, 74, 196, 225

아페이다스Apheidas │59

아페타이Aphetai │79

아폴로니오스 로디오스Apollonios Rhodios 5, 7~11, 13, 20~21, 23, 29~30, 32~35, 51, 55, 105, 167, 218, 229, 305, 309

아피다노스Apidanos │51, 134

아피스Apis │249, 312

아피아Apia │248, 312

악세이노스Axeinos │137, 156

악시에로스Axieros │93

악시오케르사Axiokersa │93

악시오케르소스Axiokersos │93

악타이온Aktaion │135

안키알레Anchiale │101

안테돈Anthedon | 109
안테모에사Anthemoessa | 280
안테모에이시아Anthemoeisia | 145
안티아네이라Antianeira | 52
안티오페Antiope | 86, 129, 289
알레오스Aleos | 59~60, 158
알로에우스Aloeus | 74~75
알크메네Alkmene | 87
알키메데Alkimede | 52, 63~65
알키오네Alkyone | 251
알페이오스Alpheios | 60, 263
암니소스Amnisos | 209
암브라키아Ambrakia | 296
암프리소스Amphryssos | 52
암피트리테Amphitrite | 301~302, 300
압시르토스Apsyrtos | 14, 16, 20, 24, 26, 29, 182~183, 198, 203, 245, 249~250, 253~258, 260~261, 264, 270~271, 298
압시르티데스Absyrtides | 257, 261
앙구론Anguron | 250
에네토이Enetoi | 128
에니페우스Enipeus | 51
에라토스테네스Eratosthenes | 9, 10
에라토Erato | 171
에레크테우스Erecktheus | 54~55, 62
에리니스Erinys | 123
에리니에스Erinyes | 123, 167, 202, 270, 285, 287, 297
에리다노스Eridanos | 260~261, 264~267
에리만토스Erymanthos | 57, 59
에리크토니오스Erichthonios | 55
에리테이스Erythris | 305
에리티노이Erythinoi | 154

에릭스Eryx | 281
에오스포로스Eosphoros | 251
에오스Eos | 107, 132, 206, 237, 251, 280, 293
에우네오스Euneos | 93
에우노미아Eunomia | 28, 178
에우로페Europe | 60, 191, 222, 261, 315
에우리노메Eurynome | 75
에우리메나이Eurymenai | 80
에우리메돈Eurymedon | 309
에우리스테우스Eurystheus | 58~60, 109~110, 263
에우리알로스Euryalos | 117
에우리토스Eurytos | 54~55, 117, 158
에우리피데스Euripides | 35~36, 39, 317
에우리필로스Eurypylos | 311
에우보이아Euboia | 53, 225, 292, 320
에우소로스Eusoros | 94
에우에르게테스Euergetes | 9
에우포리온Euphorion | 9
에우폴레메이아Eupolemeia | 52
에이디이아Eidyia | 13, 183~184
에이레네Eirene | 28, 178
에일레티이아Eilethyia | 65
에케토스Echetos | 290~291
에키나데스Echinades | 296
에키드나Echidna | 303
에테시아이Etesiai | 134~135
에파포스Epaphos | 301
에페이로스Epeiros | 291
에페이오스Epeios | 117
에포페우스Epopeus | 289
에피라Ephyra | 295

에피메니데스Epimenides | 13, 51
에피알테스Ephialthes | 75
엘렉트론Elektron | 261
엔디미온Endymion | 237~238
엘라레Elare | 87
엘렉트라Elektra | 93, 121, 125, 181, 317
엘렉트리스Elektris | 260~261, 264
엘렉트리온Elekryon | 86
엘리스Elis | 60
엘리시온Elysion | 261, 276~277
엠페도클레스Empedokles | 269
엥켈레이스Encheleis | 261
오기고스Ogygos | 222
오레이테스Oreites | 117
오레이티이아Oreithyia | 62
오르니토스Ornytos(1) | 62
오르니토스Ornytos(2) | 115
오르코메노스Orchomenos | 13, 22, 62, 87, 141, 160, 162, 164~165, 184, 217, 219, 246
오르트레레Ortrere | 129
오르티기아Ortygia | 71, 77, 317
오리코스Orikos | 295
오사Ossa | 80
오이네우스Oineus | 60, 62, 98, 194
오이노마오스Oinomaos | 87
오이노이에Oinoie | 81
오이아그로스Oiagros | 50, 78, 143, 280, 294
오이악소스Oiaxos | 101
오이칼리아Oichalia | 54~55
오토스Otos | 75
오트리스Othrys | 134
오푸스Opous | 53, 320

오피온Ophion | 75
옥시노스Oxinos | 127
옥시린코스Oxyrhynchos | 9
온케스토스Onchestos | 225
올레노스Olenos | 62
요정Nymphe | 75~77, 79, 81, 99~101, 105~106, 109, 113, 128, 133~134, 141, 144, 149, 156, 173, 183, 209, 224, 262, 283, 285, 292~296, 299, 303, 305~306, 308
이노Ino | 13, 330
이다Ida | 101, 166, 178
이디이아Idyia | 13, 20
이로스Iros | 53
이리스Iris | 25, 128, 130, 154, 272~273
이사Issa | 263
이소노에Isonoe | 165
이스키스Ischys | 267
이스트로스Istros | 248~250
이스트모스Isthmos | 225
이올라오스Iolaos | 263
이올코스Iolkos | 4, 15, 17~18, 20, 33, 35, 50, 67, 79, 93, 171, 176, 218~220, 293
이코르Ichor | 207~208, 317
이토메네우스Itomeneus | 117
이톤Iton | 77~78
이티모네우스Itymoneus | 98
이피노에Iphinoe | 85~88
이피아스Iphias | 67
익시온Ixion | 55, 174~175
일레우스Illeus | 7~8
일리리아Illyria | 259, 261
임브라소스Imbrasos | 61, 150

ㅈ

제노도토스Zenodotos | 11
제욱시페Zeuxippe | 55
제토스Zethos | 86~87, 289
제피로스Zephyros | 124, 273, 277, 280, 314
젤리스Zelys | 98

ㅋ

카네토스Kanethos | 53
카노보스Kanobos | 11
카드모스Kadmos | 60, 135, 191, 219, 222, 261, 293
카드밀로스Kadmilos | 93
카디시아Chadisia | 156
카람비스Karambis | 128, 154, 249
카르파토스Karpathos | 315
카리테스Charites | 254~255
카립디스Charybdis | 34, 273~275, 277, 282~283
카베이로이Kabeiroi | 93
카우카소스Kaukasos | 165~166, 168, 183, 207, 224, 226~227, 240
카울리아코스Kauliakos | 250
카이네우스Kaineus | 52~53
카파우로스Kaphauros | 308
칼라우레이아Kalaureia | 225
칼리돈Kalydon | 55, 60~61
칼리마코스Kallimachos | 5, 7~10, 33
칼리베스Chalybes | 107, 128, 156, 307
칼리스테Kalliste | 319~320
칼리오페Kalliope | 29, 50
칼리코로스Kallichoros | 152, 154

칼리클로Chaliklo | 76
칼코도니오스Chalkodonios | 52
칼키오페Chalkiope | 13~14, 20, 22, 32, 162, 183~184, 188, 191, 204, 210, 221, 236, 332
칼페Kalpe | 141
케라우노이Keraunoi | 261, 264, 284, 295
케레스Keres | 84, 297, 317, 345
케로소스Kerossos | 264
케르소네소스Chersonesos | 94
케르키라Kerkyra | 263
케르Ker | 84, 123
케린토스Kerinthos | 53
케오스Keos | 135
케이론Cheiron | 12, 41, 51, 76~77, 79, 134, 167, 274, 276
케익스Keyx | 251
케크로피아Kekropia | 54, 62, 320
케토Keto | 290, 303
켄타우로스Kentauros | 41, 51~53, 55, 276
켈토이Keltoi | 266~267
코드로스Kodros | 95
코로니스Koronis | 266~267
코리코스Korykos | 207
코리키온Korykion | 144
코린토스Korinthos | 35, 225
코메테스Kometes | 51
코이오스Koios | 71, 144
코토스Kottos | 103
콜로네Kolone | 141, 147
콜키스Kochis | 12~16, 19, 21~26, 30, 33~34, 36, 54~55, 60, 76, 95, 112,

129~130, 149, 160, 165~166, 168, 171,
181~183, 186~187, 201~202, 205, 207,
217, 225~227, 230, 232, 235~236,
240~241, 244~245, 248~251,
253~254, 257, 260~261, 263, 271,
284~285, 288~291, 293, 295, 309
쿠레테스Kuretes | 75, 166, 296
크라타이이스Krataiis | 277
크레온Kreon | 35
크레테우스Kretheus | 13~14, 18, 20, 163,
187~188
크로노스Kronos | 27, 51, 75, 100, 123,
135, 160, 162, 165~167, 250, 261~262,
284~285
크로비알로스Krobialos | 154
크롬나Kromna | 154
크리세스Chryses | 62
크리스타 볼프C. Wolf | 36, 333
크산토스Xanthos | 67
크토니오스Chthonios | 54, 222
크티메네Ktimene | 53
크티메노스Ktimenos | 53
크티세이스Ktiseis | 11
클라로스Klaros | 67
클레오파트라Kleopatra | 122
클레이오Kleio | 8
클레이테Kleite | 96, 99
클로토Klotho | 296~297
클리메네Klymene | 62~63, 218
클리타임네스트라Klytaimnestra | 59
클리토네오스Klytoneos | 58
키니아스Xynias | 53
키레네Kyrene | 9, 18~19, 21, 134

키르케Kirke | 12, 17, 22, 24, 34, 129, 175,
180~181, 186, 263~264, 268~273, 275,
283, 298
키벨레Kybele | 100~101, 103
키아네아이 페트라이Kyaneai Petrai | 49
키오스Kios | 103, 109~110, 146
키지코스Kyzikos | 94~95, 97~99, 102,
146
키클로페스Kyklopes | 53, 75, 86, 267
키타Kyta | 129, 160, 168, 182
키테레이아Kythereia | 86~87, 176, 196
키토로스Kytoros | 154
키토스Chytos | 96
키티소로스Kytissoros | 14, 22, 162, 332
키프리스Kypris | 80, 88, 90~91, 105,
130, 171~173, 175~178, 196~197, 211,
281
킬레노스Kyllenos | 101
킴메리오이Kimmerioi | 181

ㅌ

타우마스Thaumas | 121, 125
타이나론Tainaron | 54, 60, 225
타포스Thapos | 86~87
탈로스Talos | 234, 314~317
탈리아Thalia | 255
테게아Tegea | 59, 70, 159
테라스Theras | 320
테라프나이Therapnai | 119
테르메돈Themedon | 155~156
테르모필라이Thermopylai | 79
테릅시코레Terpsikore | 280
테미스키라Themiskyra | 128, 156

테미스Themis | 274, 297

테베Thebe | 55, 86~87, 152, 222, 247, 261

테세우스Theseus | 54~55, 60, 213~215, 219, 254

테스티오스Thestios | 62

테스피아이Thespiai | 56

테오크리토스Theokritos | 5

테온Theon | 7

테이오다마스Theiodamas | 105, 110

테티스Tethys | 12, 26, 55, 79, 103, 183, 272~274, 277~279, 282

텔레보아이Teleboai | 86

텔레온Teleon | 53~54, 280

텔레클레스Telekles | 98

토아스Thoas | 80~81, 85, 89~90, 93, 254

트라케Thrake | 50~51, 62~63, 80~81, 83, 89, 93, 95, 101, 108, 122, 130, 143, 248, 250, 280, 303, 307

트라키스Trachis | 110

트로스Tros | 177

트리나크리아Trinakria | 248

트리나키아Thrinakia | 283~284

트리케Trikke | 154

트리톤Triton | 19, 33, 56~57, 85, 222, 247~248, 300, 303, 306, 308, 310~314, 318~319

티니아스Thynias | 127, 141~142

티로Tyro | 13~14, 18, 22, 332

티르레니아Tyrrhenia | 186, 268, 278, 320

티마르코스Timarchos | 9

티바레네스Tibarenes | 128

티바레이노이Tibareinoi | 157

티이아데스Thyiades | 81

티타레시오스Titaresios | 53

티티아스Titias | 101, 147

티티오스Tityos | 60, 87, 167

티파온Typhaon | 165, 167

티포에우스Typhoeus | 114~115

티폰Typhon | 115, 303

틴다레오스Tyndareos | 59, 98, 114, 116, 148, 194, 228~229, 264

ㅍ

파가사이Pagasai | 63, 67, 71, 76, 320

파라이비오스Paraibios | 132~133

파르나소스Parnassos | 143, 145

파르라시아Parrhasia | 135

파르테니아Parthenia | 151

파르테니에Parthenie | 61

파르테니오스Parthenios | 153, 209

파시스Phasis | 129, 168, 174, 224, 227, 240

파시파에Pasiphae | 213~214, 218~219

파에톤Phaethon | 183, 224, 261, 264~266

파에투사Phaetusa | 283

파이아케스Phaiakes | 34, 262, 273, 277, 283, 287, 292, 294~295, 318

파트로클로스Patroklos | 53

파플라고니아Paphlagonia | 128, 147, 246, 249

팍톨로스Paktolos | 299

판디온Pandion | 55

판Pan | 78~79, 115

페가이Pegai | 105~106

페네이오스Peneios | 60, 134, 225, 263
페라이Pherai | 52
페레스Pheres | 14, 52, 332
페로Pero | 57
페르세스Perses | 27, 216, 286
페르세이스Perseis | 13, 192
페르세Perse | 264
페르코테Perkote | 94, 96
페우케Peuke | 249
페이레시아이Peiresiai | 51, 79
페이리토오스Peirithoos | 55, 60
펠라스고이Pelasgoi | 49, 75, 79, 93, 98, 166, 229, 246, 248
펠레네Pellene | 60
펠로로스Peloros | 222
펠로페이아Pelopeia | 68
펠롭스Pelops | 87, 128, 147, 296, 312
펠리아스Pelias | 14~15, 17~19, 22~23, 25, 35, 47, 49, 51, 53, 63, 65, 68~69, 92~93, 96, 108, 122, 140, 146, 174~175, 220, 246, 332
펠리온Pelion | 70, 75~76, 79, 164
포르코스Phorkos | 277
포르키스Phorkys | 303, 312~313
포세이돈Poseidon | 14~15, 22, 48, 53, 55, 58~62, 75, 94~95, 102, 107, 109, 113, 137, 150, 181, 225, 246, 263, 274, 300~302, 311, 314, 332
포이베Phoibe | 71
포이보스Phoibos | 49, 67, 69, 76, 87, 122, 134, 143, 150, 154, 262, 308, 317~319
포코스Phokos | 54
포키스Phokis | 62

폴릭소스Polyxos | 83~84
프로메우스Promeus | 98
프로이토스Proitos | 58
프로크네Prokne | 55
프로폰티스Profontis | 94, 96
프론티스Phrontis | 14, 22, 163, 238, 332
프리기아Phrygia | 94, 100~103
프리올라스Priolas | 147
프릭소스Phrixos | 13~14, 16, 19, 21~26, 64~65, 87, 95, 131, 160~165, 180, 184, 186~189, 191, 198, 203, 218, 236, 238, 240, 255, 271
프톨레마이오스Ptolemaios | 7, 9
프티아Phthia | 52, 54, 134
플랑크타이Planktai | 12, 17, 34, 173, 175, 272~273, 278, 282
플레그라이이Phlegraii | 182, 224
플레이스토스Pleistos | 144
플레이우스Phleius | 263
플로기오스Phlogios | 98
플로타이Plotai | 125
피네우스Phineus | 16, 33, 120~126, 131~133, 136, 140~141, 146, 158, 160, 162, 196, 211, 246
피에리아Pieria | 51, 303
피토Pytho | 62, 66~67, 71, 77, 262, 317
피톤Python | 142, 144
피티에이아Pityeia | 94, 263
필라코스Phylakos | 52, 57, 62
필레이온Phylleion | 51
필로기오스Phlogios | 154
필로멜라Philomela | 55
필로스Pylos | 59

필로파토르Philopator | 9
필리라Philyra | 51, 77, 79, 166
필리레스Philyres | 129
필리스Phyllis | 141
핌플레이아Pimpleia | 50

ㅎ

하그니아스Hagnias | 56, 108, 137, 150
하르모니아Harmonia | 128, 156, 222, 261, 293
하르피이아이Harpyiai | 120~125, 130~132
하마드리아데스Hamadryades | 133
하이모니아Haimonia | 134, 143, 218, 225
할리스Halys | 128, 149, 154, 246
헤라Hera | 14~15, 23, 25~26, 29~30, 49, 51, 61, 75, 81, 87, 91, 96~97, 100, 122, 125, 137, 150, 152, 171~176, 181, 184, 206, 211, 220, 235~236, 238~239, 246, 248, 251, 261, 263~264, 267, 272~273, 278, 283, 292~295, 303
헤라클레이아Herakleia | 150
헤르메스Hermes | 13, 22, 52, 79, 82, 93, 115, 137, 162~163, 180, 198, 221, 240, 273, 292~293, 319
헤르키니아Herkynia | 267
헤스페레Hespere | 305
헤시오도스Hesiodos | 11, 27, 51, 84, 212, 227, 297, 315
헤카테Hekate | 97, 184, 192~193, 195, 203, 206~211, 213, 216, 223~224, 236, 238, 246, 277, 286, 296
헤카톰베Hekatombe | 208

헥토르Hektor | 53, 273
헬라스Hellas | 68, 71, 130, 141, 184, 187~189
헬레네Helene | 11, 55, 59
헬레스폰토스Hellespontos | 13, 94, 95
헬레Helle | 13, 64, 95, 218, 332
헬리아데스Heliades | 261
헬리오스Helios | 13, 17, 34, 60, 165, 180, 182~183, 186, 188, 198, 213, 224, 237, 241, 245, 261, 264~266, 271, 283, 286
호라이Horai | 28, 178, 297
호메로스Homeros | 10~13, 18, 20, 25, 33~34, 51, 55, 57, 229
호몰레Homole | 80
히드라Hydra | 59, 263
히아킨토스Hyakinthos | 98
히안테스Hyantes | 225
히페라시오스Hyperasios | 60
히페레노르Hyperenor | 222
히페르메스트라Hypermestra | 246
히페르보레이오이Hyperboreioi | 142, 266~267
히포다메이아Hippodameia | 55, 87
히포테스Hippotes | 273, 277
히폴리테Hippolyte | 59, 147, 155~156
히푸리스Hippuris | 318
히프노스Hypnos | 241
히피오스Hypios | 148
힐로스Hylos | 262~263, 292
힐로이Hylloi | 261~263
힙시필레이아Hypsipyleia | 80~85, 88, 90, 92~93, 223, 254